Deutsche Reichsgesetzgebung.
Text-Ausgaben mit Anmerkungen.

Allgemeines

Deutsches Handelsgesetzbuch

nebst

Einführungs- und Ergänzungs-Gesetzen

unter Ausschluß des Seerechts.

Text-Ausgabe mit Anmerkungen, den von dem Reichsgericht und dem früheren Reichs-Oberhandelsgericht angenommenen Rechtsgrundsätzen und Sachregister.

Herausgegeben von

F. Litthauer,

Rechtsanwalt am Landgericht in Posen und Notar.

Fünfte Auflage.

Berlin und Leipzig.
Verlag von J. Guttentag (D. Collin).
1883.

Vorbemerkung.

Die vorliegende Ausgabe des Allgemeinen Deutschen Handelsgesetzbuches schließt sich den in gleichem Verlage erscheinenden Ausgaben Deutscher Reichsgesetze an. Sie bietet in handlicher Form einen korrekten, übersichtlichen Abdruck des Gesetzbuches, der dazu ergangenen Reichs-Einführungsgesetze (darunter desjenigen für Elsaß-Lothringen), der wichtigsten Landes-Einführungsgesetze (nämlich derjenigen für Preußen, Bayern, Sachsen, Hamburg und Frankfurt a. M.) und der kleineren in das Handelsrecht einschlagenden Reichsgesetze. Dem Texte sind Anmerkungen beigefügt, in denen hauptsächlich die den Entscheidungen des Reichsgerichts und des früheren Reichs-Oberhandelsgerichts zu Leipzig entnommenen Rechtsgrundsätze wiedergegeben sind. Eine Reihe von Entscheidungen, die, ohne zu einzelnen Artikeln des Handelsgesetzbuches ergangen zu sein, doch ein besonderes handelsrechtliches Interesse haben, sind im Anhange zusammengestellt.

Die Anmerkungen zu dem Einführungsgesetz für Bayern haben einen Bayerischen Rechtsanwalt zum Verfasser.

Schrimm, im Juli 1882.

Der Herausgeber.

Inhalt.

Abkürzungen in den Anmerkungen.

E. mit einem darauf folgenden Datum aus der Zeit vor dem 1. Oktober 1879 = Erkenntniß des früheren Reichs-Oberhandelsgerichts.

E. mit einem Datum aus der Zeit nach dem 1. Oktober 1879 = Erkenntniß des Reichsgerichts.

Entsch. = Entscheidungen des Reichs-Oberhandelsgerichts, herausgegeben von den Räthen des Gerichtshofs. Stuttgart, Verlag von Ferdinand Enke. Bd. I—XXV.

R.G. mit einer darauf folgenden (den Band angebenden) römischen Ziffer = Entscheidungen des Reichsgerichts in Civilsachen, herausgegeben von den Mitgliedern des Gerichtshofs. Leipzig, Verlag von Veit & Co. Bd. I—V.*

R.G. Entsch. in Straff. = Entscheidungen des Reichsgerichts in Strafsachen, herausgegeben von den Mitgliedern des Gerichtshofs. Leipzig, Verlag von Veit & Co. Bd. I—V.*

E. f. Pr. = Preußisches Einführungsgesetz zum Allgemeinen Deutschen Handelsgesetzbuch. Vom 24. Juni 1861.

Stg. = Stegemann, die Rechtsprechung des Deutschen Oberhandelsgerichts zu Leipzig. Berlin, Verlag von J. Guttentag (D. Collin).

Str. = Striethorst's Archiv für Rechtsfälle aus der Praxis des Preußischen Ober-Tribunals.

---

* Bd. VI ist erst während des Drucks der vorliegenden Auflage erschienen und konnte nicht mehr benutzt werden.

Druckfehler.

S. 32 Z. 9 von oben ist hinter dem Worte „Erben" das Wort „oder" ausgelassen.

S. 305 Z. 14 von oben lies: 6. März 1873 statt 11. November 1873.

S. 346 Z. 11 von unten lies: Frachtführers statt Erachtführers.

A. Reichs-Einführungs-Bestimmungen.

I.

Gesetz, betreffend die Einführung der Allgemeinen Deutschen Wechsel-Ordnung, der Nürnberger Wechsel-Novellen und des Allgemeinen Deutschen Handelsgesetzbuches als Bundesgesetze. Vom 5. Juni 1869.*)

(B.G.Bl. Nr. 32 S. 379—381.)

Wir **Wilhelm**, von Gottes Gnaden König von Preußen 2c. verordnen im Namen des Norddeutschen Bundes, nach erfolgter Zustimmung des Bundesrathes und des Reichstages, was folgt:

§. 1. Die Allgemeine Deutsche Wechsel-Ordnung (Anlage A.) nebst den die Ergänzung und Erläuterung

*) Dieses Gesetz gilt auch in Baden u. Hessen (vgl. Art. 80 der zwischen dem Nordd. Bunde und den Großherzogthümern Baden u. Hessen vereinbarten Verfassung des Deutschen Bundes. B.G.Bl. von 1870 S. 647), in Württemberg (vgl. Vertrag, betr. den Beitritt Württembergs zur Verfassung des Deutschen Bundes, vom 25. November 1870, B.G.Bl. S. 654) und in Bayern (Ges. betr. die Einführung Norddeutscher Bundesgesetze in Bayern, vom 22. April 1871, B.G.Bl. S. 87).

derselben betreffenden sogenannten Nürnberger Novellen (Anlage B.), sowie das Allgemeine Deutsche Handelsgesetzbuch (Anlage C.) werden zu Bundesgesetzen erklärt und als solche in das gesammte Bundesgebiet eingeführt, jedoch unbeschadet der Vorschriften des Bundesgesetzes über die Nationalität der Kauffahrteischiffe und ihre Befugniß zur Führung der Bundesflagge vom 25. Oktober 1867. (Bundesgesetzbl. S. 35.) und des Bundesgesetzes über die Aufhebung der Schuldhaft vom 29. Mai 1868. (Bundesgesetzbl. S. 237).

§. 2. Die bei oder nach der Einführung der Wechsel-Ordnung, der Nürnberger Novellen und des Handelsgesetzbuches in die einzelnen Bundesstaaten oder deren Landestheile im Wege der Landesgesetzgebung erlassenen Vorschriften bleiben als landesgesetzliche Vorschriften insoweit in Kraft, als sie nur eine Ergänzung und nicht eine Abänderung einer Bestimmung der Wechsel-Ordnung, der Nürnberger Novellen oder des Handelsgesetzbuches enthalten.

§. 3. Insbesondere bleiben folgende auf die Einführung der Wechsel-Ordnung und des Handelsgesetzbuches sich beziehende landesgesetzliche Vorschriften in Kraft:

A. in Ansehung der Wechsel-Ordnung ...

B. in Ansehung des Handelsgesetzbuches:

1) die Vorschriften, nach welchen unter Landesgesetzen im Sinne des Handelsgesetzbuches nicht blos die förmlichen Gesetze, sondern das gesammte Landesrecht zu verstehen und in Ansehung der betreffenden Vorbehalte des Handels-

gesetzbuches die Erlassung maaßgebender Vorschriften auf anderem Wege als auf dem Wege der förmlichen Gesetzgebung, soweit dies nach dem Landesrecht zulässig, nicht ausgeschlossen ist;

2) die Vorschriften, welche in Ansehung der Eintragungen in das Handelsregister noch andere als die in dem Handelsgesetzbuch bestimmten Eintragungen zulassen oder gebieten;

3) die Vorschriften, welche den Prokuristen zur Ertheilung von Konsensen vor den mit der Führung der Eigenthums- und Hypothekenbücher oder der Schuld- und Pfandprotokolle beauftragten Behörden und Beamten nur für den Fall befugt erklären, daß demselben diese Befugniß besonders beigelegt ist;

4) die Vorschriften, welche bestimmen, daß die Vorschriften des Landesrechts über die rechtlichen Voraussetzungen für den Erwerb des Eigenthums an unbeweglichen Sachen durch die Bestimmungen des Handelsgesetzbuches nicht berührt werden;

5) die Vorschriften, welche die Anwendung des Artikels 295. des Handesgesetzbuches insoweit beschränken, als sie die abweichenden Vorschriften, welche das bürgerliche Recht für die zur Eintragung in das Hypothekenbuch bestimmten Schuldurkunden enthält, in Kraft erhalten;

6) die Vorschriften, welche die Artikel 306. und 307. des Handelsgesetzbuches auf Inhaberpapiere, so

lange dieselben außer Kurs gesetzt sind, für nicht anwendbar erklären;

7) die Vorschriften, welche bestimmen, daß unter Konkurs im Sinne des Handelsgesetzbuches auch das Falliment des Rheinischen Rechts und das Debitverfahren des Bremischen Rechts zu verstehen sei;

8) die Vorschriften, welche bestimmen, daß durch die Artikel 313. bis 316. des Handelsgesetzbuches die im bürgerlichen Rechte in einem weiteren Umfange begründete Zulassung des Zurückbehaltungsrechtes (Retentionsrechtes) nicht berührt werden.

§. 4. Als Landesgesetze bleiben, auch insoweit sie Abänderungen des Handelsgesetzbuches enthalten, in Geltung:

für das Großherzogthum Mecklenburg-Schwerin:
die §§. 51. bis 55. der die Publikation des Handelsgesetzbuches betreffenden Verordnung vom 28. Dezember 1863.;

für die freie Hansestadt Bremen:
die am 12. Februar 1866. publizirte, die Löschung der Seeschiffe betreffende obrigkeitliche Verordnung;

für die freie und Hansestadt Hamburg:
der §. 50. des am 22. Dezember 1865. publizirten Einführungsgesetzes zum Allgemeinen Deutschen Handelsgesetzbuch.

§. 5. Die in Gemäßheit der §§. 16. und 52. der unter dem 6. Juni 1864. von dem Senate der freien

Hansestadt Bremen publizirten obrigkeitlichen Verordnung, betreffend die Einführung des Allgemeinen Deutschen Handelsgesetzbuches, den Privatgläubigern eines Handelsgesellschafters in Ansehung des Vermögens einer Handelsgesellschaft zu der Zeit, zu welcher dieses Gesetz in Geltung tritt, zustehenden Pfand- und Vorzugsrechte bleiben unberührt.

§. 6. Dieses Gesetz tritt am 1. Januar 1870. in Kraft.

Urkundlich unter Unserer Höchsteigenhändigen Unterschrift und beigedrucktem Bundes-Insiegel.

Gegeben Schloß Babelsberg, den 5. Juni 1869.

(L. S.) **Wilhelm.**

Gr. v. Bismarck-Schönhausen.

II.

Gesetz, betreffend die Einführung der allgemeinen Deutschen Wechselordnung und des allgemeinen Deutschen Handelsgesetzbuchs in Elsaß-Lothringen. Vom 19. Juni 1872.

(D. R.-A. u. Kgl. Pr. St.-A. vom 4. Juli 1872 No. 155 G.Bl. f. Elsaß-Lothringen vom 4. Juli 1872 Nr. 14.)

Wir **Wilhelm**, von Gottes Gnaden Deutscher Kaiser, König von Preußen rc.

verordnen im Namen des Deutschen Reichs, nach erfolgter Zustimmung des Bundesrathes, für Elsaß-Lothringen was folgt:

§. 1. Die allgemeine Deutsche Wechselordnung und

das allgemeine Deutsche Handelsgesetzbuch erlangen in der Fassung, in welcher sie in den Anlagen A. und B. enthalten sind, nebst den gegenwärtigen Einführungsbestimmungen mit dem 1. Oktober 1872 in Elsaß-Lothringen Gesetzeskraft.

Mit dem bezeichneten Zeitpunkte treten die bestehenden Gesetze und anderen Vorschriften über Handelsrecht, insoweit sie Materien betreffen, welche Gegenstand der zur Geltung gelangenden Gesetze sind, außer Kraft. Es bleiben jedoch, soweit nicht Bestimmungen der letzteren Gesetze entgegenstehen, in Wirksamkeit:

1) der fünfte Titel des Gesetzes über die Gesellschaften vom 24. Juli 1867 (Bull. off. 1513 Nr. 15,328),

2) der zweite Titel des Kaiserlichen Dekrets vom 22. Januar 1868, betreffend die Versicherungsgesellschaften (Bull. off. 1558 Nr. 15,787), mit der Maßgabe, daß unter den Staats- resp. den vom Staate garantirten Werthpapieren, in denen die Anlage der Fonds der Versicherungsgesellschaften nach Vorschrift des Artikels 33 dieses Dekrets erfolgen soll, deutsche Staats-, bezw. von einem deutschen Staate garantirte Werthpapiere zu verstehen sind, und daß die Anlage in französischen Staatsrenten, bei der französischen Bank und dem crédit foncier nicht mehr gestattet ist;

3) die Bestimmungen über das Börsen- und Mäklerwesen und über öffentliche Waarenverkäufe.

§. 2. Die in den Handelsgesetzen der Staatsregierung oder den Fachministerien eingeräumten Befugnisse gehen auf den Reichskanzler über. Der Reichskanzler kann diese Befugnisse auf ihm untergeordnete Behörden übertragen.

Die Anstellung der Wechselagenten und Mäkler unterliegt in den Fällen, in welchen sie bisher der landesherrlichen Bestätigung unterworfen war, an Stelle der letzteren der Bestätigung durch den Oberpräsidenten.

§. 3. Ein Minderjähriger, ohne Unterschied des Geschlechts, kann nur dann Kaufmann sein und auf Grund des Artikels 487 des Civilgesetzbuchs in Ansehung der in seinem Handelsbetrieb eingegangenen Verbindlichkeiten für volljährig erachtet werden, wenn er 18 Jahre alt, emanzipirt und ausdrücklich ermächtigt ist, das Handelsgewerbe zu betreiben.

Die Ermächtigung wird von dem Vater, wenn dieser gestorben, interdizirt oder abwesend ist, von der Mutter, in Ermangelung beider durch einen von dem Landgericht bestätigten Beschluß des Familienraths ertheilt.

Sind diese Erfordernisse vorhanden, so kann der Minderjährige auch seine Immobilien in Bezug auf den Handelsbetrieb mit Schulden beschweren, zur Hypothek stellen und veräußern, das Letztere jedoch nur unter Beobachtung der Formen der Artikel 457 ff. des Civilgesetzbuchs.

§. 4. Ein emanzipirter Minderjähriger, welcher nicht Kaufmann ist, kann einzelne Handelsgeschäfte selbstständig und mit derselben Wirkung wie ein Volljähriger schließen, wenn er 18 Jahre alt und zu den einzelnen Geschäften in der durch den vorhergehenden Paragraphen bezeichneten Weise ausdrücklich ermächtigt ist.

§. 5. Eine Ehefrau, welche Handelsfrau ist, kann ohne Autorisation ihres Ehemannes ihre Immobilien in Bezug auf den Handelsbetrieb mit Schulden beschweren, zur Hypothek stellen und veräußern.

Wenn jedoch für die Ehe Dotalrecht gilt, so kann die Verpfändung oder Veräußerung der Immobilien, welche Dotalgut sind, nur in den durch das Civilgesetzbuch bezeichneten Fällen und unter Beobachtung der dort vorgeschriebenen Formen erfolgen.

In Betreff der Haftung des Ehemannes für die Verpflichtungen der Ehefrau aus ihrem Handelsgewerbe behält es bei der Bestimmung des Artikels 220 des Civilgesetzbuchs sein Bewenden.

§. 6. Jeder Ehevertrag zwischen Ehegatten, von welchen einer zu den Kaufleuten gehört, muß binnen einem Monat nach dem Abschluß des Vertrages im Auszuge den in dem Artikel 872 der Civilprozeßordnung bezeichneten Sekretariaten und Kammern übersendet werden, damit die Veröffentlichung mittelst Eintragung in die Tabellen nach Maßgabe jenes Artikels erfolge.

In dem Auszuge muß angegeben sein, ob für die Ehegatten Gütergemeinschaft besteht, ob Trennung der Güter oder ob Dotalrecht vereinbart ist.

Der Notar, welcher den Ehevertrag aufgenommen hat, ist verpflichtet, die in diesem Paragraphen vorgeschriebene Uebersendung zu bewirken; unterläßt er dies, so hat er eine Geldbuße von fünfundzwanzig Thalern verwirkt; er ist den Gläubigern verantwortlich und wird mit Amtsentsetzung bestraft, falls bewiesen wird, daß die Unterlassung in Folge einer Kollusion stattgefunden hat.

§. 7. Jeder Ehegatte, für dessen Ehe Gütertrennung oder Dotalrecht vereinbart ist, muß, wenn er nach Schließung der Ehe das Gewerbe eines Kaufmanns ergreift, binnen einem Monat, von dem Tage an gerechnet, an welchem er den Geschäftsbetrieb begonnen hat, die in dem vorhergehenden Paragraphen erwähnte Uebersendung bewirken; unterläßt er dies, so kann er, im Fall er seine Zahlungen einstellt, mit Gefängniß bis zu zwei Jahren bestraft werden.

§. 8. Der Auszug, welcher in Gemäßheit der beiden vorhergehenden Paragraphen dem Sekretariat des Handelsgerichts übersendet wird, muß außer den in dem Artikel 872 der Civilprozeßordnung vorgeschriebenen Veröffentlichungen durch den Sekretair des Handelsgerichts ohne Verzug in einem der öffentlichen Blätter bekannt gemacht werden, welche nach Vorschrift des Artikels 13 des Deutschen Handelsgesetzbuchs zur Veröffentlichung der in dem Handelsregister erfolgenden Eintragung bestimmt sind.

§. 9. Bei jeder Klage auf Gütertrennung und dem darauf folgenden Verfahren kommen die Artikel 1441 bis 1452 des Civilgesetzbuchs und die Artikel 865 bis 874 der Civilprozeßordnung zur Anwendung.

Bei jedem Urtheil, welches zwischen Ehegatten, von denen einer zu den Kaufleuten gehört, die Trennung von Tisch und Bett oder die Ehescheidung ausspricht, müssen die in dem Artikel 872 der Civilprozeßordnung vorgeschriebenen Förmlichkeiten beobachtet werden, widrigenfalls die Gläubiger zu jeder Zeit befugt sind, gegen das Urtheil, soweit es ihr Interesse betrifft, Einspruch zu erheben und jede in Folge desselben geschehene Auseinandersetzung anzufechten.

[Die §§. 10 bis 14 sind durch die Civilprozeßordnung aufgehoben.]

§. 15. Ist ein Wechsel oder ein anderes an Order lautendes Papier (Artikel 301, 302, 305 des Deutschen Handelsgesetzbuchs) abhanden gekommen, so gelten hinsichtlich der Amortisation neben den Artikeln 73 und 98 Nr. 9 der Wechselordnung folgende Bestimmungen: *)

1) Der Antrag auf Amortisation ist durch Bittschrift bei dem Handelsgericht des Zahlungsortes anzubringen. Der Betreibende muß eine Abschrift des Wechsels oder Orderpapiers beibringen oder doch den wesentlichen Inhalt desselben und Alles, was zur vollständigen Erkennbarkeit nöthig ist, angeben, auch den Besitz und Verlust glaubhaft machen;

2) das Gericht erläßt eine öffentliche Aufforderung an den unbekannten Inhaber, binnen einer bestimmten Frist das Papier dem Gericht vorzulegen mit der Verwarnung, daß dasselbe sonst für kraftlos erklärt werde. Die Aufforderung wird in dem Sitzungssaale des Handelsgerichts, und wenn am Zahlungsorte eine Börse besteht, im Börsenlokale angeschlagen, auch ein oder mehrere Male, je nachdem das Gericht es für angemessen

---

*) Vgl. §§ 823—850 C.Pr.O.

erachtet, in den für die Eintragungen in das Handelsregister bestimmten Blättern (Art. 14 des Deutschen Handelsgesetzbuchs), sowie auf Antrag des betreibenden Theils oder geeignetenfalls von Amtswegen in anderen in- oder ausländischen Blättern bekannt gemacht. Die Frist zur Meldung wird auf mindestens sechs Monate und höchstens ein Jahr, vom Verfalltage an gerechnet, bestimmt;

3) wird das Papier von dem Inhaber vorgelegt, so ist dem Antragsteller zu überlassen, sein Recht gegen denselben geltend zu machen;

4) meldet sich kein Inhaber, so erklärt das Gericht auf weiteren Antrag des betreibenden Theils das Papier für amortisirt.

§. 16. Zu den Gerichtsbeamten, welche Protest aufnehmen können, gehören auch die Gerichtsvollzieher. Ueber das von den letzteren hierbei zu führende Amtssiegel (Art. 88 Nr. 6 der Wechselordnung) wird der Generalprokurator Bestimmung treffen.

Die Register, in welche die Proteste nach Vorschrift des Artikels 90 der Wechselordnung eingetragen werden sollen, sind in der für die Repertorien vorgeschriebenen Form anzulegen und zu paraphiren.

Proteste dürfen nur von 9 Uhr Vormittags bis 6 Uhr Abends, zu einer früheren oder späteren Tageszeit aber nur mit Zustimmung des Protestaten erhoben werden.

Die Beamten sind nicht gehalten, eine Abschrift der Protest-Urkunde zurückzulassen.

§. 17. Die bei den Handelsgerichten angestellten Gerichtsschreiber stehen unter der Aufsicht des Generalprokurators, welcher die Oberprokuratoren mit Ueberwachung ihrer Dienstführung beauftragen kann.

§. 18. Jede zur Eintragung in das Handelsregister bestimmte Anmeldung muß auch in denjenigen Fällen, für welche das Handelsgesetzbuch dies nicht besonders vorschreibt, entweder persönlich vor dem Sekretariate des Handelsgerichts erklärt oder in beglaubigter Form bei demselben eingereicht werden. Geschieht die Anmeldung durch einen Bevollmächtigten, so hat dieser eine gerichtliche oder notarielle Vollmacht beizubringen.

Dieselben Formvorschriften gelten in Bezug auf die Zeichnung oder Einreichung der Zeichnung einer Firma oder Unterschrift, welche nach Vorschrift des Handelsgesetzbuchs bei dem Handelsgericht bewirkt werden soll.

Die näheren geschäftlichen Anordnungen über die Führung des Handelsregisters bleiben einer von dem Reichskanzler zu ertheilenden Instruktion vorbehalten.

§. 19. In den Fällen, in welchen nach dem Deutschen Handelsgesetzbuche das Handelsgericht die Betheiligten zur Befolgung der gesetzlichen Anordnungen über die Anmeldung zur Eintragung in das Handelsregister und über die Zeichnung oder Einreichung der Zeichnung der Firmen oder Unterschriften anzuhalten hat, besteht die gesetzliche Ordnungsstrafe in Geldstrafe von fünf bis zu zweihundert Thalern.

Eine Beitreibung der Geldstrafe mittelst Körperhaft

oder eine Umwandlung derselben in Freiheitsstrafe findet nicht statt.

Neben der Geldstrafe hat der Betheiligte auch die Kosten des Verfahrens zu tragen.

§. 20. Der Präsident des Handelsgerichts oder der von ihm dazu beauftragte Richter hat die Befolgung der in den vorhergehenden Paragraphen erwähnten gesetzlichen Anordnungen zu überwachen und die Strafverfügungen zu erlassen. Letztere enthalten die Aufforderung, innerhalb einer bestimmten Frist die gesetzliche Anordnung zu befolgen oder bei dem Sekretariate des Handelsgerichts mündlich oder schriftlich Einspruch zu erheben mit dem Eröffnen, daß andernfalls die angedrohte Strafe verwirkt ist.

§. 21. Wird binnen der durch die Verfügung bestimmten Frist weder die gesetzliche Anordnung befolgt noch Einspruch erhoben, so hat der Präsident des Handelsgerichts oder der von ihm beauftragte Richter die Strafverfügung für vollstreckbar zu erklären und der Sekretair dieselbe zum Zwecke des Vollzugs auszufertigen. Gleichzeitig ist die Verfügung unter Androhung einer anderweiten Ordnungsstrafe zu wiederholen. Mit den Strafverfügungen wird fortgefahren, bis die gesetzliche Anordnung befolgt oder ihre Voraussetzung weggefallen ist.

§. 22. Wird gegen die Verfügung binnen der bestimmten Frist Einspruch erhoben, so kann das Handelsgericht zur Aufklärung des Sachverhalts Erhebungen anordnen; wird die Strafverfügung nicht aufgehoben, so ist der Betheiligte in eine bestimmte Sitzung zur öffentlichen Verhandlung vorzuladen.

§. 23. Binnen zehn Tagen, vom Tage der Verkündigung des Urtheils, kann der Betheiligte Berufung an das Appellationsgericht einlegen. Dieselbe ist bei dem Sekretariate des Handelsgerichts schriftlich oder mündlich anzumelden. Das Handelsgericht sendet die Verhandlungen an den General-Prokurator, welcher die Vorladung des Betheiligten veranlaßt. Die Entscheidung kann auf Grund der Akten erfolgen.

Gegen die Entscheidung des Appellationsgerichts findet ein Rechtsmittel nicht statt.

§. 24. Verspätete Einsprüche heben die vorausgegangenen vollstreckbaren Strafverfügungen nicht auf, jedoch kann das Handelsgericht oder in höherer Instanz das Appellationsgericht die Einstellung des Vollzugs aus besonderen Gründen anordnen. Bei verspäteten Einsprüchen werden die aus der Vollziehung der früheren Strafverfügungen entstandenen Koste nstets von dem Betheiligten getragen.

§. 25. Die vorhergehenden §§. 19 bis 24 finden entsprechende Anwendung bei dem Einschreiten gegen diejenigen, welche sich einer nach den Vorschriften des dritten Titels des ersten Buchs des Deutschen Handelsgesetzbuchs ihnen nicht zustehenden Firma bedienen.

§. 26. Die Verfügungen und Entscheidungen in dem die Festsetzung der Ordnungsstrafen betreffenden Verfahren werden durch einen von dem Handelsgerichts-Präsidenten beauftragten Gerichtsvollzieher zugestellt.

Die Festsetzung und Anweisung der Gebühren der Beamten und Zeugen und die Einziehung der Geldstrafen und Kosten geschieht in derselben Art, wie bei den landgerichtlichen Strafsachen.

§. 27. Die Höhe der gesetzlichen Zinsen ist in Handels- und Wechselsachen sechs vom Hundert jährlich.

Die Höhe der vertragsmäßigen Zinsen unterliegt in Handelssachen der freien Vereinbarung.

Derjenige, welcher für eine Schuld dem Gläubiger einen höheren Zinssatz als jährlich sechs vom Hundert gewährt oder zusagt, ist zu einer halbjährigen Kündigung des Vertrages befugt. Jedoch kann er von dieser Befugniß nicht unmittelbar bei Eingehung des Vertrages, sondern erst nach Ablauf eines halben Jahres Gebrauch machen. Vertragsbestimmungen, durch welche diese Vorschrift zum Nachtheil des Schuldners beschränkt oder aufgehoben wird, sind ungültig. Auf Schuldverschreibungen, welche unter den gesetzlichen Voraussetzungen auf jeden Inhaber gestellt werden, sowie auf Darlehne, welche ein Kaufmann empfängt und auf Schulden eines Kaufmanns aus seinen Handelsgeschäften, findet dieselbe keine Anwendung.

§. 28. Die Einregistrirung der Urkunde über die Pfandbestellung ist in Handelssachen zur Herstellung des sicheren Datums nicht erforderlich.

Im Uebrigen kommen die Bestimmungen des Civilgesetzbuchs über das Faustpfand auch in Handelssachen zur Anwendung, soweit die Artikel 309 bis 316 des Deutschen Handelsgesetzbuchs nicht ein Anderes bestimmen.

§. 29. Gegen den Gläubiger, welcher den Besitz einer Sache oder eines Werthpapiers des Schuldners in einer das Zurückbehaltungsrecht der Artikel 313 und 314 des Deutschen Handelsgesetzbuchs begründenden Weise erst seit dem Tage der Zahlungseinstellung oder innerhalb der nächstvorhergegangenen zehn Tage erlangt hat, sind die Vorschriften der Artikel 446, 447 des code de commerce in gleicher Weise anzuwenden, wie wenn ihm ein Faustpfand bestellt worden wäre.

[§. 30 enthält eine nicht mehr gültige Uebergangsbestimmung.]

§. 31. Die Vorschriften über die Eintragung der Firmen und die Eintragung der Handelsgesellschaften, ihrer Vertreter und Liquidatoren in das Handelsregister, sowie die Vorschriften über die Zeichnung der Firmen und Unterschriften gelten auch für die Kaufleute, welche bereits vor dem 1. Oktober 1872 ihren Geschäftsbetrieb begonnen haben, sowie für die vor diesem Zeitpunkt errichteten Gesellschaften. Letztere sind in das Handelsregister auch dann einzutragen, wenn die Voraussetzungen nicht vorhanden sind, welche nach dem Deutschen Handelsgesetzbuch für die Errichtung der Gesellschaft erforderlich sein würden.

Zur Anmeldung wird eine Frist von drei Monaten, vom 1. Oktober 1872 an gerechnet, gewährt. Geschieht die Anmeldung rechtzeitig, so kommen die Artikel 16 bis 18, 20, 21 Absatz 2 und 168 des Deutschen Handelsgesetzbuchs nicht zu Anwendung.

Die im Artikel 13 des Deutschen Handelsgesetzbuchs

angeordnete Veröffentlichung der Eintragung unterbleibt bei denjenigen Gesellschaften, deren Errichtung schon nach Vorschrift des Artikels 56 des Gesetzes vom 24. Juli 1867 bekannt gemacht worden ist.

§. 32. Sind die persönlich haftenden Gesellschafter oder Vertreter einer Handelsgesellschaft in der Befugniß, die Gesellschaft zu vertreten, beschränkt, so finden die Artikel 116 und 231 Absatz 2 des Deutschen Handelsgesetzbuchs für die nächsten fünf Jahre, vom 1. Oktober 1872 an gerechnet, keine Anwendung, wenn die Beschränkung innerhalb der in den vorhergehenden Paragraphen bezeichneten dreimonatlichen Frist zur Eintragung in das Handelsregister angemeldet ist. Ist dies nicht geschehen, so kommen jene Artikel nach Ablauf von drei Monaten, vom 1. Oktober 1872 an gerechnet, zur Anwendung.

§. 33. Die bestehenden Aktiengesellschaften sind als solche staatlicher Beaufsichtigung nicht mehr unterworfen.

§. 34. Soweit in Folge der Einführung des Deutschen Handelsrechts Bestimmungen über Gebühren und Kosten erforderlich sind, werden dieselben durch Kaiserliche Verordnung getroffen.

Urkundlich unter unserer Höchsteigenhändigen Unterschrift und beigedrucktem Kaiserlichen Insiegel.

Gegeben Berlin, den 19. Juni 1872.

(L. S.) **Wilhelm.**

Fürst v. Bismarck.

B. Allgemeines Deutsches Handelsgesetzbuch.

Allgemeine Bestimmungen.

1. In Handelssachen[a] kommen, insoweit dieses Gesetzbuch keine Bestimmungen[b] enthält, die Handelsgebräuche[c] und in deren Ermangelung das allgemeine bürgerliche Recht zur Anwendung.[d]

a) Ueber den Begriff der Handelssachen vgl. §. 101 des G.V.G. vom 27. Januar 1877 und Art. 2 des E. f. Pr.

Der §. 101 des Gerichtsverfassungsgesetzes lautet:

Vor die Kammern für Handelssachen gehören nach Maßgabe der folgenden Vorschriften diejenigen den Landgerichten in erster Instanz zugewiesenen bürgerlichen Rechtsstreitigkeiten, in welchen durch die Klage ein Anspruch:

1. gegen einen Kaufmann (Art. 4 des Handelsgesetzbuchs) aus Geschäften, welche auf Seiten beider Kontrahenten Handelsgeschäfte (Art. 271—276 des Handelsgesetzbuchs) sind;
2. aus einem Wechsel im Sinne der Wechselordnung;
3. aus einem der nachstehend bezeichneten Rechtsverhältnisse geltend gemacht wird:
   a) aus dem Rechtsverhältnisse zwischen den Mitgliedern einer Handelsgesellschaft, zwischen dem stillen Gesellschafter und dem Inhaber eines Handelsgewerbes, zwischen den Theilnehmern einer Vereinigung zu einzelnen

Handelsgeschäften oder einer Vereinigung zum Handelsbetriebe (Art. 10 des Handelsgesetzbuchs), sowohl während des Bestehens als nach Auflösung des geschäftlichen Verhältnisses, sowie aus dem Rechtsverhältnisse zwischen den Liquidatoren oder den Vorstehern einer Handelsgesellschaft und der Gesellschaft oder den Mitgliedern der Gesellschaft;

b) aus dem Rechtsverhältnisse, welches das Recht zum Gebrauche der Handelsfirma betrifft;

c) aus den Rechtsverhältnissen, welche sich auf den Schutz der Marken, Muster und Modelle beziehen;

d) aus dem Rechtsverhältnisse, welches durch die Veräußerung eines bestehenden Handelsgeschäfts zwischen den Kontrahenten entsteht;

e) aus dem Rechtsverhältnisse zwischen dem Prokuristen, dem Handlungsbevollmächtigten oder Handlungsgehülfen und dem Eigenthümer der Handelsniederlassung, sowie aus dem Rechtsverhältnisse zwischen einer dritten Person und demjenigen, welcher ihr als Prokurist oder Handlungsbevollmächtigter aus einem Handelsgeschäfte haftet (Art. 55 des Handelsgesetzbuchs);

f) aus dem Rechtsverhältnisse, welches aus den Berufsgeschäften des Handelsmäklers im Sinne des Handelsgesetzbuchs zwischen diesem und den Parteien entsteht;

g) aus den Rechtsverhältnissen des Seerechts, insbesondere aus denjenigen, welche auf die Rhederei, die Rechte und Pflichten des Rheders, des Korrespondentrheders und der Schiffsbesatzung, auf die Bodmerei und die Haverei, auf den Schadensersatz im Falle des Zusammenstoßens von Schiffen, auf die Bergung und Hülfeleistung in Seenoth und auf die Ansprüche der Schiffsgläubiger sich beziehen.

b) Hierunter sind nicht bloß die ausdrücklich und unmittelbar ausgesprochenen Bestimmungen des H.G.B., sondern auch die sich mittelbar durch Interpretation ergebenden Rechtssätze zu verstehen. — E. v. 19. Nov. 1873. Entsch. XI S. 417.

c) Es sind dies die objektiven Rechtsnormen des Handelsgewohnheitsrechts, nicht thatsächliche Geschäfts- oder Börsengebräuche (vgl. Art. 279). Letztere erlangen Geltung nur durch den, wenn auch stillschweigend erklärten Willen der Parteien, werden aber, einmal gewollt, lediglich durch absolute Bestimmungen des H.G.B. ausgeschlossen, während das Handelsgewohnheitsrecht schon dispositiven Vorschriften des H.G.B. gegenüber unanwendbar ist. — E. v. 28. Juni 1872. Entsch. VI S. 368.

Das Handelsgewohnheitsrecht hat nicht nur für Materien, worüber das H.G.B. keine Bestimmungen enthält, sondern für alle handelsrechtlichen Fragen Gesetzeskraft, die in dem Gesetzbuche nicht entschieden werden. Es können daher die Begriffsmerkmale eines Rechtsgeschäfts, über welches das H.G.B. Rechtsregeln aufstellt, ohne es zu definiren, aus dem Gewohnheitsrecht entnommen werden. — E. v. 18. Nov. 1873. Entsch. XI, S. 408.

Die Partei hat den Inhalt der von ihr angezogenen Usance insoweit substantiirt zu behaupten, daß der Richter erkennen kann, ob die Usance — sei es als Rechtssatz, sei es als Interpretationsmittel — auch auf den Streitfall Anwendung leidet. — E. vom 10. Dez. 1873 und 30. Mai 1874. Entsch. XII S. 61 und XIII S. 293; E. vom 24. April 1880. R.G. I S. 269.

Umstände, aus denen eine stillschweigende Unterwerfung der Kontrahenten unter Börsengebräuche (Schlußzettel-Bedingungen) zu entnehmen ist, vgl. im E. v. 17. Dez. 1872. Entsch. VIII S. 257.

Bezüglich der Beweiskraft der vom Aeltesten-Kollegium der Berliner Kaufmannschaft ertheilten Auskunft über Handelsgebräuche vgl. E. v. 23. Mai 1874 und 11. Febr. 1875. Entsch. XIII S. 369 und XVI S. 33.

d) Das Handelsgewohnheitsrecht vermag also, das allgemeine bürgerliche Recht abzuändern, — E. v. 27. Juni 1871. Entsch. III S. 1 —, nicht aber die Bestimmungen des H.G.B. E. v. 25. Okt. 1873. Entsch. XI S. 243.

2. An den Bestimmungen der Deutschen Wechsel-Ordnung wird durch dieses Gesetz nichts geändert.

3. Wo dieses Gesetzbuch von dem Handelsgerichte

spricht, tritt in Ermangelung eines besonderen Handelsgerichts das gewöhnliche Gericht an dessen Stelle.

Erstes Buch. Vom Handelsstande.

Erster Titel. Von Kaufleuten.

4. Als Kaufmann im Sinne dieses Gesetzbuchs ist anzusehen, wer gewerbemäßig [a]) Handelsgeschäfte [b]) betreibt. [c])

a) Das R.O.H.G. findet ein wesentliches Kriterium des gewerbemäßigen Betriebes in dem von vornherein nicht auf den Abschluß einzelner Handelsgeschäfte, sondern von ganzen Reihen zusammengehöriger Handelsgeschäfte gerichteten Willen. Es hat mit dem gewerbemäßig ein Betrieb als dauernde Einnahmequelle, im Gegensatze zu einem bloß gelegentlichen Betriebe bezeichnet werden sollen.

Aus dem gewohnheitsmäßen Betriebe folgt der gewerbemäßige noch nicht. Wer häufig in Werthpapieren spekulirt, ist deswegen nicht Kaufmann, so lange er nicht nach außen als Geschäftsmann auftritt. E. v. 19. April 1873, 27. Febr. 1875, 18. April 1877. Entsch. IX S. 436, XVII S. 157, XXII S. 303.

Die Kaufmanns-Eigenschaft ist zugesprochen dem Fiskus in Bezug auf den Betrieb einer Staats-Eisenbahn, der Reichspost in Bezug auf den Debit von Zeitungen und Zeitschriften (E. v. 15. Juni 1877, Entsch. XXIII S. 9) und den Posttransport von Gütern und Geldbriefen, in welcher Eigenschaft der Fiskus auch den Bestimmungen des H.G.B. und der Jurisdiktion der Handelsgerichte unterworfen ist (Besch. v. 14. Dez. 1871, E. v. 30. Jan., 20 Juni, 2. Dez. 1874. Entsch. III. S. 405, XII S. 311, XIV S. 118, XVII S. 127); ferner Färbern (E. v. 26. Nov. 1870. Entsch. I S. 132), Bäckern (E. v. 6. Dez. 1871. Entsch. IV S. 240), Schneidern (E. v. 18. Okt. 1872. Entsch. VII S. 237), Müllern (E. v. 25. Okt. 1873. Entsch. XI S. 241), Brauern (Entsch. v. 2. Jan. 1874. Entsch. XII S. 98), wobei der handwerksmäßige Betrieb nur für die Anwendbarkeit des Art. 10 in Frage kommt (E. v. 17. Sept. 1874. XIV S. 70); außerdem den Inhabern von Annoncen-Büreaus (vgl. Anm. zu Art. 384); demjenigen, der den Selbstverlag gewerbmäßig betreibt, E. v. 23. Juni 1881, R.G. Entsch. V S. 67; dem Theilnehmer einer offenen Handelsgesellschaft (E. v. 28. Sept. 1874. Entsch. XIV S. 210) und zwar selbst in Bezug auf Geschäfte, die er im eigenen Namen abschließt E. v. 24. Okt. 1871. Entsch. III S. 434, vgl. dagegen Anm. zu Art. 274). Die Kaufmannseigenschaft, welche den Theilhabern einer offenen Handelsgesellschaft für ihre Person zukommt, bleibt für die Dauer der Liquidation bestehen. E. v. 3. Dez. 1877. Entsch. XXIII S. 143.

Abgesprochen ist die Kaufmannseigenschaft den Leihbibliothekaren (E. v. 21. Mai 1878. Entsch. XXIII S. 401), den Inhabern einer gewöhnlichen Pfandleihanstalt (E. v. 6. April 1878. Entsch. XXIV S. 34), den Theaterdirektoren (E. v. 17. März 1877. Entsch. XXII S. 127).

b) Die Begriffsbestimmung der Handelsgeschäfte folgt in den Artikeln 271 ff. vgl. die Anm. zu denselben.

c) Als Kaufleute gelten ferner eingetragene Genossenschaften (§. 11 des Genossenschafts-Gesetzes vom 4. Juli 1868).

Der Austritt aus einer Handlung und die Eintragung dieses Austritts ins Handelsregister begründen noch nicht eine Vermuthung für das Aufhören der Kaufmanns-Eigenschaft. E. v. 21. Okt. 1870. Entsch. I S. 62. — Nach dem E. v. 12. Nov. 1875 (Entsch. XIX S. 38) soll für das Fortbestehen der einmal vorhandenen Kaufmanns-Eigenschaft eine faktische Vermuthung bestehen, welche auch nicht durch die Konkurs-Eröffnung beseitigt wird, während in dem E. v. 3. April 1875 (Entsch. XVII S. 170) angenommen ist, daß eine rechtliche Vermuthung für die Fortdauer der Kaufmanns-Eigenschaft, besonders nach Löschung der Firma, nicht besteht.

5. Die in Betreff der Kaufleute gegebenen Bestimmungen gelten in gleicher Weise in Betreff der Handelsgesellschaften, insbesondere auch der Kommanditgesellschaften auf Aktien und der Aktiengesellschaften.

Dieselben gelten auch in Betreff der öffentlichen

Banken in den Grenzen ihres Handelsbetriebes, unbeschadet der für sie bestehenden Verordnungen.

6. Eine Frau, welche gewerbemäßig Handelsgeschäfte betreibt (Handelsfrau), hat in dem Handelsbetriebe alle Rechte und Pflichten eines Kaufmanns.

Dieselbe kann sich in Betreff ihrer Handelsgeschäfte auf die in den einzelnen Staaten geltenden Rechtswohlthaten der Frauen nicht berufen.

Es macht hierbei keinen Unterschied, ob sie das Handelsgewerbe allein oder in Gemeinschaft mit Anderen, ob sie dasselbe in eigener Person oder durch einen Prokuristen betreibt.

7. Eine Ehefrau kann ohne Einwilligung a) ihres Ehemannes nicht Handelsfrau sein.

Es gilt als Einwilligung des Mannes, wenn die Frau mit Wissen und ohne Einspruch desselben Handel treibt. b)

Die Ehefrau eines Kaufmanns, welche ihrem Ehemanne nur Beihülfe in dem Handelsgewerbe leistet, ist keine Handelsfrau.

a) Die Einwilligung ist an keine Form gebunden, Erk. des R.O.H.G. vom 7. März 1871 (Stegemann, I S. 315) und widerruflich.

b) Hat ein Ehemann zu einem Komplex von Handelsgeschäften seiner Ehefrau die erforderliche Einwilligung ertheilt, so bedarf es zur Rechtsbeständigkeit der einzelnen zugehörigen Geschäfte des sonst etwa nothwendigen Konsenses nicht. E. v. 25. Nov. 1871. Entsch. IV S. 162.

8. Eine Ehefrau, welche Handelsfrau ist, kann sich durch Handelsgeschäfte gültig verpflichten, ohne daß es

zu den einzelnen Geschäften einer besonderen Einwilligung ihres Ehemannes bedarf. a)

Sie haftet für die Handelsschulden mit ihrem ganzen Vermögen, ohne Rücksicht auf die Verwaltungsrechte und den Nießbrauch oder die sonstigen, an diesem Vermögen durch die Ehe begründeten Rechte des Ehemannes. Es haftet auch das gemeinschaftliche Vermögen, soweit Gütergemeinschaft besteht; ob zugleich der Ehemann mit seinem persönlichen Vermögen haftet, ist nach den Landesgesetzen zu beurtheilen.

Hierzu Art. 19 u. 20 des E. f. Pr.

a) Ob eine Ehefrau, welche nicht Handelsfrau ist, zu einzelnen Handelsgeschäften der Einwilligung ihres Ehemannes bedarf, ist nach den Landesgesetzen zu beurtheilen. Die Einwilligung — falls sie erforderlich — kann mündlich, selbst stillschweigend ertheilt werden. (Art. 7 Abs. 2 Stg. I S. 312 ff.)

9. Eine Handelsfrau kann in Handelssachen selbstständig vor Gericht auftreten; es macht keinen Unterschied, ob sie unverheirathet oder verheirathet ist. a)

a) Großjährige Personen und Ehefrauen sind jetzt (§. 51 C.Pr.O.) allgemein prozeßfähig.

10. Die Bestimmungen, welche dieses Gesetzbuch über die Firmen, die Handelsbücher a) und die Prokura enthält, b) finden auf Höker, Trödler, Hausirer und dergleichen Handelsleute c) von geringem Gewerbebetriebe, ferner auf Wirthe, d) gewöhnliche Fuhrleute, gewöhnliche Schiffer, und Personen, deren Gewerbe nicht über den Umfang des Handwerksbetriebes hinausgeht, keine Anwendung. Den Landesgesetzen bleibt vorbe-

halten, im Falle es erforderlich erscheint, diese Klassen genauer festzustellen.

Vereinigungen zum Betriebe eines Handelsgewerbes, auf welches die bezeichneten Bestimmungen keine Anwendung finden, gelten nicht als Handelsgesellschaften.

Den Landesgesetzen bleibt vorbehalten, zu verordnen, daß die bezeichneten Bestimmungen auch noch für andere Klassen von Kaufleuten ihres Staatsgebiets keine Anwendung finden sollen. Ebenso können sie aber auch verordnen, daß diese Bestimmungen auf einzelne der genannten Klassen, oder daß sie auf alle Kaufleute ihres Staatsgebiets Anwendung finden sollen.

a) Der aus allgemeinen Rechtsregeln zu folgernde Grundsatz, daß die unbeanstandete Annahme und weitere Benutzung eines Beibuchs als Anerkennung der darin enthaltenen Abrechnung aufzufassen ist, findet auch auf die Kaufleute minderen Rechts Anwendung.
E. v. 21. Okt. 1874. Entsch. XIV S. 260.

b) Im Uebrigen unterliegen dergleichen Personen, wenn sie nach Art. 4 Kaufleute sind, den Bestimmungen des H.G.B. — E. v. 2. Jan. 1874. Entsch. XII S. 97 (vgl. Anm. a) zu Art. 85).

c) Als „dergleichen Handelsleute" sind solche zu verstehen, deren Betrieb zwar nicht alle Merkmale eines Höker-, Trödler- oder Hausirgewerbes an sich trägt, jedoch mit dem einen oder anderen dieser Geschäfte Aehnlichkeit bietet. Der geringe (nicht „sehr geringe") Gewerbebetrieb ist nur bei den anderen Handelsleuten entscheidend; eigentliche Höker, Trödler und Hausirer gelten ohne Rücksicht auf den Umfang ihres Gewerbebetriebes als Minderkaufleute. Die Eintragung im Firmenregister ist für die Eigenschaft als Vollkaufmann bez. Minderkaufmann ohne Bedeutung. E. v. 30. April u. 28. März 1881. R.G. Entsch. in Straff. IV S. 120 u. 281.

d) Ein Wirth, der als solcher zur Buchführung nicht verpflichtet ist, hat diese Verpflichtung, wenn er nebenbei, sei es auch in geringem Umfange, in einer dem Höker-, Trödel- oder Hausirgewerbe nicht ähnlichen Weise mit Wein oder Cigarren Handel treibt. E. v. 28. März 1881. R.G. Entsch. in Strafs. IV S. 282.

11. Durch die Landesgesetze, welche in gewerbepolizeilicher oder gewerbesteuerlicher Beziehung Erfordernisse zur Begründung der Eigenschaft eines Kaufmanns oder besonderer Klassen von Kaufleuten aufstellen, wird die Anwendung der Bestimmungen dieses Gesetzbuchs nicht ausgeschlossen; ebenso werden jene Gesetze durch dieses Gesetzbuch nicht berührt.

Zweiter Titel. Von dem Handelsregister.

(Vgl. hierzu Art. 4—7 des E. f. Pr.)

12. Bei jedem Handelsgerichte a) ist ein Handelsregister zu führen, in welches die in diesem Gesetzbuche angeordneten Eintragungen b) aufzunehmen sind.

Das Handelsregister ist öffentlich. Die Einsicht desselben ist während der gewöhnlichen Dienststunden einem Jeden gestattet. Auch kann von den Eintragungen gegen Erlegung der Kosten eine Abschrift gefordert werden, die auf Verlangen zu beglaubigen ist.

a) In Preußen werden die auf die Führung der Handelsregister bezüglichen Geschäfte durch die Amtsgerichte erledigt. §. 25 des Ausführungsgesetzes zum G.V.G. Vom 24. April 1878.

b) Ueber die Wirkung irrthümlicher Eintragungen vgl. E. v. 28. Sept. 1877 u. 6. April 1878, Entsch. XXIII S. 280 u. S. 285, sowie die Anm. zu Art. 45 u. 163.

13. Die Eintragungen in das Handelsregister sind von dem Handelsgerichte, sofern nicht in diesem Gesetzbuche in einzelnen Fällen ausdrücklich ein Anderes bestimmt ist, nach ihrem ganzen Inhalte durch eine oder mehrere Anzeigen in öffentlichen Blättern ohne Verzug bekannt zu machen.

14. Jedes Handelsgericht hat für seinen Bezirk alljährlich im Monat Dezember die öffentlichen Blätter zu bestimmen, in welchen im Laufe des nächstfolgenden Jahres die im Artikel 13 vorgeschriebenen Bekanntmachungen erfolgen sollen. Der Beschluß ist in einem oder mehreren öffentlichen Blättern bekannt zu machen.

Wenn eines der bestimmten Blätter im Laufe des Jahres zu erscheinen aufhört, so hat das Gericht ein anderes Blatt an dessen Stelle zu bestimmen und öffentlich bekannt zu machen.

Inwiefern die Gerichte bei der Wahl der zu bestimmenden Blätter an Weisungen höherer Behörden gebunden sind, ist nach den Landesgesetzen zu beurtheilen.

Dritter Titel. Von Handelsfirmen.

15. Die Firma eines Kaufmanns[a] ist der Name,[b] unter welchen er im Handel seine Geschäfte betreibt[c] und die Unterschrift abgiebt.[d]

a) Auch ein Einzelkaufmann hat eine Firma und kann unter der Firma ohne Nennung seines bürgerlichen Namens klagen, selbst wenn dieselbe nicht eingetragen ist. — E. v. 7. Nov. 1871. Stg. IV S. 225. Entsch. III S. 409.

b) Der einem bestimmten Kaufmann auferlegte Eid ist dem Inhaber der unter derselben Firma bestehenden Handlung abzunehmen, wenn sich ergiebt, daß der Richter unter der Bezeichnung des Kaufmanns nur die Firma gemeint haben könne. E. v. 3. Okt. 1874. Entsch. XIV S. 305.

c) Zur Substantiirung einer auf ein Handelsgeschäft gegründeten

Klage genügt die Anführung, dasselbe sei von der klagenden Firma mit dem Beklagten geschlossen worden. Der Vertreter der Firma, der das Geschäft geschlossen hat, braucht nicht genannt zu werden. — E. v. 10. Sept. 1873. Entsch. X S. 410. — Es ist nicht erforderlich, schon in der Klage zu begründen, daß der Inhaber der Firma zur Zeit des Geschäftsabschlusses mit dem Kläger oder Beklagten identisch ist, oder daß und warum, wenn ein Wechsel des Inhabers eingetreten, der jetzige Inhaber aus dem vom früheren geschlossenen Geschäft berechtigt oder verpflichtet ist. Es kann eine diesbezügliche Einrede abgewartet werden. E. v. 1. Dez. 1877. Entsch. XXIII S. 101.

d) Bei der Zeichnung einer Firma bedarf es der Beifügung des Namens des Zeichnenden nicht.

E. v. 10. Sept. 1873. Entsch. X S. 410.

Der Art. 15 schließt nicht aus, daß, wenn ein Kaufmann in anderer Weise, als unter seiner Firma die Unterschrift abgiebt, die Urkunde, falls nur ihre Herkunft und Absicht klar ist, als Beweismittel bei Rechtsstreitigkeiten, welche das Handelsgeschäft des fraglichen Kaufmanns berühren, berücksichtigt werden darf.

E. v. 12. März 1873. Entsch. IX S. 215.

Die Namens einer Firma eingegangenen Geschäfte gelten als für den thatsächlichen Inhaber der Firma geschlossen, auch wenn dieser als Inhaber zur Zeit nicht bekannt war.

E. v. 4. Mai 1875. Entsch. XVII S. 239.

16. Ein Kaufmann, welcher sein Geschäft ohne Gesellschafter oder nur mit einem stillen Gesellschafter a) betreibt, darf nur seinen Familiennamen (bürgerlichen Namen) mit oder ohne Vornamen als Firma führen.

Er darf der Firma keinen Zusatz beifügen, welcher ein Gesellschaftsverhältniß andeutet. b) Dagegen sind andere Zusätze gestattet, welche zur näheren Bezeichnung der Person oder des Geschäftes dienen. c)

a) Vgl. Art. 251, 257.

b) Ausnahmen enthalten die Art. 22 u. 24.

Rechtshandlungen, welche ein unter einer unzulässigen Firma eingetragener Kaufmann unter dieser Firma vorgenommen hat, sind nicht ungültig.

E. v. 24. Jan. 1877. Entsch. XXII. S. 71.

c) Andere Zusätze sind nicht gestattet, so ist der Zusatz „einzig" zum Gegenstand des Unternehmens („einzige Fabrik von . . .") unzulässig, da durch einen solchen Zusatz weder die Person der Inhaber noch das Geschäft näher bezeichnet, sondern nur eine Reklame beabsichtigt wird. E. v. 2. März 1881. R.G. III S. 166.

17. Die Firma einer offenen Handelsgesellschaft muß, wenn in dieselbe nicht die Namen sämmtlicher Gesellschafter aufgenommen sind, den Namen wenigstens eines der Gesellschafter mit einem das Vorhandensein einer Gesellschaft andeutenden Zusatze enthalten.

Die Firma einer Kommanditgesellschaft muß den Namen wenigstens eines persönlich haftenden Gesellschafters mit einem das Vorhandensein einer Gesellschaft andeutenden Zusatze enthalten.

Die Namen anderer Personen, als der persönlich haftenden[a] Gesellschafter, dürfen in die Firma einer Handelsgesellschaft nicht aufgenommen werden; auch darf sich keine offene Handelsgesellschaft oder Kommanditgesellschaft als Aktiengesellschaft bezeichnen, selbst wenn das Kapital der Kommanditisten in Aktien zerlegt ist.

a) Vergl. Art. 168.

18. Die Firma einer Aktiengesellschaft muß in der Regel[a] von dem Gegenstande ihrer Unternehmung entlehnt sein.

Der Name von Gesellschaftern oder anderen Personen darf in die Firma nicht aufgenommen werden.

a) Ausnahmen sind also gestattet.

19. Jeder Kaufmann ist verpflichtet, seine Firma bei dem Handelsgerichte, in dessen Bezirk seine Handelsniederlassung sich befindet, behufs der Eintragung[a)] in das Handelsregister anzumelden; er hat dieselbe nebst seiner persönlichen Unterschrift vor dem Handelsgerichte zu zeichnen oder die Zeichnung derselben in beglaubigter Form einzureichen.

a) Das Firmenrecht an sich ist in seiner Entstehung und Wirkung von der Eintragung nicht bedingt.

E. v. 18. Nov. 1873. Entsch. X S. 289.

Bei eingetragenen Firmen ist aber der Wortlaut der Eintragung entscheidend. Der Inhaber der Firma kann, wenn er sich im Geschäftsverkehr einer anders lautenden Bezeichnung als Firma bedient, hieraus ein Recht auf die Führung der so veränderten Firma nicht herleiten.

E. v. 9. Dez. 1871. Stg. V S. 82. Entsch. IV S. 254. (Vgl. Art. 27).

20. Jede neue Firma muß sich von allen an demselben Orte oder in derselben Gemeinde bereits bestehenden und in das Handelsregister eingetragenen Firmen deutlich unterscheiden.

Hat ein Kaufmann mit einem in das Handelsregister bereits eingetragenen Kaufmann gleiche Vor- und Familiennamen, und will auch er sich derselben als seiner Firma bedienen, so muß er dieser einen Zusatz beifügen, durch welchen sich dieselbe von der bereits eingetragenen Firma deutlich unterscheidet.[a)]

a) Dieser und der nächstfolgende Artikel setzen voraus, daß der Inhaber der schon bestehenden Firma zu deren Führung berechtigt ist. E. v. 22. Juni 1872. Entsch. VI S. 248.

21. Die Firma muß auch für die an einem anderen

Orte oder in einer anderen Gemeinde errichtete Zweigniederlassung[a]) bei dem für die letztere zuständigen Handelsgerichte angemeldet werden.

Besteht an dem Orte oder in der Gemeinde, wo die Zweigniederlassung errichtet wird, bereits eine gleiche Firma, so muß der Firma ein Zusatz beigefügt werden, durch welchen sie sich von jener bereits vorhandenen Firma deutlich unterscheidet.

Die Eintragung bei dem Handelsgerichte der Zweigniederlassung findet nicht statt, bevor nachgewiesen ist, daß die Eintragung bei dem Handelsgerichte der Hauptniederlassung geschehen ist.

a) Ob eine Anstalt als Niederlassung aufzufassen, ist quaestio facti: Ist sie nur zur Vermittelung der abzuschließenden Geschäfte errichtet, so ist sie als solche nicht zu betrachten.

Das Hauptkriterium für die Niederlassung ist, daß in ihr Geschäfte abgeschlossen werden und zwar nicht nur nebensächliche, den Abschluß oder die Ausführung der wesentlichen Geschäfte unterstützende oder erleichternde, sondern wesentliche, zu dem eigentlichen Geschäftsganzen der Hauptniederlassung gehörende. Auch ist es erforderlich, daß der Abschluß nicht lediglich nach den von der Hauptniederlassung für den Vertragsinhalt genau angegebenen Schematen (wie z. B. bei den von Eisenbahn-Stationen durch den Billetverkauf oder die Annahme von Frachtgütern abzuschließenden Verträgen), sondern mit einer gewissen Freiheit und Selbständigkeit der Entschließung erfolge.

Der Name der Anstalt ist im Allgemeinen nicht maßgebend.

Erfahrungsgemäß ist eine von einer Versicherungsgesellschaft errichtete Anstalt, an deren Spitze eine Subdirektion steht, als Zweigniederlassung zu betrachten. —

Der Gerichtsstand der Zweigniederlassung ist für alle zum Geschäftskreise der Niederlassung gehörenden Angelegenheiten begründet.

E. v. 14. Okt. 1874, 25. Mai 1875. Entsch. XIV S. 401, XVII S. 315.

22. Wer ein bestehendes Handelsgeschäft durch Vertrag oder Erbgang erwirbt, kann dasselbe[a] unter der bisherigen Firma mit oder ohne einen das Nachfolgeverhältniß[b] andeutenden Zusatz fortführen, wenn der bisherige Geschäftsinhaber oder dessen Erben die etwaigen Miterben in die Fortführung der Firma ausdrücklich[c] willigen.

a) Voraussetzung für das Recht zur Fortführung der Firma ist, daß das Geschäft, für welches sie bisher geführt wurde, im wesentlichen als dasselbe fortbesteht, wobei unter Geschäft nicht bloß der Vermögenskomplex, sondern das kaufmännische Unternehmen zu verstehen ist; wer das alte Geschäft, für dessen Fortführung die Firma erworben ist, aufgiebt, darf ein neues unter der erworbenen alten Firma nicht beginnen. E. v. 4. Mai 1880. R.G. I S. 261.

b) In dem U. v. 12. Okt. 1877 (XXIII S. 51) wird es für zulässig erklärt, daß Erben, welche eine unter der Firma „N. N." bestehende Handlung erworben, dieselbe unter der Firma „N. N.sche Erben" ohne Benennung der Erben fortführen dürfen.

c) Stillschweigende Ermächtigung kann Dritten gegenüber von Wirkung sein. E. v. 3. Nov. 1876. Entsch. XXI S. 306. — Vgl. Anm. zu Art. 24.

23. Die Veräußerung einer Firma als solcher, abgesondert von dem Handelsgeschäft,[a] für welches sie bisher geführt wurde, ist nicht zulässig.[b]

a) Der Grundsatz, daß eine Firma für sich allein nicht Gegenstand einer Veräußerung sein kann, findet auch Anwendung, wenn der Veräußerer der Firma ein Handelsgeschäft überhaupt nicht betrieben hat. — E. v. 22. Juni 1872. Entsch. VI S. 246.

b) Die Frage, ob bei der Veräußerung des Geschäfts eines Einzel=

kaufmanns die Außenstände für mitübertragen anzusehen sind, muß nach der Lage des konkreten Falles beurtheilt werden.

E. v. 28. März 1871. Entsch. II S. 151.

Sind die Außenstände mit übertragen, so gehören auch dazu die Schadensansprüche gegen Handlungsbevollmächtigte wegen Vertragsbruches. — E. v. 3. Okt. 1870. Entsch. I S. 37.

Wer ein bestehendes Handelsgeschäft übernimmt und unter der früheren Firma fortführt, haftet nicht ohne Weiteres für die vorhandenen Geschäftsschulden. Es ist dies unter Mißbilligung der entgegengesetzten Ansicht des Preuß. Ob.-Tribunal (Strieth. Bd. 70. S. 353) von dem R.O.H.G. wiederholt angenommen. Z. B. E. v. 21. Okt. 1870, 17. Dez. 1873, 23. Jan. 1875; Entsch. I S. 66, XII S. 159, XVI S. 272. — Das R.G. hat jedoch in dem durch U. v. 9. Juli 1880 (II S. 55) entschiedenen Falle angenommen, daß der Erwerber eines Handelsgeschäfts, welcher in alle geschäftlichen Beziehungen des bisherigen Inhabers eintritt und dasselbe unter Beibehaltung der bisherigen Firma fortsetzt, damit den bisherigen Gläubigern die Offerte macht, sie zu befriedigen, daß diese Offerte der Annahme nicht bedarf und daß dies besonders bezüglich derjenigen Gläubiger gilt, mit denen der Erwerber die frühere Geschäftsverbindung fortsetzt.

Hat der Erwerber des Geschäfts die Uebernahme der Passiva in handelsüblicher Weise, z. B. durch Versendung von Circularen bekannt gemacht, so haftet er auch nach der Ansicht des R.O.H.G. für die Passiva des übernommenen Geschäfts, ohne daß es auf die Bestimmungen des Ueberlassungsvertrages in Betreff der Vertretung der Schulden ankommt, gleichviel ob die Firma beibehalten oder geändert wird (vgl. Art. 113) und zwar auch denjenigen Geschäftsgläubigern gegenüber, denen eine Bekanntmachung nicht zugegangen ist. (Entsch. I. S. 64, III S. 182). — Die Haftpflicht des Uebernehmers beschränkt sich in einem solchen Falle nicht auf die ihm bekannten oder aus den Geschäftsbüchern ersichtlichen, sondern auf alle vorhandenen, selbst auf die bedingten, betagten oder aus noch nicht erfüllten zweiseitigen Verträgen entspringenden Forderungen. (Entsch. VIII S. 385).

Das durch Bekanntmachung einmal begründete Rechtsverhältniß wird durch ein zwischen dem Veräußerer und dem Erwerber des Geschäfts nachträglich geschlossenes Abkommen, daß gewisse Forderungen vom Uebergange ausgeschlossen sein sollen, selbst dann nicht berührt, wenn diese neue Vereinbarung erfolgt oder dem Gläubiger bekannt gemacht ist, bevor dieser die Absicht, den neuen Erwerber als Schuldner in Anspruch zu nehmen, erklärt hatte. (Entsch. VIII S. 383). — Der Veräußerer des Geschäfts bleibt nach wie vor dem Gläubiger verhaftet. Die Verhaftung des Erwerbers tritt neben die seinige. Aus der Geltendmachung der Ansprüche gegen den ursprünglichen Schuldner kann daher nicht geschlossen werden, daß die Forderung gegen den Uebernehmer aufgegeben werden solle, selbst dann nicht, wenn ihm inzwischen die Rückgängigmachung der Uebernahme angezeigt worden ist. (Entsch. VIII S. 384). Neue Vereinbarungen zwischen dem Gläubiger und dem früheren Inhaber binden den Uebernehmer nicht (das. S. 386).

Eine Mittheilung an einige wenige Geschäftsfreunde (Stg. IV S. 283, Entsch. IV S. 6) oder eine gewerbepolizeiliche Mittheilung an die Firmenbehörde (Entsch. XI S. 153) hat die obige Wirkung noch nicht. — Die Bekanntmachung muß die Mittheilung von der Uebernahme der Passiva enthalten. Eine bloße Bekanntmachung der Geschäftsübernahme genügt nicht. Der Beweis der Bekanntmachung trifft den Gläubiger, der sich auf sie beruft. E. v. 23. Jan. 1875. Entsch. XVI S. 272.

Ein nicht bekannt gemachtes Uebereinkommen, daß der Erwerber des Geschäfts die Passiva übernehme, giebt Dritten keine Rechte. E. v. 4. Okt. 1871, 17. Dez. 1873. Entsch. III S. 182, XII S. 161.

Ist nach der Fassung des Vertrages anzunehmen, daß die Bestimmung von der Uebernahme der Passiva zu Gunsten der Gläubiger geschlossen ist, daß der frühere Inhaber für seine Gläubiger habe Rechte erwerben wollen, so kommen die Bestimmungen über die Verträge zu Gunsten Dritter zur Anwendung, aus denen nach gem. R. der Dritte durch bloßen Beitritt (der schon in der Klageanstellung gefunden werden kann) Rechte erwirbt. E. v. 2. Dez. 1876. Entsch. XXI S. 233.

Bei der Uebernahme eines Geschäfts mit Aktivis und Passivis

ist im Zweifel als von den Betheiligten beabsichtigt anzunehmen, daß die Bücher auf den Uebernehmer mit übergehen sollen. E. v. 10. April 1876. Entsch. XIX S. 419.

Im Uebrigen hat der Uebernehmer nicht ohne Weiteres Anspruch auf die Handlungsbücher der übernommenen Handlung. E. v. 10. Sept. 1872. Entsch. VIII S. 74.

Vgl. Anm. zu Art. 113.

24. Wenn in ein bestehendes Handelsgeschäft Jemand als Gesellschafter eintritt, oder wenn ein Gesellschafter zu einer Handelsgesellschaft neu hinzutritt oder aus einer solchen austritt, so kann, ungeachtet dieser Veränderung, die ursprüngliche Firma fortgeführt werden.

Jedoch ist beim Austreten eines Gesellschafters dessen ausdrückliche[a)] Einwilligung[b)] in die Fortführung der Firma erforderlich, wenn sein Name in der Firma enthalten ist.

a) Es ist Sache der richterlichen Beurtheilung des einzelnen Falles, ob der Wille sich in einer solchen Weise kund gegeben hat, daß die Einwilligung als eine ausdrückliche anzusehen ist. — E. v. 18. Juni 1873. Entsch. X S. 289.

b) Ohne diese Einwilligung darf nicht einmal in einer das Nachfolgeverhältniß andeutenden Weise („vormals" ꝛc.) die frühere Firma in die neue aufgenommen werden. E. v. 29. Nov. 1881. R.G. V S. 111. Vgl. Anm. zu Art. 22.

25. Wenn die Firma geändert wird oder erlischt, oder wenn die Inhaber der Firma sich ändern,[a)] so ist dies nach den Bestimmungen des Artikels 19 bei dem Handelsgerichte anzumelden.[b)]

Ist die Aenderung oder das Erlöschen nicht in das Handelsregister eingetragen und öffentlich bekannt gemacht, so kann derjenige, bei welchem jene Thatsachen eingetreten sind, dieselben einem Dritten c) nur insofern entgegensetzen, als er beweist, daß sie dem letzteren bekannt waren. d)

Ist die Eintragung und Bekanntmachung geschehen, so muß ein Dritter die Aenderung oder das Erlöschen gegen sich gelten lassen, sofern nicht die Umstände die Annahme begründen, daß er diese Thatsachen weder gekannt habe, noch habe kennen müssen.

a) Der Art. 25 findet auch bei Verpachtungen von Handelsgeschäften Anwendung, wenn dem Pächter auf eine gewisse Zeit der Gebrauch der Firma überlassen wird. E. v. 3. Nov. 1876. Entsch. XXI S. 306.

b) Die Löschung der Firma im Handelsregister hat den Untergang des Firmenrechts nicht zur Folge, wenn nicht gleichzeitig der unter der Firma geführte Geschäftsbetrieb eingestellt wird.

Dagegen liegt in dem thatsächlichen Aufgeben des Geschäftsbetriebes ein Verzicht auf das Firmenrecht, auch wenn eine Löschung der Firma nicht erfolgt ist.

Vgl. E. v. 18. Juni 1873. Entsch. X S. 289.

c) Vgl. Anm. zu Art. 87 u. 231.

d) Hierdurch wird Dritten, welche in gutem Glauben mit der Firma kontrahiren, das Recht verliehen, ohne Rücksicht auf geheim gebliebene Aenderungen die als Inhaberin der Firma eingetragene Person für die Namens der Firma geschlossenen Geschäfte als Kontrahentin in Anspruch zu nehmen. Allein die bloße Thatsache, daß irgend eine Person im Namen der Firma Geschäfte abgeschlossen hat, genügt nicht, den Inhaber der Firma haftbar zu machen. Vielmehr muß jene Person zum Abschluß solcher Geschäfte ermächtigt gewesen sein. Stillschweigende Ermächtigung reicht aus und eine solche kann daraus gefolgert werden, daß der Inhaber die Fortführung des Geschäfts unter seiner Firma duldet.

E. v. 3. Nov. 1876. Entsch. XXII S. 306.

Der Art. 25 Abs. 2 kommt auch zur Anwendung, wenn die Firma

selbst im Handelsregister nicht eingetragen war. E. v. 3. April 1878. Entsch. XXIII S. 227.

26. Das Handelsgericht hat die Betheiligten zur Befolgung der Vorschriften der Artikel 19, 21 und 25 von Amtswegen durch Ordnungsstrafen anzuhalten.

In gleicher Weise hat es gegen diejenigen einzuschreiten, welche sich einer nach den Vorschriften dieses Titels ihnen nicht zustehenden Firma bedienen.

Hierzu E. f. Pr. Art. 5 und 6.

27. Wer durch den unbefugten Gebrauch einer Firma in seinen Rechten verletzt ist, kann den Unberechtigten auf Unterlassung der weiteren Führung der Firma und auf Schadensersatz belangen.[a)]

Ueber das Vorhandensein und die Höhe des Schadens entscheidet das Handelsgericht nach seinem freien Ermessen.[b)]

Das Handelsgericht kann die Veröffentlichung des Erkenntnisses auf Kosten des Verurtheilten verordnen.

a) Die Anwendbarkeit des Art. 27 ist also dadurch bedingt, daß
1. der eine Theil eine Firma unbefugt gebraucht,
2. der andere Theil dadurch in seinen Rechten verletzt wird.

Zu 1. Es ist nicht nothwendig, daß die Nichtbefugniß zum Gebrauche der Firma darin ihren Grund hat, daß der Verletzte dieselbe Firma befugter Weise führt, oder zu führen beabsichtigt, daß sich also Firma-Unberechtigter und Firma-Berechtigter gegenüberstehen. Die Nichtbefugniß kann auch einem Nichtkaufmann gegenüber bestehen. — Die Bezeichnung von Waaren mit der Firma eines Anderen ist als Gebrauch dieser Firma im Sinne des Art. 27 nicht anzusehen. (Gegen einen derartigen Mißbrauch fremder Firmen ist §. 14 des Ges. über den Markenschutz* gerichtet). E. v. 9. Dez. 1871

* Das Ges. über den Markenschutz ist hinten unter den Ergänzungsgesetzen abgedruckt.

(Entsch. IV S. 254), 22. Juni 1872 (Entsch. VI S. 249), 2. März 1881 (R.G. III S. 165).

Läßt Jemand seinen Namen lediglich zu dem Zweck als Firma eingetragen, damit ein Anderer unter dieser Firma ein Handelsgeschäft betreibt, so kann die Klage sowohl gegen denjenigen, der den Namen hergiebt, als gegen denjenigen, der das Geschäft betreibt, gerichtet werden. E. v. 2. Febr. 1881. R.G. III S. 120.

Zu 2. Die Rechtsverletzung braucht nicht grade das Vermögen zu betreffen, kann aber, wenn dies nicht der Fall ist, nur ein dem Verletzten zustehendes Verbietungsrecht zum Gegenstande haben. Das Vorhandensein eines solchen ist anzunehmen, wenn der Verletzte seinerseits ein Recht auf die Führung der Firma hat, oder ein ihm zustehendes Patentrecht verletzt ist.

Der Verletzte kann die ihm im Art. 27 eingeräumten Rechte auf Inhibirung der Weiterführung der Firma und auf Schadenersatz elektiv und kumulativ ausüben.

E. vom 9. Dez. 1871 (Entsch. IV S. 254), vom 22. Juni 1872 (Entsch. VI S. 249) und vom 2. März 1881 (R.G. III S. 167).

Das Betreiben eines Handelsgewerbes in einem Lokale, über welchem aus der Zeit eines früheren Geschäftsinhabers eine Firma-Aufschrift steht, kann einen Mißbrauch dieser Firma darstellen. — E. v. 17. Sept. 1874. Entsch. XIV S. 184.

Mißbrauch einer Firma liegt auch vor, wenn sich Jemand fälschlich als bestellter Vertreter des Firmen-Berechtigten gerirt und in dieser Eigenschaft Handelsgeschäfte abschließt. Der Firmen-Berechtigte (nicht der von ihm für einen bestimmten Bezirk bestellte Vertreter) ist befugt, ein richterliches Verbot gegen einen derartigen Mißbrauch zu erwirken. E. v. 13. Dez. 1876. Entsch. XXI S. 221.

b) d. h. ohne an Beweisregeln gebunden zu sein.

Vierter Titel. Von den Handelsbüchern.

28. Jeder Kaufmann[a] ist verpflichtet, Bücher zu führen, aus welchen seine Handelsgeschäfte und die Lage seines Vermögens vollständig zu ersehen sind.[b]

Er ist verpflichtet, die empfangenen Handelsbriefe aufzubewahren c) und eine Abschrift (Kopie oder Abdruck) der abgesandten Handelsbriefe zurückzubehalten und nach der Zeitfolge in ein Kopirbuch einzutragen.*

---

* Hierzu Konkursordnung

§. **209.** Schuldner, welche ihre Zahlungen eingestellt haben, oder über deren Vermögen das Konkursverfahren eröffnet worden ist, werden wegen betrügerischen Bankerutts mit Zuchthaus bestraft, wenn sie in der Absicht, ihre Gläubiger zu benachtheiligen,

1\. . . . 2 . . .

3\. Handelsbücher zu führen unterlassen haben, deren Führung ihnen gesetzlich oblag, oder

4\. ihre Handelsbücher vernichtet oder verheimlicht oder so geführt oder verändert haben, daß dieselben keine Uebersicht des Vermögenszustandes gewähren.

Sind mildernde Umstände vorhanden, so tritt Gefängnißstrafe nicht unter drei Monaten ein.

§. **210.** Schuldner, welche ihre Zahlungen eingestellt haben, oder über deren Vermögen das Konkursverfahren eröffnet worden ist, werden wegen einfachen Bankerutts mit Gefängniß bis zu zwei Jahren bestraft, wenn sie

1 . . .

2\. Handelsbücher zu führen unterlassen haben, deren Führung ihnen gesetzlich oblag, oder dieselben verheimlicht, vernichtet oder so unordentlich geführt haben, daß sie keine Uebersicht ihres Vermögensstandes gewähren, oder

3\. es gegen die Bestimmung des Handelsgesetzbuchs unterlassen haben, die Bilanz ihres Vermögens in der vorgeschriebenen Zeit zu ziehen.

§. **214.** Die Strafvorschriften der §§. 209—211 finden gegen die Mitglieder des Vorstandes einer Aktiengesellschaft oder eingetragenen Genossenschaft und gegen die Liquidatoren einer Handelsgesellschaft oder eingetragenen Genossenschaft, welche ihre Zahlungen

a) Mit der im Art. 10 gemachten Ausnahme; vgl. die Anm. zu Art. 10.

b) Die Buchführung und Bilanzziehung muß alle Nebengeschäfte und Zweigniederlassungen umfassen, selbst wenn die Nebengeschäfte unter den Art. 10 fallen und deshalb an sich für sie keine Bücher zu führen wären. E. v. 1. Febr. 1882. R.G. Entsch. in Strafs. V S. 407.

c) Ueber die Dauer der Aufbewahrungspflicht vgl. Art. 33 Abs. 2.

29. Jeder Kaufmann hat bei dem Beginne seines Gewerbes seine Grundstücke, seine Forderungen und Schulden, den Betrag seines baaren Geldes und seine anderen Vermögensstücke genau zu verzeichnen, dabei den Werth der Vermögensstücke anzugeben und einen das Verhältniß des Vermögens und der Schulden darstellenden Abschluß zu machen; er hat demnächst in jedem Jahre[a] ein solches Inventar und eine solche Bilanz seines Vermögens anzufertigen.

Hat der Kaufmann ein Waarenlager, dessen Inventur nach der Beschaffenheit des Geschäfts nicht füglich in jedem Jahre geschehen kann, so genügt es, wenn das Inventar[b] des Waarenlagers alle zwei Jahre aufgenommen wird.[c]

Für Handelsgesellschaften kommen dieselben Bestimmungen in Bezug auf das Gesellschaftsvermögen zur Anwendung.

a) Eine erst nach dem Schlusse des Geschäftsjahres begonnene Ziehung der Bilanz ist keine rechtzeitige. E. v. 28. April 1880. R.G. Entsch. in Strafs. II S. 30.

---

eingestellt hat, oder über deren Vermögen das Konkursverfahren eröffnet worden ist, Anwendung, wenn sie in dieser Eigenschaft die mit Strafe bedrohten Handlungen begangen haben.

b) Es gilt dies nur vom Inventar; die Bilanz muß jährlich aufgenommen werden. — E. v. 25. März 1876. Entsch. XX S. 245;

c) vgl. die Strafbestimmung in dem zu Art. 28 abgedruckten §. 210 Konkursordnung.

30. Das Inventar und die Bilanz sind von dem Kaufmann zu unterzeichnen. Sind mehrere persönlich haftende Gesellschafter vorhanden, so haben sie alle zu unterzeichnen.

Das Inventar und die Bilanz können in ein dazu bestimmtes Buch eingeschrieben oder jedesmal besonders aufgestellt werden. Im letzteren Falle sind dieselben zu sammeln und in zusammenhängender Reihenfolge geordnet aufzubewahren.

31. Bei der Aufnahme des Inventars und der Bilanz sind sämmtliche Vermögensstücke und Forderungen nach dem Werthe anzusetzen, welcher ihnen zur Zeit der Aufnahme beizulegen ist.

Zweifelhafte Forderungen sind nach ihrem wahrscheinlichen Werthe anzusetzen, uneinbringliche Forderungen aber abzuschreiben.[a)]

a) Ueber die Grundsätze, nach denen die kaufmännische Bilanz aufzumachen ist, vgl. E. v. 3. Dez. 1873, Entsch. XII S. 16.

In wie weit die Rechte und Pflichten aus abgeschlossenen, aber noch nicht ausgeführten Lieferungsverträgen auf Zeit bei Aufstellung der Bilanz als Aktivum oder Passivum anzusetzen sind, ist reine Thatfrage. E. v. 9. Sept. 1878. Entsch. XXIV S. 73.

32. Bei der Führung der Handelsbücher und bei den übrigen erforderlichen Aufzeichnungen muß sich der Kaufmann einer lebenden Sprache und der Schriftzeichen einer solchen bedienen.[a)]

Die Bücher müssen gebunden und jedes von ihnen muß Blatt für Blatt mit fortlaufenden Zahlen versehen sein.

An Stellen, welche der Regel nach zu beschreiben sind, dürfen keine leeren Zwischenräume gelassen werden. Der ursprüngliche Inhalt einer Eintragung darf nicht durch Durchstreichen oder auf andere Weise unleserlich gemacht, es darf nichts radirt, noch dürfen solche Veränderungen vorgenommen werden, bei deren Beschaffenheit es ungewiß ist, ob sie bei der ursprünglichen Eintragung oder erst später gemacht worden sind.[b]

a) Als Erforderniß einer ordnungsmäßigen Buchführung wird der Regel nach Vornahme der Eintragungen mit Dinte angesehen werden müssen. Bei gewissen einzelnen Büchern, welche nur einen vorläufigen Zweck haben, in welche die Eintragungen auf der Stelle und häufig an Orten gemacht werden müssen, wo es an geeigneter Schreibgelegenheit fehlt und deren Führung Personen überlassen zu werden pflegt, welche mit der Feder weniger bewandert sind (Lager-Aufsehern 2c.), sind unbeschadet der Beweiskraft Eintragungen mit Blei für zulässig zu erachten. E. v. 29. Sept. 1875. Entsch. XVIII S. 231.

b) An Handlungsbüchern kann eine strafbare Urkundenfälschung begangen werden. E. v. 9. Febr. 1881. R.G. Entsch. in Straff. IV S. 4.

33. Die Kaufleute sind verpflichtet, ihre Handelsbücher während zehn Jahre, von dem Tage der in dieselben geschehenen letzten Eintragung an gerechnet, aufzubewahren.

Dasselbe gilt in Ansehung der empfangenen Handelsbriefe, sowie in Ansehung der Inventare und Bilanzen.

34.
35. (aufgehoben.*)
36.

---

* Einführungsges. zur Civilprozeß-Ordnung vom 30. Jan. 1877.
§. 13.
Aufgehoben werden:
1. . . .
2. Art. 34—36, 37 Satz 2, 39, 77, 78, 79 Abs. 2, 488, 494, 889 des Handelsgesetzbuchs
. . . . .

Nachstehende zu den aufgehobenen Artikeln ergangenen Entscheidungen dürften noch einige Bedeutung haben:

Die Beweiskraft der Handelsbücher bezieht sich auch auf die Eintragungen von Vertragsabschlüssen, welche noch von keiner Seite erfüllt sind; sie ist nicht abhängig von der Eintragung eines bestimmten Debet- und Kreditpostens.

E. v. 7. März 1873. Entsch. IX S. 119.

Die Eintragung über die Absendung von Waaren in den Handelsbüchern des Versenders kann zum Beweise über den Abschluß eines Kaufs mit dem Adressaten nicht dienen.

E. v. 21. März 1874. Entsch. XIII S 96.

Kreditirt der Käufer nach Empfang von Waaren den Verkäufer mit den fakturirten Preisen, so dokumentirt er damit, daß der Verkäufer diese Preise (sei es als vereinbarte, sei es als übliche) zu fordern hat, insoweit nicht etwa die Eintragung den Charakter des Provisorischen trägt oder auf einem Irrthum beruht.

E. v. 29. April 1874. Entsch. XIII S. 340.

Aus der Nichteintragung eines Geschäfts kann ein Beweis gegen die Existenz des Geschäfts entnommen werden.

E. v. 28. April 1875. Entsch. XVII S. 98.

Jeder Kaufmann muß zwar den Inhalt seiner Handelsbücher wider sich gelten lassen; dies schließt aber nicht aus, daß er durch andere Beweismittel die Irrthümlichkeit der Eintragungen darthut.

E. v. 10. Juni 1876. Entsch. XX S. 339.

37. Im Laufe eines Rechtsstreits kann der Richter auf den Antrag einer Partei die Vorlegung der Handelsbücher der Gegenpartei verordnen.[a] (Der zweite Satz des Artikels 37 ist aufgehoben.) *

a) Durch diese Bestimmung ist nicht der Partei, sondern dem Richter eine, allerdings von dem Antrage der Partei abhängige Befugniß eingeräumt worden.

Zu den vorzulegenden Büchern gehören alle thatsächlich geführten, nicht blos diejenigen, welche geführt werden müssen. — E. v. 17. März 1871. Entsch. II S. 126.

38. Wenn in einem Rechtsstreite Handelsbücher vorgelegt werden, so ist von dem Inhalte derselben, soweit er den Streitpunkt betrifft, unter Zuziehung der Parteien Einsicht zu nehmen und im geeigneten Falle ein Auszug zu fertigen. Der übrige Inhalt der Bücher ist dem Richter insoweit offen zu legen, als dies zur Prüfung ihrer ordnungsmäßigen Führung nothwendig ist.[a]

a) Ueber den Fall, wenn die Bücher zugleich Privataufzeichnungen enthalten, vgl. E. v. 5. Juni 1872, Entsch. VI S. 296.

39 (aufgehoben). **

40. Die Mittheilung der Handelsbücher zur vollständigen Kenntnißnahme von ihrem ganzen Inhalte kann in Erbschafts- oder Gütergemeinschafts-Angelegenheiten, sowie in Gesellschaftstheilungssachen und im Konkurse, soweit es die Bücher des Gemeinschuldners betrifft, gerichtlich verordnet werden.

Hauptbüchern, in welche die Eintragungen nur von Zeit zu Zeit erfolgen, ist eine selbständige Beweiskraft nicht beizulegen.

E. v. 29. Sept. 1875. Entsch. XVIII S. 234.

* Vgl. Anm. * auf S. 43.

** Vgl. Anmerkung * auf S. 43.

Fünfter Titel. Von den Prokuristen und Handlungsbevollmächtigten.*

Die Vertretungsbefugnisse in Handelsgeschäften sind nach dem Umfange der Vollmacht verschieden. Es giebt

1) Vollmachten mit gesetzlich bestimmtem Umfange, und zwar mit der Unterscheidung, daß dieser gesetzliche Umfang rechtswirksam Dritten gegenüber entweder unbeschränkbar ist (z. B. Art. 42, 43, 227, 231, 114, 116, 137, 138 H.G.B.), oder beschränkt werden kann (z. B. Art. 462 u. 500 H.G.B.);
2) solche Vollmachten, deren Umfang gesetzlich nicht absolut bestimmt, sondern der Willenserklärung des Vollmachtgebers überlassen ist, und zwar wieder mit einer Unterscheidung, jenachdem über den Umfang der Vollmacht entweder gesetzliche Präsumtionen aufgestellt sind (z. B. Art. 47, 49, 50, 234 2c.), oder ein solcher präsumtiver Umfang fehlt (z. B. Art. 298, 360 2c.). E. v. 19. März 1878. Entsch. XXIII S. 348.

41. Wer von dem Eigenthümer einer Handelsniederlassung (Prinzipal)[a] beauftragt ist, in dessen Namen und für dessen Rechnung das Handelsgeschäft zu betreiben und per procura die Firma zu zeichnen, ist Prokurist.[b]

Die Bestellung des Prokuristen kann durch Ertheilung einer ausdrücklich als Prokura bezeichneten Vollmacht, oder durch ausdrückliche Bezeichnung des Bevollmächtigten als Prokuristen, oder durch die Ermächtigung, per procura die Firma des Prinzipals zu zeichnen, geschehen.

Die Prokura kann mehreren Personen gemeinschaftlich ertheilt werden (Kollektivprokura.)[c]

---

* Die in Bezug auf die rechtliche Stellung der Agenten ergangenen Entscheidungen des R.O.H.G. sind im Anhange zusammengestellt.

a) Auch Kommanditgesellschaften, Kommanditgesellschaften auf Aktien und Aktiengesellschaften können Prokuristen bestellen. — E. v. 2. Nov. 1872, 15. Febr. u. 4. Dez. 1873. Entsch. VII S. 412, VIII S. 337, IX S. 68.

Für eine in Liquidation befindliche Handelsgesellschaft kann ein Prokurist nicht bestellt werden. — E. v. 6. Mai 1874. Entsch. XIII S. 224.

b) Ueber die rechtliche Stellung eines Prokuristen, welchem die selbständige Führung eines Geschäfts übertragen ist, gegenüber dem Geschäftsherrn vgl. E. v. 27. Nov. 1872, Entsch. VIII S. 108.

c) Vgl. Anm. a. zu Art. 43.

42. Die Prokura ermächtigt zu allen Arten von gerichtlichen und außergerichtlichen Geschäften und Rechtshandlungen, welche der Betrieb eines Handelsgewerbes mit sich bringt;[a] sie ersetzt jede nach den Landesgesetzen erforderliche Spezialvollmacht; sie berechtigt zur Anstellung und Entlassung von Handlungsgehülfen und Bevollmächtigten.

Zur Veräußerung und Belastung von Grundstücken ist der Prokurist nur ermächtigt, wenn ihm diese Befugniß besonders ertheilt ist.

a) Zur Einstellung des Betriebes, also zum Verkauf des vom Prinzipal betriebenen Handelsgeschäfts ist der Prokurist ohne Spezial-Vollmacht nicht befugt. E. v. 18. Sept. 1877. Entsch. XXIII S. 98. — Der Prokurist ist auch zur Prozeßführung in Handelssachen und zur Bestellung von Prozeßbevollmächtigten befugt. E. v. 3. Febr. 1876. Entsch. XXI S. 342. —

Der Prokurist einer Kommanditgesellschaft auf Aktien ist zur Vertretung derselben auch den Kommanditisten gegenüber befugt. E. v. 2. Nov. 1872 u. 15. Febr. 1873. Entsch. VII S. 412 u. XI S. 68.

43. Eine Beschränkung des Umfanges der Prokura

(Art. 42)[a] hat dritten Personen[b] gegenüber keine rechtliche Wirkung.[c]

Dies gilt insbesondere von der Beschränkung, daß die Prokura nur für gewisse Geschäfte oder gewisse Arten von Geschäften gelte, oder daß sie nur unter gewissen Umständen oder für eine gewisse Zeit oder an einzelnen Orten ausgeübt werden solle.

a) Die Bestimmung, daß der Prokurist einer Aktiengesellschaft nur in Verbindung mit einem Vorstandsmitgliede zur Vertretung der Gesellschaft und Zeichnung der Firma befugt sein soll, ist keine unzulässige Beschränkung der Prokura. — E. v. 4. Januar 1873. Entsch. VIII S. 337.

b) Vgl. Anm. a. zu Art. 87.

c) Die Beschränkung der Prokura hat dritten Personen gegenüber selbst dann keine Wirkung, wenn diese von der Beschränkung Kenntniß hatten. Vgl. Anm. zu Art. 231. Dem Prinzipal ist der Prokurist für Ueberschreitungen verantwortlich.

44. Der Prokurist hat in der Weise zu zeichnen, daß er der Firma einen die Prokura andeutenden Zusatz und seinen Namen beifügt.[a]

Bei einer Kollektivprokura hat jeder Prokurist der mit diesem Zusatze versehenen Firmazeichnung seinen Namen beizufügen.[b]

a) Dieser, sowie der Art. 48 enthalten nur Ordnungsvorschriften, von deren Beobachtung die Rechtsbeständigkeit der Zeichnung nicht abhängt. Der Prinzipal wird vielmehr auch verpflichtet, wenn der Prokurist oder Handlungsbevollmächtigte, innerhalb seiner Befugnisse, mit der Firma des Prinzipals ohne weiteren Zusatz (und zwar auch bei Wechseln) oder wenn er nur mit seinem eigenen Namen zeichnet, vorausgesetzt, daß nach dem ausdrücklich ausgesprochenen oder aus den Umständen sich ergebenden Willen der Parteien das Geschäft für den Prinzipal geschlossen werden sollte. E. v. 12. März 1872, 3. Mai u. 26. Nov. 1873. Entsch. V S. 263, X S. 56 u.

XII S. 133. — Unschädlich für die Gültigkeit des Geschäfts ist auch eine theilweise Befolgung der Form-Vorschrift, also ein die Prokura andeutender Zusatz ohne Beifügung des Namens des Prokuristen. Dies gilt auch für Wechsel-Unterschriften. E. v. 1. Mai 1875. Entsch. XVIII S. 99.

b) Hiermit ist nicht ausgesprochen, daß eine rechtswirksame Erklärung der Kollektiv-Prokuristen nur schriftlich erfolgen könne, noch ist die hier vorgeschriebene Form für schriftliche Erklärungen als die einzig mögliche anzusehen. Vielmehr ist auch bei Kollektivprokura nicht eine von jedem einzelnen Prokuristen abgegebene ausdrückliche Erklärung erforderlich. Allein eine allgemeine Behauptung, die von einem Kollektiv-Prokuristen ausgegangene Erklärung sei „mit Wissen und Willen" oder „mit Genehmigung" der übrigen abgegeben, ist ohne genauere Substantiirung ungenügend und kann jedenfalls in dieser Form nicht zum Gegenstand einer Eideszuschiebung gemacht werden. E. v. 26. Juni 1875. Entsch. XVII S. 402.

45. Die Ertheilung der Prokura ist vom Prinzipal persönlich oder in beglaubigter Form beim Handelsgerichte zur Eintragung in das Handelsregister anzumelden. a)

Der Prokurist hat die Firma nebst seiner Namensunterschrift persönlich vor dem Handelsgerichte zu zeichnen (Art. 44) oder die Zeichnung in beglaubigter Form einzureichen.

Das Erlöschen der Prokura ist von dem Prinzipal in gleicher Weise zur Eintragung in das Handelsregister anzumelden.

Die Betheiligten sind zur Befolgung dieser Vorschriften von Amtswegen durch Ordnungsstrafen anzuhalten.

a) Die durch Irrthum des Registerbeamten erfolgte Eintragung einer nicht ertheilten Prokura ist für den Prinzipal wirkungslos. E. v. 6. April 1878. Entsch. XXIII S. 285.

46. Wenn das Erlöschen der Prokura nicht in das Handelsregister eingetragen und öffentlich bekannt gemacht ist, so kann der Prinzipal dasselbe einem Dritten nur dann entgegensetzen, wenn er beweist, daß es letzterem beim Abschlusse des Geschäfts bekannt war.

Ist die Eintragung und Bekanntmachung geschehen, so muß ein Dritter das Erlöschen der Prokura gegen sich gelten lassen, sofern nicht durch die Umstände die Annahme begründet wird, daß er das Erlöschen beim Abschlusse des Geschäfts weder gekannt habe, noch habe kennen müssen.

47. Wenn ein Prinzipal Jemanden ohne Ertheilung der Prokura, sei es zum Betriebe seines ganzen Handelsgewerbes oder zu einer bestimmten Art von Geschäften oder zu einzelnen Geschäften,[a] in seinem Handelsgewerbe bestellt[b] (Handlungsbevollmächtigter),[c] so erstreckt sich die Vollmacht auf alle Geschäfte und Rechtshandlungen, welche der Betrieb eines derartigen Handelsgewerbes oder die Ausführung derartiger Geschäfte gewöhnlich[d] mit sich bringt.[e]

Jedoch ist der Handlungsbevollmächtigte zum Eingehen von Wechselverbindlichkeiten, zur Aufnahme von Darlehen und zur Prozeßführung nur ermächtigt, wenn ihm eine solche Befugniß besonders ertheilt ist.

Im Uebrigen bedarf er zu den Geschäften, auf welche sich seine Vollmacht erstreckt, der in den Landesgesetzen vorgeschriebenen Spezialvollmacht nicht.[f]

a) Auch derjenige ist als Handlungsbevollmächtigter anzusehen, welchen der Prinzipal zu einem einzelnen Geschäfte in seinem Handelsgewerbe bestellt hat. — E. v. 24. Jan. 1871. Stg. I S. 205, Entsch. I S. 252.

b) Die Bestellung kann durch mündliche, selbst durch stillschweigende Willenserklärung geschehen. — E. v. 14. Febr. 1874. Entsch. XII S. 277. — Eine stillschweigende Bestellung liegt vor, wenn der Prinzipal es zuläßt, daß ein Anderer sich als Handlungsbevollmächtigter gerirt, Briefe als Handlungsbevollmächtigter zeichnet, wofür das Briefkopierbuch des Prinzipals als Beweismittel dienen kann. E. v. 5. Nov. 1879. R.G. I S. 8.

c) Die Begriffe „Handlungsbevollmächtigter" und „Handlungsgehülfe" schließen einander nicht aus, brauchen aber nicht zusammenzufallen. In der Regel ist dieselbe Person zugleich Handlungsbevollmächtigter und Handlungsgehülfe, ersteres nach außen, letzteres gegenüber dem Prinzipal. Der Handlungsbevollmächtigte kann aber auch ein selbständiger Kaufmann sein (E. v. 8. Okt. 1872. Entsch. VII S. 298), oder ein Gewerbegehülfe, der andere als kaufmännische Dienste leistet (Kellner, Oberkellner), und deshalb (vgl. Anm. zu Art. 57) nicht Handlungsgehülfe ist. (E. v. 18. Sept. 1878. Entsch. XXIV S. 271.)

d) Fällt das abgeschlossene Geschäft thatsächlich in den besonderen Geschäftsbetrieb des vollmachtgebenden Kaufmannes, so bedarf es nicht des weiteren Nachweises, daß es auch gewöhnlich im Handelsgewerbe dieser Art vorkomme, d. h. daß auch andere Kaufleute ihr Gewerbe in dieser Art betreiben. — E. v. 14. Mai 1872. Entsch. VI S. 154.

e) Insoweit das H.G.B. keine ausdrücklichen Vorschriften hat, ist es Sache des Richters, nach den thatsächlichen Verhältnissen des einzelnen Falles unter Berücksichtigung der Natur des betreffenden Handelsgewerbes, der Bedürfnisse des Verkehrs und hauptsächlich der kaufmännischen Gebräuche, den Umfang der Handelsvollmacht, insbesondere auch die Frage zu beurtheilen, ob der Handlungsbevollmächtigte zu Vergleichsabschlüssen, Fristbewilligungen und Nachlässen befugt war. E. v. 14. Juni 1872. Entsch. VI S. 400.

Aus dem Verhalten des Prinzipals bei der Ausführung früherer durch den Bevollmächtigten abgeschlossener Geschäfte sind Folgerungen auf den Umfang der Vollmacht zulässig. — E. v. 26. Mai 1873. Entsch. X S. 142.

In dem E. v. 24. Jan. 1871 (Entsch. I S. 252) verneint das R.O.H.G. die Frage, ob ein Buchhalter ermächtigt ist, ein von ihm für den Prinzipal in dessen Auftrage geschlossenes Kaufgeschäft über Werthpapiere von schwankendem Kurse zu prolongiren.

Es ist an sich zulässig, der Vollmacht eines Handlungsbevollmächtigten Einschränkungen beizufügen. Derartige Einschränkungen des gesetzlich zu präsumirenden Umfangs der Vollmacht (z. B. Limitirung des Handlungsbevollmächtigten bezüglich der zu vereinbarenden Preise) sind vom Prinzipal zu beweisen und stehen Dritten nur entgegen, wenn dieselben sie gekannt haben oder hätten kennen müssen. Es ist Sache des Vollmachtgebers, die Beschränkungen bekannt zu machen. Derjenige, welcher mit einem Handlungsbevollmächtigten kontrahirt, darf — wenn keine besonderen Verdachtsgründe vorliegen — den Angaben desselben über den Umfang der Vollmacht trauen. Ueberschreitungen der Vollmacht sind im Zweifel vom Prinzipal zu vertreten.

E. v. 14. Febr. 1872, 26. Mai 1873, 15. Febr. 1875. Entsch. V S. 207, X S. 142, XVI S. 127. E. v. 19. März 1878. Entsch. XXIII S. 348.

Ueberschreitungen der Vollmacht gelten als stillschweigend genehmigt, wenn der Prinzipal das für ihn abgeschlossene Geschäft zu erfüllen begonnen hat, obwohl ihm die Ueberschreitung bekannt war.

E. v. 14. Febr. 1874. Entsch. XII S. 278.

Genehmigt der Prinzipal ein von dem Handlungsbevollmächtigten unbefugt vorgenommenes Geschäft, so kann sich der Dritte auf die mangelnde Ermächtigung des Handlungsbevollmächtigten nicht berufen.

Vgl. E. v. 15. Sept. 1871, Stg. III S. 260.

f) Der Art. 47 betrifft auch das innere Verhältniß zwischen Prinzipal und Handlungsbevollmächtigten, nicht bloß ihr Verhältniß zu Dritten. E. v. 13. Sept. 1878. Entsch. XXIV S. 196.

Die Artikel 47 ff. finden nicht Anwendung auf Vollmachten, die außerhalb des Geltungsgebiets des Deutschen H.G.B. ertheilt sind. — E. v. 14. Febr. 1872. Entsch. VIII S. 150.

48. Der Handlungsbevollmächtigte hat sich bei der Zeichnung jedes eine Prokura andeutenden Zusatzes zu enthalten; er hat mit einem das Vollmachtsverhältniß ausdrückenden Zusatze zu zeichnen.[a)]

a) Vgl. Anm. zu Art. 44.

49. Die Bestimmungen der beiden vorhergehenden Artikel finden auch Anwendung auf Handlungsbevollmächtigte, welche ihr Prinzipal als Handlungsreisende zu Geschäften an auswärtigen Orten verwendet. Dieselben gelten insbesondere für ermächtigt, den Kaufpreis aus den von ihnen abgeschlossenen Verkäufen einzuziehen oder dafür Zahlungsfristen zu bewilligen.[a)]

a) Dieser Artikel bezieht sich nur auf solche Reisende, die zugleich Handlungsbevollmächtigte im Sinne des Artikel 47 sind (nicht auf Agenten, Provisionsreisende 2c.). Doch kann das Fehlen eines Vollmachtverhältnisses dem gutgläubigen Dritten nur entgegengesetzt werden, wenn es für denselben erkennbar war. E. v. 13. Dez. 1870. Stg. I S. 172, Entsch. I S. 149. — Die Frage, ob der Handlungsreisende zum Inkasso aus dem nicht von ihm selbst, insbesondere aus den von seinem Reisevorgänger abgeschlossenen Verkäufen berechtigt ist, hat offen bleiben sollen. — Auf Grund einer generell zur Empfangnahme von Geldern lautenden Vollmacht ist der Reisende berechtigt, den Kaufpreis aus einem von seinem Vorgänger geschlossenen Geschäfte zu erheben, ohne daß es einer speziellen Vollmacht zur Einkassirung dieser Forderung bedarf. — Eine nach dem Widerruf der Vollmacht an den Reisenden geleistete Zahlung muß der Prinzipal wider sich gelten lassen, wenn er dem Schuldner den Widerruf der diesem bekannt gewordenen Vollmacht nicht angezeigt hat. Vgl. Anm. e zu Art. 47.

E. v. 14. Dez. 1871. Stg. V S. 145, Entsch. IV S. 294.

Zu der vom Handlungsreisenden anzuwendenden Sorgfalt eines ordentlichen Handlungsbevollmächtigten gehört die rechtzeitige, vollständige und richtige Mittheilung der Bedingungen eines mit einem auswärtigen Abnehmer geschlossenen Lieferungsvertrages, besonders wenn der Handel als Fixgeschäft mit knapper Lieferungszeit abgeschlossen war. — Läßt der Handlungsreisende diese Sorgfalt außer Acht, so haftet er für allen daraus entstehenden Schaden, wozu auch die Nachtheile eines dadurch verursachten überflüssigen Prozesses gehören.

E. v. 1. Okt. 1873. Entsch. XI S. 93.

Ohne besonderen Auftrag sind Handlungsreisende nicht befugt, Geschäfte, deren Abschluß sie dem Prinzipal angezeigt haben, rückgängig zu machen, besonders dann nicht, wenn der Prinzipal mit der Erfüllung bereits begonnen hat.

E. v. 17. Sept. 1872. Entsch. VIII S. 115.

Handlungsreisende sind in Prozessen ihrer Prinzipale als schlechthin unzulässige Zeugen über die von ihnen abgeschlossenen Geschäfte nicht anzusehen.

E. v. 15. Sept. 1873. Entsch. XI S. 25.

Ueber die Beweislast bezüglich des Betrages der Reisespesen eines Handlungsreisenden vgl. E. v. 3. Nov. 1875, Entsch. XIX S. 9.

50. Wer in einem Laden oder in einem offenen Magazin oder Waarenlager a) angestellt ist, gilt für ermächtigt, daselbst Verkäufe und Empfangnahmen vorzunehmen, welche in einem derartigen Laden, Magazin oder Waarenlager gewöhnlich b) geschehen.

a) Das Büreau einer Bank als eine der im Art. 50 bezeichneten Lokalitäten aufzufassen, läßt sich nur beim Vorhandensein besonderer Umstände und Einrichtungen im konkreten Falle rechtfertigen.

Die Vermuthung aus Art. 50 ist ausgeschlossen, wenn der Zahlende wußte, daß der Zahlungsempfänger nicht oder nur unter gewissen nicht vorhandenen Voraussetzungen zum Geldempfange berechtigt war. — E. v. 11. Dez. 1873. Entsch. XII S. 38.

b) Vgl. Anm. d zu Art. 47.

51. Wer die Waare und eine unquittirte Rechnung überbringt,[a] gilt deshalb noch nicht für ermächtigt, die Zahlung zu empfangen.

a) Vgl. Art. 296.

52. Durch das Rechtsgeschäft, welches ein Prokurist oder ein Handlungsbevollmächtigter gemäß der Prokura oder der Vollmacht[a] im Namen des Prinzipals schließt, wird der letztere dem Dritten gegenüber berechtigt und verpflichtet.[b]

Es ist gleichgültig, ob das Geschäft ausdrücklich im Namen des Prinzipals geschlossen worden ist, oder ob die Umstände[c] ergeben, daß es nach dem Willen der Kontrahenten für den Prinzipal geschlossen werden sollte.[d]

Zwischen dem Prokuristen oder Bevollmächtigten und dem Dritten erzeugt das Geschäft weder Rechte noch Verbindlichkeiten.[e]

a) Nicht jede in der Vollmacht ertheilte Form-Vorschrift ist als Bedingung der Verbindlichkeit des Auftraggebers aus dem materiell der Vollmacht entsprechenden Geschäft aufzufassen. Hat der Auftraggeber nicht ausdrücklich die Beobachtung der Form zur Bedingung der Gültigkeit gemacht, so ist die Form-Vorschrift nur für eine solche zu erachten, durch deren Beobachtung dem Dritten der Nachweis, daß das Geschäft für den Machtgeber geschlossen, erübrigt, durch deren Nichtbeobachtung ihm dieser Beweis aber nicht verschränkt wird. E. v. 1. Juni 1875. Entsch. XVIII S. 342.

b) Fällt das Geschäft an sich in den Bereich der Prokura oder Vollmacht, so muß der Prinzipal für Betrug und Versehen des Prokuristen oder Bevollmächtigten einstehen, wie ihm andererseits ein Irrthum des Prokuristen oder Bevollmächtigten, ein gegen denselben verübter Betrug oder Zwang zu statten kommt.

Die Handlung des Vertreters wird dem Vertretenen so zugerechnet, als wäre sie seine eigene.

E. v. 18. Juni 1872. Entsch. VI S. 404.

Darauf, daß der Bevollmächtigte den ihm ertheilten Auftrag zum Abschluß des Geschäfts mißverstanden hat, kann sich der Prinzipal nicht berufen. E. v. 5. Nov. 1879. R.G. I S. 9.

c) Dahin gehören auch frühere Erklärungen des einen Kontrahenten. E. v. 15. Okt. 1870. Entsch. I S. 56.

d) Wenn das Geschäft weder ausdrücklich im Namen des Prinzipals geschlossen ist, noch die Umstände eine dahin gehende Absicht der Kontrahenten ergeben, so entstehen Rechtsbeziehungen nur zwischen dem Bevollmächtigten und dem Dritten, mag letzterem auch das Bestehen des Vollmachtsverhältnisses bekannt gewesen sein. E. v. 28. Nov. 1871. Stg. V S. 3.

e) Die partikularrechtlichen Bestimmungen (§. 1318 des Sächs. Bürg.G.B.), wonach Beauftragte aus den von ihnen auftragsgemäß geschlossenen Rechtsgeschäften in beschränkter Weise haften, finden auf Prokuristen oder Handlungsbevollmächtigte nicht Anwendung. E. v. 2. März 1876. Entsch. XIX S. 325.

53. Der Prokurist oder der Handlungsbevollmächtigte kann ohne Einwilligung des Prinzipals seine Prokura oder Handlungsvollmacht auf einen Anderen nicht übertragen.

54. Die Prokura oder Handlungsvollmacht ist zu jeder Zeit widerruflich,[a] unbeschadet der Rechte aus dem bestehenden Dienstverhältnisse.

Der Tod des Prinzipals hat das Erlöschen der Prokura oder Handlungsvollmacht nicht zur Folge.[b]

a) Dies gilt auch dann, wenn vertragsmäßig auf den Widerruf verzichtet ist. E. v. 7. Mai 1878. Entsch. XXIII. S. 326. — Bei der Widerruflichkeit der Prokura und Handlungsvollmacht kann es ein vertragsmäßiges Recht auf dieselbe nicht geben. E. v. 30. März 1872. Entsch. V S. 340.

b) Rechtsgeschäfte, welche ein Handlungsbevollmächtigter nach Eröffnung des Konkurses über das Vermögen des Prinzipals geschlossen hat, sind ungültig, selbst wenn der Handlungsbevollmächtigte keine Kenntniß von der Konkurs-Eröffnung hatte. E. v. 13. Sept. 1878. Entsch. XXIV S. 193.

55. Wer ein Handelsgeschäft als Prokurist oder als Handlungsbevollmächtigter schließt, ohne Prokura oder Handlungsvollmacht erhalten zu haben, ingleichen ein Handlungsbevollmächtigter, welcher bei Abschluß eines Geschäfts seine Vollmacht überschreitet,a) ist dem Dritten persönlich nach Handelsrecht verhaftet; der Dritte kann nach seiner Wahl ihn auf Schadensersatz oder Erfüllung belangen.

Diese Haftungspflicht tritt nicht ein, wenn der Dritte, ungeachtet er den Mangel der Prokura oder der Vollmacht oder die Ueberschreitung der letzteren kannte, sich mit ihm eingelassen hat.b)

a) Vgl. Anm. d. zu Art. 47.

b) Vgl. Anm. zu Art. 298. — Die Kenntniß des Dritten ist Seitens des in Anspruch genommenen Prokuristen oder Handlungsbevollmächtigten zu erweisen. E. v. 8. April 1875. Entsch XVII S. 174.

56. Ein Prokurist oder ein zum Betriebe eines ganzen Handelsgewerbes bestellter Handlungsbevollmächtigter darf ohne Einwilligung des Prinzipals weder für eigene Rechnung, noch für Rechnung eines Dritten Handelsgeschäfte machen.

Eine Einwilligung des Prinzipals ist schon dann anzunehmen, wenn ihm bei Ertheilung der Prokura oder der Vollmacht bekannt war, daß der Prokurist oder

Handlungsbevollmächtigte für eigene oder fremde Rechnung Handelsgeschäfte betreibe, und er die Aufgebung dieses Betriebes nicht bedungen hat.

Uebertritt der Prokurist oder Handlungsbevollmächtigte diese Vorschrift, so kann der Prinzipal Ersatz des verursachten Schadens fordern. Auch muß sich der Prokurist oder Handlungsbevollmächtigte auf Verlangen des Prinzipals gefallen lassen, daß die für seine Rechnung gemachten Geschäfte als für Rechnung des Prinzipals geschlossen angesehen werden.a)

a) Ist der Prokurist Handlungsgehülfe (was nicht der Fall zu sein braucht), so findet außerdem auf ihn die Vorschrift des Art. 64 Ziff. 2 Anwendung.

E. v. 16. Febr. 1875. Entsch. XVI S. 290.

Der Art. 56 setzt ein bestehendes Vollmachtverhältniß voraus. Hat der Bevollmächtigte das Vollmachtverhältniß gelöst, wenn auch einseitig und ohne Grund, so können die demnächst von ihm gemachten eigenen Geschäfte nicht als Geschäfte des der Lösung widersprechenden Prinzipals aufgefaßt werden. Es gilt dies auch dann, wenn der Rücktritt nur durch konkludente Handlungen erklärt und dem Prinzipal nicht kund gethan ist. Selbstverständlich giebt ein solches Verfahren des Bevollmächtigten dem Prinzipal Anspruch auf Schadensersatz.

E. v. 9. Mai 1875. Entsch. XVI S. 169.

Sechster Titel. Von den Handlungsgehülfen.a)

a) Auf Handlungsbevollmächtigte, die nicht zugleich Handlungsgehülfen sind, findet dieser Titel nicht Anwendung. — E. v. 8. Okt. 1872. Entsch. VII S. 298.

57. Die Natur der Dienste und die Ansprüche der Handlungsgehülfen (Handlungsdiener, Handlungslehr-

linge)[a] auf Gehalt und Unterhalt werden, in Ermangelung einer Uebereinkunft, durch den Ortsgebrauch oder durch das Ermessen des Gerichts, nöthigenfalls nach Einholung eines Gutachtens von Sachverständigen, bestimmt.[b]

a) Unter Handlungsgehülfen im Sinne des Art. 57 u. folg. können nur diejenigen Gewerbegehülfen verstanden werden, welche einem Kaufmann bei dem Betriebe des Handelsgewerbes kaufmännische Hülfsdienste leisten, also nicht diejenigen Gehülfen, welche ausschließlich bei der Be- oder Verarbeitung der Waaren durch technische Dienstleistungen thätig sind, ohne bei dem Ankauf oder der Veräußerung derselben und den übrigen, den Waarenumsatz betreffenden Geschäften, einschließlich der Comtoirarbeiten, mitzuwirken. Auf dergleichen Hülfspersonen (z. B. Koch eines Restaurateurs, Werkführer einer Fabrik) finden die Vorschriften der Gewerbe-Ordnung (§§. 105 ff.) Anwendung.

E. v. 6. Mai u. 11. Nov. 1873, 20. Juni 1874. Entsch. X S. 297, XI S. 387, XIV S. 114.

Der Berichterstatter einer Zeitung ist nicht Handlungsgehülfe des Verlegers (E. v. 19. Mai 1871. Entsch. XIV S. 23), der Kellner oder Oberkellner nicht Handlungsgehülfe des Gastwirths, dessen Handlungsbevollmächtigter er aber sein kann (E. v. 18. Sept. 1878. Entsch. XXIV S. 271).

Was kaufmännische Dienste sind, gehört zur thatsächlichen Feststellung, welche mit der Revision nicht angefochten werden kann. E. v. 29. Mai 1875. Entsch. XVII S. 307 (der Richter zweiter Instanz hatte in dem durch dieses Urtel entschiedenen Fall die Beschäftigung eines Bernstein-Sortirers als eine kaufmännische angesehen); ebenso R.G. E. v. 31. März 1880 Bd. I S. 268.

b) Die rechtliche Stellung eines Handlungsgehülfen erleidet durch die Zusicherung einer Quote des Reingewinns keine wesentliche Aenderung. Insbesondere hat ein solcher Handlungsgehülfe (commis intéressé) keinen Anspruch auf Stimme bei der Leitung des Geschäfts oder Einspruch gegen einzelne Unternehmungen des Prinzipals, auch nicht auf Legung einer Verwaltungs-Rechnung. Er kann jedoch Mittheilung eines Gewinnnachweises und behufs Prüfung desselben Einsicht der Bücher, Papiere, Inventuren verlangen. E. v. 7. Jan. 1871. Stg. I S. 247. Entsch. I S. 194. — Dieses Recht verwirkt der am Gewinn betheiligte Handlungsgehülfe durch vertragswidriges Verhalten nicht. E. v. 15. Mai 1875. Entsch. XVII S. 275.

58. Ein Handlungsgehülfe ist nicht ermächtigt, Rechtsgeschäfte im Namen und für Rechnung des Prinzipals vorzunehmen.[a]

Wird er jedoch von dem Prinzipal zu Rechtsgeschäften in dessen Handelsgewerbe beauftragt, so finden die Bestimmungen über Handlungsbevollmächtigte Anwendung.

a) Vgl. Anm. c. zu Art. 47.

59. Ein Handlungsgehülfe darf ohne Einwilligung des Prinzipals weder für eigene Rechnung noch für Rechnung eines Dritten Handelsgeschäfte machen.

In dieser Beziehung kommen die für den Prokuristen und Handlungsbevollmächtigten geltenden Bestimmungen (Artikel 56) zur Anwendung.

60. Ein Handlungsgehülfe, welcher durch unverschuldetes Unglück an Leistung seines Dienstes zeitweise verhindert wird, geht dadurch seiner Ansprüche auf Gehalt und Unterhalt nicht verlustig. Jedoch hat er auf diese Vergünstigung nur für die Dauer von sechs Wochen Anspruch.

61. Das Dienstverhältniß zwischen dem Prinzipal und dem Handlungsdiener kann von jedem Theile mit Ablauf eines jeden Kalendervierteljahres nach vorgängiger sechswöchentlicher Kündigung[a] aufgehoben werden. Ist durch Vertrag eine kürzere oder längere Zeitdauer oder eine kürzere oder längere Kündigungsfrist bedungen, so hat es hierbei sein Bewenden.

In Betreff der Handlungslehrlinge ist die Dauer der Lehrzeit nach dem Lehrvertrage und in Ermangelung vertragsmäßiger Bestimmungen nach den örtlichen Verordnungen oder dem Ortsgebrauche zu beurtheilen.[b)]

a) Eine bedingte Kündigung ist wirkungslos. E. v. 22. Dez. 1871. Stg. V S. 184; Entsch. IV S. 342.

b) Ueber die Folgen eines einseitigen Rücktritts vom Engagements-Vertrage schweigt das H.G.B. Es kommen die landesgesetzlichen Vorschriften in Anwendung. Vgl. Anm. zu Art. 62.

In Preußen greift der Art. 408 Th. I Tit. 5 A.L.R. Platz, wonach jeder Theil unter der Behauptung, daß der andere Theil die Erfüllung nicht vertragsmäßig geleistet habe, zurücktreten kann und, wenn die Behauptung sich als falsch erweist, nur zur Entschädigung, nicht zur Erfüllung des Vertrages verpflichtet ist.

E. v. 5. Mai 1874. Entsch. XIII S. 221.

Daher hat auch der Lehrherr nach Preuß. Recht nicht einen erzwingbaren Anspruch auf Fortsetzung des Lehrverhältnisses.

E. v. 26. Sept. 1874. Entsch XIV S. 208 (vgl. IX S. 282.)

Nach Mecklenburgischem Rechte kann der Lehrherr im Wege der Klage die Zurückschaffung des (mit oder ohne Einwilligung seines Vaters) fortbleibenden Lehrlings verlangen.

E. v. 14. Febr. 1872. Entsch. V S. 143 (vgl. II S. 134.).

Ein Handlungsgehülfe vergiebt sich den Anspruch auf Schadensersatz nicht, wenn er der bestimmt ausgesprochenen Dienstausweisung ohne Widerrede Folge leistet, ohne sich zu ferneren Dienstleistungen anzubieten. — Eine anderweite Verwerthung seiner Arbeitskraft muß er sich anrechnen lassen.

Vgl. E. v. 12. Mai 1871, Stg. III S. 144, Entsch. II S. 284. (Die Entscheidung bezieht sich zunächst auf Sächsisches Recht.)

Der Vater, welcher einen Lehrvertrag geschlossen hat, ohne ausdrücklich zu erklären, daß er nur in Stellvertretung seines Sohnes handle, ist als Selbstkontrahent zu betrachten. Er hat dafür einzustehen, daß der Sohn bis zur Beendigung der Lehrzeit ausharre; mindestens ist er verpflichtet, vermöge der ihm über seinen Sohn zustehenden väterlichen Gewalt dem Lehrherrn in der Durchführung seiner Ansprüche aus dem Lehrvertrage behülflich zu sein. Dieser Verpflichtung handelt er zuwider, wenn er zugiebt, daß der Sohn in ein anderes Geschäft eintritt. E. v. 25. März u. 28. April 1874. Entsch. XIII S. 106, XIV S. 18. Ein nicht vom Vater des Lehrlings, aber Namens desselben geschlossener Lehrvertrag gilt als von jenem geschlossen und verpflichtet ihn also persönlich, wenn er — der Vater des Lehrlings — durch sein Verhalten den Lehrherrn zu der Annahme berechtigt, daß er mit dem Vertrage einverstanden sei. E. v. 24. Mai 1875. Entsch. XVII S. 395.

Der im Fall unberechtigter Aufhebung zu leistende Schadensersatz umfaßt gemäß Art. 283 auch den entgangenen Gewinn. E. v. 28. April 1874. Entsch. XIV S. 19.

Bei vorzeitiger Aufhebung eines Lehrverhältnisses hat der Prinzipal einen Anspruch auf Erstattung desjenigen Aufwandes, welcher ihm durch die Besoldung eines an Stelle des Lehrlings angenommenen Kommis erwächst. E. v. 20. Sept. 1870 u. 25. März 1874. Stg. I S. 46, Entsch. I S. 32 u. XIII S. 106.

Auch der Lehrherr, welcher ohne Grund den Lehrling vor Ablauf der Lehrzeit entläßt, ist verpflichtet, denselben vollständig schadlos zu halten. E. v. 4. Okt. 1874. Entsch. VII S. 277.

Der vom Vertrage zurücktretende Vater des Lehrlings hat einen Anspruch auf Erstattung eines entsprechenden Theiles des Lehrgeldes. Der Lehrherr kann jedoch seine Schadensansprüche zur Kompensation stellen. E. v. 26. Sept. 1874. Entsch. XIV S. 208.

62. Die Aufhebung des Dienstverhältnisses vor der bestimmten Zeit (Artikel 61) kann aus wichtigen Gründen von jedem Theile verlangt werden.

Die Beurtheilung der Wichtigkeit der Gründe bleibt dem Ermessen des Richters überlassen.[a)]

a) Die in den Artikeln 64 und 65 aufgeführten Fälle sind nur Beispiele, die unter Umständen geeignet sind, dem Richter bei Ausübung seines freien Ermessens einen gewissen Anhalt zu bieten. — E. v. 12. Mai 1871. Stg. III S. 44, Entsch. II S. 84; E. v. 29. Nov. 1871. Stg. V S. 24, Entsch. IV S. 398; E. v. 1. Juni 1872. Entsch. VI S. 214.

Ob Konkurs-Eröffnung über das Vermögen des Handlungsgehülfen Entlassungsgrund ist, hängt von der Wichtigkeit der Stellung des Handlungsgehülfen ab. E. v. 4. Juni 1875. Entsch. XVIII S. 24. In diesem Urtel bejaht das R.O.H.G. die Frage in Bezug auf einen technischen Direktor einer bedeutenden Fabrik, „weil zu einer gedeihlichen Verwaltung seines Vorsteher-Amtes das allseitige volle Ansehen im öffentlichen Leben unerläßlich sei". In dem E. v. 24. Febr. 1877 (Entsch. XXI S. 393) erklärt das R.O.H.G. die Entlassung eines Handlungsreisenden für gerechtfertigt, der, trotz der ihm eingeschärften Vorsicht bei Aufnahme von Aufträgen, Bestellungen als feste aufgegeben hatte, von denen sich später herausstellte, daß sie solche nicht waren.

Im Prozesse können auch Gründe geltend gemacht werden, welche bei der Entlassung selbst nicht angegeben waren. E. v. 7. Nov. 1876. Entsch. XXI S. 252. — Frühere bereits verziehene Vorgänge allein können die Dienstentlassung nicht begründen. Es kann aber beim Eintritt einer neuen Pflichtwidrigkeit auf sie zurückgegangen werden, um zu beurtheilen, ob das Gesammtverhalten des Handlungsgehülfen genügenden Grund zur Dienstentlassung gab. E. v. 27. April 1875. Entsch. XVII S. 221.

Die Erheblichkeit eines vorgebrachten Grundes läßt sich häufig nicht von vornherein, sondern erst bemessen, wenn er im Beweisverfahren im Einzelnen dargethan ist. Der Beweisbeschluß kann deshalb allgemein gefaßt sein. E. v. 20. Nov. 1875. Entsch. XIX S. 113.

Das Recht zur Entlassung von Handlungsgehülfen kann nur nach Art. 62, 64 H.G.B., nicht als Landesrecht beurtheilt werden. E. v. 4. Juni 1875. Entsch. XVIII S. 28. — Es ist nicht richtig, daß nur dolus oder culpa lata des Handlungsgehülfen zu seiner Entlassung berechtige. E. v. 7. Nov. 1876. Entsch. XXI S. 252.

Die Frage, ob eine Dienstwidrigkeit wichtig genug ist, um die vorzeitige Aufhebung des Dienstverhältnisses zu rechtfertigen, ist eine That- nicht eine Rechtsfrage. E. v. 6. Mai 1873. Entsch. X S. 105.

Unzeitige Aufhebung des Vertragsverhältnisses giebt nach pr. R. nur einen Anspruch auf Entschädigung, nicht auf Erfüllung. Die Klage des Bediensteten auf Fortzahlung des Gehalts ist als Schadensklage anzusehen. Die vertragsmäßige Vergütung bildet den Maßstab für das vom Prinzipal zu leistende Erfüllungs-Interesse. Die Einrede, der entlassene Handlungsgehülfe habe sich anderweiten Erwerb verschafft, ist von dem belangten Prinzipal zu substantiiren und zu beweisen. E. v. 27. April und 25. Juni 1875. Entsch. XVII S. 221 u. XVIII S. 370.

Der Vater eines Lehrlings ist zur Aufhebung des Lehrvertrages berechtigt, wenn der Lehrherr sich in so gestörten häuslichen Verhältnissen befindet, daß die gute Erziehung des Sohnes gefährdet erscheint, mag dies selbst dem Vater bei Eingehung des Lehrvertrages schon bekannt gewesen sein.

E. v. 25. März 1874. Entsch. XIII S. 109.

Der aus wichtigen Gründen vom Vertrage Zurücktretende hat Anspruch auf Ersatz des ihm durch den Rücktritt erwachsenden Schadens.

E. v. 28. April 1874. Entsch. XIV S. 21.

63. Gegen den Prinzipal kann insbesondere die Aufhebung des Dienstverhältnisses ausgesprochen werden, wenn derselbe den Gehalt oder den gebührenden Unterhalt nicht gewährt, oder wenn er sich thätlicher Mißhandlungen oder schwerer Ehrverletzungen gegen den Handlungsgehülfen schuldig macht.a)

a) Ob bei einem Wechsel der Geschäfts-Inhaber der Bedienstete das Dienstverhältniß fortsetzen muß, oder Aufhebung des Dienstverhältnisses und Schadensersatz verlangen kann, ist nach der Lage des einzelnen Falls zu entscheiden. Ist nach der Lage des Falls anzunehmen, daß durch den Uebergang des Geschäfts eine wesentliche Aenderung des Vertragsinhalts nicht stattfindet, so muß sich der Handlungsgehülfe die Vertragserfüllung Seitens des neuen Geschäfts-Inhabers als die ihm im Vertrage gewährleistete gefallen lassen. E. v. 25. Juni 1875. Entsch. XVIII S. 374.

64. Gegen den Handlungsgehülfen kann insbesondere die Aufhebung des Dienstverhältnisses ausgesprochen werden:

1) wenn derselbe im Dienste untreu ist oder das Vertrauen mißbraucht;
2) wenn derselbe ohne Einwilligung des Prinzipals für eigene Rechnung oder für Rechnung eines Dritten Handelsgeschäfte macht;[a)]
3) wenn derselbe seine Dienste zu leisten verweigert oder ohne einen rechtmäßigen Hinderungsgrund[b)] während einer den Umständen nach erheblichen Zeit unterläßt;
4) wenn derselbe durch anhaltende Krankheit oder Kränklichkeit oder durch eine längere Freiheitsstrafe oder Abwesenheit an Verrichtung seiner Dienste verhindert wird;
5) wenn derselbe sich thätlicher Mißhandlungen oder erheblicher Ehrverletzungen gegen den Prinzipal schuldig macht;
6) wenn derselbe sich einem unsittlichen Lebenswandel ergiebt.

a) Vgl. Anm. zu Art. 56.

b) Das Nichtvorhandensein eines rechtmäßigen Hinderungsgrundes hat der Prinzipal nachzuweisen, wenn er darauf seine Berechtigung zur vorzeitigen Entlassung des Handlungsgehülfen stützt. — E. v. 28. Sept. 1872. Entsch. VII S. 262.

65. Hinsichtlich der Personen, welche bei dem Betriebe des Handelsgewerbes Gesindedienste verrichten, hat es bei den für das Gesinde-Dienstverhältniß geltenden Bestimmungen sein Bewenden.

Siebenter Titel. Von den Handelsmäklern oder Sensalen.

Hierzu Art. 9 des E. f. Pr.

66. Die Handelsmäkler (Sensale) sind amtlich bestellte Vermittler für Handelsgeschäfte. [a)]

Sie leisten vor Antritt ihres Amtes den Eid, daß sie die ihnen obliegenden Pflichten getreu erfüllen wollen.

a) Der Mäkler, als solcher, übermittelt den Consens der einen Partei der anderen; er erklärt jedoch den Consens nicht im Namen oder als Vertreter der Partei; der Mäkler schließt nicht ab, sondern bekundet den Abschluß.

Auf denjenigen, der als Mäkler auftritt, ohne einen Auftrag zur Geschäftsvermittlung zu haben, finden daher nicht die Bestimmungen des Art. 298 Abs. 2, Art. 53, sondern die des Art. 81 Anwendung. E. v. 12. Jan. 1872. Entsch. IV S. 412.

Das durch den Mäkler vermittelte Geschäft wird erst perfekt, wenn der Mäkler den Gegenkontrahenten dem Auftraggeber genannt und letzterer ihn genehmigt hat.

Ist dem Mäkler die Waare nur auf bestimmte Zeit an die Hand gegeben, so muß die Nennung des Käufers durch den Mäkler innerhalb dieser Frist erfolgen.

E. v. 17. Sept. 1872. Entsch. VII S. 104.

Nach Art. 272 Ziff. 4 sind die amtlichen Geschäfte der Handelsmäkler nicht Handelsgeschäfte.

67. Die Handelsmäkler vermitteln für Auftraggeber Käufe und Verkäufe über Waaren, Schiffe, Wechsel, inländische und ausländische Staatspapiere, Aktien und andere Handelspapiere, ingleichen Verträge über Versicherungen, Bodmerei, Befrachtung und Miethe von

Schiffen, sowie über Land- und Wassertransporte und andere den Handel betreffende Gegenstände.

Durch die übertragene Geschäftsvermittelung ist ein Handelsmäkler noch nicht als bevollmächtigt anzusehen, eine Zahlung oder eine andere im Vertrage bedungene Leistung in Empfang zu nehmen.[a]

a) Vgl. E. v. 25. Okt. 1873, Entsch. X S. 241.

68. Die Anstellung der Handelsmäkler geschieht entweder im Allgemeinen für alle Arten von Mäklergeschäften oder nur für einzelne Arten derselben.

69. Die Handelsmäkler haben insbesondere folgende Pflichten:

1) sie dürfen für eigene Rechnung keine Handelsgeschäfte machen, weder unmittelbar noch mittelbar, auch nicht als Kommissionaire, sie dürfen für die Erfüllung der Geschäfte, welche sie vermitteln, sich nicht verbindlich machen oder Bürgschaft leisten, alles dies unbeschadet der Gültigkeit der Geschäfte;

2) sie dürfen zu keinem Kaufmann in dem Verhältnisse eines Prokuristen, Handlungsbevollmächtigten oder Handlungsgehülfen stehen;

3) sie dürfen sich nicht mit anderen Handelsmäklern zu einem gemeinschaftlichen Betriebe der Mäklergeschäfte oder eines Theiles derselben vereinigen; zur gemeinschaftlichen Vermittelung einzelner Geschäfte sind sie unter Zustimmung der Auftraggeber befugt;

4) sie müssen die Mäklerverrichtungen persönlich betreiben und dürfen sich zur Abschließung der Geschäfte eines Gehülfen nicht bedienen;
5) sie sind zur Verschwiegenheit über die Aufträge, Verhandlungen und Abschlüsse verpflichtet, soweit nicht das Gegentheil durch die Parteien bewilligt oder durch die Natur des Geschäfts geboten ist;
6) sie dürfen zu keinem Geschäfte die Einwilligung der Parteien oder deren Bevollmächtigten anders annehmen, als durch ausdrückliche und persönliche Erklärung; es ist den Mäklern weder erlaubt, von Abwesenden Aufträge zu übernehmen, noch sich zur Vermittelung eines Unterhändlers zu bedienen.

70. Handelsmäklern, welche Schiffsmäkelei betreiben, kann gestattet werden, den Schiffern im Einziehen und Vorschießen der Frachten und Unkosten als Abrechner oder in anderer ortsüblicher Weise Hülfsdienste zu leisten.

71. Der Handelsmäkler muß außer seinem Handbuche ein Tagebuch führen, in welches letztere alle abgeschlossenen Geschäfte täglich einzutragen sind. Das Eingetragene hat er täglich zu unterzeichnen.

Das Tagebuch muß vor dem Gebrauche Blatt für Blatt mit fortlaufenden Zahlen bezeichnet und der vorgesetzten Behörde zur Beglaubigung der Zahl der Blätter vorgelegt werden.

72. Die Eintragungen in das Tagebuch müssen die Namen der Kontrahenten, die Zeit des Abschlusses, die Bezeichnung des Gegenstandes und die Bedingungen des Geschäfts, insbesondere bei Verkäufen von Waaren die Gattung und Menge derselben, sowie den Preis und die Zeit der Lieferung enthalten.

Die Eintragungen müssen in deutscher Sprache, oder, sofern die Geschäftssprache des Ortes eine andere ist, in dieser geschehen; sie müssen nach Ordnung des Datums und ohne leere Zwischenräume erfolgen.

Die Bestimmungen über die Einrichtung der Handelsbücher (Artikel 32) finden auch auf das Tagebuch des Mäklers Anwendung.

73. Der Handelsmäkler muß ohne Verzug nach Abschluß des Geschäfts jeder Partei eine von ihm unterzeichnete Schlußnote, welche die in dem vorhergehenden Artikel als Gegenstand der Eintragung bezeichneten Thatsachen enthält, zustellen.

Bei Geschäften, welche nicht sofort erfüllt werden sollen, ist die Schlußnote den Parteien zu ihrer Unterschrift zuzustellen und jeder Partei das von der anderen unterschriebene Exemplar zu übersenden.

Verweigert eine Partei die Annahme oder Unterschrift der Schlußnote, so muß der Handelsmäkler davon der anderen Partei ohne Verzug Anzeige machen.[a]

a) Eine Präsumtion aus der Annahme des Schlußscheines für die Genehmigung des Geschäftsabschlusses stellt Art. 73 nicht auf. — E. v. 30. Mai 1874. Entsch. XIII S. 292.

74. Der Handelsmäkler ist verpflichtet, den Parteien zu jeder Zeit auf Verlangen beglaubigte Auszüge aus dem Tagebuche zu geben, die Alles enthalten müssen, was von dem Mäkler in Ansehung des die Parteien angehenden Geschäfts eingetragen ist.

75. Wenn ein Handelsmäkler stirbt oder aus dem Amte scheidet, so ist sein Tagebuch bei der Behörde niederzulegen.

76. Der Abschluß eines durch Handelsmäkler vermittelten Vertrages ist von der Eintragung desselben in das Tagebuch oder von der Aushändigung der Schlußnoten unabhängig.

Diese Thatsachen dienen nur zum Beweise des abgeschlossenen Vertrages.

77.
78. } aufgehoben.*

79. Im Laufe eines Rechtsstreits kann der Richter, selbst ohne Antrag einer Partei, die Vorlegung des Tagebuchs verordnen, um dasselbe einzusehen und mit der Schlußnote, den Auszügen und anderen Beweismitteln zu vergleichen.

(Der Abs. 2 ist aufgehoben.**)

80. Der Handelsmäkler muß, sofern nicht die Parteien ihm dieses erlassen haben oder der Ortsgebrauch mit Rücksicht auf die Gattung der Waare davon entbindet, von jeder durch seine Vermittelung nach Probe verkauften Waare die Probe, nachdem er dieselbe behufs der Wiedererkennung gezeichnet hat, so lange aufbewahren, bis die Waare ohne Einwendung gegen ihre Beschaffen-

---

* Vgl. Anm. * auf S. 43.
** Vgl. Anm. * auf S. 43.

heit angenommen, oder das Geschäft in anderer Weise erledigt ist.

81. Jedes Verschulden des Handelsmäklers berechtigt die dadurch beschädigte Partei, Schadloshaltung von ihm zu fordern.[a)]

a) Der Mäkler, auch der nicht amtlich bestellte, ist, wenn er sich über den vermeintlichen Konsens der Kontrahenten schuldbarer Weise geirrt hat, der dadurch beschädigten Partei zur Schadloshaltung verpflichtet. E. v. 12. Jan. 1872. Entsch. IV S. 412.

82. Der Handelsmäkler hat die Mäklergebühr (Sensarie) zu fordern, sobald das Geschäft geschlossen und, wenn es ein bedingtes war, unbedingt geworden und von ihm seiner Verpflichtung wegen Zustellung der Schlußnoten Genüge geschehen ist, unbeschadet anderweiter Bestimmung durch örtliche Verordnungen oder durch Ortsgebrauch.

Ist das Geschäft nicht zum Abschlusse gekommen, oder nicht zu einem unbedingten geworden, so kann für die Unterhandlungen keine Mäklergebühr gefordert werden.[a)]

Der Betrag der Mäklergebühr wird durch örtliche Verordnungen geregelt; in Ermangelung derselben entscheidet der Ortsgebrauch.

a) Für bloße Bemühungen ist ein Entgelt nicht zu entrichten, es sei denn bedungen worden oder ortsüblich.

Die Frage, ob dem Mäkler die versprochene oder übliche Vermittelungsgebühr auch in dem Falle zu entrichten sei, wenn der Abschluß des von ihm ausreichend vorbereiteten Geschäfts von dem Auftraggeber selbst mit arglistiger Umgehung des Mäklers bewirkt wird, ist im H.G.B. absichtlich offen gelassen und muß nach

Lage der Sache unter Berücksichtigung der Gesammtheit der Umstände entschieden werden.

E. v. 14. Okt. 1873. Entsch. XI S. 198.

83. Ist unter den Parteien nichts darüber vereinbart, wer die Mäklergebühr bezahlen soll, so ist dieselbe in Ermangelung örtlicher Verordnungen oder eines Ortsgebrauchs von jeder Partei zur Hälfte zu entrichten.[a]

a) Mäkler sind daher auch befugt, zur Vermittlung eines Kaufgeschäfts Aufträge beider Kontrahenten anzunehmen. — E. v. 14. Sept. 1872. Entsch. VII S. 90. — Selbst ein kollidirendes Interesse der beiden auftraggebenden Parteien steht dem Anspruch auf die Vermittlergebühr nicht entgegen, wenn die Partei bei Ertheilung des Auftrages das kollidirende Interesse des anderen Auftraggebers kannte. E. v. 29. Jan. 1881. R.G. IV S. 224.

84. Ueber die Anstellung der Handelsmäkler und über die Bestrafung der von ihnen im Berufe begangenen Pflichtverletzungen das Erforderliche zu bestimmen, bleibt den Landesgesetzen überlassen.

Den Landesgesetzen bleibt vorbehalten, die Vorschriften dieses Titels nach Maßgabe der örtlichen Bedürfnisse zu ergänzen; es kann insbesondere den Handelsmäklern das ausschließliche Recht zur Vermittelung von Handelsgeschäften beigelegt werden.

Auch kann in den Landesgesetzen oder in örtlichen Verordnungen der in diesem Titel den Handelsmäklern zugewiesene Kreis von Amtsverrichtungen und Befugnissen (Artikel 67, 70) oder der Umfang ihrer Pflichten (Artikel 69) erweitert oder eingeschränkt werden.

Zweites Buch. Von den Handelsgesellschaften.

Das Handelsgesetzbuch hat nicht beabsichtigt, erschöpfend die Formen festzustellen, unter welchen ein Handelsgeschäft unter Betheiligung mehrerer Personen betrieben werden kann. Es findet nur auf diejenigen Gesellschaften Anwendung, bei denen die durch dieses Gesetzbuch festgesetzten Merkmale der einzelnen dort behandelten Gesellschaften zutreffen. Wo dies nicht der Fall ist, kommen die Grundsätze des bürgerlichen Rechts zur Anwendung. E. v. 16. Jan. 1878. Entsch. XXIII S. 167.

Erster Titel. Von der offenen Handelsgesellschaft.

Erster Abschnitt.

Von der Errichtung der Gesellschaft.

85. Eine offene Handelsgesellschaft ist vorhanden, wenn zwei oder mehre Personen ein Handelsgewerbe[a] unter gemeinschaftlicher Firma[b] betreiben und bei keinem der Gesellschafter die Betheiligung auf Vermögenseinlagen beschränkt ist.

Zur Gültigkeit des Gesellschaftsvertrages bedarf es der schriftlichen Abfassung oder anderer Förmlichkeiten nicht.[c]

a) Handelsgewerbe, nicht Kleingewerbe (vgl. Art. 10) oder Handwerk. E. v. 13. Mai 1871. Stg. III S. 48, Entsch. II S. 123. Ein Handelsgewerbe liegt nur vor, wenn sich der Geschäftsbetrieb auf Handelsgeschäfte erstreckt. Gesellschaften, deren Gewerbebetrieb sich auf die Bearbeitung oder Verarbeitung selbstgewonnener Produkte oder auf unbewegliche Sachen oder auf Bestandtheile unbeweglicher Sachen beschränkt (wie Vereinigungen zum Zwecke der Ziegelfabrikation, der Ausnutzung eines Steinbruches) sind keine Handelsgesellschaften. — Entsch. IX S. 189, XI S. 263, XIII S. 143 und 384, XIV S. 236.

b) Geschäftsführung unter einem Kollektivnamen ist wesentliches Erforderniß, sonst liegt eine nach bürgerlichem Rechte zu beurtheilende Erwerbsgesellschaft vor. E. v. 13. April u. 16. Dez. 1872. Entsch. V S. 388, VIII S. 248.

c) Eine Handelsgesellschaft kann nur durch Vertrag entstehen, der Vertrag kann aber auch stillschweigend durch ein gewisses thatsächliches Verhalten abgeschlossen werden. In der Fortführung eines Handelsgewerbes durch die Erben des verstorbenen Inhabers unter der bisherigen Firma und der Bestellung eines der Miterben zum ausschließlichen Vertreter der Firma ist der stillschweigende Abschluß einer Handelsgesellschaft noch nicht zu finden. Ein solcher kann erst angenommen werden, wenn die gemeinsame Betreibung des ererbten Geschäfts entweder auf längere oder unbestimmte Zeit verabredet oder thatsächlich länger, als zur Abwickelung und Auseinandersetzung in Betreff der Erbschaft erforderlich ist, fortgesetzt wird. — E. v. 15. Okt. 1873. Entsch. XI S. 101. — Durch die Abrede, daß das von einem Einzelkaufmann betriebene Handelsgeschäft von seiner Wittwe und Kindern nach den Regeln der fortgesetzten Gütergemeinschaft fortgeführt werden soll, wird zwischen der Wittwe und den Kindern eine offene Handelsgesellschaft nicht errichtet. E. v. 16. Jan. 1878. Entsch. XXIII S. 166.

86. Die Errichtung einer offenen Handelsgesellschaft ist von den Gesellschaftern bei dem Handelsgerichte, in dessen Bezirk die Gesellschaft ihren Sitz hat, und bei jedem Handelsgerichte, in dessen Bezirk sie eine Zweigniederlassung hat, behufs der Eintragung[a)] in das Handelsregister anzumelden.

Die Anmeldung muß enthalten:

1) den Namen, Vornamen, Stand und Wohnort jedes Gesellschafters;

2) die Firma der Gesellschaft und den Ort, wo sie ihren Sitz hat;
3) den Zeitpunkt, mit welchem die Gesellschaft begonnen hat;
4) im Falle vereinbart ist, daß nur einer oder einige der Gesellschafter die Gesellschaft vertreten sollen, die Angabe, welcher oder welche dazu bestimmt sind, ingleichen, ob das Recht nur in Gemeinschaft ausgeübt werden soll.

a) Die Eintragung der Errichtung einer Handelsgesellschaft ist auch nach deren Auflösung zum Zweck der Eintragung der Auflösung zulässig. E. v. 3. April 1878. Entsch. XXIII S. 227.

87. Wenn die Firma einer bestehenden Gesellschaft geändert oder der Sitz der Gesellschaft an einen anderen Ort verlegt wird, oder wenn neue Gesellschafter in dieselbe eintreten, oder wenn einem Gesellschafter die Befugniß, die Gesellschaft zu vertreten (Artikel 86, Ziff. 4), nachträglich ertheilt, oder wenn eine solche Befugniß aufgehoben wird, so sind diese Thatsachen bei dem Handelsgerichte behufs der Eintragung in das Handelsregister anzumelden.

Bei der Aenderung der Firma, bei der Verlegung des Sitzes der Gesellschaft und bei der Aufhebung der Vertretungsbefugniß richtet sich die Wirkung gegen Dritte a) in den Fällen der geschehenen oder der nicht geschehenen Eintragung und Bekanntmachung nach den Bestimmungen des Artikels 25.

a) Die „dritten Personen" bilden nach dem durchgehenden Sprachgebrauch des H.G.B. überall den Gegensatz zum Prinzipal, mag derselbe Einzelkaufmann oder eine Gesellschaft sein. Es ist daher

Jeder darunter zu verstehen, der mit dem Prinzipal oder dessen Vertreter kontrahirt. E. v. 14. Mai 1872. Entsch. VI S. 141. Vgl. Anm. a. zu Art. 241.

88. Die Anmeldungen (Artikel 86, 87) müssen von allen Gesellschaftern persönlich vor dem Handelsgerichte unterzeichnet oder in beglaubigter Form eingereicht werden. Sie sind ihrem ganzen Inhalte nach in das Handelsregister einzutragen.

Die Gesellschafter, welche die Gesellschaft vertreten sollen, haben die Firma nebst ihrer Namensunterschrift persönlich vor dem Handelsgerichte zu zeichnen oder die Zeichnung derselben in beglaubigter Form einzureichen.

89. Das Handelsgericht hat die Betheiligten zur Befolgung der vorstehenden Anordnungen (Artikel 86 bis 88) von Amtswegen durch Ordnungsstrafen anzuhalten.

Zweiter Abschnitt.

Von dem Rechtsverhältniß der Gesellschafter unter einander.

90. Das Rechtsverhältniß der Gesellschafter unter einander richtet sich zunächst nach dem Gesellschaftsvertrage.

Soweit über die in den nachfolgenden Artikeln dieses Abschnitts berührten Punkte keine Vereinbarung getroffen ist, kommen die Bestimmungen dieser Artikel zur Anwendung.[a)]

a) Hierbei wird jedoch der Abschluß des wirklichen Gesellschaftsvertrages vorausgesetzt. Auf den Vorvertrag zur Eingehung einer

Gesellschaft (pactum de ineunda societate) finden die nachfolgenden Artikel nur Anwendung, wenn dies verabredet worden ist.

Eine solche Abrede oder eine besondere Feststellung der einzelnen Bedingungen des Gesellschaftsvertrages ist zur Gültigkeit des Vorvertrages erforderlich.

E. v. 8. Febr. 1873. Entsch. IX S. 38.

91. Wenn Geld oder andere verbrauchbare oder vertretbare Sachen, oder wenn unverbrauchbare oder unvertretbare Sachen nach einer Schätzung, die nicht blos zum Zweck der Gewinnvertheilung geschieht, in die Gesellschaft eingebracht werden, so werden diese Gegenstände Eigenthum der Gesellschaft.[a]

Im Zweifel wird angenommen, daß die in das Inventar der Gesellschaft mit der Unterschrift sämmtlicher Gesellschafter eingetragenen, bis dahin einem Gesellschafter gehörigen, beweglichen oder unbeweglichen Sachen Eigenthum der Gesellschaft geworden sind.[b]

a) Vgl. Art. 143.

b) Eine Anfechtung des Vertrages wegen Verletzung über die Hälfte, weil die eingebrachten Sachen zu einem zu niedrigen Werthe angenommen sind, ist nicht zulässig (vgl. Art. 286). — E. v. 20. Sept. 1873. Entsch. X S. 436.

92. Ein Gesellschafter ist nicht verpflichtet, die Einlage über den vertragsmäßigen Betrag zu erhöhen, oder die durch Verlust verminderte Einlage zu ergänzen.

93. Für die Auslagen, welche ein Gesellschafter in Gesellschaftsangelegenheiten macht, für die Verbindlichkeiten, welche er wegen derselben übernimmt, und für die Verluste, welche er unmittelbar durch seine Geschäftsführung oder aus Gefahren, welche von derselben unzertrennlich sind, erleidet, ist ihm die Gesellschaft verhaftet.

Von den vorgeschossenen Geldern kann er Zinsen fordern, vom Tage des geleisteten Vorschusses an gerechnet.

Für die Bemühungen bei dem Betriebe der Gesellschaftsgeschäfte steht dem Gesellschafter ein Anspruch auf Vergütung nicht zu.[a]

a) Vgl. E. v. 27. Sept. 1871. Stg. III S. 353, Entsch. III S. 167; E. v. 13. Jan. 1872. Entsch. IV S. 378.

Ist eine solche Vergütung einem Gesellschafter vertragsmäßig zugesichert worden, was zulässig ist, so hat derselbe doch nach Auflösung der Gesellschaft für die zur Abwicklung der Geschäfte aufgewendete Mühewaltung noch keinen Anspruch auf die Vergütung. E. v. 20. Sept. 1871. Entsch. III S. 230.

94. Jeder Gesellschafter ist verpflichtet, in den Angelegenheiten der Gesellschaft den Fleiß und die Sorgfalt anzuwenden, welche er in seinen eigenen Angelegenheiten anzuwenden pflegt.[a]

Er haftet der Gesellschaft für den Schaden, welcher ihr durch sein Verschulden entstanden ist. Er kann gegen diesen Schaden nicht die Vortheile aufrechnen, welche er der Gesellschaft in anderen Fällen durch seinen Fleiß verschafft hat.

a) Es kann dies sowohl eine Milderung als eine Schärfung der sonst (Art. 282.) anzuwendenden Sorgfalt eines ordentlichen Kaufmanns sein.

95. Ein Gesellschafter, welcher seine Geldeinlage nicht zur rechten Zeit einzahlt, oder eingenommene Gesellschaftsgelder nicht zur rechten Zeit an die Gesellschaftskasse abliefert, oder unbefugt Gelder aus der Gesellschaftskasse für sich entnimmt, ist von Rechtswegen zur Entrichtung von Zinsen seit dem Tage verpflichtet, an welchem die Zahlung oder die Ablieferung hätte geschehen sollen oder die Herausnahme des Geldes erfolgt ist.

Die Verpflichtung zum Ersatze des etwa entstandenen größeren Schadens und die übrigen rechtlichen Folgen der Handlung werden hierdurch nicht ausgeschlossen.[a]

a) Vgl. Anm. zu Art. 125 Ziff. 3.

96. Ein Gesellschafter darf ohne Genehmigung der anderen Gesellschafter weder in dem Handelszweige der Gesellschaft für eigene Rechnung oder für Rechnung eines Dritten Geschäfte machen, noch an einer anderen gleichartigen Handelsgesellschaft als offener Gesellschafter theilnehmen.[a]

Eine Genehmigung der Theilnahme an einer anderen gleichartigen Handelsgesellschaft ist schon dann anzunehmen, wenn den übrigen Gesellschaftern bei Eingehung der Gesellschaft bekannt war, daß der Gesellschafter an jener Handelsgesellschaft als offener Gesellschafter theilnehme, und gleichwohl das Aufgeben der Theilnahme nicht ausdrücklich bedungen worden ist.

a) Die Vorschrift verliert mit Auflösung der Gesellschaft ihre Geltung, ist also auf die Theilnehmer einer in Liquidation befindlichen Gesellschaft nicht anwendbar. E. v. 20. Nov. 1876. Entsch. XXI S. 245.

97. Ein Gesellschafter, welcher den vorstehenden Bestimmungen zuwiderhandelt, muß sich auf Verlangen der Gesellschaft gefallen lassen, daß die für seine Rechnung gemachten Geschäfte als für Rechnung der Gesellschaft geschlossen angesehen werden; auch kann die Gesellschaft statt dessen den Ersatz des entstandenen Schadens fordern;[a] alles dieses unbeschadet des Rechts, die Auflösung des Gesellschaftsvertrages in den geeigneten Fällen herbeizuführen.

Das Recht der Gesellschaft, in ein von dem Gesellschafter für eigene Rechnung gemachtes Geschäft einzutreten oder Schadensersatz zu fordern, erlischt nach drei Monaten, von dem Zeitpunkte an gerechnet, in welchem die Gesellschaft von dem Abschlusse des Geschäfts Kenntniß erhalten hat.

a) Vgl. Anm. zu Art. 96.

98. Ein Gesellschafter kann ohne die Einwilligung der übrigen Gesellschafter keinen Dritten in die Gesellschaft aufnehmen.[a]

Wenn ein Gesellschafter einseitig einen Dritten an seinem Antheile betheiligt oder seinen Antheil an denselben abtritt,[b] so erlangt dieser gegen die Gesellschaft unmittelbar keine Rechte; er ist insbesondere zur Einsicht der Handelsbücher und Papiere der Gesellschaft nicht berechtigt.[c]

a) Auch nicht als stillen Gesellschafter. — E. v. 27. Febr. 1874. Entsch. XIII S. 64. — Ein Gesellschafter kann auch keinen Dritten dazu bestellen, daß dieser an seiner Stelle bez. in seinem Namen die ihm als Gesellschafter zustehenden Vertretungsrechte ausübe. E. v. 26. Mai 1880. R.G. II S. 32.

b) Vgl. Art. 126 ff.

c) Der Unterbetheiligte kann auch von dem Gesellschafter, der ihn einseitig betheiligt hat, nicht verlangen, daß ihm derselbe Einsicht der Bücher und Beläge verschaffe oder detaillirte Jahresbilanzen zustelle (wodurch der Gesellschafter seine Pflicht zur Geheimhaltung des Geschäftsbetriebes verletzen würde); er kann nur Offenlegung der allgemeinen Resultate der Jahresbilanz verbunden mit der gemäß Art. 106 H.G.B. angelegten Jahresberechnung des Geschäftsantheils seines Theilnehmers beanspruchen. E. v. 18. Jan. 1878. Entsch. XXIII S. 120.

99. Wenn die Geschäftsführung in dem Gesellschaftsvertrage einem oder mehreren der Gesellschafter übertragen ist, so schließen diese die übrigen Gesellschafter von der Geschäftsführung aus; sie sind berechtigt, ungeachtet des Widerspruchs der übrigen Gesellschafter, alle Handlungen vorzunehmen, welche der gewöhnliche Betrieb des Handelsgewerbes der Gesellschaft mit sich bringt.

Vgl. Art. 103 Abs. 2.

100. Wenn die Geschäftsführung mehreren Gesellschaftern mit der ausdrücklichen Beschränkung übertragen ist, daß einer nicht ohne den andern handeln könne, so darf keiner allein Geschäfte vornehmen, es sei denn, daß Gefahr im Verzuge ist.

Ist hingegen mehreren Gesellschaftern die Geschäftsführung ohne diese ausdrückliche Beschränkung übertragen, so darf jeder derselben allein alle zur Geschäftsführung gehörenden Handlungen vornehmen. Jedoch muß, wenn einer unter ihnen gegen die Vornahme einer Handlung Widerspruch erhebt, dieselbe unterbleiben. a)

a) Der Artikel bezieht sich nur auf das Verhältniß der Gesellschafter untereinander. Vgl. Art. 115, 116.

101. Die im Gesellschaftsvertrage einem oder mehreren Gesellschaftern geschehene Uebertragung der Geschäftsführung kann, so lange die Gesellschaft dauert, nicht ohne rechtmäßige Ursache widerrufen werden.

Die Beurtheilung, ob eine rechtmäßige Ursache vorliege, bleibt dem Ermessen des Richters überlassen.

Der Widerruf kann insbesondere in den im Artikel 125 Ziffer 2 bis 5 bezeichneten Fällen für begründet erklärt werden.

102. Wenn im Gesellschaftsvertrage die Geschäftsführung nicht einem oder mehreren Gesellschaftern übertragen ist, so sind alle Gesellschafter zum Betriebe der Geschäfte der Gesellschaft gleichmäßig berechtigt und verpflichtet.

Erhebt ein Gesellschafter gegen die Vornahme einer Handlung Widerspruch, so muß dieselbe unterbleiben.

103. Ein Beschluß der sämmtlichen Gesellschafter muß vor der Vornahme von Geschäften eingeholt werden,[a] welche über den gewöhnlichen Betrieb des Handelsgewerbes der Gesellschaft hinausgehen, oder welche dem Zweck derselben fremd sind.

Dies ist auch dann erforderlich, wenn die Geschäftsführung einem oder mehreren Gesellschaftern übertragen ist.

Zur Fassung des Beschlusses ist Stimmeneinhelligkeit erforderlich. Ist diese nicht zu erlangen, so muß die Handlung, in Ansehung deren Beschluß gefaßt werden soll, unterbleiben.

a) Dies gilt selbst wenn Gefahr im Verzuge ist. E. v. 25. März 1876. Entsch. XX S. 247.

104. Zur Bestellung eines Prokuristen ist, sofern nicht Gefahr im Verzuge ist, die Einwilligung aller geschäftsführenden Gesellschafter, und wenn keine solche ernannt sind, die Einwilligung aller Gesellschafter erforderlich.

Der Widerruf der Prokura kann von jedem der zur Ertheilung derselben befugten Gesellschafter geschehen.[a)]

a) Vgl. Art. 118.

Die Bestimmung des Art. 104 Abs. 2 kann durch Vertrag ausgeschlossen werden. Die Gesellschafter können übereinkommen, daß die Prokura nur mit Einwilligung aller Gesellschafter oder nicht gegen den Willen eines bestimmten Gesellschafters solle widerrufen werden dürfen. Eine derartige Vereinbarung hat aber nur Wirkung für das Verhältniß der Gesellschafter zu einander; trotz eines solchen Abkommens kann jeder von der Vertretung nicht ausgeschlossene Gesellschafter die Prokura mit der Wirksamkeit nach außen wieder aufheben. Der andere Gesellschafter kann dann aber sein vertragsmäßiges Recht geltend machen, indem er — wenn er selbständig die Gesellschaft zu vertreten befugt ist —, die Prokura von neuem ertheilt oder aus dem vertragswidrigen Verhalten möglicher Weise einen Grund zur Auflösung der Gesellschaft entnimmt oder einen Schadensanspruch geltend macht oder auf Erfüllung der Vertragsbestimmung, d. h. Wiederherstellung der Prokura klagt. E. v. 26. Mai 1880. R.G. II S. 34.

105. Jeder Gesellschafter, auch wenn er nicht in dem Geschäftsbetriebe der Gesellschaft thätig ist, kann sich persönlich von dem Gange der Gesellschaftsangelegenheiten unterrichten; er kann jederzeit in das Geschäftslokal kommen, die Handelsbücher und Papiere der Gesellschaft einsehen und auf ihrer Grundlage eine Bilanz zu seiner Uebersicht anfertigen.[a)]

Ist im Gesellschaftsvertrage ein Anderes bestimmt, so verliert diese Bestimmung ihre Wirkung, wenn eine Unredlichkeit in der Geschäftsführung nachgewiesen wird.

a) Durch diese Vorschrift haben die geschäftsführenden Gesell=

schafter von der Pflicht zu besonderer Rechnungslegung keineswegs schlechthin entbunden, vielmehr hat diese Pflicht von der Lage des speziellen Falles abhängig gemacht werden sollen. Namentlich wird Rechenschaft zu geben sein über einzelne Geschäfte, die ein Socius allein vorgenommen hat. E. v. 10. Okt. 1871. Stg. IV S. 78. Doch wird häufig die Einsicht der Bücher die Rechnungslegung ersetzen, in welchem Falle es der letzteren nicht bedarf.

E. v. 16. Sept. 1871. Stg. III S. 266.

Die Einwendung des auf Rechnungslegung belangten Gesellschafters, der Kläger sei seinerseits zur Rechnungslegung verpflichtet, begründet weder die Retentionseinrede noch die Einrede des nicht erfüllten Vertrages.

E. v. 27. Juni 1874. Entsch. XVI S. 48.

Das streng persönliche Recht der Büchereinsicht schließt zwar die Wahrnehmung durch Andere, nicht aber die Zuziehung Dritter aus.

E. v. 10. Sept. 1872. Entsch. VII S. 71.

Der Art. 105 findet nur Anwendung, so lange die Gesellschaft noch besteht. Während oder nach der Liquidation kommen die Unterschiede zwischen geschäftsführenden und anderen Socien in Wegfall, selbst wenn die geschäftsführenden Mitglieder zu Liquidatoren bestellt sind. (Vgl. Art. 145.)

E. v. 10. Sept. 1872. Entsch. VII S. 71.

106. Jedem Gesellschafter werden am Schlusse eines jeden Geschäftsjahres von seiner Einlage, oder, wenn sich dieselbe beim Schlusse des vorigen Jahres durch Hinzurechnung seines Antheils am Gewinne vermehrt oder durch Abrechnung seines Antheils am Verluste vermindert hat, von seinem Antheile am Gesellschaftsvermögen Zinsen zu vier vom Hundert gutgeschrieben und von den während des Geschäftsjahres auf den Antheil entnommenen Geldern Zinsen in demselben Maßstabe zur Last geschrieben.

Die dem Gesellschafter hiernach zukommenden Zinsen vermehren seinen Antheil am Gesellschaftsvermögen.

Vor Deckung dieser Zinsen ist kein Gewinn vorhanden, und der Verlust der Gesellschaft wird durch dieselben vermehrt oder gebildet.

107. Am Schlusse eines jeden Geschäftsjahres wird, auf Grund des Inventars und der Bilanz, der Gewinn oder der Verlust dieses Jahres ermittelt und für jeden Gesellschafter sein Antheil daran berechnet.

Der Gewinn jedes Gesellschafters wird seinem Antheile am Gesellschaftsvermögen zugeschrieben, der Verlust von demselben abgeschrieben.

108. Ein Gesellschafter darf ohne Einwilligung der übrigen Gesellschafter seine Einlage oder seinen Antheil am Gesellschaftsvermögen nicht vermindern.

Er darf jedoch, auch ohne diese Einwilligung, auf seinen Antheil am Gesellschaftsvermögen die Zinsen desselben für das letztverflossene Jahr, und soweit es nicht zum offenbaren Nachtheil der Gesellschaft gereicht, Gelder bis zu einem Betrage entnehmen, welcher seinen Antheil am Gewinne des letztverflossenen Jahres nicht übersteigt.[a]

a) Der Umstand, daß ein Gesellschafter mit den entnommenen Beträgen in den Gesellschaftsbüchern belastet ist, entscheidet nicht für die Frage, ob er als Schuldner der Gesellschaft in gleicher Höhe anzusehen ist. E. v. 11. Dez. 1880. R.G. III S. 59.

109. Der Gewinn oder Verlust wird, in Ermangelung einer anderen Vereinbarung, unter die Gesellschafter nach Köpfen vertheilt.

Dritter Abschnitt.

Von dem Rechtsverhältniß der Gesellschaft zu dritten Personen.

110. Die rechtliche Wirksamkeit einer offenen Handelsgesellschaft tritt im Verhältniß zu dritten Personen mit dem Zeitpunkte ein, in welchem die Errichtung der Gesellschaft in das Handelsregister eingetragen ist, oder die Gesellschaft auch nur ihre Geschäfte begonnen hat.[a)]

Die Beschränkung, daß die Gesellschaft erst mit einem späteren Zeitpunkte, als dem der Eintragung, ihren Anfang nehmen soll, hat gegen dritte Personen keine rechtliche Wirkung.

a) Nur derjenige Geschäftsbeginn hat die obige Wirkung, welcher dem Willen aller Gesellschafter entspricht. Durch unbefugte oder gar dolose Handlungen eines Gesellschafters kann die Wirksamkeit einer nicht eingetragenen Handelsgesellschaft nach außen hin nicht begründet werden. Die Artikel 115, 116 finden nur auf die bereits nach außen wirksamen Handelsgesellschaften Anwendung. Die Willensübereinstimmung kann jedoch aus dem Verhalten der Gesellschafter (Versendung von Formularen, Aushängung eines Schildes mit der gemeinsamen Firma u. s. w.) geschlossen werden.

E. v. 13. Febr. 1874. Entsch. XII S. 406.

Zum Geschäftsbeginn sind nur solche Handlungen geeignet, in welchen sich der Wille kund giebt, eben als Gesellschafter handeln und Geschäfte machen zu wollen.

E. v. 27. Jan. 1871. Stg. II S. 2 Anm., Entsch. I S. 74. Vgl. E. v. 26. Nov. 1870. Stg. II S. 1, Entsch. I S. 128.

Ein einziges mit dem Willen aller Gesellschafter unter der Firma ertheiltes Wechselaccept genügt zur Annahme des Geschäftsbeginns.

E. v. 13. Febr. 1874. Entsch. XII S. 406.

Bloße Erklärungen, daß die Gesellschaft bestehe und ins Leben getreten sei, begründen eine Haftbarkeit der **Erklärenden**, selbst wenn ihre Angaben sich als falsch erweisen.

E. v. 3. Juni 1874, Entsch. XIII S. 375.

Ein Gesellschaftsverhältniß, welches nach außen hin nicht in der durch Art. 110 angegebenen Weise ins Leben getreten ist, begründet Rechte nur unter den Gesellschaftern selbst, nicht aber für dritte Personen, welche mit einem der Gesellschafter kontrahirt haben. Nicht einmal die Bereicherungsklage ist in einem solchen Falle gegen den nicht kontrahirenden Gesellschafter zulässig, selbst wenn die gelieferte Sache zu Gesellschaftszwecken verwendet worden ist.

E. v. 8. Nov. 1872. Entsch. II S. 430.

111. Die Handelsgesellschaft kann unter ihrer Firma Rechte erwerben und Verbindlichkeiten eingehen, Eigenthum und andere dingliche Rechte an Grundstücken erwerben, [a] vor Gericht klagen und verklagt werden. [b]

Ihr ordentlicher Gerichtsstand ist bei dem Gericht, in dessen Bezirk sie ihren Sitz hat. [c]

a) Vgl. E. f. Pr. Art. 23.

b) In den Prozessen der Gesellschaft sind die Gesellschafter Litiskonsorten; Prozeßeide sind auf Verlangen der Gegenpartei von allen Socien zu leisten und zwar auch von denjenigen, welche — weil sie an den betreffenden Verhandlungen nicht Theil genommen haben — nur in der Ueberzeugungsform schwören können.

E. v. 10. Mai 1872, 21. Juni 1873. Entsch. VI S. 108, X S. 334.

In Prozessen wird die Gesellschaft durch diejenigen Socien vertreten, welche überhaupt durch Gesetz oder Gesellschaftsvertrag zur Vertretung der Gesellschaft berufen sind. Bestimmt der Gesellschaftsvertrag, daß zur Vertretung der Gesellschaft gemeinsames Handeln aller oder mehrerer Gesellschaftest erforderlich ist (Kollektivvertretung), so präjudizirt es der Gesellschaft, wenn es an einem solchen gemeinsamen Handeln gebricht. Hierdurch ist jedoch nicht ausgeschlossen, daß der einzelne Gesellschafter in der Weise eines Intervenienten die

Vertheidigung der Gesellschaft übernehmen kann. E. v. 9. Juli 1881. R.G. V S. 70.

Die einzelnen Gesellschafter brauchen in Prozessen der Gesellschaft nicht genannt zu werden. Ein Wechsel in der Person der Gesellschafter während der Dauer des Prozesses bleibt in der Regel in prozessualischer Hinsicht unerheblich. Nothwendige Eide brauchen in der Regel nur von denjenigen Personen geleistet zu werden, welche zur Zeit der Eidesleistung Gesellschafter sind.

Der Prozeßgegner kann jedoch verlangen, daß die im Laufe des Prozesses vertragsmäßig ausgeschiedenen Gesellschafter zur Eidesleistung herangezogen werden.

E. v. 28. Januar 1873 u. 27. Juni 1874. Entsch. IX S. 16, XIV S. 3.

c) Bei diesem ordentlichen Gerichtsstande kann auch die Klage auf Auflösung der Gesellschaft oder Ausschließung eines Gesellschafters angebracht werden.

Beschl. v. 24. Juni 1874. Entsch. XIV S. 34 (gem. R.). E. v. 12. Dez. 1876. Entsch. XXI S. 224 (pr. R.).

Die außerordentlichen Gerichtsstände (z. B. für Wechselsachen) sind auch für Handelsgesellschaften nicht ausgeschlossen.

E. v. 16. Jan. 1874. Entsch. XII S. 216.

112. Die Gesellschafter haften für alle Verbindlichkeiten der Gesellschaft solidarisch und mit ihrem ganzen Vermögen. a)

Eine entgegenstehende Verabredung hat gegen Dritte keine rechtliche Wirkung.

a) Dieser Satz galt bereits vor Einführung des H.G.B. im Gebiete des gemeinen Rechts als Handelsgewohnheitsrecht. E. v. 7. Nov. 1871, Stg. IV S. 234, u. v. 31. Jan. 1872, Entsch. V S. 81.

Dem in Anspruch genommenen einzelnen Gesellschafter stehen alle Einreden zu, deren die Gesellschaft sich bedienen könnte. E. v. 27. Febr. 1874. Entsch. XIII S. 66. Schon vor dem Inkrafttreten der Reichs-Konkursordnung galt der dort im §. 200 ausgesprochene

Grundsatz, daß der im Konkurse über das Gesellschaftsvermögen geschlossene Zwangsvergleich, soweit er nicht ein Anderes festsetzt, zugleich den Umfang der solidarischen Haftung der persönlich haftenden Gesellschafter mit ihrem sonstigen Vermögen begrenzt. E. v. 13. Mai 1879. Entsch. XXV S. 125.

Aus einem gegen eine offene Handelsgesellschaft als solche ergangenen Erkenntnisse ist weder die Exekution in das abgesonderte Vermögen der Gesellschafter (E. v. 19. Juni 1872. Entsch. VI S. 416), noch die Judikatsklage gegen den einzelnen Gesellschafter Behufs Beitreibung der Forderung aus seinem Privatvermögen (E. v. 26. Juni 1876. Entsch. XX S. 180) zulässig.

Der nach rechtskräftiger Verurtheilung der Gesellschaft in einem besonderen Prozeß persönlich in Anspruch genommene Gesellschafter kann nur solche Einreden erheben, welche ihm aus seiner Person oder einem etwa zwischen ihm und dem Gesellschaftsgläubiger bestehenden besonderen Rechtsverhältnisse zustehen, welche daher in dem Prozeß gegen die Gesellschaft nicht vorgebracht werden konnten, also nicht Einwendungen, welche gegen die Entstehung der Schuld an sich gerichtet sind. E. v. 8. Dez. 1880. R.G. III S. 58.

Die Klage gegen die Gesellschaft unterbricht nicht die Verjährung gegen die einzelnen Gesellschafter. E. v. 26. Juni 1876. Entsch. XX S. 183. (In dem entschiedenen Falle handelte es sich um eine Wechselverjährung.)

113. Wer in eine bestehende Handelsgesellschaft eintritt, haftet gleich den anderen Gesellschaftern für alle von der Gesellschaft vor seinem Eintritte eingegangenen Verbindlichkeiten, es mag die Firma eine Aenderung erleiden oder nicht. a)

Ein entgegenstehender Vertrag ist gegen Dritte ohne rechtliche Wirkung.

a) Der Art. 113 setzt Eintreten in eine Handelsgesellschaft voraus. Er findet nicht Anwendung, wenn Jemand in das Geschäft eines Einzelkaufmanns eintritt oder ein Geschäft unter Ausscheiden der bisherigen Inhaber übernimmt. Es ist dies in vielen Erkenntnissen des R.O.G.H. ausgeführt, z. B. E. v. 21. Okt. 1870 und 21. Febr. 1871. Stg. I S. 127, 284, Entsch. I S. 62, II S. 46. Vgl. Art. 23 und Stg. II S. 88, IV S. 102, 103 Anm. 150, 275; Entsch. II S. 173; III S. 182, 333, 360; IV S. 5, S. 198.

Der Art. 113 findet auch Anwendung, wenn einer nur aus zwei Personen bestehenden Handelsgesellschaft auf Grund eines mit derselben geschlossenen Vertrages an Stelle eines gleichzeitig ausscheidenden Gesellschafters ein neuer beitritt, aber nicht wenn der Eintritt des neuen Gesellschafters auf Grund eines mit dem zurückbleibenden Socius geschlossenen Vertrages zu einer Zeit erfolgt, wo dieser nach dem Austritt des früheren Gesellschafters bereits alleiniger Inhaber des Geschäfts geworden ist.

E. v. 20. Sept. 1874, Entsch. XIV S. 151.

Der Art. 113 hat nur zur Voraussetzung, daß die Wirksamkeit der Gesellschaft selbst, in welche der Eintritt erfolgt, bereits nach Art. 110 begonnen hatte, nicht aber daß der Eintritt in die Gesellschaft durch Eintragung des Eintretenden oder durch Beginn seiner Geschäftsthätigkeit nach außen kenntlich geworden sei.

E. v. 21. Juni 1875. Entsch. XVII S. 354.

Tritt ein Gesellschafter in das Geschäft eines Einzelkaufmanns ein, so haftet die neu entstehende Gesellschaft, wenn sie den Uebergang der Passiva in verpflichtender Weise publizirt hat (vgl. Anm. b. zu Art. 23), doch für die Privatschulden des früheren Einzelkaufmanns nicht.

Zu den Geschäftsgläubigern der früheren Einzelfirma wird im Allgemeinen jeder Gläubiger zu zählen sein, dessen Anspruch aus handelsgeschäftlichem Verkehr mit dieser Firma entstanden ist. Für Ansprüche anderen Ursprungs werden die besonderen Umstände (Eintragung in die Bücher der Einzelfirma als Handelsschuld, konkludente Aeußerungen) entscheiden. Im Zweifel muß zur Richtschnur dienen, daß die Umwandlung des Anspruchs an einen Einzelkaufmann in einen Anspruch an die von ihm eingegangene Societät nur auf dem Willen der Socien beruht, also nur dann anzunehmen ist, wenn sie die Socien loyaler Weise gewollt haben können und müssen.

E. v. 15. Nov. 1872. Entsch. VIII S. 42.

114.[a] Jeder zur Vertretung der Gesellschaft befugte Gesellschafter ist ermächtigt, alle Arten von Geschäften und Rechtshandlungen im Namen der Gesellschaft vorzunehmen, insbesondere auch die der Gesellschaft gehörenden Grundstücke zu veräußern und zu belasten.[b)]

Die Gesellschaft wird durch die Rechtsgeschäfte, welche ein zur Vertretung der Gesellschaft befugter Gesellschafter in ihrem Namen schließt, berechtigt und verpflichtet;[c)] es ist gleichgültig, ob das Geschäft ausdrücklich im Namen der Gesellschaft geschlossen worden ist, oder ob die Umstände ergeben, daß es nach dem Willen der Kontrahenten[d)] für die Gesellschaft geschlossen werden sollte.[e)]

a) Die Art. 114 bis 118 kommen nicht zur Anwendung, wenn es sich um Verhältnisse der Gesellschafter unter einander handelt. E. v. 17. Febr. 1871. Stg. II S. 54, Entsch. II S. 40. — Die von einem Gesellschafter nach Maßgabe des Art. 114 Abs. 2 geschlossenen Rechtsgeschäfte gelten aber auch seinem Mitgesellschafter gegenüber bis zum Beweise des Gegentheils als für die Gesellschaft geschlossen. E. v. 15. Juni 1875. Entsch. XVIII S. 117.

b) Der geschäftsführende Socius kann nicht gleichzeitig und bei einem Akte einander gegenüberstehende Rechte der Handelsgesellschaft und seiner Privatperson vertreten, er darf nicht Namens der Gesellschaft mit sich selbst kontrahiren, also z. B. nicht durch eine Vereinbarung mit einem Gesellschaftsschuldner Forderungen der Societät auf sich persönlich übertragen. E. v. 17. Jan. 1873, Entsch. VIII S. 392.

c) Ein Blanko-Accept, welches ein zur Vertretung der Societät befugter Gesellschafter unter der Gesellschaftsfirma ausgestellt und ausgehändigt hat, und welches nach Auflösung der Gesellschaft vom Empfänger (der Abrede gemäß; Abredewidrigkeit nachzuweisen, ist Sache der Einrede) ausgefüllt hat, verpflichtet die Inhaber der früheren Gesellschaft. E. v. 10. Jan. 1877. Entsch. XXI S. 324.

Rechtsgeschäfte, welche ein Gesellschafter in der Absicht, die Handelsgesellschaft widerrechtlich zu schädigen, und unter Kenntniß und Theilnahme des Dritten an dieser Absicht, geschlossen hat, sind für die Gesellschaft unverbindlich. E. v. 1. Nov. 1872. Entsch. VII S. 403. Ein Fall dieser Art liegt nicht vor, wenn der Gesellschafter in seinem Privatinteresse gehandelt hat und dies dem Dritten bekannt war, die Gesellschaft selbst aber dadurch nicht benachtheiligt worden ist. E. v. 22. April 1873. Entsch. IX S. 429.

Durch außerkontraktlichen Dolus (z. B. arglistige Empfehlung) eines Gesellschafters wird die Gesellschaft zum Schadensersatz nicht verpflichtet, selbst wenn die dolose Handlung im Interesse der Gesellschaft vorgenommen war. E. v. 15. Sept. 1879. Entsch. XXV S. 347.

d) Beider Kontrahenten. Es genügt nicht, daß die Umstände ergeben, einer der Kontrahenten habe gewollt, daß das Geschäft für die Gesellschaft geschlossen werde. E. v. 10. April 1875. Entsch. XVI S. 357.

e) Diese allgemeine Regel bezieht sich nur auf solche Rechtsgeschäfte, bei denen der Wille der Kontrahenten unabhängig von den für gewisse Rechtsgeschäfte, insbesondere für Wechselverpflichtungen bestehenden gesetzlichen Formvorschriften zu ermitteln ist. Wechsel verpflichten die Handelsgesellschaft nur, wenn sie mit der vollständigen Firma gezeichnet sind (E. v. 2. Jan. 1874, 31. März 1876. Entsch. XII S. 172, XX S. 262) und wenn sich die Firma als Unterschrift der Handelsgesellschaft darstellt, also nicht wenn ein Gesellschafter mit seinem Namen zeichnet und diesem mit dem Zusatz „in Firma" die Firma der Gesellschaft beifügt. E. v. 23. Sept. 1874. Entsch. XIV S. 201. — Wenn jedoch das dem Wechsel zu Grunde liegende Rechtsgeschäft nach Lage der Umstände als für die Gesellschaft abgeschlossen gelten muß, so wird diese hieraus verpflichtet, wiewohl der Wechsel nur mit dem Einzelnamen des Gesellschafters gezeichnet ist. E. v. 6. Dez. 1876. Entsch. XXII S. 62.

Bei den von einem Gesellschafter nicht ausdrücklich im Namen der Gesellschaft geschlossenen Geschäften kann weder aus Art. 114 in Verbindung mit Art. 274 eine Vermuthung dafür, daß der Gesellschafter als Vertreter der Gesellschaft gehandelt habe, hergeleitet werden (E. v. 24. Mai 1874, 15. Sept. 1875. Entsch. XIV S. 201, XVIII S. 226), noch begründet der Umstand, daß er im eigenen Namen aufgetreten ist, eine Vermuthung für das Gegentheil (E. v. 6. Dez. 1876. Entsch. XXII S. 62).

115. Die Gesellschaft wird durch Rechtsgeschäfte eines Gesellschafters nicht verpflichtet, wenn derselbe von der Befugniß, die Gesellschaft zu vertreten, ausgeschlossen (Art. 86. Ziff. 4), oder seine Befugniß, die Gesellschaft zu vertreten, aufgehoben ist (Artikel 87), sofern hinsichtlich dieser Ausschließung oder Aufhebung die Voraussetzungen vorhanden sind, unter welchen nach Artikel 46 hinsichtlich des Erlöschens der Prokura die Wirkung gegen Dritte eintritt.[a]

a) Auf die im Handelsregister eingetragene Kollektiv-Vertretung kann sich die Gesellschaft nicht berufen, wenn sie in Nichtachtung derselben den einzelnen Gesellschafter mit alleinigem Handeln betraut oder in dem Dritten den Glauben, daß dies geschehen, dadurch erweckt haben, daß sie fortgesetzt die von einem Gesellschafter geschlossenen Geschäfte zur Ausführung brachten. E. v. 11. Mai 1881. R.G. V S. 17.

116. Eine Beschränkung des Umfanges der Befugniß eines Gesellschafters, die Gesellschaft zu vertreten, hat dritten Personen gegenüber keine rechtliche Wirkung;[a] insbesondere ist die Beschränkung nicht zulässig, daß die Vertretung sich nur auf gewisse Geschäfte oder Arten von Geschäften erstrecken, oder daß sie nur unter gewissen Umständen oder für eine gewisse Zeit oder an einzelnen Orten stattfinden solle.

a) Daß der Dritte von der Beschränkung Kenntniß hatte, ist gleichgültig. Vgl. Anm. zu Art. 231.

117. Die Gesellschaft wird vor Gericht von jedem Gesellschafter gültig vertreten, welcher von der Befugniß, die Gesellschaft zu vertreten, nicht ausgeschlossen ist.[a)]

Zur Behändigung von Vorladungen und anderen Zustellungen an die Gesellschaft genügt es, wenn dieselbe an einen der zur Vertretung befugten Gesellschafter geschieht.[b)]

a) Auch die Namens einer offenen Handelsgesellschaft zu leistenden Eide sind nur von denjenigen Gesellschaftern zu leisten, welche von der Befugniß zur Vertretung der Gesellschaft nicht ausgeschlossen (E. v. 3. Febr. 1876. Entsch. XXI S. 242) und welche zur Zeit der Eidesleistung Inhaber der Handlung sind (E. v. 3. Mai 1875. Entsch. XVI S. 396), aber von allen diesen Gesellschaftern. vgl. Anm. b, zu Art. 111.

b) Die Vorladung zu Eidesleistungsterminen muß an alle Gesellschafter persönlich erfolgen (E. v. 14. März 1874. Entsch. XIII S. 60); sie kann aber im Geschäftslokal und in Abwesenheit des Adressaten einem Handlungsgehülfen behändigt werden. E. v. 11. April 1876. Entsch. XX S. 254.

118. Die Ertheilung, sowie die Aufhebung einer Prokura geschieht mit rechtlicher Wirkung gegen Dritte durch einen der zur Vertretung der Gesellschaft befugten Gesellschafter.

119. Die Privatgläubiger eines Gesellschafters sind nicht befugt, die zum Gesellschaftsvermögen[a)] gehörigen Sachen, Forderungen oder Rechte oder einen Antheil an denselben zum Behuf ihrer Befriedigung oder Sicherstellung in Anspruch zu nehmen.[b)] Gegenstand der Exekution, des Arrestes oder der Beschlagnahme kann für sie nur dasjenige sein, was der Gesellschafter selbst an Zinsen und an Gewinnantheilen zu fordern berechtigt ist, und was ihm bei der Auseinandersetzung zukommt. c)

a) Bei Einzelkaufleuten findet eine solche Unterscheidung des Handlungs- vom Privatvermögen nicht statt. — E. v. 6. Okt. 1873. Entsch. XI S. 149.

b) Zu diesen Privatgläubigern gehören auch die Geschäftsgläubiger eines Socius, deren Forderungen vor Begründung der Societät entstanden sind. Geht also ein Einzelkaufmann eine Societät ein, so stehen bezüglich der in die Gesellschaft eingeworfenen Vermögensstücke seine bisherigen Geschäftsgläubiger den Gesellschaftsgläubigern nach. — E. v. 21. März 1871. Stg. I S. 365, Entsch. II S. 143.

c) Begründen dieselben Personen mehrere Gesellschaften unter verschiedenen Firmen mit verschiedenen Vermögen, so sind die Gläubiger der einen Gesellschaft nicht Gläubiger der anderen. E. v. 25. Juni 1878. Entsch. XXIV S. 156. — Aus der Verschiedenheit der Firmen folgt aber noch keine Mehrheit von Gesellschaften. E. v. 25. Nov. 1874. Entsch. XV S. 176.

Dem Inhaber einer offenen Handelsgesellschaft kann auch die Veräußerung seines Geschäftsantheils im Wege des Arrests untersagt werden.

E. v. 4. Febr. 1874. Entsch. XII S. 259.

Vgl. Art. 126.

120. Die Bestimmung des vorigen Artikels gilt auch in Betreff der Privatgläubiger, zu deren Gunsten eine Hypothek oder ein Pfandrecht an dem Vermögen eines Gesellschafters kraft des Gesetzes oder aus einem andern Rechtsgrunde besteht. Ihre Hypothek oder ihr Pfandrecht erstreckt sich nicht auf die zum Gesellschaftsvermögen gehörigen Sachen, Forderungen und Rechte, oder auf einen Antheil an denselben, sondern nur auf dasjenige, was in dem letzten Satze des vorigen Artikels bezeichnet ist.

Jedoch werden die Rechte, welche an den von einem Gesellschafter in das Vermögen der Gesellschaft eingebrachten Gegenständen bereits zur Zeit des Einbringens bestanden, durch die vorstehenden Bestimmungen nicht berührt.

121. Eine Kompensation zwischen Forderungen der Gesellschaft und Privatforderungen des Gesellschaftsschuldners gegen einen einzelnen Gesellschafter findet während der Dauer der Gesellschaft weder ganz noch theilweise statt;[a] nach Auflösung der Gesellschaft ist sie zulässig, wenn und insoweit die Gesellschaftsforderung dem Gesellschafter bei der Auseinandersetzung überwiesen ist.

a) Nur die gesetzliche Kompensation ist für diesen Fall ausgeschlossen; Vereinbarungen über Kompensationen fraglicher Art sind nicht verboten und nur dann ungültig, wenn hierbei der einzelne Gesellschafter im Einverständnisse mit seinem Privatgläubiger sein persönliches Interesse zum Nachtheile der Gesellschaft verfolgt hat. (Vgl. Art. 114.)

E. v. 22. April 1873. Entsch. IX S. 429.

Zulässig ist die Kompensation der Privatforderung eines Gesellschafters mit einer Schuld der Gesellschaft. Nur wird es, wenn die Kompensation von der Gesellschaft geltend gemacht wird, der persönlichen Einwilligung des forderungsberechtigten Gesellschafters bedürfen. Vgl. E. v. 19. Juni 1872. Entsch. VI S. 419.

122. Im Falle des Konkurses der Gesellschaft werden die Gläubiger derselben aus dem Gesellschaftsvermögen abgesondert befriedigt, und können aus dem Privatvermögen der Gesellschafter nur wegen des Ausfalls ihre Befriedigung suchen;[a] den Landesgesetzen bleibt vorbehalten, zu bestimmen, ob und wie weit den Privatgläubigern der Gesellschafter ein Absonderungsrecht in Bezug auf das Privatvermögen derselben zusteht.[b]

a) Diese Bestimmung findet auch dann Anwendung, wenn (was nach der Reichs-Konkursordnung vorkommen kann) über das Privatvermögen der Gesellschafter ein Konkurs nicht eröffnet worden ist.

E. v. 22. Mai 1875. Entsch. XVIII S. 284.

Auch wenn der Gläubiger sich im Gesellschafts-Konkurse nicht gemeldet hat, kann er den Betrag, mit dem er im Falle einer Meldung ausgefallen wäre, aus dem Privatvermögen der Gesellschafter beanspruchen,

E. v. 17. Juni 1875. Entsch. XVII S. 351.

aber nur diesen Betrag. Die Summe, mit der er im Konkurse über das Gesellschaftsvermögen zur Hebung gekommen wäre, büßt er in Folge der Nichtmeldung ein.

E. v. 22. Mai 1875. Entsch. XVII S. 284.

In dem Konkurse über das Privatvermögen der Gesellschafter wird auch die an die Gesellschaftsgläubiger zu vertheilende Quote von dem Ausfall, welchen sie im Gesellschafts-Konkurse erlitten haben (nicht von der ursprünglichen Forderung), berechnet.

Dasselbe E. S. 289.

Der Art. 122 setzt die Eröffnung eines das ganze Gesellschafts-Vermögen umfassenden Konkurses voraus; er findet nicht im Falle eines nur einen Theil des Gesellschaftsvermögens (z. B. einer Zweigniederlassung) betreffenden Partikular-Konkurses statt.

Dasselbe E. S. 290.

Der Art. 122 findet keine Anwendung, wenn das Konkursverfahren mit Einwilligung der bekannten Gläubiger eingestellt worden ist (vgl. §. 188 Konkursordnung). E. v. 14. März 1878. Entsch. XXIV S. 41.

Ueber die Wirkung eines im Konkurse über das Gesellschaftsvermögen geschlossenen Zwangsvergleiches vgl. §. 200 Konkursordn. u. Anm. zu Art. 112.

Während der Dauer des Gesellschaftskonkurses ruht die Verjährung der Klagen der Gesellschaftsgläubiger auf Befriedigung aus dem Privatvermögen der Gesellschafter. E. v. 4. Okt. 1881. R.G. V S. 52.

b) Das Gesellschaftsvermögen bildet sowohl in dem Rechtsverhältnisse der Gesellschafter unter einander, als in dem Rechtsverhältniß der Gesellschaft zu dritten Personen einen für sich bestehenden Vermögensinbegriff. Der einzelne Socius kann daher Gläubiger oder Schuldner der Societät sein. Im Falle des Konkurses bildet dann die Forderung des Gesellschafters an die Gesellschaft ein Aktivum der Konkursmasse des ersteren, dagegen ein Passivum der Konkursmasse der Gesellschaft und umgekehrt. E. v. 14. Febr. 1872. Entsch. V S. 206.

Der Vermiether hat wegen einer ihm an die offene Handelsgesellschaft zustehenden Miethsforderung an den von einem Gesellschafter als Kunden der Gesellschaft eingebrachten Waaren kein Pfandrecht. (pr. R.)

E. v. 24. Okt. 1876. Entsch. XXI S. 129.

Vierter Abschnitt.

Von der Auflösung der Gesellschaft und dem Austreten einzelner Gesellschafter aus derselben.

123. Die Gesellschaft wird aufgelöst:

1) durch die Eröffnung des Konkurses über die Gesellschaft;

2) durch den Tod eines der Gesellschafter, wenn nicht der Vertrag bestimmt, daß die Gesellschaft mit den Erben des Verstorbenen fortbestehen soll;[a)]

3) durch die Eröffnung des Konkurses über das Vermögen eines der Gesellschafter oder durch die eingetretene rechtliche Unfähigkeit eines der

Gesellschafter zur selbstständigen Vermögensverwaltung;[b)]

4) durch gegenseitige Uebereinkunft;

5) durch Ablauf der Zeit, auf deren Dauer die Gesellschaft eingegangen ist, sofern nicht die Gesellschafter dieselbe stillschweigend fortsetzen; in diesem Falle gilt sie von da an als auf unbestimmte Dauer eingegangen;

6) durch die von Seiten eines Gesellschafters geschehene Aufkündigung, wenn die Gesellschaft auf unbestimmte Dauer eingegangen ist.

Eine auf Lebenszeit eingegangene Gesellschaft ist als eine Gesellschaft von unbestimmter Dauer zu betrachten.[c)]

a) Vgl. Anm. zu Art. 129.

Die Uebereinkunft, daß der Gesellschaftsantheil an die Erben des verstorbenen Gesellschafters nur ratenweise ausgezahlt werden solle, gilt im Zweifel als nur zu Gunsten der fortbestehenden Handelsgesellschaft, nicht zu Gunsten ihrer einzelnen Theilhaber ohne Rücksicht auf den Fortbestand der Handlung getroffen. — E. v. 6. Mai 1873. Entsch. X S. 57.

b) Also durch Blödsinnigkeits- oder Prodigalitätserklärung.

c) Ein auf bestimmte Zeit geschlossener, demnächst auf Lebenszeit erweiterter Gesellschaftsvertrag kann vor Ablauf der ursprünglich festgesetzten Zeit nicht gekündigt werden. — E. v. 29. Mai 1874. Entsch. XIII S. 415.

124. Die Aufkündigung[a)] einer Gesellschaft von unbestimmter Dauer seitens eines Gesellschafters muß, wenn nicht ein Anderes vereinbart ist, mindestens sechs Monate vor Ablauf des Geschäftsjahres der Gesellschaft erfolgen.

a) Zum Begriffe der Aufkündigung gehört nichts weiter als die einseitige Erklärung eines Gesellschafters, in der Gesellschaft nicht mehr bleiben zu wollen.

Die Auflösung durch Kündigung setzt voraus, daß der Kündigende den Vertrag als bis dahin zu Recht bestehend anerkennt. Es ist aber nicht erforderlich, daß bei der Kündigung eine ausdrückliche Erklärung in dieser Hinsicht abgegeben wird.

E. v. 20. Sept. 1873. Entsch. X S. 433.

125. Ein Gesellschafter kann die Auflösung der Gesellschaft vor Ablauf der für ihre Dauer bestimmten Zeit oder bei Gesellschaften von unbestimmter Dauer ohne vorgängige Aufkündigung verlangen, sofern hierzu wichtige Gründe vorhanden sind.[a]

Die Beurtheilung, ob solche Gründe anzunehmen sind, bleibt im Falle des Widerspruchs[b] dem Ermessen des Richters[c] überlassen.

Die Auflösung kann insbesondere ausgesprochen werden:

1) wenn durch äußere Umstände die Erreichung des gesellschaftlichen Zwecks unmöglich wird;
2) wenn ein Gesellschafter bei der Geschäftsführung oder bei der Rechnungslegung unredlich verfährt;
3) wenn ein Gesellschafter die Erfüllung der ihm obliegenden wesentlichen Verpflichtungen unterläßt;[d]
4) wenn ein Gesellschafter die Firma oder das Vermögen der Gesellschaft für seine Privatzwecke mißbraucht;[e]
5) wenn ein Gesellschafter durch anhaltende Krank-

heit oder aus anderen Ursachen zu den ihm obliegenden Geschäften der Gesellschaft unfähig wird.

a) Unverzügliche Geltendmachung des Rechts auf Auflösung oder Ausschließung ist nicht vorgeschrieben. In der blos faktischen Fortsetzung der Gesellschaft ist eine Verzeihung des Fehltritts noch nicht zu finden. Ist jedoch in der Zwischenzeit die Gesellschaft durch Hinzutritt eines neuen Gesellschafters oder den Tod eines früheren Gesellschafters eine andere geworden, so kann auf ältere, bekannt gewordene Umstände der Antrag auf Auflösung der Gesellschaft oder Ausschließung eines Gesellschafters nicht gestützt werden. E. v. 10. Mai 1872. Entsch. VI S. 112.

b) Durch diese Worte hat nicht ausgedrückt werden sollen, daß wenn eine Partei brieflich die Auflösung der Gesellschaft wegen angeblicher wichtiger Gründe verlangt und die andere Partei nicht unverzüglich widerspricht, das Stillschweigen als Zustimmung behandelt werden solle. — E. v. 7. Jan. 1874. Entsch. XII S. 103.

c) Der Richter entscheidet hierüber im Wege des ordentlichen Prozesses.

Beschl. v. 13. Sept. 1870. Stg. I S. 39, Entsch. I S. 27.

Die Auflösung tritt nicht erst mit der Rechtskraft des dieselbe aussprechenden Urtheils, sondern mit der demnächst durch richterliches Erkenntniß für gerechtfertigt erachteten Auflösungs-Erklärung in Kraft.

E. v. 7. Jan. 1874. Entsch. XII S. 98.

Das Urtheil auf Auflösung einer offenen Handelsgesellschaft hat nicht ohne Weiteres die Verpflichtung des Verklagten zum Ersatze des dem Kläger durch die Auflösung entstehenden Schadens zur Folge. Es finden die allgemeinen Grundsätze über Schadloshaltung Anwendung, wonach ein Anspruch darauf nur dann begründet ist, wenn dem Gesellschafter, welcher die Auflösung verlangte, durch die Schuld des anderen die Fortsetzung des Verhältnisses überhaupt unmöglich gemacht wurde.

E. v. 19. April 1875. Entsch. XVII S. 366.

Hat jeder Gesellschafter durch sein Verhalten dem anderen Veranlassung zur Auflösung gegeben, so steht keinem Theile ein Anspruch auf Schadensersatz zu. (Ein Gesellschafter hatte mit der Ehefrau des anderen Ehebruch getrieben und war von demselben dafür gemißhandelt worden.) E. v. 8. Jan. 1879. Entsch. XXIV S. 308.

d) Dahin gehört, wenn der Gesellschafter die Einzahlung einer versprochenen Einlage verweigert, vorausgesetzt, daß die Geschäftslage die Einlegung von Geldmitteln erfordert, oder daß der betreffende Gesellschafter sich verpflichtet hat, den Betrag von vornherein einzuschießen. — E. v. 20. Sept. 1873. Entsch. X S. 433.

Unterlassene Aufnahme von Inventur und Bilanz sowie eigenmächtige Abschließung von Geschäften, welche über den gewöhnlichen Betrieb des Handelsgewerbes der Gesellschaft hinausgehen, als Auflösungsgründe vgl. im E. v. 25. März 1876, Entsch. XX S. 244.

e) Nicht jeder Gebrauch der Firma oder des Gesellschaftsvermögens zu Privatzwecken ist ein Mißbrauch. — E. v. 22. April 1873. Entsch. IX S. 432. — Ein Mißbrauch der Firma liegt vor, wenn durch den Gebrauch für Privatzwecke eine Verpflichtung für die Gesellschaft entstanden ist, z. B. wenn ein Gesellschafter einen Privat-Wechsel mit dem Giro der Gesellschaft versieht, sollte auch eine Benachtheiligung der Gesellschaft nicht beabsichtigt und thatsächlich nicht eingetreten sein. E. v. 8. April 1876. Entsch. XX S. 265.

126. Hat ein Privatgläubiger eines Gesellschafters nach fruchtlos vollstreckter Exekution in dessen Privatvermögen die Exekution in das dem Gesellschafter bei dereinstiger Auflösung der Gesellschaft zukommende Guthaben erwirkt,[a] so ist er berechtigt, es mag die Gesellschaft auf bestimmte oder auf unbestimmte Dauer eingegangen sein, behufs seiner Befriedigung nach vorher von ihm geschehener Aufkündigung die Auflösung der Gesellschaft zu verlangen.

Die Aufkündigung muß mindestens sechs Monate vor Ablauf des Geschäftsjahres der Gesellschaft geschehen.

a) Vgl. Art. 119.

127. Wenn die Gesellschafter vor der Auflösung

der Gesellschaft übereingekommen sind, daß, ungeachtet des Ausscheidens eines oder mehrerer Gesellschafter, die Gesellschaft unter den übrigen fortgesetzt werden soll, so endigt die Gesellschaft nur in Beziehung auf den Ausscheidenden; im Uebrigen besteht sie mit allen ihren bisherigen Rechten und Verbindlichkeiten fort.

128. Wenn die Auflösung der Gesellschaft aus Gründen gefordert werden darf, welche in der Person eines Gesellschafters liegen (Artikel 125), so kann[a] anstatt derselben auf Ausschließung dieses Gesellschafters erkannt werden, sofern die sämmtlichen übrigen Gesellschafter hierauf antragen.[b]

a) Kann. Der Richter darf also die Ausschließung versagen, wenn er auch einen in der Person eines Gesellschafters liegenden Auflösungsgrund als vorhanden annimmt.

E. v. 25. Jan. 1875. Entsch. XVIII S. 396.

b) Die Bestimmung eines Gesellschaftsvertrages, daß über die Ausschließung eines Gesellschafters die Mehrheit der übrigen unter Ausschluß des Rechtsweges entscheiden soll, ist ungültig.

E. v. 3. Okt. 1876. Entsch. XXI S. 84.

Aufkündigung der Gesellschaft und Antrag auf Ausschließung eines Gesellschafters können nebeneinander hergehen. — E. v. 10. Mai 1872. Entsch. VI S. 112.

Auf nur aus zwei Personen bestehende Handelsgesellschaften findet der Art. 128 weder direkte noch analoge Anwendung. — E. v. 7. Okt. 1873. Entsch. XI S. 160.

129. Die Auflösung der Gesellschaft muß, wenn sie nicht in Folge der Eröffnung des Konkurses[a] über die Gesellschaft geschieht, in das Handelsregister eingetragen werden.[b]

Diese Eintragung muß selbst dann geschehen, wenn

die Gesellschaft durch Ablauf der Zeit, für welche sie eingegangen war, beendigt wird.

Gleich der Auflösung der Gesellschaft muß auch das Ausscheiden oder die Ausschließung eines Gesellschafters aus der Gesellschaft in das Handelsregister eingetragen werden.

Das Handelsgericht hat die Betheiligten c) zur Anmeldung dieser Thatsachen von Amtswegen durch Ordnungsstrafen anzuhalten.

Dritten Personen kann die Auflösung der Gesellschaft oder das Ausscheiden oder die Ausschließung eines Gesellschafters aus derselben nur insofern entgegengesetzt werden, als hinsichtlich einer solchen Thatsache die Voraussetzungen vorhanden sind, unter welchen nach Artikel 25 hinsichtlich des Erlöschens der Firma oder der Aenderung ihrer Inhaber die Wirkung gegen Dritte eintritt. d)

a) Die Eintragung der Konkurseröffnung ist in Preußen landesrechtlich angeordnet (vgl. § 13 des Preuß. Ausführungsgesetzes zur Konkursordnung v. 6. März 1879); sie hat aber nicht die Wirkung, daß von dieser Eintragung die Verjährungsfrist des Art. 146 H.G.B. beginnt. E. v. 7. März 1878. Entsch. XXIII S. 232.

b) Wird eine aus zwei Gesellschaftern bestehende Gesellschaft durch das Ausscheiden eines Gesellschafters aufgelöst, so genügt die gemäß Abs. 3 dieses Art. erfolgte Eintragung des Ausscheidens, ohne daß die dadurch herbeigeführte Auflösung eingetragen und bekannt gemacht zu werden braucht; es ist aber korrekter, daß auch letzteres geschieht.

E. v. 18. Nov. 1876. Entsch. XXI S. 193.

c) Zu den Betheiligten gehören auch die Erben des durch Tod ausgeschiedenen Gesellschafters.

E. v. 6. Febr. 1877. Entsch. XXI S. 373.

d) Die durch den Tod eines Gesellschafters erfolgte Auflösung der Gesellschaft gilt auch Dritten gegenüber, welche von dem Tode Kenntniß erhalten haben, selbst wenn die Auflösung im Handelsregister nicht eingetragen worden ist, ohne daß es darauf ankommt, ob und wann der Dritte davon Kenntniß erlangt hat, daß der Gesellschaftsvertrag ein Fortbestehen der Gesellschaft (Art. 123 Ziff. 2) nicht bestimmt. Der Art. 146 ordnet nur den Anfangspunkt der Verjährung an.

E. v. 6. Nov. 1875. Entsch. XIX S. 18.

Geben aber die Erben des verstorbenen Gesellschafters durch Verhalten Veranlassung zu der Annahme, daß die Gesellschaft fortgesetzt werde, so haften sie für die Schulden, welche in der Zeit vom Tode des Gesellschafters bis zur Eintragung der Auflösung oder des Ausscheidens unter der Gesellschafts-Firma gemacht sind.

E. v. 6. Febr. 1877. Entsch. XXI S. 371.

Beläßt der Deponent von Werthpapieren nach dem ihm bekannt gewordenen Ausscheiden eines Gesellschafters den übrigen das Depot, so kann er sich wegen einer späteren Veruntreuung an den ausgeschiedenen Gesellschafter nicht halten. Vgl. E. v. 6. Nov. 1875. Entsch. XIX S. 18.

Vgl. Anm. zu Art. 25.

130. Wenn ein Gesellschafter ausscheidet oder ausgeschlossen wird, so erfolgt die Auseinandersetzung der Gesellschaft mit demselben auf Grund der Vermögenslage, in welcher sich die Gesellschaft zur Zeit des Ausscheidens oder zur Zeit der Behändigung der Klage auf Ausschließung befindet.a)

An den späteren Geschäften, Rechten und Verbindlichkeiten nimmt der Ausgeschiedene oder Ausgeschlossene nur insofern Antheil, als dieselben eine unmittelbare Folge dessen sind, was vor jenem Zeitpunkte bereits geschehen war.

Der Ausgeschiedene oder Ausgeschlossene muß sich die

Beendigung der laufenden Geschäfte in der Weise gefallen lassen, wie sie nach dem Ermessen der verbleibenden Gesellschafter am vortheilhaftesten ist.[b)]

Jedoch ist er, wenn eine frühere vollständige Auseinandersetzung nicht möglich ist, berechtigt, am Schlusse eines jeden Geschäftsjahres Rechnungsablage über die inzwischen erledigten Geschäfte, sowie die Auszahlung der ihm hiernach gebührenden Beträge zu fordern; auch kann er am Schlusse eines jeden Geschäftsjahres den Nachweis über den Stand der noch laufenden Geschäfte fordern.

a) Bei der Abwickelung der noch schwebenden Angelegenheiten wird der Ausgeschiedene von den verbleibenden Gesellschaftern rechtlich vertreten. Die Vereinbarungen, welche von den letzteren oder, falls dieselben in Konkurs gerathen, von dem Konkurs-Vertreter über schwebende Angelegenheiten mit Gesellschaftsgläubigern getroffen werden, binden auch den ausgeschiedenen Gesellschafter und kommen ihm zu statten. — E. v. 3. Dez. 1874. Entsch. XV S. 204.

b) Der Ausgeschiedene oder Ausgeschlossene ist Gläubiger der fortbestehenden Gesellschaft in Höhe seines Antheils an dem früheren Gesellschaftsvermögen. Die nach Abs. 2 noch fortdauernde Gemeinschaft ist keine Societät. Im Falle des Konkurses oder der Liquidation kommt der Antheil des Ausgeschiedenen oder Ausgeschlossenen neben, nicht nach den später kontrahirten Geschäftsschulden zur Auszahlung. E. v. 6. Mai 1873. Entsch. X S. 57.

131. Ein ausgeschiedener oder ausgeschlossener Gesellschafter muß sich die Auslieferung seines Antheils am Gesellschaftsvermögen in einer den Werth desselben darstellenden Geldsumme gefallen lassen; er hat kein Recht auf einen verhältnißmäßigen Antheil an den einzelnen Forderungen, Waaren oder anderen Vermögensstücken der Gesellschaft.[a)]

a) Beim Tode eines Gesellschafters findet — falls nicht die Fortsetzung mit den Erben vereinbart ist — der Art. 131 nicht Anwendung. Die Erben des verstorbenen Mitgliedes können Liquidation verlangen (Art. 133). Da hiernach die Auseinandersetzung bei Tod, Austritt oder Ausschluß eines Theilhabers eine verschiedene ist, muß die Klage auf Auseinandersetzung dem entsprechend begründet werden. E. v. 11. Nov. 1872. Entsch. VIII S. 178.

132. Macht ein Privatgläubiger eines Gesellschafters von dem nach Artikel 126 ihm zustehenden Rechte Gebrauch, so können die übrigen Gesellschafter auf Grund eines einstimmigen Beschlusses statt der Auflösung der Gesellschaft die Auseinandersetzung und die Auslieferung des Antheils des Schuldners nach den Bestimmungen der vorhergehenden Artikel vornehmen; der letztere ist dann als aus der Gesellschaft ausgeschieden zu betrachten.

Fünfter Abschnitt.

Von der Liquidation der Gesellschaft.

133. Nach Auflösung der Gesellschaft außer dem Fall des Konkurses derselben erfolgt die Liquidation,[a] sofern diese nicht durch einstimmigen Beschluß der Gesellschafter oder durch den Gesellschaftsvertrag einzelnen Gesellschaftern oder anderen Personen übertragen ist,[b] durch die sämmtlichen bisherigen Gesellschafter oder deren Vertreter als Liquidatoren.[c] Ist einer der Gesellschafter gestorben, so haben dessen Rechtsnachfolger einen gemeinschaftlichen Vertreter zu bestellen.

Auf den Antrag eines Gesellschafters kann aus wichtigen Gründen die Ernennung von Liquidatoren durch den Richter erfolgen. Der Richter kann in einem solchen Falle Personen zu Liquidatoren ernennen, oder als solche beiordnen, welche nicht zu den Gesellschaftern gehören.

a) Die Liquidation ist nicht obligatorisch; sie erfolgt nur dann, wenn unter den Gesellschaftern keine andere Art der Auseinandersetzung (z. B. Uebernahme des Geschäfts durch einen Gesellschafter) vereinbart ist. E. v. 12. April 1878. Entsch. XXIV S. 144. — Es ist deshalb unzulässig, eine offene Handelsgesellschaft blos deswegen, weil Gesellschaftsschulden unbezahlt geblieben sind, trotz ihrer Auflösung und obwohl die Gesellschafter eine Auseinandersetzung auf anderem Wege, als dem der Liquidation gewählt haben, für den unbefriedigten Gesellschaftsgläubiger als im Liquidationszustande fortexistirend zu erachten. E. v. 6. Mai 1879. Entsch. XXV S. 277.

Das Recht auf Liquidation ist davon, ob die Gesellschaft im Handelsregister eingetragen worden oder ob die Auflösung bez. der Liquidationszustand noch eingetragen werden kann, unabhängig. — Der Art. 135 enthält nur eine Ordnungsvorschrift.

E. v. 5. Dez. 1876. Entsch. XXII S. 204.

b) Ein durch einstimmigen Beschluß zum Liquidator bestellter Gesellschafter braucht sich nicht gefallen zu lassen, daß ihm in der Person eines anderen Gesellschafters oder eines Dritten ein Mitliquidator bestellt werde, wenn nicht wichtige Gründe (Art. 134) dafür vorliegen.

E. v. 10. April 1876. Entsch. XIX S. 11.

Eine Gesellschaft kann auch ihre Gläubiger oder einen Ausschuß derselben zu Liquidatoren bestellen und dieselben ermächtigen, sich bei Abwicklung der Geschäfte selbst bezahlt zu machen.

E. v. 12. März 1873. Entsch. XIX S. 215.

c) Unterschied zwischen Prokurist und Liquidator: Der Prokurist ist freiwillig gewählt; der Prinzipal verliert durch seine Bestellung nicht die Befugniß, unmittelbar selbst zu handeln. — Der Liquidator dagegen ist nothwendiger und ausschließlicher Vertreter der Gemeinschaft; er ist das Organ derselben, wie der Vorstand das Organ der Aktiengesellschaft ist.

E. v. 25. Juni 1873. Entsch. X S. 357.

Nach innen, den ehemaligen Gesellschaftern gegenüber, hat der Liquidator die Stellung eines Bevollmächtigten, zumal dann, wenn er selbst nicht Gesellschafter war. E. v. 7. Mai 1878. Entsch. XXIII S. 329.

134. Die Abberufung von Liquidatoren geschieht durch einstimmigen Beschluß aller Gesellschafter;[a] sie kann auch auf den Antrag eines Gesellschafters aus wichtigen Gründen[b] durch den Richter erfolgen.

a) Die Abberufung ist selbst dann zulässig, wenn auf das Recht zu derselben vertragsmäßig verzichtet ist, unbeschadet der dem Liquidator aus dem Vertrage zustehenden Ansprüche auf Gegenleistung oder Schadloshaltung. E. v. 7. Mai 1878. Entsch. XXIII S. 324.

b) Daß ein Mitliquidator als Schuldner der aufgelösten Gesellschaft wegen einer bedeutenden Summe verklagt und dadurch das Vertrauen zu ihm erschüttert worden ist, oder daß er nicht am Sitz der Gesellschaft wohnt, genügt zu seiner Abberufung nicht. Diese wird nur dann gerechtfertigt sein, wenn gegen den Liquidator gegründeter Verdacht einer unredlichen Handlungsweise oder einer Pflichtvergessenheit vorliegt.

E. v. 4. Febr. 1873. Entsch. IX S. 30.

Vgl. Anm. b. zu Art. 133.

135. Die Liquidatoren sind von den Gesellschaftern beim Handelsgerichte zur Eintragung in das Handelsregister anzumelden; sie haben ihre Unterschrift persönlich vor dem Handelsgerichte zu zeichnen oder die Zeichnung in beglaubigter Form einzureichen.

Das Austreten eines Liquidators oder das Erlöschen der Vollmacht eines solchen ist gleichfalls zur Eintragung in das Handelsregister anzumelden.

Die Gesellschafter sind zur Befolgung dieser Vorschriften von Amtswegen durch Ordnungsstrafen anzuhalten.[a)]

Dritten Personen kann die Ernennung von Liquidatoren, sowie das Austreten eines Liquidators oder das Erlöschen der Vollmacht eines solchen nur insofern entgegengesetzt werden, als hinsichtlich dieser Thatsachen die Voraussetzungen vorhanden sind, unter welchen nach Artikel 25 und 46 hinsichtlich einer Aenderung der Inhaber einer Firma oder des Erlöschens einer Prokura die Wirkung gegen Dritte eintritt.

a) Es findet nur ein Zwang zur Anmeldung, nicht zur Ernennung von Liquidatoren statt.

Nimmt ein Liquidator auf Grund des Gesetzes oder des Gesellschaftsvertrages das Recht in Anspruch, alleiniger Liquidator zu sein, so kann der Streit nur im Prozeßwege, nicht durch ein auf Grund des Art. 135 stattfindendes Official-Verfahren erledigt werden.

E. v. 24. Sept. 1873. Entsch. X S. 437.

136. Sind mehrere Liquidatoren vorhanden, so können sie die zur Liquidation gehörenden Handlungen mit rechtlicher Wirkung nur in Gemeinschaft vornehmen,[a)] sofern nicht ausdrücklich bestimmt ist, daß sie einzeln handeln können.

a) Es gilt dies auch dann, wenn die mehreren Liquidatoren frühere Gesellschafter sind. Der Art. 114 findet während der Liquidation nicht mehr Anwendung (vgl. Art. 144).

137. Die Liquidatoren haben die laufenden[a)] Geschäfte zu beendigen, die Verpflichtungen der aufgelösten Gesellschaft zu erfüllen, die Forderungen derselben einzuziehen[b)] und das Vermögen der Gesellschaft zu versilbern;[c)] sie haben die Gesellschaft gerichtlich und außergerichtlich zu vertreten;[d)] sie können für dieselbe

Vergleiche schließen und Kompromisse eingehen. Zur Beendigung schwebender Geschäfte können die Liquidatoren auch neue Geschäfte eingehen. [e]

Die Veräußerung von unbeweglichen Sachen kann durch die Liquidatoren ohne Zustimmung der sämmtlichen Gesellschafter nicht anders, als durch öffentliche Versteigerung [f] bewirkt werden.

a) Eine verjährte Forderung gehört nicht zu den schwebenden Geschäften. Daher ist der Liquidator nicht ermächtigt, durch das Anerkenntniß einer verjährten Forderung für dieselbe einen neuen Rechtsgrund zu schaffen. — E. v. 18. Febr. 1873. Entsch. IX S. 84.

b) Der Liquidator ist nicht berechtigt, von den Gesellschaftern die zur Befriedigung der Gesellschaftsgläubiger erforderlichen Mittel über die nach dem Gesellschaftsvertrage zu leistenden Einlagen hinaus einzuziehen; wohl aber kann er von ihnen die vertragsmäßig zu machenden Einlagen erfordern, selbst wenn die Fälligkeit der Einlagen erst nach Auflösung der Gesellschaft eingetreten ist. Dem auf Leistung der Einlage belangten Gesellschafter stehen alle Einreden zu, die er während des Bestehens der Gesellschaft den anderen Gesellschaftern gegenüber hätte geltend machen können, nicht aber der Einwand, daß die Einlage entbehrlich ist, da hierüber das Ermessen des Liquidators entscheidet. E. v. 12. Febr. 1879. Entsch. XXV S. 158. Vgl. Anm. zu Art. 244. — Den von einem Dritten versprochenen Kapitals-Einschuß kann der Liquidator nur einziehen, wenn nach Lage des Falls anzunehmen ist, daß der Anspruch auf Erfüllung des Versprechens nicht an den Weiterbetrieb des Geschäfts geknüpft ist, also in der Regel nicht, wenn die Umstände (z. B. Verwandtschaftsverhältnisse) dafür sprechen, daß der Dritte nur das Interesse eines Gesellschafters im Auge hatte. E. v. 7. Mai 1881. R.G. IV S. 61.

c) Der Liquidator ist berechtigt, die noch nicht bewirkte Umschreibung der von einem Gesellschafter eingebrachten Grundstücke auf den Namen der Gesellschaftsfirma zu betreiben. — E. v. 8. Dez. 1873. Entsch. XII S. 39.

Der Liquidator ist befugt, von den bisherigen Gesellschaftern genaue Angabe und Herausgabe des in ihrem Besitze verbliebenen Gesellschaftsvermögens sowie Rechenschaft über diejenigen Geschäfte zu verlangen, welche ein Gesellschafter für die Gesellschaft nach deren Auflösung geführt hat und welche somit in die Liquidation fallen.

E. v. 20. Nov. 1876. Entsch. XXI S. 140.

d) Den einer in Liquidation befindlichen Gesellschaft zu- oder zurückgeschobenen Eid haben sämmtliche Liquidatoren, aber nur diese, nicht auch die Gesellschafter, zu leisten.

E. v. 25. Juni 1873. Entsch. XI S. 356.

Es ist daher für die Entscheidung des Prozesses gleichgültig, wenn die vom Prozeßgegner zum Zwecke der Eidesleistung adcitirten Gesellschafter die Eidesleistung ablehnen.

E. v. 17. Febr. 1877. Entsch. XXI S. 389.

Die Eidesweigerung nur eines von mehreren Liquidatoren hat die Sachfälligkeit der Gesellschaft auch dann zur Folge, wenn ausdrücklich bestimmt ist, daß die Liquidatoren einzeln handeln können, und wenn die persönlichen Interessen der Liquidatoren mit einander kollidiren. E. v. 30. März 1878. Entsch. XXIII S. 311.

In Prozessen der Gesellschaft gegen einen Liquidator wird erstere von den anderen Liquidatoren allein vertreten.

E. v. 4. Febr. 1873. Entsch. IX S. 31.

Die Liquidatoren vertreten die Gesellschaft, nicht die einzelnen Gesellschafter (vgl. Anm. zu Art. 142). Auch während der Liquidation können die einzelnen Gesellschafter persönlich wegen Gesellschaftsschulden belangt werden.

E. v. 15. April 1872. Entsch. V S. 392.

e) Die Ausstellung oder Indossirung eines Wechsels ist als neues Geschäft im Sinne des Art. 137 anzusehen. Derjenige, welcher aus einer vom Liquidator eingegangenen Wechselverpflichtung Ansprüche erhebt, muß daher beweisen, daß der Wechsel zur Beendigung schwebender Geschäfte bestimmt gewesen ist oder daß er, trotz Erfüllung der ihm obliegenden Erkundigungspflicht, berechtigt war, dies anzunehmen. — E. v. 6. Mai 1874. Entsch. XIII S. 224. — Dieser Nachweis gehört aber nicht gerade zur Begründung der Klage;

er kann in der Replik nachgebracht werden, besonders wenn die Wechselklage gegen denjenigen Vertreter der Liquidationsfirma gerichtet wird, welcher die Wechselerklärung vollzogen hat. E. v. 18. Nov. 1876. Entsch. XXI S. 307.

f) Die Versteigerung braucht nicht gerichtlich zu sein.

138. Eine Beschränkung des Umfanges der Geschäftsbefugnisse der Liquidatoren (Artikel 137) hat gegen dritte Personen keine rechtliche Wirkung.

139. Die Liquidatoren haben ihre Unterschrift in der Weise abzugeben, daß sie der bisherigen, nun als Liquidationsfirma zu bezeichnenden Firma ihren Namen beifügen. a)

a) Das Außerachtlassen dieser Ordnungsvorschrift hebt die Gültigkeit der vorgenommenen Handlung nicht auf. Es ist gleichgültig, ob das Geschäft von den Liquidatoren ausdrücklich im Namen der liquidirenden Gesellschaft geschlossen worden ist, oder ob die Umstände ergeben, daß die Absicht dahin ging. — E. v. 12. März 1873. Entsch. IX S. 215.

140. Die Liquidatoren haben, selbst wenn sie vom Richter bestellt sind, den Gesellschaftern gegenüber bei der Geschäftsführung den von diesen einstimmig getroffenen Anordnungen Folge zu geben. a)

a) Den Gesellschaftern müssen während der Liquidation die Gesellschaftsbücher zugänglich bleiben. E. v. 13. April 1872. Entsch. V S. 394.

141. Die während der Liquidation entbehrlichen Gelder werden vorläufig unter die Gesellschafter vertheilt.

Zur Deckung von Schulden der Gesellschaft, welche erst später fällig a) werden, sowie zur Deckung der Ansprüche, welche den einzelnen Gesellschaftern bei der

Auseinandersetzung zustehen, sind die erforderlichen Gelder zurückzubehalten[b])

a) In dem Erk. v. 6. Mai 1873 (Entsch. X S. 65) nimmt das R.O.H.G. an, daß eine an sich nicht fällige Forderung durch die Auflösung der Gesellschaft fällig wird, falls nicht die Befristung absolut und ohne Rücksicht auf die Fortdauer der Handelsgesellschaft ausbedungen ist.

b) Vgl. Anm. zu Art. 244.

142. Die Liquidatoren haben die schließliche Auseinandersetzung unter den Gesellschaftern herbeizuführen.

Streitigkeiten, welche über die Auseinandersetzung entstehen, fallen der richterlichen Entscheidung anheim.[a])

a) Derartige Streitigkeiten werden unter den Gesellschaftern selbst, nicht unter den Liquidatoren zum Austrage gebracht. E. v. 13. April 1872. Entsch. V S. 391. — Vor beendeter Liquidation braucht sich in der Regel ein Gesellschafter auf einen Rechtsstreit über einzelne die Auseinandersetzung betreffenden Streitpunkte nicht einzulassen. E. v. 4. Febr. 1878. Entsch. XXIII S. 194 Vgl. Anm. zu Art. 144.

143. Wenn ein Gesellschafter Sachen in die Gesellschaft eingebracht hat, welche Eigenthum derselben geworden sind, so fallen dieselben bei der Auseinandersetzung nicht an ihn zurück, sondern er erhält den Werth aus dem Gesellschaftsvermögen erstattet, für welchen sie gemäß Uebereinkunft übernommen wurden.

Fehlt es an dieser Werthbestimmung, so geschieht die Erstattung nach dem Werthe, welchen die Sachen zur Zeit der Einbringung hatten.

144. Ungeachtet der Auflösung der Gesellschaft kommen bis zur Beendigung der Liquidation in Bezug auf das Rechtsverhältniß der bisherigen Gesellschafter unter einander,[a] sowie der Gesellschaft zu dritten Personen die Vorschriften des zweiten und dritten Abschnitts zur Anwendung, soweit sich aus den Bestimmungen des gegenwärtigen Abschnitts und aus dem Wesen der Liquidation nicht ein Anderes ergiebt.[b]

Der Gerichtsstand,[c] welchen die Gesellschaft zur Zeit ihrer Auflösung hatte, bleibt bis zur Beendigung der Liquidation für die aufgelöste Gesellschaft bestehen.

Zustellungen an die Gesellschaft geschehen mit rechtlicher Wirkung an einen der Liquidatoren.

a) Ein Gesellschafter, welcher während der Liquidation eine Gesellschaftsschuld bezahlt, kann gegen die Mitgesellschafter auf Zahlung ihrer Schuldantheile klagen, ohne die vollständige Liquidation abzuwarten. E. v. 15. Febr. 1874. Entsch. XII S. 273. — Vgl. Anm. zu Art. 142.

b) Aus dem Inhalt des Art. 137 und dem dort festgestellten Zweck der Liquidation ergiebt sich, daß die Ermächtigung des Liquidators nicht die unbeschränkte des Art. 114 sein kann. — E. v. 18. Febr. 1873. Entsch. IX S. 87.

c) d. h. der ordentliche Gerichtsstand. Daneben bleiben die außerordentlichen Gerichtsstände bestehen.

Der Vorschrift des Sächsischen Rechts, daß in Wechselsachen die Klage vor jedem Civilrichter angebracht werden kann, in dessen Bezirk sich der Beklagte befindet, unterliegen daher auch Liquidatoren.

E. v. 16. Jan. 1874. Entsch. XII S. 216.

145. Nach Beendigung der Liquidation werden die Bücher und Schriften der aufgelösten Gesellschaft einem der gewesenen Gesellschafter oder einem Dritten in Verwahrung gegeben. Der Gesellschafter oder der Dritte wird in Ermangelung einer gütlichen Uebereinkunft durch das Handelsgericht bestimmt.[a]

Die Gesellschafter und deren Rechtsnachfolger behalten

das Recht auf Einsicht und Benutzung der Bücher und Papiere.[b]

a) Durch Vorlegung sämmtlicher Bücher und Papiere genügt der Liquidator seiner Pflicht zur Rechnungslegung, wenn dieselben vollständigen Aufschluß über den Gang der Liquidation ergeben. E. v. 15. Sept. 1879. Entsch. XXV S. 345.

b) Welche Rücksichten hierbei für den Richter maßgebend sein sollen, vgl. im E. v. 10. Sept. 1872, Entsch. VII S. 72.

Sechster Abschnitt.

Von der Verjährung der Klagen gegen die Gesellschafter.

146. Die Klagen gegen einen Gesellschafter aus Ansprüchen gegen die Gesellschaft[a] verjähren in fünf Jahren nach Auflösung der Gesellschaft oder nach seinem Ausscheiden oder seiner Ausschließung aus derselben, sofern nicht nach Beschaffenheit der Forderung eine kürzere Verjährungsfrist gesetzlich eintritt.

Die Verjährung beginnt mit dem Tage, an welchem die Auflösung der Gesellschaft oder das Ausscheiden oder die Ausschließung des Gesellschafters aus derselben in das Handelsregister eingetragen[b] ist.

Wird die Forderung erst nach der Eintragung fällig, so beginnt die Verjährung mit dem Zeitpunkte der Fälligkeit.[c]

a) Die Verjährung erstreckt sich nicht auf Ansprüche, welche die Gesellschafter gegen einander auf Grund des Gesellschaftsvertrages mit der actio pro socio geltend zu machen berechtigt sind. Hierzu gehören die auf Art. 93 H.G.B. zu gründenden Ansprüche.

Die Verjährungseinrede kann den Ansprüchen einzelner Theilhaber der Societät nur entgegengesetzt werden, insoweit die Socien nicht als solche, sondern als Dritte diese Ansprüche erworben haben. E. v. 16. Dez. 1872. Entsch. VIII S. 247.

b) Die Eintragung der Auflösung ist also Voraussetzung für den Eintritt der Verjährung. — E. v. 16. Dez. 1872. Entsch. VIII S. 248. — Daß der Tag der Eintragung aus der Eintragung selbst hervorgehe oder überhaupt genau festgestellt werden könne, ist nicht erforderlich, wenn nur sonst erhellt, daß seit der Eintragung 5 Jahre verflossen sind. E. v. 4. Mai 1876. Entsch. XX S. 348.

Der Art. 146 kommt nicht zur Anwendung, wenn die Auflösung der offenen Handelsgesellschaft durch Eröffnung des Gesellschaftskonkurses erfolgt (vgl. Art. 129 Anm. a. zu demselben). E. v. 7. März 1878. Entsch. XXIII S. 232.

c) Die fünfjährige Verjährung findet auf Ansprüche gegen die Theilhaber einer schon vor der Emanation des H.G.B. aufgelösten Gesellschaft nicht statt. — E. v. 31. Jan. 1871. Entsch. V S. 81.

Bei kündbaren Forderungen beginnt (wenigstens im Gebiet des Preuß. A.L.R.) die Verjährung mit Ablauf der Kündigungsfrist nach Eintritt desjenigen Zeitpunktes, zu welchem zuerst gekündigt werden konnte, auch wenn thatsächlich nicht gekündigt worden ist. E. v. 7. März 1878. Entsch. XXIII S. 232.

Ist die Klage wegen der Hauptforderung verjährt, so gilt (wenigstens im Gebiet des Preuß. A.L.R.) auch die Klage wegen der Zinsen als verjährt. E. v. 7. März 1878. Entsch. XXIII S. 235.

147. Ist noch ungetheiltes Gesellschaftsvermögen vorhanden, so kann dem Gläubiger die fünfjährige Verjährung nicht entgegengesetzt werden, sofern er seine Befriedigung nur aus dem Gesellschaftsvermögen sucht.

148. Die Verjährung zu Gunsten eines ausgeschiedenen oder ausgeschlossenen Gesellschafters wird durch Rechtshandlungen nicht unterbrochen, welche gegen die fortbestehende Gesellschaft oder einen anderen Gesellschafter vorgenommen werden.

Die Verjährung zu Gunsten eines bei der Auflösung einer Gesellschaft zu derselben gehörigen Gesellschafters wird nicht durch Rechtshandlungen gegen einen anderen

Gesellschafter, wohl aber durch Rechtshandlungen gegen die Liquidatoren[a]) unterbrochen.

a) Sofern die Verjährung noch läuft. — E. v. 18. Febr. 1873. Entsch. IX S. 86.

Auch Theilzahlungen, welche der Liquidator leistet, unterbrechen (nach gem. R.) die Verjährung. E. v. 21. Juni 1881. R.G. V S. 9.

149. Die Verjährung läuft auch gegen Minderjährige und bevormundete Personen, sowie gegen juristische Personen, denen gesetzlich die Rechte der Minderjährigen zustehen, ohne Zulassung der Wiedereinsetzung in den vorigen Stand, jedoch mit Vorbehalt des Regresses gegen die Vormünder und Verwalter.

Zweiter Titel. Von der Kommanditgesellschaft.

Erster Abschnitt.

Von der Kommanditgesellschaft im Allgemeinen.

150. Eine Kommanditgesellschaft ist vorhanden, wenn bei einem unter einer gemeinschaftlichen Firma betriebenen Handelsgewerbe ein oder mehrere Gesellschafter sich nur mit Vermögenseinlagen betheiligen (Kommanditisten), während bei einem oder mehreren anderen Gesellschaftern die Betheiligung nicht in dieser Weise beschränkt ist (persönlich haftende Gesellschafter).[a])

Sind mehrere persönlich haftende Gesellschafter vorhanden, so ist in Ansehung ihrer die Gesellschaft zugleich eine offene Gesellschaft.

Zur Gültigkeit des Gesellschaftsvertrages bedarf es der schriftlichen Abfassung nicht.

a) Der persönlich haftende Gesellschafter haftet nicht blos subsidiär bei Vermögensunzulänglichkeit der Gesellschaft, sondern solidarisch neben der Gesellschaft. E. v. 25. Juni 1878. Entsch. XXIV S. 166.

151. Die Errichtung einer Kommanditgesellschaft ist von sämmtlichen Gesellschaftern[a] bei dem Handelsgerichte, in dessen Bezirk die Gesellschaft ihren Sitz hat, behufs der Eintragung in das Handelsregister anzumelden.

Die Anmeldung muß enthalten:

1) den Namen, Vornamen, Stand und Wohnort jedes persönlich haftenden Gesellschafters;
2) den Namen, Vornamen, Stand und Wohnort jedes Kommanditisten mit der Bezeichnung desselben als solchen;
3) die Firma der Gesellschaft und den Ort, wo sie ihren Sitz hat;
4) den Betrag der Vermögenseinlage jedes Kommanditisten.[b]

Die Anmeldung muß von allen Gesellschaftern[a] persönlich vor dem Handelsgerichte unterzeichnet, oder in beglaubigter Form eingereicht werden; sie ist nach ihrem ganzen Inhalt in das Handelsregister einzutragen. Bei der Bekanntmachung der Kommanditgesellschaft in den öffentlichen Blättern (Artikel 13) unterbleibt die Angabe der Namen, des Standes und des Wohnorts der Kommanditisten, sowie die Angabe des Betrages ihrer Vermögenseinlagen.

a) Also auch von den Kommanditisten.

b) Auch eine nachträgliche Erhöhung der Vermögenseinlage muß eingetragen werden. E. v. 8. Mai 1879. Entsch. XXV S. 117.

152. Bei jedem Handelsgerichte, in dessen Bezirk

die Kommanditgesellschaft eine Zweigniederlassung hat, muß dies behufs der Eintragung in das Handelsregister angemeldet werden.

Die Anmeldung muß die in Artikel 151 Ziff. 1 bis 4 bezeichneten Angaben enthalten, und von sämmtlichen persönlich haftenden Gesellschaftern vor dem Handelsgericht unterzeichnet oder in beglaubigter Form eingereicht werden.

153. Die persönlich haftenden Gesellschafter, welche die Gesellschaft vertreten sollen, haben die Firma nebst ihrer Namensunterschrift persönlich vor dem Handelsgericht, in dessen Bezirk die Gesellschaft ihren Sitz hat, und vor jedem Handelsgericht, in dessen Bezirk sie eine Zweigniederlassung hat, zu zeichnen oder die Zeichnung in beglaubigter Form einzureichen.

154. Das Handelsgericht hat die persönlich haftenden Gesellschafter zur Befolgung der in den Artikeln 151, 152 und 153 enthaltenen Vorschriften von Amtswegen durch Ordnungsstrafen anzuhalten.

155. Wenn die Firma einer bestehenden Kommanditgesellschaft geändert, oder der Sitz der Gesellschaft an einen anderen Ort verlegt wird, so sind diese Thatsachen von sämmtlichen Gesellschaftern in der durch Artikel 151 bestimmten Weise behufs der Eintragung in das Handelsregister anzumelden. Das Handelsgericht hat die persönlich haftenden Gesellschafter zur Befolgung dieser Anordnung von Amtswegen durch Ordnungsstrafen anzuhalten.

Bei der Bekanntmachung kommt in Betreff der Kommanditisten die Vorschrift des Artikels 151 zur Anwendung.

Die Wirkung gegen Dritte richtet sich nach den Bestimmungen des Artikels 25.

156. Wenn in eine bestehende Kommanditgesellschaft ein neuer Kommanditist eintritt, so muß dies von sämmtlichen Gesellschaftern zur Eintragung in das Handelsregister und zur Bekanntmachung nach den Bestimmungen des Artikels 151 angemeldet werden.

157. Das Rechtsverhältniß der Gesellschafter unter einander richtet sich zunächst nach dem Gesellschaftsvertrage. Soweit keine Vereinbarung getroffen ist, kommen die gesetzlichen Bestimmungen über das Rechtsverhältniß der offenen Gesellschafter untereinander auch hier zur Anwendung, jedoch mit den Abweichungen, welche die nachfolgenden Artikel (158 bis 162) ergeben.

158. Die Geschäftsführung der Gesellschaft wird durch den oder die persönlich haftenden Gesellschafter besorgt.

Ein Kommanditist ist zur Führung der Geschäfte der Gesellschaft weder berechtigt[a]) noch verpflichtet.

Er kann gegen die Vornahme einer Handlung der Geschäftsführung durch die persönlich haftenden Gesellschafter (Artikel 99 bis 102) Widerspruch nicht erheben.

a) Vgl. Art. 167 Abs. 3.

159. Ein Kommanditist darf ohne Genehmigung der anderen Gesellschafter in dem Handelszweig der Gesellschaft für eigene oder fremde Rechnung Geschäfte machen und an einer anderen gleichartigen Handelsgesellschaft als offener Gesellschafter theilnehmen.

160. Jeder Kommanditist ist berechtigt, die abschriftliche Mittheilung der jährlichen Bilanz zu verlangen und die Richtigkeit derselben unter Einsicht der Bücher und Papiere zu prüfen.

Die im Artikel 105 bezeichneten weiteren Rechte eines offenen Gesellschafters stehen einem Kommanditisten nicht zu.

Jedoch kann das Handelsgericht auf den Antrag eines Kommanditisten, wenn wichtige Gründe dazu vorliegen, die Mittheilung einer Bilanz oder sonstiger Aufklärungen nebst Vorlegung der Bücher und Papiere zu jeder Zeit anordnen.

161. Die Bestimmungen der Artikel 106 bis 108 über die Verzinsung der Einlage, über die jährliche Berechnung des Gewinnes oder Verlustes und über die Befugniß, Zinsen und Gewinn zu erheben, gelten auch in Betreff des Kommanditisten.

Jedoch nimmt ein Kommanditist an dem Verluste nur bis zum Betrage seiner eingezahlten oder rückständigen Einlage Antheil.

Er ist nicht verpflichtet, die Zinsen und den Gewinn, welche er bezogen hat, wegen späterer Verluste zurückzuzahlen; jedoch wird, so lange seine ursprüngliche Einlage durch Verlust vermindert ist, der jährliche Gewinn zur Deckung des Verlustes verwendet.

162. Ist über die Höhe der Betheiligung an Gewinn und Verlust nichts vereinbart, so wird dieselbe nach richterlichem Ermessen, nöthigenfalls unter Zuziehung von Sachverständigen, festgestellt.

163. Im Verhältniß zu dritten Personen tritt die rechtliche Wirksamkeit einer Kommanditgesellschaft mit dem Zeitpunkt ein, in welchem die Errichtung der Gesellschaft bei dem Handelsgericht, in dessen Bezirk die Gesellschaft ihren Sitz hat, in das Handelsregister eingetragen ist, oder die Gesellschaft auch nur ihre Geschäfte begonnen hat.[a)]

Die Beschränkung, daß die Gesellschaft erst mit einem späteren Zeitpunkt als dem der Eintragung ihren Anfang nehmen soll, hat gegen dritte Personen keine rechtliche Wirkung.

Hat die Gesellschaft vor der Eintragung[b)] ihre Geschäfte begonnen, so haftet jeder Kommanditist dritten Personen für die bis zur Eintragung entstandenen Verbindlichkeiten der Gesellschaft gleich einem persönlich haftenden Gesellschafter, wenn er nicht beweist, daß denselben seine beschränkte Betheiligung bei der Gesellschaft bekannt war.[c)]

a) Vgl. die Anm. zu Art. 110.

b) Die bloße Anmeldung zur Eintragung genügt nicht. Der Kommanditist ist also auch dann Dritten gegenüber als persönlich haftender Gesellschafter verpflichtet, wenn die angemeldete Kommanditgesellschaft durch ein Versehen des Registerbeamten überhaupt nicht oder als offene Handelsgesellschaft eingetragen ist. E. v. 28. Sept. 1877. Entsch. XXIII S. 280.

c) Diese Vorschrift findet auch Anwendung, wenn in eine bis dahin offene Handelsgesellschaft ein Kommanditist eintritt. In diesem Falle haftet der Kommanditist gleich einem offenen Gesellschafter nur für die seit seinem Eintritte bis zu seiner Eintragung, nicht für die vor seinem Eintritte entstandenen Verbindlichkeiten. — E. v. 3. Dez. 1873. Entsch. XII S. 14.

164. Die Kommanditgesellschaft kann unter ihrer Firma Rechte erwerben und Verbindlichkeiten eingehen, Eigenthum und andere dingliche Rechte an Grundstücken erwerben,[a] vor Gericht klagen und verklagt werden.[b]

Ihr ordentlicher Gerichtsstand ist bei dem Gericht, in dessen Bezirk sie ihren Sitz hat.

a) Vgl. E. f. Pr. Art. 23.

b) Der Gläubiger einer Kommanditgesellschaft hat die Wahl, ob er den persönlich haftenden Gesellschafter (Komplementar) für seine Person oder die gesammten Mitglieder der Gesellschaft unter deren Firma in Anspruch nehmen will. Hat er zunächst den Komplementar in Anspruch genommen (in welchem Falle er nur in dessen persönliches Vermögen Exekution vollstrecken lassen kann), so präjudicirt die in diesem Prozesse ergangene Entscheidung nicht der Klage gegen die Gesellschaft. E. v. 3. April 1871. Entsch. II S. 168.

165. Für die Verbindlichkeiten der Gesellschaft haftet der Kommanditist nur mit der Einlage und, soweit diese nicht eingezahlt ist, mit dem versprochenen Betrage.[a]

Die Einlage des Kommanditisten kann während des Bestehens der Gesellschaft weder ganz noch theilweise zurückbezahlt oder erlassen werden.

Zinsen können ihm von der Gesellschaft nur insoweit bezahlt werden, als dadurch die ursprüngliche Einlage nicht vermindert wird.

Er kann bis zur Wiederergänzung der durch Verlust verminderten Einlage weder Zinsen noch Gewinn beziehen.

Er haftet für die Verbindlichkeiten der Gesellschaft,

wenn und insoweit er diesen Bestimmungen entgegen Zahlungen von der Gesellschaft empfangen hat.

Er ist jedoch nicht verpflichtet, die Zinsen und den Gewinn zurückzuzahlen, welche er auf Grund einer in gutem Glauben errichteten Bilanz in gutem Glauben bezogen hat.

a) In Höhe dieser versprochenen Einlage haben die Gesellschaftsgläubiger — wenigstens nach Auflösung der Gesellschaft — eine direkte Klage gegen den Kommanditisten.

E. v. 8. Jan. 1876. Entsch. XIX S. 349.

Der Kommanditist haftet auch mit demjenigen Theile der versprochenen Einlage, der nicht in das Handelsregister eingetragen ist. E. v. 8. Mai 1879. Entsch. XXV S. 116. — Im Konkurse über das Vermögen der Kommanditgesellschaft ist der Massenverwalter befugt, die Rechte der Gesellschaftsgläubiger auf die Einlage geltend zu machen. — Der Kommanditist kann sich auf Vergünstigungen (z. B. Ratenzahlungen), die er mit dem persönlich haftenden Gesellschafter bedungen hat, nicht berufen. E. v. 29. Nov. 1879. R.G. I S. 69.

166. Wer in eine bestehende Handelsgesellschaft als Kommanditist eintritt, haftet nach Maßgabe des vorhergehenden Artikels für alle von der Gesellschaft vor seinem Eintritt eingegangenen Verbindlichkeiten, es mag die Firma eine Aenderung erleiden, oder nicht.[a)]

Ein entgegenstehender Vertrag ist gegen Dritte ohne rechtliche Wirkung.

a) Vgl. Art. 113 und die Note zu demselben sowie Anm. c. zu Art. 163.

167. Die Kommanditgesellschaft wird durch die persönlich haftenden Gesellschafter berechtigt und verpflichtet; sie wird durch dieselben vor Gericht vertreten.[a)]

Zur Behändigung von Vorladungen und anderen

Zustellungen an die Gesellschaft genügt es, wenn dieselbe an einen der zur Vertretung befugten Gesellschafter geschieht.

Ein Kommanditist, welcher für die Gesellschaft Geschäfte schließt, ohne ausdrücklich zu erklären, daß er nur als Prokurist oder als Bevollmächtigter handle, ist aus diesen Geschäften gleich einem persönlich haftenden Gesellschafter verpflichtet.

a) Auch Prozeßeide sind in Rechtsstreitigkeiten der Kommanditgesellschaft nur von den persönlich haftenden Gesellschaftern zu leisten. — E. v. 5. Nov. 1874. Entsch. XV S. 6.

168. Der Name eines Kommanditisten darf in der Firma der Gesellschaft nicht enthalten sein;[a] im entgegengesetzten Falle haftet er den Gläubigern der Gesellschaft gleich einem offenen Gesellschafter.

a) auch nicht, wenn der Kommanditist früher offener Gesellschafter und sein Name in der Firma enthalten war (Ausnahme vom Art. 24).

169. Die Bestimmungen der Artikel 119, 120, 121 und 122 finden auch bei der Kommanditgesellschaft Anwendung.

170. Wenn ein Kommanditist stirbt oder zur Verwaltung seines Vermögens rechtlich unfähig wird, so hat dies die Auflösung der Gesellschaft nicht zur Folge.

Im Uebrigen gelten die in den Artikeln 123 bis 128 für die offene Gesellschaft gegebenen Bestimmungen auch für die Kommanditgesellschaft.

171. Wenn eine Kommanditgesellschaft aufgelöst wird, oder wenn ein Kommanditist mit seiner ganzen Einlage oder mit einem Theile derselben ausscheidet, so müssen diese Thatsachen in das Handelsregister eingetragen werden.[a)]

Bei der Bekanntmachung unterbleibt die Bezeichnung des Kommanditisten und die Angabe des Betrages der Einlage.

Die Bestimmungen des Artikels 129 kommen auch hier zur Anwendung.

a) Die Weigerung eines Kommanditisten, sein Ausscheiden im Handelsregister verlautbaren zu lassen, berechtigt die Gesellschaft noch nicht zur Retention des dem Kommanditisten gebührenden Geschäftsantheils. E. v. 3. April 1871. Stg. III S. 24 ff., Entsch. II S. 168.

172. Was bei der offenen Gesellschaft über die Art der Auseinandersetzung (Art. 130, 131 und 132), über die Liquidation[a)] und über die Verjährung der Klagen gegen die Gesellschafter bestimmt ist, gilt auch bei der Kommanditgesellschaft in Betreff aller Gesellschafter.

a) Vgl. Anm. a. zu Art. 133. Auch eine aufgelöste Kommanditgesellschaft braucht nicht in Liquidation zu treten. E. v. 6. Mai 1879. Entsch. XXV S. 277.

Zweiter Abschnitt.

Von der Kommanditgesellschaft auf Aktien insbesondere.

173. Das Kapital der Kommanditisten kann in Aktien oder Aktienantheile zerlegt werden.

Die Aktien oder Aktienantheile müssen auf Namen lauten. Sie müssen auf einen Betrag von mindestens funfzig Vereinsthalern gestellt werden, wenn nicht die Landesgesetze nach Maßgabe der besonderen örtlichen Bedürfnisse einen geringeren Betrag gestatten. Aktien oder Aktienantheile, welche auf Inhaber lauten, oder welche auf einen geringeren als den gesetzlich bestimmten Betrag gestellt werden, sind nichtig. Die Ausgeber solcher Aktien oder Aktienantheile sind den Besitzern für allen durch die Ausgabe verursachten Schaden solidarisch verhaftet.

Die vorstehenden Bestimmungen gelten auch von Promessen und Interimsscheinen.

174. Eine Kommanditgesellschaft auf Aktien gilt als Handelsgesellschaft, auch wenn der Gegenstand des Unternehmens nicht in Handelsgeschäften besteht.

Ueber die Errichtung und den Inhalt des Gesellschaftsvertrages muß eine gerichtliche oder notarielle Urkunde aufgenommen werden.[a)] Zur Aktienzeichnung genügt eine schriftliche Erklärung.[b)]

a) Der staatlich genehmigte und in der Gesetzsammlung veröffentlichte Gesellschaftsvertrag hat nicht die Natur eines Gesetzes.

Die für gehörig verkündete Gesetze bestehende Fiktion der allgemeinen Kenntniß ist auf die in der Gesetzsammlung publicirten Statuten von Aktiengesellschaften nicht zu beziehen (vgl. Anm. b. zu Art. 208). — Entsch. IV S. 58, VII S. 270, VIII S. 191, X S. 327.

b) Die Aktienzeichnung muß schriftlich (E. v. 2. April 1881. R.G. IV S. 308) und darf nicht bedingt (E. v. 21. Sept. u. 9. Nov. 1872. Entsch. VII S. 160 u. 433) erfolgen.

Die Schriftlichkeit ist nur für die Aktienzeichnung selbst vorgeschrieben; welche Form für die Vollmacht zur Aktienzeichnung oder für die Genehmigung der durch einen Anderen erfolgten Aktienzeichnung erforderlich ist, muß nach allgemeinen Rechtsgrundsätzen entschieden werden. Ist nach Lage des Falls (z. B. auf Grund der Art. 273, 274 H.G.B.) die Aktienzeichnung als Handelsgeschäft anzusehen (was nicht der Fall zu sein braucht), so reicht nach Art. 317 H.G.B. eine formlose Vollmacht oder Genehmigung hin. Kommt, weil die Aktienzeichnung sich im gegebenen Fall nicht als Handelsgeschäft darstellt, das bürgerliche Recht zur Anwendung, so ist im Gebiete des Preuß. A.L.R. zwar für die Vollmacht zur Aktienzeichnung Schriftform erforderlich, aber die mündliche oder durch konkludente Handlung erfolgte Genehmigung des ausgeführten mündlichen Auftrages zur Aktienzeichnung bindend. E. v. 2. April 1881. R.G. IV S. 307.

Vgl. Anm. zu Art. 208.

175. Der Gesellschaftsvertrag muß enthalten:

1) den Namen, Vornamen, Stand und Wohnort jedes persönlich haftenden Gesellschafters;
2) die Firma der Gesellschaft und den Ort, wo sie ihren Sitz hat;
3) den Gegenstand des Unternehmens;
4) die Zeitdauer des Unternehmens, im Fall' dasselbe auf eine bestimmte Zeit beschränkt sein soll;[a]
5) die Zahl und den Betrag der Aktien oder Aktienantheile;
6) die Bestimmung, daß ein Aufsichtsrath von mindestens drei Mitgliedern aus der Zahl der Kommanditisten durch Wahl derselben bestellt werden müsse;
7) die Form, in welcher die Zusammenberufung der Generalversammlung der Kommanditisten geschieht;
8) die Form, in welcher die von der Gesellschaft ausgehenden Bekanntmachungen erfolgen, sowie die öffentlichen Blätter, in welche dieselben aufzunehmen sind.

a) Es ist also auch zulässig, den Gesellschaftsvertrag auf unbestimmmte Dauer zu schließen.

176. Der Gesellschaftsvertrag muß bei dem Handelsgericht, in dessen Bezirk die Gesellschaft ihren Sitz hat, in das Handelsregister eingetragen und im Auszuge veröffentlicht werden.

Der Auszug muß enthalten:

1) das Datum des Gesellschaftsvertrages;
2) den Namen, Vornamen, Stand und Wohnort jedes persönlich haftenden Gesellschafters;
3) die Firma der Gesellschaft und den Ort, wo sie ihren Sitz hat;
4) die Zahl und den Betrag der Aktien und Aktienantheile;
5) die Form, in welcher die von der Gesellschaft ausgehenden Bekanntmachungen erfolgen, sowie die öffentlichen Blätter, in welche dieselben aufzunehmen sind.

Ist in dem Gesellschaftsvertrage bestimmt, daß das Austreten eines oder mehrerer persönlich haftender Gesellschafter die Auflösung der Gesellschaft nicht zur Folge habe (Art. 199), so ist auch diese Bestimmung zu veröffentlichen.

177. Der Anmeldung behufs der Eintragung in das Handelsregister muß beigefügt sein:

1) die Bescheinigung, daß der gesammte Betrag des Kapitals der Kommanditisten durch Unterschriften gedeckt ist;
2) die Bescheinigung, daß mindestens ein Viertheil des von jedem Kommanditisten gezeichneten Betrages von ihm eingezahlt ist;

3) der Nachweis, daß der Aufsichtsrath nach Inhalt des Vertrages (Artikel 175 Ziff. 6) in einer Generalversammlung der Kommanditisten gewählt ist.[a]

Die Anmeldung muß von sämmtlichen persönlich haftenden Gesellschaftern vor dem Handelsgerichte unterzeichnet oder in beglaubigter Form eingereicht werden. Die der Anmeldung beigefügten Schriftstücke werden bei dem Handelsgerichte in Urschrift oder in beglaubigter Abschrift aufbewahrt.

a) Die rechtliche Existenz des Aufsichtsraths ist durch die Wahl sämmtlicher Mitglieder Seitens der General-Versammlung und durch die Annahme der Wahl Seitens der Gewählten bedingt.

Früher können die Gewählten keine gültigen Beschlüsse fassen, selbst wenn bereits soviel Mitglieder des Aufsichtsraths gewählt sind und angenommen haben, als nach den Statuten zur Fassung von Beschlüssen erforderlich sind.

Die in den Statuten bezüglich ausgeschiedener Mitglieder des Aufsichtsraths getroffenen Bestimmungen können auf solche, welche neu gewählt sind, die Wahl abgelehnt haben, und somit in den Aufsichtsrath überhaupt nicht eingetreten sind, nicht bezogen werden.
E. v. 3. Okt. 1874. Entsch. XIV S. 308.

178. Vor erfolgter Eintragung in das Handelsregister besteht die Kommanditgesellschaft als solche nicht.[a] Die vor der Eintragung ausgegebenen Aktien oder Aktienantheile sind nichtig. Die Ausgeber sind den Besitzern für allen durch die Ausgabe verursachten Schaden solidarisch verhaftet.

Wenn vor erfolgter Eintragung im Namen der Gesellschaft gehandelt worden ist, so haften die Handelnden persönlich und solidarisch.

a) Das Zustandekommen der Gesellschaft ist nur durch die Eintragung, nicht durch die Befolgung der im Art. 177 gegebenen Ordnungsvorschriften bedingt.

Selbst ein Erschleichen der Eintragung durch betrügliches Verhalten der persönlich haftenden Gesellschafter bezüglich der fraglichen Bescheinigungen befreit die Zeichner von der ihnen nach Art. 184 obliegenden Verpflichtung zur vollständigen Einzahlung des Aktienbetrages nicht.

E. v. 19. Okt. 1872. Entsch. VII S. 241.

179. Die Vorschriften der Artikel 152 und 153 sind auch bei der Kommanditgesellschaft auf Aktien zu befolgen; die Anmeldung muß die im Artikel 176, Ziff. 1—5 bezeichneten Angaben enthalten. Das Handelsgericht hat die persönlich haftenden Gesellschafter zur Befolgung dieser Vorschriften von Amtswegen durch Ordnungsstrafen anzuhalten.

180. Wenn ein Gesellschafter eine Einlage macht, welche nicht in baarem Gelde besteht, oder wenn er sich zu seinen Gunsten besondere Vortheile ausbedingt, so muß in einer Generalversammlung der Kommanditisten die Abschätzung und Prüfung der Zulässigkeit angeordnet und in einer späteren Generalversammlung die Genehmigung durch Beschluß erfolgt sein.

Der Beschluß wird nach der Mehrheit der in der Versammlung anwesenden oder durch Vollmacht vertretenen Kommanditisten gefaßt; jedoch muß diese Mehrheit mindestens ein Viertheil der sämmtlichen Kommanditisten begreifen und der Betrag ihrer Antheile zusammen mindestens ein Viertheil des Gesammtkapitals der Kommanditisten darstellen. Der Gesellschafter, welcher die Einlage macht oder sich besondere Vortheile ausbedingt, hat bei der Beschlußfassung kein Stimmrecht.

Ein gegen den Inhalt dieser Bestimmung geschlossener Vertrag hat keine rechtliche Wirkung. a)

a) Der Geltendmachung von Vorrechten aus Gesellschafts-Verträgen, auf Grund deren die Gesellschaft vor dem Inkrafttreten des H.G.B. entstanden ist, steht Art. 180 nicht entgegen. E. v. 12. Febr. 1875. Entsch. XVII S. 146.

181. Für die gesellschaftlichen Kapitalantheile, welche auf die Einlagen der persönlich haftenden Gesellschafter fallen, oder welche denselben als besondere Vortheile ausbedungen sind, dürfen keine Aktien ausgegeben werden; diese Kapitalantheile dürfen von den persönlich haftenden Gesellschaftern, so lange die letzteren in diesem ihrem Rechtsverhältnisse zur Gesellschaft stehen, nicht veräußert werden.

182. Die Aktien oder Aktienantheile sind untheilbar.

Sie müssen mit genauer Bezeichnung des Inhabers nach Namen, Wohnort und Stand in das Aktienbuch der Gesellschaft eingetragen werden.

Sie können, sofern nicht der Gesellschaftsvertrag ein Anderes bestimmt, ohne Einwilligung der übrigen Gesellschafter auf andere Personen übertragen werden. a)

Die Uebertragung kann durch Indossament geschehen.

In Betreff der Form des Indossaments kommen die Bestimmungen der Artikel 11—13 der Allgemeinen Deutschen Wechselordnung* zur Anwendung.

---

* Diese Artikel lauten:

Art. 11. Das Indossament muß auf den Wechsel, eine Kopie desselben oder ein mit dem Wechsel oder der Kopie verbundenes Blatt (Alonge) geschrieben werden.

a) Fällige Dividenden gehen in Ermangelung eines entgegenstehenden Handelsbrauches nicht von selbst auf den Erwerber über. E. v. 14. Mai 1872. Entsch. VI S. 145.

Der dritte Inhaber eines Aktieninterimsscheines (Promesse) kann, wenn mangels genügender Zeichnung die Aktiengesellschaft nicht zu Stande kommt, von den Emittenten nicht ohne Weiteres die an diese Seitens des Zeichners geleistete Anzahlung zurückfordern. Er kann sich vielmehr nur an seinen Autor halten. E. v. 24. April 1877. Entsch. XXII S. 214.

183. Wenn das Eigenthum der Aktie auf einen Anderen übergeht, so ist dies, unter Vorlegung der Aktie und des Nachweises des Ueberganges, bei der Gesellschaft anzumelden und im Aktienbuche zu bemerken.[a)]

Im Verhältnisse zu der Gesellschaft werden nur diejenigen als die Eigenthümer der Aktien angesehen, welche als solche im Aktienbuche verzeichnet sind.

Zur Prüfung der Legitimation ist die Gesellschaft berechtigt, aber nicht verpflichtet.[b)]

a) Der in das Aktienbuch eingetragene Erwerber haftet gleich dem ursprünglichen Zeichner für statutenmäßige Einzahlungen auf das Aktienkapital. Leistet der Veräußerer, als ursprünglicher Zeichner, die später ausgeschriebene Einzahlung, so muß sie ihm der Erwerber ersetzen. E. v. 14. Mai 1872 u. 5. März 1881. Entsch. VI S. 149 u. R.G. III S. 163, vgl. Anm. a. zu Art. 223.

Art. 12. Ein Indossament ist gültig, wenn der Indossant auch nur seinen Namen oder seine Firma auf die Rückseite des Wechsels oder der Kopie, oder auf die Alonge schreibt (Blanko-Indossament).

Art. 13. Jeder Inhaber eines Wechsels ist befugt, die auf demselben befindlichen Blanko-Indossamente auszufüllen; er kann den Wechsel aber auch ohne diese Ausfüllung weiter indossiren.

b) Hat die Gesellschaft Leistungen von einem Aktionär in dieser seiner Eigenschaft angenommen, ohne seine Legitimation zu prüfen, so kann sie die Gegenleistung dafür nicht vom Nachweise der Legitimation abhängig machen. E. v. 21. Nov. 1877. Entsch. XXIII S. 100.

184. So lange der Betrag einer Aktie nicht vollständig eingezahlt ist, bleibt der ursprüngliche Zeichner zur Einzahlung des Rückstandes an die Gesellschaft verpflichtet;[a] die Gesellschaft kann ihn dieser Verbindlichkeit nicht entlassen.[b]

a) Wegen Nichterfüllung von Nebenabreden, die bei der Zeichnung getroffen sind, oder wegen Nichteintritts einer erklärten Voraussetzung kann sich der Zeichner der Einzahlung nicht entziehen.

E. v. 21. Sept. u. 9. Nov. 1872. Entsch. VII S. 161 u. 433.

Selbst wenn der Zeichner durch Täuschungen zur Zeichnung vermocht ist, bleibt die Verpflichtung zur Einzahlung bestehen. Er kann sich nur persönlich an denjenigen halten, der ihn getäuscht hat.

Auch Ansprüche an die Gesellschaft, soweit sie nicht zur Kompensation geeignet sind (vgl. Anm. zu Art. 220), berechtigen nicht zur Einbehaltung des Rückstandes.

E. v. 26. April 1872. Entsch. V S. 418.

Soweit es sich um die Einzahlung der gezeichneten Aktienbeträge handelt, steht der Kommanditist der Gesellschaft als Dritter, als Schuldner gegenüber.

E. v. 2. Nov. 1872. Entsch. VII S. 417.

Nur die Gesellschaft, nicht deren Gläubiger haben ein Klagerecht auf Einzahlung des Rückstandes, und zwar nur nach Maßgabe der Statuten.

E. v. 20. Sept. 1877. Entsch. XXII S. 343.

b) Die Gesellschaft kann sich auch nicht zur Entlassung verpflichten. Der Zeichner, welcher seine Aktien der Kommanditgesellschaft auf Aktien in Verkaufskommission giebt, kann daher von dem

Recht aus Art. 376 Abs. 3 H.G.B. keinen Gebrauch machen. E. v. 19. Juni 1880. R.G. II S. 41.

Der Art. 184 bezieht sich sowohl auf das Urkapital, als auf spätere Erhöhungen. E. v. 30. Juni 1880. R.G. II S. 134.

Vgl. im übrigen die Anmerkungen zu Art. 220.

185. Die persönlich haftenden Gesellschafter sind verpflichtet, dem Aufsichtsrath und den Kommanditisten spätestens in den ersten sechs Monaten jedes Geschäftsjahres eine Bilanz des verflossenen Geschäftsjahres vorzulegen.

186. Die Rechte, welche den Kommanditisten gegenüber den persönlich haftenden Gesellschaftern nach dem Gesellschaftsvertrage oder nach den Bestimmungen des vorigen Abschnitts in Beziehung auf die Führung der Geschäfte, die Einsicht und Prüfung der Bilanz, die Bestimmung der Gewinnvertheilung, die Auflösung oder Kündigung der Gesellschaft und die Befugniß, das Ausscheiden eines persönlich haftenden Gesellschafters zu verlangen, zustehen, werden von der Gesammtheit der Kommanditisten in der Generalversammlung ausgeübt.[a]

Die Beschlüsse der Generalversammlung werden durch den Aufsichtsrath ausgeführt, wenn nicht im Gesellschaftsvertrage ein Anderes bestimmt ist.

a) Vgl. die Anmerkungen zu Art. 224.

187. Die Generalversammlung der Kommanditisten wird durch die persönlich haftenden Gesellschafter oder durch den Aufsichtsrath berufen, sofern nicht nach dem Gesellschaftsvertrage auch andere Personen dazu befugt sind.

188. Eine Generalversammlung der Kommanditisten

ist außer den im Gesellschaftsvertrage ausdrücklich bestimmten Fällen zu berufen, wenn dies im Interesse der Gesellschaft erforderlich erscheint.

Die Generalversammlung muß auch dann berufen werden, wenn dies von einem Kommanditisten oder einer Anzahl von Kommanditisten, deren Aktien zusammen den zehnten Theil des Gesammtkapitals der Kommanditisten darstellen, in einer von ihnen unterzeichneten Eingabe unter Angabe des Zwecks und der Gründe verlangt wird. Ist im Gesellschaftsvertrage das Recht, die Berufung einer Generalversammlung zu verlangen, an den Besitz eines größeren oder eines geringeren Antheils am Gesammtkapitale geknüpft, so hat es hierbei sein Bewenden.

189. Die Berufung der Generalversammlung hat in der durch den Gesellschaftsvertrag bestimmten Weise zu erfolgen.

Der Zweck der Generalversammlung muß jederzeit bei der Berufung bekannt gemacht werden. Ueber Gegenstände, deren Verhandlung nicht in dieser Weise angekündigt ist, können Beschlüsse nicht gefaßt werden; hiervon ist jedoch der Beschluß über den in einer Generalversammlung gestellten Antrag auf Berufung einer außerordentlichen Generalversammlung ausgenommen.

Zur Stellung von Anträgen und zu Verhandlungen ohne Beschlußfassung bedarf es der Ankündigung nicht.

190. Soweit nicht der Gesellschaftsvertrag ein Anderes bestimmt, werden die Beschlüsse der Generalversammlung der Kommanditisten mit einfacher Stimmenmehrheit gefaßt, und jede Aktie gewährt dem Inhaber Eine Stimme.

191. Der Aufsichtsrath kann das erste Mal nicht auf länger als Ein Jahr, später nicht auf länger als fünf Jahre gewählt werden.

Insoweit die Wahl auf einen längeren Zeitraum geschieht, ist dieselbe ohne rechtliche Wirkung.

192. Den Mitgliedern des ersten Aufsichtsrathes darf eine Vergütung für die Ausübung ihres Berufs nur durch einen nach Ablauf des ersten Geschäftsjahres einzuholenden Beschluß der Generalversammlung der Kommanditisten bewilligt werden.

Ist die Vergütung früher, oder in einer anderen als der vorstehenden Weise bewilligt, so ist die Festsetzung ohne rechtliche Wirkung.

193. Der Aufsichtsrath überwacht die Geschäftsführung der Gesellschaft in allen Zweigen ihrer Verwaltung; er kann sich von dem Gange der Angelegenheiten der Gesellschaft unterrichten, die Bücher und Schriften derselben jederzeit einsehen und den Bestand der Gesellschaftskasse untersuchen.

Er hat die Jahresrechnungen, die Bilanzen und die Vorschläge zur Gewinnvertheilung zu prüfen und darüber alljährlich der Generalversammlung Bericht zu erstatten.

194. Der Aufsichtsrath ist ermächtigt, gegen die persönlich haftenden Gesellschafter die Prozesse zu führen, welche die Generalversammlung beschließt.

Jeder Kommanditist ist befugt, als Intervenient in den Prozeß auf seine Kosten einzutreten.

Handelt es sich um die eigene Verantwortlichkeit des Aufsichtsrathes, so kann letzterer ohne und selbst gegen den Beschluß der Generalversammlung gegen die persönlich haftenden Gesellschafter klagen.

195. Wenn die Kommanditisten selbst in Gesammtheit und im gemeinsamen Interesse gegen die persönlich haftenden Gesellschafter auftreten wollen, oder gegen die Mitglieder des Aufsichtsrathes einen Prozeß zu führen haben, so werden sie durch Bevollmächtigte vertreten, welche in der Generalversammlung gewählt werden.

Falls aus irgend einem Grunde die Bestellung von Bevollmächtigten durch Wahl in der Generalversammlung gehindert wird, kann das Handelsgericht auf Antrag die Bevollmächtigten ernennen.

Jeder Kommanditist ist befugt, als Intervenient in den Prozeß auf seine Kosten einzutreten.

196. Die Gesellschaft wird durch die persönlich haftenden Gesellschafter berechtigt und verpflichtet; sie wird durch dieselben vor Gericht vertreten.[a)]

Zur Behändigung von Vorladungen und anderen Zustellungen an die Gesellschaft genügt es, wenn dieselbe an einen der zur Vertretung befugten Gesellschafter geschieht.

Die Bestimmung des Artikels 167 in Betreff des Kommanditisten, welcher für die Gesellschaft Geschäfte schließt, findet bei der Kommanditgesellschaft auf Aktien keine Anwendung.

a) Die Bestellung von Prokuristen für Kommanditgesellschaften auf Aktien ist zulässig.

Der Kommanditist ist nicht Prinzipal des Prokuristen.

E. v. 2. Nov. 1872. Entsch. VII S. 412.

197. Die Einlagen können den Kommanditisten, so lange die Gesellschaft besteht, nicht zurückgezahlt werden.

Zinsen von bestimmter Höhe können für die Kommanditisten nicht bedungen noch ausbezahlt werden; es darf nur dasjenige unter sie vertheilt werden, was sich nach der jährlichen Bilanz, und, wenn im Gesellschaftsvertrage die Innehaltung eines Reservekapitals bestimmt ist, nach Abzug desselben als reiner Ueberschuß ergiebt.

Die Kommanditisten haften für die Verbindlichkeiten der Gesellschaft, wenn und insoweit sie diesen Bestimmungen entgegen Zahlungen von der Gesellschaft empfangen haben; sie sind jedoch nicht verpflichtet, die in gutem Glauben bezogenen Dividenden zurückzuzahlen.

198. Jede Abänderung des Gesellschaftsvertrages bedarf zu ihrer Gültigkeit der notariellen oder gerichtlichen Abfassung.

Der abändernde Vertrag muß in gleicher Weise, wie der ursprüngliche Vertrag, in das Handelsregister eingetragen und im Auszuge veröffentlicht werden (Art. 176, 179).

Der abändernde Vertrag hat keine rechtliche Wirkung, bevor derselbe bei dem Handelsgericht, in dessen Bezirk die Gesellschaft ihren Sitz hat, in das Handelsregister eingetragen ist.[a]

a) Der eine Erhöhung des Aktienkapitals anordnende Beschluß des Aufsichtsraths muß in das Handelsregister eingetragen und zu diesem Zwecke in beglaubigter Form vorgelegt werden, selbst wenn diese Erhöhung auf Grund einer den Aufsichtsrath hierzu ermächtigenden, in der Generalversammlung beschlossenen und in das Handelsregister eingetragenen Statutenveränderung erfolgt ist. — E. v. 30. April 1873. Entsch. IX S. 303.

199. Eine Uebereinkunft, durch welche das Austreten eines oder mehrerer persönlich haftender Gesellschafter bestimmt wird, steht der Auflösung der Gesellschaft gleich. Zu derselben bedarf es der Zustimmung einer Generalversammlung der Kommanditisten.

Es kann jedoch durch den Gesellschaftsvertrag oder durch einen denselben abändernden Vertrag (Art. 198) bestimmt werden, daß das Austreten eines oder mehrerer persönlich haftender Gesellschafter die Auflösung der Gesellschaft dann nicht zur Folge habe, wenn mindestens noch ein persönlich haftender Gesellschafter bleibt.[a] In Ansehung der Eintragung in das Handelsregister finden die Bestimmungen des Artikels 129 Anwendung.

a) Ist dies bestimmt, so bedarf es zum Austritt eines persönlich haftenden Gesellschafters nicht der Zustimmung einer Generalversammlung der Kommanditisten. — E. v. 26. Okt. 1872. Entsch. VII S. 341.

200. Wenn ein Kommanditist stirbt, oder in Konkurs verfällt, oder zur Verwaltung seines Vermögens rechtlich unfähig wird, so hat dies die Auflösung der Gesellschaft nicht zur Folge. Der Artikel 126 findet in Bezug auf die Privatgläubiger eines Kommanditisten keine Anwendung. Im Uebrigen gelten die Artikel 123 bis 128 auch für die Kommanditgesellschaft auf Aktien.[a]

a) Ein persönlich haftender Gesellschafter ist nicht, wie das Vorstandsmitglied einer Aktiengesellschaft (Art. 227 Abs. 3), absetzbar, sondern es kann nur nach Maßgabe der Art. 123, 125 seine Ausschließung beantragt werden.

E. v. 25. Juni 1875. Entsch. XVIII S. 396.

201. Die Auflösung der Gesellschaft muß, wenn sie nicht in Folge der Eröffnung des Konkurses[a] über die Gesellschaft geschieht, in das Handelsregister eingetragen werden.

Diese Eintragung muß selbst dann geschehen, wenn die Gesellschaft durch Ablauf der Zeit, für welche sie eingegangen war, beendigt wird.

Vgl. §§. 198 ff. Konkursordnung.

202. Bei der Auflösung einer Kommanditgesellschaft auf Aktien, welche außer dem Falle der Eröffnung des Konkurses erfolgt, darf die Vertheilung des Vermögens unter die Gesellschafter nicht eher vollzogen werden, als nach Verlauf eines Jahres, von dem Tage an gerechnet, an welchem die Auflösung der Gesellschaft in das Handelsregister eingetragen ist.

Die aus den Handelsbüchern der Gesellschaft ersichtlichen oder in anderer Weise bekannten Gläubiger sind durch besondere Erlasse aufzufordern, sich zu melden; unterlassen sie dies, so ist der Betrag ihrer Forderungen gerichtlich niederzulegen.

Das letztere muß auch in Ansehung der noch schwebenden Verbindlichkeiten[a] und streitigen Forderungen geschehen, sofern nicht die Vertheilung des Gesellschaftsvermögens bis zu deren Erledigung ausgesetzt bleibt,[b] oder den Gläubigern eine angemessene Sicherheit bestellt wird.

a) Zu den schwebenden Verbindlichkeiten gehören auch die befristeten Forderungen. Dieselben werden durch die Auflösung der Gesellschaft nicht fällig. E. v. 19. Nov. 1878. Entsch. XXIV S. 254.

b) Wählt die Gesellschaft Aussetzung der Vertheilung, so können die Gläubiger wegen der schwebenden oder streitigen Forderungen weder gerichtliche Hinterlegung noch Sicherstellung beanspruchen, es sei denn, daß besondere Arrestgründe (Vermögensverfall, Veranstaltungen zur Vertheilung des Gesellschaftsvermögens) vorliegen. E. v. 17. Dez. 1877. Entsch. XXIII S. 150.

203. Eine theilweise Zurückzahlung des Kapitals der Kommanditisten kann nur vermöge einer Abänderung des Gesellschaftsvertrages erfolgen.

Die Zurückzahlung kann nur unter Beobachtung derselben Bestimmungen geschehen, welche für die Vertheilung des Gesellschaftsvermögens im Falle der Auflösung maßgebend sind (Art. 201, 202).

204. Die Mitglieder des Aufsichtsrathes sind gleich den persönlich haftenden Gesellschaftern solidarisch zur Erstattung geleisteter Zahlungen verpflichtet, wenn mit ihrem Wissen und ohne ihr Einschreiten

1) Einlagen an die Kommanditisten zurückgezahlt, oder
2) Zinsen oder Dividenden gezahlt sind, welche nicht aus dem auf die Aktien fallenden Gewinne entnommen wurden, oder
3) die Vertheilung des Gesellschaftsvermögens oder eine theilweise Zurückzahlung des Kapitals der Kommanditisten ohne Beobachtung der gesetzlichen Bestimmungen (Artikel 202, 203) erfolgt ist.

205. Die Liquidation erfolgt, sofern der Gesellschaftsvertrag nicht ein Anderes bestimmt, durch sämmtliche persönlich haftende Gesellschafter und eine oder mehrere von der Generalversammlung der Kommanditisten gewählte Personen.

Vgl. Art. 33 des E. f. Pr.

206. Die persönlich haftenden Mitglieder und die Mitglieder des Aufsichtsrathes werden mit Gefängniß bis zu drei Monaten bestraft:

1) wenn sie vorsätzlich behufs der Eintragung des Gesellschaftsvertrages in das Handelsregister falsche Angaben über die Zeichnung oder Einzahlung des Kapitals der Kommanditisten machen;
2) wenn durch ihre Schuld länger als drei Monate die Gesellschaft ohne Aufsichtsrath geblieben ist, oder in dem letzteren die zur Beschlußfähigkeit erforderliche Zahl von Mitgliedern gefehlt hat;[a]
3) wenn sie in ihren Darstellungen, in ihren Uebersichten über den Vermögensstand der Gesellschaft oder in den in der Generalversammlung gehaltenen Vorträgen wissentlich den Stand der Verhältnisse der Gesellschaft unwahr darstellen oder verschleiern.[b]

Wird in den Fällen zu 2 und 3 festgestellt, daß mildernde Umstände vorhanden sind, so ist auf Geldstrafe bis zu Eintausend Thalern zu erkennen.

a) Vgl. Anm. zu Art. 249 Ziff. 2.

b) Vgl. Anm. zu Art. 249 Ziff. 3.

Dritter Titel. Von der Aktiengesellschaft.

Erster Abschnitt.
Allgemeine Grundsätze.

207. Eine Gesellschaft ist eine Aktiengesellschaft, wenn sich die sämmtlichen Gesellschafter nur mit Einlagen betheiligen, ohne persönlich für die Verbindlichkeiten der Gesellschaft zu haften.

Das Gesellschaftskapital wird in Aktien oder auch in Aktienantheile zerlegt.

Die Aktien oder Aktienantheile sind untheilbar.

Dieselben können auf Inhaber oder auf Namen lauten.

207. a. Die Aktien oder Aktienantheile müssen, wenn sie auf Namen lauten, auf einen Betrag von mindestens funfzig Vereinsthalern, wenn sie auf Inhaber lauten, auf einen Betrag von mindestens Einhundert Vereinsthalern gestellt werden. Bei Versicherungsgesellschaften müssen auch solche Aktien oder Aktienantheile, welche auf Namen lauten, auf einen Betrag von mindestens Einhundert Vereinsthalern gestellt werden.

Aktien oder Aktienantheile, welche auf einen geringeren Betrag gestellt werden, sind nichtig. Die Ausgeber solcher Aktien oder Aktienantheile sind den Besitzern für allen durch die Ausgabe verursachten Schaden solidarisch verhaftet.

Der Nominalbetrag der Aktien oder Aktienantheile darf während des Bestehens der Gesellschaft weder vermindert noch erhöht werden.[a)]

Die vorstehenden Bestimmungen gelten auch von Promessen und Interimsscheinen.

a) Trotz dieses Verbots kann bei einer Herabsetzung des Grundkapitals, welche unter Innehaltung der Vorschriften der Art. 248, 243, 245, 202 Abs. 2 u. 3 durch Abschreibung verloren gegangenen Aktienkapitals erfolgt, der Nominalbetrag der Aktien entsprechend vermindert werden, aber nicht unter den im Art. 207 Abs. 1 festgestellten Minimalbetrag.

Beschl. v. 19. Mai 1876. Entsch. XX S. 94.

Hierzu: Ges. betr. die Umwandlung von Aktien in Reichswährung v. 16. Dez. 1875 (R.G.Bl. S. 317), welches lautet:

§. 1. Die Bestimmung des Artikel 207 a. des Handelsgesetzbuchs Absatz 3, lautend:

„Der Nominalbetrag der Aktien oder Aktienantheile darf während des Bestehens der Gesellschaft weder vermindert noch erhöht werden"

findet keine Anwendung, wenn der Nominalbetrag von Aktien, welcher nicht auf Thalerwährung oder Reichswährung lautet und nicht in eine mit fünfzig theilbare Summe in Mark umgerechnet werden kann, auf den nächst niedrigeren durch fünfzig theilbaren Betrag in Mark vermindert oder auf den nächst höheren durch fünfzig theilbaren Betrag in Mark erhöht wird.

§. 2. Eine Umwandlung nach Maßgabe der Bestimmungen dieses Gesetzes ist nur statthaft, wenn diese Umwandlung vor dem 1. Januar 1878 beschlossen und zum Handelsregister angemeldet worden ist.

Vgl. Anm. zu Art. 219.

208. Eine Aktiengesellschaft gilt als Handelsgesellschaft, auch wenn der Gegenstand des Unternehmens nicht in Handelsgeschäften besteht.[a)]

Ueber die Errichtung und den Inhalt des Gesellschaftsvertrages (Statuts) muß eine gerichtliche oder notarielle Urkunde aufgenommen werden.[b)]

Zur Aktienzeichnung genügt eine schriftliche Erklärung. c)

a) Ein auf Gegenseitigkeit gegründeter Versicherungsverein ist weder eine Aktien- noch eine Handelsgesellschaft. Vgl. E. v. 3. Mai 1872, Entsch. VI S. 95 und v. 1. Dez. 1871, Stg. IV S. 385.

b) Die der Errichtung des Aktienvereins voraufgehende Zeichnung unterwirft den Zeichner nicht ohne Weiteres dem Inhalt des später errichteten Statuts, insbesondere nicht einem durch dieses Statut angeordneten Gerichtsstande.

Das Statut selbst muß mindestens seinem wesentlichen Inhalte nach mit dem Zeichner vereinbart sein.

Liegt dem Zeichner bei der Zeichnung nicht bereits das fertige Statut oder doch ein vollständiger Statutsentwurf vor, so muß der Prospekt oder Aufruf, auf Grund dessen die Zeichnung erfolgen soll, die Grundzüge des künftigen Aktienunternehmens, namentlich die Höhe des Grundkapitals, die Art seiner Aufbringung, die Höhe der einzelnen Aktien, die Hauptpunkte aus der Verfassung des Vereins enthalten.

E. v. 1. Okt. 1872 u. 9. Jan. 1874. Entsch. VII S. 265, XI S. 375.

Es genügt, daß der Statutsentwurf dem Zeichner zur Zeit der Zeichnung zugänglich war.

E. v. 15. Juni 1875. Entsch. XVIII S. 35.

Eine Klausel des Verpflichtungsscheins, wonach der Zeichner verbunden sein soll, das Statut, sobald es staatlich genehmigt sein würde, zu vollziehen oder auch ohne Vollziehung als verbindlich anzuerkennen, ist weder als Verzicht auf das gesetzliche Mitwirkungsrecht bei Feststellung der Statuten, noch als Unterwerfung unter die staatliche Feststellung desselben aufzufassen, also, wenn die obigen Voraussetzungen nicht vorliegen, nicht bindend.

E. v. 9. Jan. 1874 u. 9. Jan. 1875. Entsch. XI S. 375, XVIII S. 354.

Der Aktienzeichner wird einem solchen ohne seine Zuziehung entworfenen, ihm unbekannten Statut durch Einzahlung einer Rate und Entgegennahme des Quittungsbogens nicht unterworfen.

E. v. 13. Juni 1873. Entsch. X S. 325.

Es gilt dies auch dann, wenn das Statut in der Gesetzsammlung publicirt oder in das Handelsregister eingetragen und auszugsweise veröffentlicht ist.

Der Aktienzeichner ist nicht verpflichtet, von einem vertragswidrig publicirten Statut Kenntniß zu nehmen.

E. v. 23. Dez. 1873, 27. Okt. 1874. Entsch. XI S. 372, XV S. 57.

Genehmigt der Zeichner das nachträglich entworfene Statut, so kommt die Anfangs unwirksame Zeichnung zu Kräften; es bedarf keiner neuen Zeichnung.

E. v. 11. April 1876. Entsch. XX. S. 274.

Bei der Verlautbarung der gerichtlichen oder notariellen Urkunde ist eine Betheiligung der Gesammtheit oder auch nur der Mehrheit der Aktionäre nicht erforderlich. — Es bedarf auch weder einer Vollziehung des Statuts Seitens der Aktionäre noch einer Mitwirkung derselben bei dem sogen. (an sich nicht erforderlichen) Konstituirungsakte des Aktien-Vereins.

E. v. 15. Juni 1875. Entsch. XVIII S. 86.

Vgl. Anm. b. zu Art. 174 und Anm. zu Art. 219.

c) In der schriftlichen Anerkennung der erfolgten Zeichnung kann, selbst wenn eine Zeichnung nicht vorangegangen ist, eine gültige Zeichnung enthalten sein, wenn nämlich der Erklärende seinen Willen, so gebunden zu sein, als ob er bereits früher die Erklärung abgegeben hätte, zu erkennen giebt.

E. v. 2. Sept. 1875. Entsch. XIX S. 237.

Eine mangels der Unterwerfung unter ein bestimmtes Statut unverbindliche schriftliche Aktenzeichnung (cf. Anm. b.) wird durch die nachträgliche mündliche Genehmigung des inzwischen entworfenen Statuts nicht gültig. E. v. 11. Sept. 1877. Entsch. XXIII S. 289.

Vgl. Anm. zu Art. 174.

209. Der Gesellschaftsvertrag muß insbesondere bestimmen:

1) die Firma und den Sitz der Gesellschaft;

2) den Gegenstand des Unternehmens;

3) die Zeitdauer des Unternehmens, im Falle dasselbe auf eine bestimmte Zeit beschränkt sein soll;

4) die Höhe des Grundkapitals und der einzelnen Aktien oder Aktienantheile;

5) die Eigenschaft der Aktien, ob sie auf Inhaber oder auf Namen gestellt werden sollen, ingleichen die etwa bestimmte Zahl der einen oder der anderen Art, sowie die etwa zugelassene Umwandlung derselben;

6) die Bestellung eines Aufsichtsrathes von mindestens drei, aus der Zahl der Aktionaire zu wählenden Mitgliedern;

7) die Grundsätze, nach welchen die Bilanz aufzunehmen und der Gewinn zu berechnen und auszuzahlen ist, sowie die Art und Weise, wie die Prüfung der Bilanz erfolgt;

8) die Art der Bestellung und Zusammensetzung des Vorstandes und die Formen für die Legitimation der Mitglieder desselben und der Beamten der Gesellschaft;

9) die Form, in welcher die Zusammenberufung der Aktionaire geschieht;

10) die Bedingungen des Stimmrechts der Aktionaire und die Form, in welcher dasselbe ausgeübt wird;

11) die Gegenstände, über welche nicht schon durch einfache Stimmenmehrheit der auf Zusammenberufung erschienenen Aktionaire, sondern nur durch eine größere Stimmenmehrheit oder nach

anderen Erfordernissen Beschluß gefaßt werden kann;

12) die Form, in welcher die von der Gesellschaft ausgehenden Bekanntmachungen erfolgen, sowie die öffentlichen Blätter, in welche dieselben aufzunehmen sind.

209a. Nach der Zeichnung des Grundkapitals hat eine Generalversammlung der Aktionaire auf Grund der ihr vorzulegenden Bescheinigungen durch Beschluß festzustellen, daß das Grundkapital vollständig gezeichnet,[a] und daß mindestens zehn Prozent, bei Versicherungsgesellschaften mindestens zwanzig Prozent, auf jede Aktie eingezahlt sind,[b] sofern nicht der Gesellschaftsvertrag zwischen den sämmtlichen Aktionairen abgeschlossen und darin die Erfüllung jener Erfordernisse anerkannt ist.

Ueber den Beschluß ist eine gerichtliche oder notarielle Urkunde aufzunehmen.

a) Von der Zeichnung des vollen Grundkapitals hängt die Existenz der Aktiengesellschaft ab. E. v. 3. Mai 1872. Entsch. VI S. 96.

b) Selbst mit Einwilligung aller Aktionäre darf der Vorstand bei eigener Verantwortung von diesen 10% bez. 20% nichts zurückzahlen. E. v. 30. März 1881. R.G. V S. 22.

209b. Wenn ein Aktionair eine auf das Grundkapital anzurechnende Einlage macht, welche nicht in baarem Gelde besteht, oder wenn Anlagen oder sonstige Vermögensstücke von der zu errichtenden Gesellschaft übernommen werden sollen, so ist in dem Gesellschaftsvertrage der Werth der Einlage oder des Vermögensstücks festzusetzen und die Zahl der Aktien oder der Preis zu bestimmen, welche für dieselben gewährt werden. Jeder zu Gunsten eines Aktionairs bedungene besondere Vortheil ist im Gesellschaftsvertrage gleichfalls festzusetzen.

Nach der Zeichnung des Grundkapitals muß in den Fällen, welche in dem vorstehenden Absatz bezeichnet sind, sofern nicht der Gesellschaftsvertrag zwischen den sämmtlichen Aktionairen abgeschlossen ist, die Genehmigung des Vertrages in einer Generalversammlung der Aktionaire durch Beschluß erfolgen.

Die den Vertrag genehmigende Mehrheit muß mindestens ein Viertheil der sämmtlichen Aktionaire begreifen und der Betrag ihrer Antheile mindestens ein Viertheil des gesammten Grundkapitals darstellen. Der Gesellschafter, welcher die betreffende Einlage macht oder sich besondere Vortheile ausbedingt, hat bei der Beschlußfassung kein Stimmrecht.

Ueber den Beschluß ist eine gerichtliche oder notarielle Urkunde aufzunehmen.

209 c. Die Zusammenberufung der Generalversammlung erfolgt in den Fällen des Artikels 209 a. und 209 b. nach den Bestimmungen, welche der Gesellschaftsvertrag über die Zusammenberufung der Generalversammlungen enthält.

210. Der Gesellschaftsvertrag muß bei dem Handelsgericht, in dessen Bezirk die Gesellschaft ihren Sitz hat, in das Handelsregister eingetragen und im Auszuge veröffentlicht werden.

Der Auszug muß enthalten:

1) das Datum des Gesellschaftsvertrages;
2) die Firma und den Sitz der Gesellschaft;
3) den Gegenstand und die Zeitdauer des Unternehmens;
4) die Höhe des Grundkapitals und der einzelnen Aktien oder Aktienantheile;
5) die Eigenschaft derselben, ob sie auf Inhaber oder auf Namen gestellt sind;
6) die Form, in welcher die von der Gesellschaft ausgehenden Bekanntmachungen erfolgen, sowie die öffentlichen Blätter, in welche dieselben aufzunehmen sind.

Ist im Gesellschaftsvertrage eine Form bestimmt, in welcher der Vorstand seine Willenserklärungen kundgiebt und für die Gesellschaft zeichnet, so ist auch diese Bestimmung zu veröffentlichen.

210 a. Der Anmeldung behufs der Eintragung in das Handelsregister muß beigefügt sein:
1) die Bescheinigung, daß der gesammte Betrag des Grundkapitals durch Unterschriften gedeckt ist;
2) die Bescheinigung, daß mindestens zehn Prozent, bei Versicherungsgesellschaften mindestens zwanzig Prozent, des von jedem Aktionair gezeichneten Betrages eingezahlt sind;
3) der Nachweis, daß der Aufsichtsrath nach Inhalt des Vertrages in einer Generalversammlung der Aktionaire gewählt ist;[a]
4) betreffenden Falls die gerichtliche oder notarielle Urkunde über die in den Artikeln 209 a. und

209 b. bezeichneten Beschlüsse der Generalversammlung.

Die Anmeldung muß von sämmtlichen Mitgliedern des Vorstandes vor dem Handelsgericht unterzeichnet oder in beglaubigter Form eingereicht werden. Die der Anmeldung beigefügten Schriftstücke werden bei dem Handelsgericht in Urschrift oder in beglaubigter Abschrift aufbewahrt.

a) Vgl. Anm. zu Art. 177.

211. Vor erfolgter Eintragung[a] in das Handelsregister besteht die Aktiengesellschaft als solche nicht.[b] Die vor der Eintragung ausgegebenen Aktien oder Aktienantheile sind nichtig. Die Ausgeber sind den Besitzern für allen durch die Ausgabe verursachten Schaden solidarisch verhaftet.

Wenn vor erfolgter Eintragung in das Handelsregister im Namen der Gesellschaft gehandelt worden ist, so haften die Handelnden persönlich und solidarisch.[c]

a) Nach erfolgter Eintragung können die Aktionäre die Existenz der Gesellschaft wegen Verabsäumung von Vorschriften, die der Eintragung vorangehen sollen, nicht anfechten, sich insbesondere deswegen der Einzahlung der gezeichneten Beträge nicht entziehen.

E. v. 10. April 1875. Entsch. XVI S. 353.

b) Der rechtliche Fortbestand einer vor dem Gesetz v. 11. Juni 1870 gegründeten und nach dem früheren Rechte der Eintragung nicht bedürfenden Aktiengesellschaft ist nicht davon abhängig, daß die Eintragung innerhalb der durch §. 4 des Ges. v. 11. Juni 1870 vorgeschriebenen dreimonatlichen Frist erfolgt. — E. v. 20. Nov. 1872, 17. Jan. 1876. Entsch. VIII S. 58, XIX S. 297. Vgl. Anm. b. zu Art. 178.

Schon vor der Eintragung, im Errichtungsstadium beginnt die Wirksamkeit der Gesellschaftsorgane (vgl. Art. 209 a) und können Verpflichtungen gegen die Aktiengesellschaft entstehen, welche diese, nachdem sie zur Eintragung gelangt, geltend zu machen berufen ist. E. v. 30. März 1881. R.G. V S. 20.

c) Der Artikel 113 H.G.B. findet auf das bei Gründung einer Aktiengesellschaft gebildete Konsortium keine Anwendung. E. v. 11. Mai 1872. Entsch. VI S. 15. Bezüglich des Uebergangs der Rechte wird sich die Aktiengesellschaft häufig als Rechtsnachfolgerin des Gründungsvereins darstellen. Vgl. E. v. 15. Dez. 1871, Stg. V S. 160, Entsch. IV S. 310. Die Gründungskosten fallen beim Mangel eines Vorbehalts im Statut der Gesellschaft nicht zur Last. E. v. 21. Jan. 1876. Entsch. XX S. 220.

212. Bei jedem Handelsgericht, in dessen Bezirk die Aktiengesellschaft eine Zweigniederlassung[a] hat, muß dies behufs der Eintragung in das Handelsregister angemeldet werden.

Die Anmeldung muß von sämmtlichen Mitgliedern des Vorstandes vor dem Handelsgericht unterzeichnet oder in beglaubigter Form eingereicht werden und die in Artikel 210, Absatz 2 und 3 bezeichneten Angaben enthalten. Das Handelsgericht hat die Mitglieder des Vorstandes zur Befolgung dieser Vorschriften von Amtswegen durch Ordnungsstrafen anzuhalten.

a) Eine Aktiengesellschaft ist, sofern nicht ein Verbot der Statuten entgegensteht, zur Errichtung von Zweigniederlassungen berechtigt.

E. v. 12. Mai 1877. Entsch. XXII S. 278.

213. Die Aktiengesellschaft als solche hat selbstständig ihre Rechte und Pflichten;[a] sie kann Eigenthum und andere dingliche Rechte an Grundstücken erwerben;[b] sie kann vor Gericht klagen und verklagt werden.

Ihr ordentlicher Gerichtsstand ist bei dem Gerichte, in dessen Bezirk sie ihren Sitz hat.[c)]

a) Ist ein Aktionär zugleich Gläubiger der Aktiengesellschaft, so ist er in letzterer Eigenschaft an die statutenmäßigen Beschlüsse des Vorstandes nicht gebunden. E. v. 11. Mai 1872. Entsch. VI S. 15.

b) Vgl. Art. 23 des E. f. Pr.

c) Dies ist auch der Gerichtsstand für das Konkursverfahren. §. 64 Konk.O.

Eine ausländische nach den Gesetzen des betreffenden Staates gültig konstituirte Aktiengesellschaft kann vor Deutschen Gerichten gegen Deutsche als Klägerin auftreten.

E. v. 28. April 1877. Entsch. XXII S. 147.

214. Jeder Beschluß der Generalversammlung, welcher die Fortsetzung der Gesellschaft oder eine Abänderung der Bestimmungen des Gesellschaftsvertrages zum Gegenstande hat, bedarf zu seiner Gültigkeit der notariellen oder gerichtlichen Beurkundung.

Ein solcher Beschluß muß in gleicher Weise wie der ursprüngliche Vertrag in das Handelsregister eingetragen und veröffentlicht werden (Art. 210, 212).

Der Beschluß hat keine rechtliche Wirkung, bevor derselbe bei dem Handelsgericht, in dessen Bezirk die Gesellschaft ihren Sitz hat, in das Handelsregister eingetragen ist.

215. Die Abänderung des Gegenstandes der Unternehmung[a)] der Gesellschaft kann nicht durch Stimmenmehrheit beschlossen werden, sofern dies nicht im Gesellschaftsvertrage[b)] ausdrücklich gestattet ist.

Dasselbe gilt von dem Falle, wenn die Gesellschaft durch Uebertragung ihres Vermögens und ihrer Schulden an eine andere Aktiengesellschaft gegen Gewährung von Aktien der letzteren aufgelöst werden soll. c)

Die Aktiengesellschaft darf eigene Aktien nicht erwerben. Sie darf eigene Aktien auch nicht amortisiren, sofern dies nicht durch den ursprünglichen Gesellschaftsvertrag oder durch einen, den letzteren abändernden, vor Ausgabe der Aktien gefaßten Beschluß zugelassen ist. d)

a) Der Beschluß, den Betrieb des Unternehmens an einen Anderen gegen eine den Aktionären zu zahlende feste Dividende zu überlassen, fällt nicht unter das Verbot und ist statthaft. E. v. 19. Febr. 1881. R.G. III S. 127.

b) d. h. im Urvertrage, dessen Bestimmungen in dieser Beziehung durch nachträgliche Mehrheitsbeschlüsse nicht geändert werden können. E. v. 26. Okt. 1875. Entsch. XX S. 43.

c) Dasselbe gilt, wenn zur Verschleierung der Fusion eine Bestimmung getroffen ist, wonach jeder Aktionär die Wahl haben solle, ob er für den Nominalwerth seiner Aktien entweder Aktien der anderen Gesellschaft oder Baarzahlung haben wolle. — E. v. 26. Okt. 1874. Entsch. XIV S. 361.

d) Der Absatz drei ist neu. — Aus allgemeinen Gründen läßt sich eine rechtliche Unzulässigkeit des Erwerbes eigener Aktien durch eine Aktiengesellschaft nicht herleiten. Das erst in dem R.G. v. 11. Juni 1870 ausgesprochene Verbot findet auf ältere, noch nicht realisirte Geschäfte keine Anwendung. E. v. 13. Okt. 1871. Stg. IV S. 94, Entsch. III S. 331.

Die Vorschrift des Abs. 3 ist nicht blos für eine instruktionelle zu erachten, deren Uebertretung nur die in den Art. 225 b und 241 angedrohten Folgen habe, sondern sie ist eine lex perfecta. Rechtsgeschäfte, die das Gebot verletzen, sind der Aktiengesellschaft gegenüber ungültig. — Der Verkauf eigener Aktien ist nicht untersagt. Hat eine Aktiengesellschaft eigene Aktien mit der Verpflichtung des Wiedererwerbs verkauft, so kann sie sich mit Art. 213 Abs. 3 gegen den Rückerwerb nicht schützen. — Auch die an einen Verkauf eigener Aktien sich anschließenden Reportgeschäfte fallen nicht unter das Verbot.

E. v. 7. Mai 1875, 13. Juni 1876. Entsch. XVII S. 384, XXII S. 192.

Das Verbot des Abs. 3 steht einer nach Maaßgabe des Art. 248 auszuführenden Minderung des Grundkapitals durch Ankauf eigener Aktien nicht entgegen.

Beschl. v. 4. Febr. 1876, Entsch. XVIII S. 423.

Zweiter Abschnitt.

Rechtsverhältniß der Aktionaire.

216. Jeder Aktionair hat einen verhältnißmäßigen Antheil an dem Vermögen der Gesellschaft.

Er kann den eingezahlten Betrag nicht zurückfordern [a] und hat, so lange die Gesellschaft besteht, nur einen Anspruch auf den reinen Gewinn, soweit dieser nach dem Gesellschaftsvertrage zur Vertheilung unter die Aktionaire bestimmt ist. [b]

a) Wenn nicht etwa die Voraussetzungen der condictio in debiti vorliegen. Nur demjenigen, der in unanfechtbarer Weise Aktionär geworden ist, wird das Recht auf Rückforderung eingezahlter Beträge versagt. Wer aber in der irrthümlichen Meinung gezahlt hat, der Aktiengesellschaft zur Einzahlung verpflichtet zu sein, kann mittelst der Condiktion geltend machen, daß er nicht Aktionär geworden ist.

E v. 20. Okt. 1876. Entsch. XXII S. 195.

b) Der Anspruch auf diesen Gewinn ist ein Gläubigerrecht des Aktionärs wider die Gesellschaft.

E. v. 10. Sept. 1875. Entsch. XVIII S. 154.

Der Besitz von Dividendenscheinen berechtigt zur Erhebung festgestellter Dividenden, überträgt aber nicht das gesellschaftliche Recht, bei Feststellung der Dividende mitzuwirken, oder eine solche Feststellung oder Erhöhung der festgestellten Dividende zu verlangen. — E. v. 22. April und 15. Sept. 1873. Entsch. IX S. 273, XI S. 119.

Nur auf wirklichen Gewinn hat der Aktionär Anspruch. Ihm, wie dem Inhaber eines Dividendenscheines gegenüber ist der Einwand von Erheblichkeit, daß das Jahr, für welches Dividende verlangt wird, thatsächlich keinen Gewinn gebracht hat, daß die veröffentlichte Gewinnfeststellung irrthümlich oder erdichtet sei.

E. v. 10. Sept. 1875. Entsch. XVIII S. 156.

Ordnet das Statut die Vertheilung des durch die genehmigte Bilanz konstatirten Reingewinns an, ohne die Feststellung der Dividende von einem Gesellschaftsbeschlusse abhängig zu machen, so ist der widersprechende Aktionär an einen Beschluß der Generalversammlung, wonach der Reingewinn anders vertheilt werden soll, nicht gebunden.

E. v. 4. Jan. 1876. Entsch. XIX S. 141.

Wenn den Stammprioritätsaktien ein Nachbezugsrecht bezüglich der in früheren Jahren ausgefallenen Dividende aus dem Reingewinn späterer Jahre versprochen ist, so gilt nicht die Aktie, sondern der Dividendenschein des betreffenden Jahrgangs als Träger des diesem Jahrgange zukommenden Nachbezugsrechts. — Das Nachbezugsrecht des älteren Dividendenscheines geht im Zweifel dem des jüngeren vor.

E. v. 18. Mai 1877. Entsch. XXII S. 361.

Vgl. Anm. zu Art. 224.

217. Zinsen von bestimmter Höhe dürfen für die Aktionaire nicht bedungen,[a] noch ausbezahlt werden; es darf nur dasjenige unter sie vertheilt werden, was sich nach der jährlichen Bilanz und, wenn im Gesellschaftsvertrage die Innehaltung eines Reservekapitals[b] bestimmt ist, nach Abzug desselben als reiner Ueberschuß über die volle Einlage ergiebt. Die Aktionaire können bis zur Wiederergänzung des durch Verlust verminderten Gesammtbetrages der Einlagen Dividenden nicht beziehen.

Jedoch können für den in dem Gesellschaftsvertrage

angegebenen Zeitraum, welchen die Vorbereitung des Unternehmens bis zum Anfange des vollen Betriebes erfordert, den Aktionairen Zinsen von bestimmter Höhe bedungen werden. c)

a) Unwirksam ist auch das Seitens einer Aktiengesellschaft beim Verkauf eigener Aktien abgegebene Versprechen einer bestimmten Dividende.

E. v. 7. Mai 1875. Entsch. XVII S. 338.

b) Es ist nicht unzulässig, in der Bilanz außer dem statutenmäßigen Reservefonds noch einen besonderen „Reservefonds für zweifelhafte Forderungen" als Passivposten aufzustellen. E. v. 10. Sept. 1879. Entsch. XXV S. 326. Dem Aktionär steht daher ein Anspruch auf Dividende nicht zu, wenn die General-Versammlung beschlossen hat, den in der Bilanz nachgewiesenen Reingewinn wegen Unsicherheit der in Ansatz gebrachten Werthe nicht zur Vertheilung zu bringen, sondern als Spezialreserve vorzutragen. E. v. 4. Mai 1881. R.G. IV S. 103.

c) Der Art. 217 Abs. 2 erfordert zur Gültigkeit des Ausbedingens von Zinsen, daß der Zeitraum der Vorbereitung des Unternehmens in dem Gesellschaftsvertrage kalendermäßig fest bestimmt ist. Die in dem Gesellschaftsvertrage fehlende kalendermäßige Abgrenzung der Bauzeit wird durch eine Bestimmung in der von der Verwaltungsbehörde ertheilten Konzessionsurkunde nicht ersetzt. Wird die in dem Gesellschaftsvertrage festgesetzte Frist überschritten, so dürfen für die Mehrzeit bis zum Betriebsanfange Zinsen nicht gefordert werden.

E. v. 6. u. 17. April 1877. Entsch. XXII S. 12 u. 19.

Der Aktionär ist bezüglich der während der Vorbereitungszeit zu zahlenden Zinsen Gläubiger der Gesellschaft. Ein Beschluß der Gesellschaft, daß diese Zinsen nicht oder zur Zeit nicht gezahlt werden sollen, steht dem Aktionär nicht entgegen, jedenfalls nicht für die Zeit bis zum Beschlusse.

E. v. 6. April 1877. Entsch. XXII S. 19.

218. Der Aktionair ist in keinem Falle verpflichtet,

die in gutem Glauben[a]) empfangenen Zinsen und Dividenden zurückzugeben.

a) Vgl. E. v. 10. Sept. 1875. Entsch. XVIII S. 156 und Anm. b. zu Art. 216.

219. Der Aktionair ist nicht schuldig, zu den Zwecken der Gesellschaft und zur Erfüllung ihrer Verbindlichkeiten mehr beizutragen, als den für die Aktie statutenmäßig zu leistenden Beitrag.[a])

a) Die Auszahlung des nicht erhobenen Gewinnes eines Jahres kann deswegen, weil ein späteres Jahr Verlust gebracht hat, nicht verweigert werden. (Es würde sonst dem Aktionär eine nicht gerechtfertigte Nachleistung zugemuthet werden.) Daher kann der Aktionär einer im Konkurs gerathenen Aktiengesellschaft gegenüber die vor der Konkurseröffnung festgestellte, aber erst nach Einleitung des Konkurses fällig gewordene Dividende als Gläubiger liquidiren.

E. v. 10. Sept. 1875. Entsch. XVIII S. 153.

Ein Beschluß der Generalversammlung, wonach dem einzelnen Aktionär die ihm statutenmäßig für den Besitz einer Aktie gewährten Rechte in Zukunft nur für den Fall des Hinzunehmens einer zweiten Aktie zustehen sollen (Zusammenlegung von Aktien) ist ungültig.

Beschl. v. 19. Mai 1876. Entsch. XX S. 97.

Auch das Reichsgesetz vom 16. Dez. 1875 (vgl. Anm. zu Art. 207 a) gewährt kein Zwangsrecht gegen den einzelnen Aktionär auf Nachzahlung behufs Umwandlung der Aktien in Reichswährung. E. v. 11. Febr. 1878. Entsch. Bd. XXIII S. 297.

220. Ein Aktionair, welcher den Betrag seiner Aktie nicht zur rechten Zeit einzahlt,[a]) ist zur Zahlung von Verzugszinsen von Rechtswegen verpflichtet.

Im Gesellschaftsvertrage können für den Fall der verzögerten Einzahlung des gezeichneten Aktienbetrages oder eines Theils desselben Konventionalstrafen ohne

Rücksicht auf die sonst stattfindenden gesetzlichen Einschränkungen festgesetzt werden; auch kann bestimmt werden, daß die säumigen Aktionaire ihrer Anrechte aus der Zeichnung der Aktien und der geleisteten Theilzahlungen zu Gunsten der Gesellschaft verlustig gehen. b)

a) Der von der Gläubigerschaft in Anspruch genommene Aktionär kann weder einwenden, die Zeichnung sei zum Schein erfolgt, noch das rechtliche Bestehen der Aktiengesellschaft, welche nach erfolgter Eintragung in das Handelsregister Schulden kontrahirt hat, wegen ungenügender Aktienzeichnung anfechten.

E. v. 11. April 1876. Entsch. XX S. 275. E. v. 21. Sept. 1881. R.G. V S. 77.

Er kann auch nicht wegen veränderter Umstände (Konkurseröffnung) zurücktreten, wenn nicht etwa die Aktiengesellschaft vor der Konkurseröffnung mit der Aushändigung der inzwischen entwertheten Aktien in Verzug gerathen ist.

E. v. 11. April 1876. Entsch. XX S. 279.

Dies gilt auch bei Aktienzeichnungen auf Kapitalserhöhungen.

E. v. 30. Juni 1880. R.G. II S. 133.

Der Zeichner braucht, auch wenn er nach der Konkurseröffnung von der Gläubigerschaft belangt wird, den gezeichneten Betrag nur gegen Ausantwortung der Aktien zu zahlen, welche jedoch der Konkursverwalter, wenn die Gesellschaft nicht im Verzuge ist, behufs Lieferung an den Zeichner anschaffen kann.

E. v. 2. Sept. 1875, u. 11. April 1876. Entsch. XIX S. 227, XX S. 276.

Der Zeichner, mit dessen Einwilligung die Aktien weiterbegeben sind, kann daraus, daß ihm die Gesellschaft die Aktien nicht liefern kann, einen Einwand nicht herleiten; er kann höchstens verlangen, daß ihm die Rechte an den weiteren Aktienerwerber abgetreten werden.

E. v. 30. Juni 1880. R.G. II S. 134.

Seine Schuld aus der Zeichnung kann der Aktionär mit Forderungen, die er an die Aktiengesellschaft hat, kompensiren, wenn die allgemeinen Voraussetzungen der Kompensabilität vorliegen.

E. v. 9. Mai 1879. Entsch. XXV S. 282.

Ein Aktionär, der in Konkurs gerathen ist, kann, nachdem der Konkurs durch Zwangsvergleich beendet ist, nicht auf unverkürzte Leistung der später ausgeschriebenen Resteinzahlungen belangt werden; er kann aber auch nicht verlangen, daß ihm gegen Zahlung der Akkordrate die Vollaktie gewährt wird.

E. v. 17. Juni 1879. Entsch. XXV S. 293.

b) Macht auf Grund einer solchen statutarischen Bestimmung die Gesellschaft von dem Recht der Aktieneinziehung Gebrauch, so fällt bei Namensaktien (für Inhaberaktien vgl. Art. 222 Ziff. 2) die Verpflichtung des Zeichners zu weiteren Einzahlungen fort. Der säumige Aktionär kann sich aber nicht durch Preisgeben des Aktienrechts von weiteren Einzahlungen befreien. Die Einziehung der Aktien soll eine Strafe des säumigen Aktionärs, nicht eine Prämie sein. Der die Einziehung aussprechende Gesellschaftsbeschluß kann daher von den Gesellschaftsgläubigern (Konkursverwalter) mit der Behauptung angefochten werden, daß dadurch thatsächlich nicht eine Bestrafung der säumigen Aktionäre, sondern eine Schwächung des Grundkapitals beabsichtigt war.

E. v. 31. Dez. 1879. R.G. II S. 14.

Die Frage, ob der säumige Aktionär von Verzugszinsen und Konventionalstrafen dadurch frei wird, daß ihm die Aktiengesellschaft die Aktien abkauft, ist in dem E. v. 14. Mai 1872, Entsch. VI S. 150 bejaht.

Vgl. Anm. zu Art. 184.

221. Ist im Gesellschaftsvertrage keine besondere Form, wie die Aufforderung zur Einzahlung geschehen soll, bestimmt, so geschieht dieselbe in der Form, in welcher die Bekanntmachungen der Gesellschaft nach dem Gesellschaftsvertrage überhaupt erfolgen müssen (Artikel 209, Ziff. 11).

Jedoch kann in keinem Falle ein Aktionair seines Anrechts verlustig erklärt werden, wenn nicht die Aufforderung zur Zahlung mindestens dreimal in den hierzu bestimmten öffentlichen Blättern (Artikel 209, Ziff. 11), das letzte Mal wenigstens vier Wochen vor dem für die Einzahlungen gesetzten Schlußtermine, bekannt gemacht worden ist. Wenn die Aktien auf Namen lauten und ohne Einwilligung der übrigen Aktionaire nicht übertragbar sind, so kann die Bekanntmachung dieser Aufforderungen durch besondere Erlasse an die einzelnen Aktionaire statt der Einrückungen in die öffentlichen Blätter erfolgen.

222. Wenn die Aktien oder Aktienantheile auf Inhaber gestellt werden, so kommen folgende Grundsätze zur Anwendung:

1) Die Ausgabe der Aktien darf vor Einzahlung des ganzen Nominalbetrages derselben nicht erfolgen; ebensowenig dürfen über die geleisteten Partialzahlungen Promessen oder Interimsscheine, welche auf Inhaber lauten, ausgestellt werden.
2) Der Zeichner der Aktie ist für die Einzahlung von 40 Prozent des Nominalbetrages der Aktie unbedingt verhaftet; von dieser Verpflichtung kann derselbe weder durch Uebertragung seines Anrechtes auf einen Dritten sich befreien, noch seitens der Gesellschaft entbunden werden; wird der Zeichner der Aktie, wegen verzögerter Einzahlung, seines Anrechtes aus der Zeichnung verlustig erklärt (Art. 220), so bleibt er dessenungeachtet zur Einzahlung von 40 Prozent des Nominalbetrages der Aktie verpflichtet.

3) Im Gesellschaftsvertrage kann bestimmt werden, daß und unter welchen Maßgaben nach erfolgter Einzahlung von 40 Prozent die Befreiung des Zeichners von der Haftung für weitere Einzahlungen zulässig sei, und daß im Falle der eingetretenen Befreiung über die geleisteten Einzahlungen Promessen oder Interimsscheine, welche auf Inhaber lauten, ausgestellt werden dürfen.

Diejenigen Landesgesetze, welche die Höhe der Einzahlung (Art. 222, Ziff. 2 und 3) auf 25 Prozent des Nominalbetrages der Aktie herabgesetzt haben, werden hierdurch nicht berührt.

223. Wenn die Aktien auf Namen lauten, so kommen die bei der Kommanditgesellschaft auf Aktien gegebenen Bestimmungen über die Eintragung der Aktien in das Aktienbuch der Gesellschaft und über die Uebertragung derselben auf Andere (Artikel 182, 183) auch hier zur Anwendung.

So lange der Betrag der Aktie nicht vollständig eingezahlt ist, wird der Aktionair durch Uebertragung seines Anrechts auf einen Anderen von der Verbindlichkeit zur Zahlung des Rückstandes nur dann befreit, wenn die Gesellschaft den neuen Erwerber an seiner Stelle annimmt und ihn der Verbindlichkeit entläßt. a)

Auch in diesem Falle bleibt der austretende Aktionair auf Höhe des Rückstandes für alle bis dahin von der Gesellschaft eingegangenen Verbindlichkeiten noch auf ein Jahr, vom Tage des Austritts an gerechnet, subsidiarisch verhaftet. b)

a) Beim Verkauf nicht volleingezahlter Namensaktien ist in Ermangelung anderer Abreden anzunehmen, daß der Erwerber dem Veräußerer gegenüber verpflichtet ist, die noch ausstehenden Einzahlungen statt seiner zu leisten bez. ihm zu erstatten.

E. v. 10. April 1877. Entsch. XXII S. 233.

Vgl. Anm. a) zu Art. 183.

b) Der Zeichner kann von seiner unbedingt übernommenen Verpflichtung der Aktiengesellschaft und deren Gläubigern gegenüber durch keinerlei Zusage eines Organs derselben, auch nicht eines zur unbeschränkten Vertretung der Gesellschaft befugten, befreit werden.

E. v. 2. Mai 1873. Entsch. X S. 49.

224. Die Rechte, welche den Aktionairen in den Angelegenheiten der Gesellschaft, insbesondere in Beziehung auf die Führung der Geschäfte, die Einsicht und Prüfung der Bilanz und die Bestimmung der Gewinnvertheilung zustehen, werden von der Gesammtheit der Aktionaire in der Generalversammlung ausgeübt.[a)]

Jede Aktie gewährt dem Inhaber Eine Stimme, wenn nicht der Gesellschaftsvertrag ein Anderes festsetzt.

a) Zu den von der Gesammtheit der Aktionäre auszuübenden Rechten gehören nur diejenigen Befugnisse, deren Ausübung in dem gemeinschaftlichen Interesse aller Aktionäre liegt. Den Gegensatz dazu bilden die gesetzlichen und statutarischen Befugnisse des einzelnen Aktionärs, welche aus dem durch das Statut begründeten vertraglichen Verhältnisse entspringen und in Bezug auf welche dem einzelnen Aktionär die Gesellschaft selbst als verpflichtet gegenübersteht. Hierzu gehören namentlich die dem Aktionär gemäß Art. 216 Absch. 1 zustehenden Vermögensrechte; diese können ihm durch die Majorität der Aktionäre weder entzogen noch geschmälert werden.

Ein jeder Aktieninhaber ist daher befugt, im Prozeßwege die Rechtsunverbindlichkeit eines seine Vermögensrechte schmälernden Beschlusses geltend zu machen, die ihm statutenmäßig gebührende Dividende unter Anfechtung des entgegenstehenden, formell statuten=

gemäßen Beschlusses der Generalversammlung zu fordern, einen gesetz- oder vertragswidrigen Auflösungsbeschluß anzufechten 2c.

E. v. 13. Sept. 1873 u. 26. Okt. 1874. Entsch. XI S. 120, XIV S. 335.

Der Einzelaktionär hat, bei vorhandenem vermögensrechtlichem Interesse, ein Klagerecht darauf, daß die Gesellschaft die gesetzlichen und statutarischen Verpflichtungen (z. B. bei Aufstellung der Bilanz) befolge. E. v. 9. Sept. 1879. Entsch. XXV S. 307.

Auch die Geltendmachung einer statutarisch bevorrechtigten Sonderstellung (Klage auf Anerkennung als Mitglied des Verwaltungsraths) steht dem einzelnen Aktionär zu.

E. v. 27. April 1875. Entsch. XVII S. 113.

Aus der einer Aktiengesellschaft geleisteten Dividenden-Garantie erlangt an sich nur die Gesellschaft, nicht der einzelne Aktionär Rechte.

E. v. 27. März 1877. Entsch. XXII S. 225.

Zwischen dem einzelnen Aktionär und dem Vorstand oder Aufsichtsrath besteht kein Vertragsverhältniß. Die amtliche Verantwortlichkeit der Mitglieder des Aufsichtsraths wegen des durch ihre Geschäftsführung verursachten Schadens kann nur von der Aktiengesellschaft geltend gemacht werden. Dem einzelnen Aktionär steht dieserhalb nur beim Vorhandensein besonderer Gründe (z. B. im Falle einer gegen ihn begangenen Arglist, in den Fällen des §. 225 b, nicht schon im Falle grober Nachlässigkeit) ein Entschädigungsanspruch zu.

E. v. 23. Nov. 1875. Entsch. XIX S. 178.

Der einzelne Aktionär kann auch weder Abtretung eines seinen Aktien entsprechenden Antheils an dem Anspruch der Gesellschaft auf Schadensersatz gegen hierzu verpflichtete Mitglieder der Gesellschaftsorgane verlangen, noch diesen Anspruch Namens der Gesellschaft zur Gesellschaftskasse einklagen.

E. v. 17. April 1877. Entsch. XXII S. 239.

Der Anspruch eines Aktionärs auf Anerkennung seines Rechts auf Erhöhung der in der Generalversammlung festgestellten Dividende muß gegen die Aktiengesellschaft, er darf nicht gegen deren Organe oder einzelne Mitglieder derselben gerichtet werden.

E. v. 14. Sept. 1875. Entsch. XVIII S. 163.

Die Beschlußfassung über Statuten-Aenderung gehört zur Zuständigkeit der Generalversammlung und kann, insoweit die Statuten nichts anderes bestimmen und das Gesetz nicht Ausnahmen enthält (Art. 215), durch einfachen Mehrheitsbeschluß erfolgen. Vgl. Anm. zu Art. 215.

E. v. 26. Okt. 1875. Entsch. XX S. 43.

Zu Rechtshandlungen, welche dem Gesellschaftszwecke fremd sind und ihm widerstreiten, ist die Generalversammlung nicht befugt. Sie darf eine Verpfändung des Gesellschaftsvermögens für eine fremde Schuld oder eine Schenkung nur unter besonderen, ein Interesse der Aktiengesellschaft an dem Rechtsgeschäft begründenden Umständen beschließen.

E. v. 19. Febr. 1881. R.G. III S. 135.

Das Recht der Mitgliedschaft und die damit verbundenen Rechte am Gesellschaftsvermögen und am Gesellschaftsgewinn sind Sonderrechte der Gesellschaftsmitglieder, an denen durch Mehrheitsbeschlüsse der Gesellschaft nichts geändert werden kann.

E. v. 17. Jan. 1876. Entsch. XIX S. 397.

225. Die für den Aufsichtsrath einer Kommanditgesellschaft auf Aktien in den Artikeln 191 und 192 gegebenen Bestimmungen finden auch auf den Aufsichtsrath einer Aktiengesellschaft Anwendung.

225a. Der Aufsichtsrath überwacht die Geschäftsführung der Gesellschaft in allen Zweigen der Verwaltung; er kann sich von dem Gange der Angelegenheiten der Gesellschaft unterrichten, die Bücher und Schriften derselben jederzeit einsehen und den Bestand der Gesellschaftskasse untersuchen.

Er hat die Jahresrechnungen, die Bilanzen und die Vorschläge zur Gewinnvertheilung zu prüfen und darüber alljährlich der Generalversammlung der Aktionaire Bericht zu erstatten.

Er hat eine Generalversammlung zu berufen, wenn dies im Interesse der Gesellschaft erforderlich ist.

225 b. Die Mitglieder des Aufsichtsrathes sind persönlich und solidarisch zum Schadenersatz verpflichtet, wenn mit ihrem Wissen und ohne ihr Einschreiten:

1) Einlagen an die Aktionaire zurückgezahlt, oder, der Bestimmung des Artikels 215, Absatz 3 entgegen, eigene Aktien der Gesellschaft erworben oder amortisirt worden sind;
2) Zinsen oder Dividenden gezahlt sind, welche nach Maßgabe der Bestimmungen des Artikels 217 nicht gezahlt werden durften;
3) die Vertheilung des Gesellschaftsvermögens oder eine theilweise Zurückzahlung oder eine Herabsetzung des Grundkapitals ohne Beobachtung der gesetzlichen Bestimmungen (Art. 245 und 248) erfolgt ist.[a]

a) Der Artikel 225 b, welcher dem Beschädigten, also auch dem beschädigten einzelnen Aktionär ein Klagerecht giebt, findet auf Zuwiderhandlungen gegen die Statuten nur Anwendung, wenn darin zugleich eine der im Artikel aufgeführten Gesetzesübertretungen enthalten ist.

E. v. 23. Nov. 1875. Entsch. XIX S. 179.

226. Handelt es sich um die Führung von Prozessen gegen die Mitglieder des Vorstandes oder des Aufsichtsrathes, so kommen die für die Kommanditgesellschaft auf Aktien gegebenen Bestimmungen (Artikel 194, 195) auch hier zur Anwendung.

Dritter Abschnitt.

Rechte und Pflichten des Vorstandes.

227. Jede Aktiengesellschaft muß einen Vorstand haben (Artikel 209, Ziff. 7). Sie wird durch denselben gerichtlich und außergerichtlich vertreten.[a]

Der Vorstand kann aus Einem oder mehreren Mitgliedern bestehen; diese können besoldet oder unbesoldet, Aktionaire oder Andere sein.

Ihre Bestellung ist zu jeder Zeit widerruflich,[b] unbeschadet der Entschädigungsansprüche aus bestehenden Verträgen.[c]

a) Vgl. Art. 12 Ziff. 6 des E. f. Pr.

b) Dies gilt auch dann, wenn auf den Widerruf vertragsmäßig verzichtet ist. Vgl. E. v. 7. Mai 1878. Entsch. XXIII S. 327.

Die Ernennung eines von den Beschlüssen der Gesellschaft unabhängigen, durch einen Dritten zu besetzenden Vorstandes ist unzulässig und ein dahingehender Beschluß der Generalversammlung ungültig. E. v. 19. Febr. 1881. R.G. III S. 129 ff.

c) Die besoldeten Vorstandsmitglieder einer Aktiengesellschaft sind nicht als ihre Handlungsgehülfen zu betrachten. Die Art. 61—64 H.G.B. finden auf sie nicht Anwendung. Ob ein besoldetes Vorstandsmitglied durch seine Handlungsweise die ihm aus bestehenden Verträgen zustehenden Entschädigungsansprüche verwirkt hat, darüber entscheidet das richterliche Ermessen auf Grund allgemeiner civilrechtlicher Grundsätze. Im Allgemeinen unterliegen besoldete Vorstandsmitglieder strengeren Grundsätzen, als wenn es sich um die vorzeitige Entlassung eines Handlungsgehülfen handelt. Die Annahme von Gratifikationen von Geschäftsfreunden der Gesellschaft oder eine einmalige Indiskretion kann einen genügenden Entlassungsgrund abgeben.

E. v. 25. April 1874, 22. Okt. 1875 u. 7. Febr. 1877. Entsch. XIII S. 179, XIX S. 58, XXI S. 375.

So lange ein erkranktes Vorstandsmitglied in seiner Stellung belassen wird, hat es (nach pr. R.) auf Fortbezug seines ganzen vertragsmäßigen Gehaltes Anspruch.

E. v. 30. Nov. 1875. Entsch. XIX S. 63.
Vgl. E. v. 2. Juni 1874. Entsch. XIV S. 82.

228. Die jeweiligen Mitglieder des Vorstandes müssen alsbald nach ihrer Bestellung zur Eintragung[a]) in das Handelsregister angemeldet werden. Der Anmeldung ist ihre Legitimation beizufügen.

Sie haben ihre Unterschrift vor dem Handelsgerichte zu zeichnen, oder die Zeichnung derselben in beglaubigter Form einzureichen.

Das Handelsgericht hat die Mitglieder des Vorstandes zur Befolgung dieser Vorschriften von Amtswegen durch Ordnungsstrafen anzuhalten.

a) Die Thatsache der Eintragung genügt, um den Vorstand Dritten gegenüber zur Vertretung der Gesellschaft zu legitimiren. Dies gilt insbesondere in Prozessen. Der Beklagte kann nicht die Legitimation deswegen bestreiten, weil die Wahl des eingetragenen Vorstandes ungültig sei.

E. v. 21. Jan. 1876. Entsch. XX S. 208.

229. Der Vorstand hat in der durch den Gesellschaftsvertrag bestimmten Form seine Willenserklärungen kundzugeben und für die Gesellschaft zu zeichnen.[a]) Ist nichts darüber bestimmt, so ist die Zeichnung durch sämmtliche Mitglieder des Vorstandes erforderlich.[b])

Die Zeichnung geschieht in der Weise, daß die Zeichnenden zu der Firma der Gesellschaft oder zu der Benennung des Vorstandes ihre Unterschrift hinzufügen.[c])

a) Die Gültigkeit mündlicher Willenserklärungen hängt von dem Zusammenwirken derselben Personen ab, deren Zeichnung nach dem Statut oder Gesetz für schriftliche Erklärungen erforderlich ist.

E. v. 4. Okt. 1871 u. 11. Febr. 1875. Entsch. III S. 183, XVI S. 35.

Für Urkunden genügt die Zeichnung durch ein Vorstandsmitglied, wenn sie nicht in dem Statut für hinreichend erklärt ist, selbst dann nicht, wenn dasselbe von den anderen Vorstandsmitgliedern zu deren Vertretung für einzelne oder alle Rechtsgeschäfte ermächtigt war.

E. v. 6. Dez. 1873. Entsch. XII S. 32.

b) Der nach den Statuten nur in seiner Gesammtheit zur Vertretung der Gesellschaft befugte Vorstand kann mit der Ausführung von Vorstands- oder Gesellschaftsbeschlüssen einen der Vorstandsmitglieder gültig beauftragen.

E. v. 8. Mai 1872. Entsch. VI S. 392.

c) Die Beobachtung dieser Ordnungsvorschrift ist zur Gültigkeit der Willenserklärung nicht erforderlich, wenn nur die Voraussetzungen des Art. 230 vorliegen.

E. v. 1. Juni 1875. Entsch. XVIII S. 340.

230. Die Gesellschaft wird durch die von dem Vorstande in ihrem Namen geschlossenen Rechtsgeschäfte berechtigt und verpflichtet; es ist gleichgültig, ob das Geschäft ausdrücklich im Namen der Gesellschaft geschlossen worden ist, oder ob die Umstände ergeben, daß es nach dem Willen der Kontrahenten für die Gesellschaft geschlossen werden sollte.[a)]

a) Vgl. die Anm. d. u. e. zu Art. 114.

231. Der Vorstand ist der Gesellschaft gegenüber verpflichtet, die Beschränkungen einzuhalten, welche in dem Gesellschaftsvertrage oder durch Beschlüsse der Generalversammlung für den Umfang seiner Befugniß, die Gesellschaft zu vertreten, festgesetzt sind.

Gegen dritte Personen[a]) hat jedoch eine Beschränkung der Befugniß des Vorstandes, die Gesellschaft zu vertreten, keine rechtliche Wirkung.[b]) Dies gilt insbesondere für den Fall, daß die Vertretung sich nur auf gewisse Geschäfte oder Arten von Geschäften erstrecken, oder nur unter gewissen Umständen oder für eine gewisse Zeit oder an einzelnen Orten stattfinden soll, oder daß die Zustimmung der Generalversammlung, eines Verwaltungsrathes, eines Aufsichtsrathes oder eines anderen Organes der Aktionaire für einzelne Geschäfte erfordert ist.[c])

a) Vgl. Anm. zu Art. 87. Der „Dritte" kann auch ein Beamter der Gesellschaft sein. E. v. 14. Mai 1872. Entsch. VI S. 140.

Sogar der Direktor selbst kann der Aktiengesellschaft als Dritter gegenüberstehen. — Dies ist z. B. der Fall, wenn ein Vertrag über die Entlassung des Direktors gegen Bewilligung einer Abstandssumme geschlossen werden soll, in welchem Fall der gesetzliche Vertreter des Direktors die Gesellschaft vertritt. — E. v. 16. Juni 1875. Entsch. XIV S. 91.

b) Es gilt dies auch dann, wenn der Dritte die Beschränkung kennt oder dieselbe im Handelsregister vermerkt ist, E. v. 16. März 1872 und 14. Mai 1872. Entsch. V S. 294, VI S. 132, es sei denn, daß dolose Kollusion vorliegt. E. v. 29. Mai 1875. Entsch. XIX S. 335. Die Vorschrift bezieht sich übrigens nur auf Beschränkungen des Vorstandes, nicht auf Beschränkungen des Vorsitzenden des Vorstandes. E. v. 4. Okt. 1871. Stg. IV S. 55, Entsch. III S. 183.

c) Dahin gehört auch die Vorschrift, daß alle die Gesellschaft verpflichtenden Urkunden von einer nicht zum Vorstande gehörenden Person, also z. B. von einem Mitgliede des Verwaltungsrathes gezeichnet werden müssen (E. v. 14. Mai 1872. Entsch. VI S. 133), sowie ferner die Beschränkung, daß der Vorstand Vollmachten nur schriftlich ertheilen dürfe (E. v. 6. Dez. 1873. Entsch. XII S. 34) oder daß der Vorstand zu einzelnen Handlungen der Zustimmung der

Generalversammlung bedürfe (E. v. 16. Juni 1874. Entsch. XIV S. 91).

232. Eide Namens der Gesellschaft werden durch den Vorstand geleistet.[a)]

a) Daß sämmtliche Mitglieder des Vorstandes die Eide leisten müssen, hat durch obige Bestimmung nicht angeordnet werden sollen. In dieser Beziehung entscheidet das Prozeßrecht. — E. v. 11. Febr. 1873. Entsch. IX S. 47.

233. Jede Aenderung der Mitglieder des Vorstandes muß bei Ordnungsstrafe zur Eintragung in das Handelsregister angemeldet werden.

Dritten Personen kann die Aenderung nur insofern entgegengesetzt werden, als in Betreff dieser Aenderung die im Artikel 46 in Betreff des Erlöschens der Prokura bezeichneten Voraussetzungen vorhanden sind.

234. Der Betrieb von Geschäften der Gesellschaft, sowie die Vertretung der Gesellschaft in Bezug auf diese Geschäftsführung kann auch sonstigen Bevollmächtigten oder Beamten der Gesellschaft zugewiesen werden.[a)] In diesem Falle bestimmt sich die Befugniß derselben nach der ihnen ertheilten Vollmacht; sie erstreckt sich im Zweifel auf alle Rechtshandlungen, welche die Ausführung derartiger Geschäfte gewöhnlich mit sich bringt.

a) Vgl. Anm. a. zu Art. 41 und Art. 196.

235. Zur Behändigung von Vorladungen und anderen Zustellungen an die Gesellschaft genügt es, wenn dieselbe an ein Mitglied des Vorstandes, welches zu zeichnen oder mitzuzeichnen befugt ist, oder an einen Beamten der Gesellschaft, welcher dieselbe vor Gericht zu vertreten berechtigt ist, geschieht.

236. Die Generalversammlung der Aktionaire wird durch den Vorstand berufen, soweit nicht nach dem Gesellschaftsvertrage auch andere Personen dazu befugt sind.

237. Eine Generalversammlung der Aktionaire ist, außer den im Gesellschaftsvertrage ausdrücklich bestimmten Fällen, zu berufen, wenn dies im Interesse der Gesellschaft erforderlich erscheint.

Die Generalversammlung muß auch dann berufen werden, wenn dies ein Aktionair oder eine Anzahl von Aktionairen, deren Aktien zusammen den zehnten Theil des Grundkapitals darstellen, in einer von ihnen unterzeichneten Eingabe unter Angabe des Zwecks und der Gründe verlangen. Ist in dem Gesellschaftsvertrage das Recht, die Berufung einer Generalversammlung zu verlangen, an den Besitz eines größeren oder eines geringeren Antheils am Grundkapital geknüpft, so hat es hierbei sein Bewenden.

238. Die Berufung der Generalversammlung hat in der durch den Gesellschaftsvertrag bestimmten Weise zu erfolgen.

Der Zweck der Generalversammlung muß jederzeit bei der Berufung bekannt gemacht werden. Ueber Gegenstände, deren Verhandlung nicht in dieser Weise angekündigt ist, können Beschlüsse nicht gefaßt werden; hiervon ist jedoch der Beschluß über den in einer Generalversammlung gestellten Antrag auf Berufung einer außerordentlichen Generalversammlung ausgenommen.

Zur Stellung von Anträgen und zu Verhandlungen ohne Beschlußfassung bedarf es der Ankündigung nicht.

239. Der Vorstand ist verpflichtet, Sorge zu tragen, daß die erforderlichen Bücher der Gesellschaft geführt werden.[a] Er muß den Aktionairen spätestens in den ersten sechs Monaten jedes Geschäftsjahres eine Bilanz des verflossenen Geschäftsjahres vorlegen und solche innerhalb dieser Frist in der Form und in den öffentlichen Blättern, welche für die Bekanntmachungen der Gesellschaft in dem Gesellschaftsvertrage bestimmt sind, veröffentlichen.

Zur Entlastung des Vorstandes bei Legung der Rechnung können Personen nicht bestellt werden, welche auf irgend eine Weise an der Geschäftsführung Theil nehmen.[b]

Dieses Verbot bezieht sich nicht auf die Personen, welchen die Aufsicht über die Geschäftsführung zusteht.

a) Die Verpflichtung des Vorstandes zur Rechenschaftsablage fällt mit der Verpflichtung, für die Führung der erforderlichen Bücher Sorge zu tragen und die Bilanz für jedes Jahr aufzustellen und vorzulegen, zusammen; eine eigentliche Rechnung mit Belägen hat er nur insoweit zu legen, als er unmittelbar Verwalter oder Verwahrer gewesen ist. E. v. 1. Mai 1879. Entsch. XXV S. 179.

Der Vorstand kann nach Beendigung seines Amts die Herausgabe der von ihm bestellten Kaution erst verlangen, wenn er Rechenschaft abgelegt und das in seiner Verwaltung befindliche Geschäftsvermögen an den neuen Vorstand abgeliefert hat. E. v. 11. Nov. 1878. Entsch. XXIV S. 364.

b) Hat die Generalversammlung auf Grund der Prüfung der Rechnung durch eine besondere Revisionskommission Decharge ertheilt, so kann letztere nicht auf Grund eines Irrthums der Generalversammlung, sondern nur eines solchen der Revisionskommission angefochten werden.

E. v. 12. Mai 1877. Entsch. XXII S. 278.

239a. Für die Aufstellung der Bilanz sind folgende Vorschriften maßgebend:

1) kurshabende Papiere dürfen höchstens zu dem Kurswerthe, welchen dieselben zur Zeit der Bilanzaufstellung haben, angesetzt werden;
2) die Kosten der Organisation und Verwaltung dürfen nicht unter die Aktiva aufgeführt werden, müssen vielmehr ihrem vollen Betrage nach in der Jahresrechnung als Ausgabe erscheinen;
3) der Betrag des Grundkapitals[a] und des etwa im Gesellschaftsvertrage vorgeschriebenen Reserve- oder Erneuerungsfonds[b] ist unter die Passiva aufzunehmen;
4) der aus der Vergleichung sämmtlicher Aktiva und sämmtlicher Passiva sich ergebende Gewinn oder Verlust muß am Schlusse der Bilanz besonders angegeben werden.

a) und zwar des emittirten Nominalkapitals, nicht des erlösten Effektivkapitals. E. v. 9. Sept. 1879. Entsch. XXV S. 317.

b) Vgl. Anm. b. zu Art. 218.

240. Ergiebt sich aus der letzten Bilanz, daß sich das Grundkapital um die Hälfte vermindert hat, so muß der Vorstand unverzüglich eine Generalversammlung berufen und dieser davon Anzeige machen.

Ergiebt sich, daß das Vermögen der Gesellschaft nicht mehr die Schulden deckt, so muß der Vorstand hiervon dem Gericht behufs der Eröffnung des Konkurses Anzeige machen.

241. Die Mitglieder des Vorstandes sind aus den von ihnen im Namen der Gesellschaft vorgenommenen Rechtshandlungen Dritten gegenüber für die Verbindlichkeiten der Gesellschaft persönlich nicht verpflichtet.

Mitglieder des Vorstandes, welche außer den Grenzen ihres Auftrages, oder den Vorschriften dieses Titels oder des Gesellschaftsvertrages entgegen handeln, haften persönlich und solidarisch für den dadurch entstandenen Schaden. a) Dies gilt insbesondere, wenn sie der Bestimmung des Artikels 217 entgegen an die Aktionaire Dividenden oder Zinsen zahlen, oder wenn sie zu einer Zeit noch Zahlungen leisten, in welcher ihnen die Zahlungsunfähigkeit der Gesellschaft hätte bekannt sein müssen.

a) und zwar auch den Gesellschaftsgläubigern. E. v. 20. März 1881. R.G. V S. 24.

Vierter Abschnitt.

Auflösung der Gesellschaft.

Die Auflösung beendigt nur die produktive Seite der Gesellschaft; im Uebrigen muß bis zur Beendigung der Liquidation die Gesellschaft als in ihrer Organisation verbleibend behandelt werden, soweit dies für die Zwecke der Liquidation nothwendig und mit denselben vereinbar ist.

E. v. 18. Jan. 1876. Entsch. XIX S. 163.

Die Auflösung für sich allein berechtigt denjenigen, der mit der Aktiengesellschaft ein Vertragsverhältniß auf längere Dauer eingegangen ist, nicht, die Lösung dieses Verhältnisses zu fordern. Es ist vielmehr nach der Besonderheit des Vertragsverhältnisses in Verbindung mit den maßgebenden Grundsätzen des bürgerlichen Rechts zu beurtheilen, ob durch den Fortfall der produktiven Seite der Geschäfts-Thätigkeit eine wesentliche Voraussetzung des Vertragsverhältnisses erheblich geändert und dadurch ein Grund zu vorzeitiger Lösung des Vertragsverhältnisses gegeben wird. E. v. v. 29. Dez. 1880. R.G. V S. 8.

242. Die Aktiengesellschaft wird aufgelöst:

1) durch Ablauf der im Gesellschaftsvertrage bestimmten Zeit;
2) durch einen notariellen oder gerichtlich beurkundeten Beschluß der Aktionaire;
3) durch Eröffnung des Konkurses.

Wenn die Auflösung einer Aktiengesellschaft aus anderen Gründen erfolgt, so finden die Bestimmungen dieses Abschnitts ebenfalls Anwendung.

a) Vgl. E. f. Pr. Art. 13.

243. Die Auflösung der Gesellschaft muß, wenn sie nicht eine Folge des eröffneten Konkurses ist, durch den Vorstand, bei Ordnungsstrafe, zur Eintragung in das Handelsregister angemeldet werden; sie muß zu drei verschiedenen Malen durch die hierzu bestimmten öffentlichen Blätter (Artikel 209 Ziff. 11.[a]) bekannt gemacht werden.

Durch diese Bekanntmachung müssen zugleich die Gläubiger aufgefordert werden, sich bei der Gesellschaft zu melden.

a) soll heißen „Ziff. 12".

244. Die Liquidation geschieht durch den Vorstand, wenn nicht dieselbe durch den Gesellschaftsvertrag oder einen Beschluß der Aktionaire[a] an andere Personen übertragen wird.

Es kommen die bei der offenen Handelsgesellschaft über die Anmeldung und das Rechtsverhältniß der Liquidatoren gegebenen Bestimmungen[b] auch hier zur Anwendung,[c] mit der Maßgabe, daß die Anmeldungen Behufs der Eintragung in das Handelsregister durch den Vorstand zu machen sind.

Die Bestellung der Liquidatoren ist jederzeit widerruflich.

a) Dem einzelnen Aktionär steht nicht das (im Art. 133 jedem Gesellschafter einer offenen Handelsgesellschaft eingeräumte) Recht zu, auf die Ernennung von Liquidatoren durch den Richter anzutragen.

E. v. 23. März 1875. Entsch. XVII S. 44.

b) Soweit sie auf die Aktiengesellschaft anwendbar sind. — Zur Veräußerung von Grundstücken (Art. 137 Abs. 2) bedürfen die Liquidatoren nicht der Zustimmung aller Aktionäre, sondern nur der statutenmäßigen Mehrheit der Generalversammlung. E. v. 28. Jan. 1881. R.G. III S. 56.

c) Die Liquidatoren sind berechtigt, nach ihrem Ermessen zu Zwecken der Liquidation von den Aktionären Einschüsse auf die nicht vollbezahlten Aktien zu fordern. Sie brauchen sich nicht mit dem einzelnen Aktionär in Verhandlungen über die Nothwendigkeit oder Zweckmäßigkeit solcher Einforderung einzulassen. Nur die Generalversammlung kann gegen ein verwerfliches Verhalten der Liquidatoren einschreiten.

E. v. 17. April 1877. Entsch. XXII S. 135.

Der Aktionär kann von den Liquidatoren den Nachweis des Vermögensbestandes und die Auszahlung seines Antheils verlangen. E. v. 14. Okt. 1871. Entsch. III S. 336, vgl. Art. 141.

Vgl. die Anmerkungen zu Art. 137.

Der von der Generalversammlung einer in Liquidation befindlichen Aktiengesellschaft gefaßte Beschluß, dem Aufsichtsrath für Mühewaltungen während der Liquidation eine zuvor nicht versprochene Vergütung zu gewähren, wurde in dem E. v. 25. Okt. 1878 (Entsch. XXIV S. 223) nach Lage des Falls als innerhalb des Liquidationszwecks liegend für gültig erachtet.

245. Das Vermögen einer aufgelösten Aktiengesellschaft wird nach Tilgung ihrer Schulden unter die Aktionaire nach Verhältniß ihrer Aktien vertheilt.

Die Vertheilung darf nicht eher vollzogen werden, als nach Ablauf eines Jahres,[a] von dem Tage an gerechnet, an welchem die Bekanntmachung in den hierzu bestimmten öffentlichen Blättern (Artikel 243) zum dritten Male erfolgt ist.

In Ansehung der aus den Handelsbüchern ersichtlichen oder in anderer Weise bekannten Gläubiger und in Ansehung der noch schwebenden Verbindlichkeiten und streitigen Forderungen kommen die bei der Kommanditgesellschaft auf Aktien gegebenen Bestimmungen (Artikel 202, Absatz 2 und 3) zur Anwendung.[b]

Mitglieder des Vorstandes und Liquidatoren, welche diesen Vorschriften entgegenhandeln, sind persönlich und solidarisch zur Erstattung der geleisteten Zahlungen verpflichtet.

a) Dieses Jahr bildet keine Präklusivfrist für die Anmeldung der Gläubiger. Auch Gläubiger, die sich später melden, können Befriedigung aus dem noch vorhandenen Gesellschaftsvermögen verlangen. Daß solches nicht mehr vorhanden, daß die Gesellschaft durch vollständige Vertheilung verloschen ist, hat die Gesellschaft zu beweisen.

E. v. 18. Jan. 1876. Entsch. XIX S. 160.

b) Vgl. Anm. zu Art. 202.

246. Die Handelsbücher der aufgelösten Gesellschaft sind an einem von dem Handelsgerichte zu bestimmenden sicheren Orte zur Aufbewahrung auf die Dauer von zehn Jahren niederzulegen.

Vgl. Art. 33.

247. Bei der Auflösung einer Aktiengesellschaft durch Vereinigung derselben mit einer anderen Aktiengesellschaft (Art. 215) kommen folgende Bestimmungen zur Anwendung:

1) Das Vermögen der aufzulösenden Gesellschaft ist so lange getrennt zu verwalten, bis die Befriedigung oder Sicherstellung ihrer Gläubiger erfolgt ist.
2) Der bisherige Gerichtsstand der Gesellschaft bleibt für die Dauer der getrennten Vermögensverwaltung bestehen, dagegen wird die Verwaltung von der anderen Gesellschaft geführt.
3) Der Vorstand der letzteren Gesellschaft ist den Gläubigern für die Ausführung der getrennten Verwaltung persönlich und solidarisch verantwortlich.
4) Die Auflösung der Gesellschaft ist zur Eintragung in das Handelsregister bei Ordnungsstrafe anzumelden.
5) Die öffentliche Aufforderung der Gläubiger der aufgelösten Gesellschaft (Art. 243) kann unterlassen oder auf einen späteren Zeitpunkt verschoben werden. Jedoch ist die Vereinigung der Vermögen der beiden Gesellschaften erst in dem

Zeitpunkte zulässig, in welchem eine Vertheilung des Vermögens einer aufgelösten Aktiengesellschaft unter die Aktionaire erfolgen darf (Art. 245).

248. Eine theilweise Zurückzahlung des Grundkapitals an die Aktionaire oder eine Herabsetzung desselben[a] kann nur auf Beschluß der Generalversammlung erfolgen.[b]

Die Zurückzahlung oder Herabsetzung kann nur unter Beobachtung derselben Bestimmungen erfolgen, welche für die Vertheilung des Gesellschaftsvermögens im Falle der Auflösung maßgebend sind (Art. 243, 245).

Die Mitglieder des Vorstandes, welche dieser Vorschrift entgegenhandeln, sind den Gläubigern der Gesellschaft persönlich und solidarisch verhaftet.[c]

a) Unter „Herabsetzung" ist nicht blos der Fall der Befreiung von noch ausstehenden Einzahlungen, sondern auch der Fall der einfachen Abschreibung verloren gegangenen Aktienkapitals vom eingezahlten Grundkapital zu verstehen. Besch. v. 29. Mai 1876. Entsch. XX S. 94.

Die Herabsetzung des Aktienkapitals ist nicht als Auflösung der bisherigen und Gründung einer neuen Aktiengesellschaft aufzufassen. Sie bewirkt eben so wenig wie die Auflösung, daß befristete Forderungen fällig werden. E. v. 19. Nov. 1878. Entsch. XXIV S. 243.

b) Ein bloßer Mehrheitsbeschluß reicht aus, wenn nicht dadurch Sonderrechte vorhandener Prioritätsaktionäre berührt werden.
Besch. v. 19. Mai 1876. Entsch. XX S. 95.

c) Vgl. Anm. zu Art. 209 a.

Fünfter Abschnitt.

Schlußbestimmungen.

249. Die Mitglieder des Aufsichtsrathes und des Vorstandes werden mit Gefängniß bis zu drei Monaten bestraft:

1) wenn sie vorsätzlich behufs der Eintragung des Gesellschaftsvertrages in das Handelsregister falsche Angaben über die Zeichnung oder Einzahlung des Grundkapitals machen;
2) wenn durch ihre Schuld länger als drei Monate die Gesellschaft ohne Aufsichtsrath[a] geblieben ist, oder in dem letzteren die zur Beschlußfähigkeit erforderliche Zahl von Mitgliedern gefehlt hat;
3) wenn sie in ihren Darstellungen, in ihren Uebersichten[b] über den Vermögensstand der Gesellschaft oder in den in der Generalversammlung gehaltenen Vorträgen wissentlich den Stand der Verhältnisse der Gesellschaft unwahr darstellen oder verschleiern.

Wird in den Fällen zu 2 und 3 festgestellt, daß mildernde Umstände vorhanden sind, so ist auf Geldstrafe bis zu Eintausend Thalern zu erkennen.

a) Die Strafbestimmung greift auch Platz, wenn der Gesellschaftsvertrag dem Art. 209 Ziff. 6 zuwider die Anstellung eines Aufsichtsraths nicht vorschreibt. E. v. 12. Nov. 1881. R.G. Entsch. in Straff. V S. 161.

b) Diese Bestimmung bezieht sich auch auf Darstellungen und Uebersichten, welche der Vorstand dem Aufsichtsrath macht, ohne daß sie zur Mittheilung an die Aktionäre oder an Dritte bestimmt sind. E. v. 7. Nov. 1881. R.G. Entsch. in Straff. V S. 147.

249a. Die Mitglieder des Vorstandes werden mit Gefängniß bis zu drei Monaten bestraft, wenn sie der Vorschrift des Artikels 240 zuwider dem Gericht die Anzeige zu machen unterlassen, daß das Vermögen der Gesellschaft nicht mehr die Schulden deckt.

Die Strafe tritt nicht ein, wenn von ihnen nachgewiesen wird, daß die Anzeige ohne ihr Verschulden unterblieben ist.

Drittes Buch. Von der stillen Gesellschaft und von der Vereinigung zu einzelnen Handelsgeschäften für gemeinschaftliche Rechnung.

Erster Titel. Von der stillen Gesellschaft.

250. Eine stille Gesellschaft ist vorhanden, wenn sich Jemand an dem Betriebe des Handelsgewerbes [a]) eines Anderen [b]) mit einer Vermögenseinlage [c]) gegen Antheil an Gewinn [d]) und Verlust [e]) betheiligt.

Zur Gültigkeit des Vertrages bedarf es der schriftlichen Abfassung oder sonstiger Förmlichkeiten nicht.

a) Vgl. Anm. a. zu Art. 85.

b) eines Anderen; es darf also kein gemeinschaftlicher Geschäftsbetrieb sein. Vgl. E. v. 13. Mai 1871. Stg. III S. 51, Entsch. S. 425.

c) Die Vermögenseinlage darf nicht in Beiträgen zu einzelnen Geschäften bestehen. — E. v. 15. Febr. 1873. Entsch. IX S. 160. Vgl. Art. 266 und Anm. zu demselben.

d) Der Antheil am Gewinn kann auch in einem festen Prozentsatz des Einlagekapitals bestehen. — E. v. 5. Febr. 1873. Entsch. IX S. 37.

e) Eine Abrede, daß der stille Gesellschafter am Verluste nicht Theil nehmen solle, ist nicht unzulässig. — E. v. 7. Jan. 1874. Entsch. XII S. 100. — Das R.G. nimmt aber an, daß eine Theilnahme auch am Verluste zu den wesentlichen Voraussetzungen der stillen Gesellschaft gehört. Die Vereinbarung, daß ein Gesellschafter am Verlust nicht theilnehmen solle, sei zwar an sich zulässig. Auf eine solche Gesellschaft seien aber die Vorschriften des H.G.B. nicht unmittelbar anwendbar; es müsse nach dem Inhalt des Vertrages entschieden werden, inwieweit bei einer solchen Gesellschaft eine Unterwerfung unter die Vorschriften des H.G.B. als vereinbart angesehen werden darf. E. v. 30. Nov. 1880. R.G. III S 9.

251. Der Inhaber des Handelsgewerbes betreibt die Geschäfte unter seiner Firma.

Eine das Verhältniß einer Handelsgesellschaft andeutende Firma darf derselbe wegen der Betheiligung eines stillen Gesellschafters bei Ordnungsstrafe nicht annehmen.

252. Der Inhaber des Handelsgewerbes wird Eigenthümer der Einlage des stillen Gesellschafters.

Der stille Gesellschafter ist nicht verpflichtet, die Einlage über den vertragsmäßigen Betrag zu erhöhen, oder die durch Verlust verminderte Einlage zu ergänzen.

253. Der stille Gesellschafter ist berechtigt, die abschriftliche Mittheilung der jährlichen Bilanz zu verlangen und die Richtigkeit derselben unter Einsicht der Bücher und Papiere zu prüfen.

Das Handelsgericht kann auf den Antrag des stillen

Gesellschafters, wenn wichtige Gründe dazu vorliegen, die Mittheilung einer Bilanz oder sonstiger Aufklärungen nebst Vorlegung der Bücher und Papiere zu jeder Zeit anordnen.

254. Ist über die Höhe der Betheiligung des stillen Gesellschafters an Gewinn und Verlust nichts vereinbart, so wird dieselbe nach richterlichem Ermessen, nöthigenfalls unter Zuziehung von Sachverständigen, festgestellt.

255. Am Schlusse eines jeden Geschäftsjahres wird der Gewinn und Verlust berechnet und dem stillen Gesellschafter der ihm zufallende Gewinn ausbezahlt.

Der stille Gesellschafter nimmt an dem Verluste nur bis zum Betrage seiner eingezahlten oder rückständigen Einlage Antheil. Er ist nicht verpflichtet, den bezogenen Gewinn wegen späterer Verluste zurückzuzahlen; jedoch wird, so lange seine ursprüngliche Einlage durch Verlust vermindert ist, der jährliche Gewinn zur Deckung des Verlustes verwendet.

Der Gewinn, welcher von dem stillen Gesellschafter nicht erhoben wird, vermehrt dessen Einlage nicht, sofern nicht ein Anderes vereinbart ist.[a]

a) In Höhe des nicht erhobenen Gewinnes ist der stille Gesellschafter Gläubiger. Er braucht sich nicht gefallen zu lassen, daß dieser Gewinn zur Deckung späterer Verluste verwendet wird. — E. v. 27. Febr. 1874. Entsch. XIII S. 65.

256. Aus den Geschäften des Handelsgewerbes wird der Inhaber desselben dem Dritten gegenüber allein berechtigt und verpflichtet.

257. Der Name eines stillen Gesellschafters darf in der Firma des Inhabers des Handelsgewerbes nicht enthalten sein; im entgegengesetzten Falle[a] haftet der stille Gesellschafter den Gläubigern der Gesellschaft persönlich und solidarisch.

a) auch wenn er seinen Namen in der Firma nur stillschweigend duldet. E. v. 30. Okt. 1877. Entsch. XXIII S. 54.

258. Wenn der Inhaber des Handelsgewerbes in Konkurs verfällt, so ist der stille Gesellschafter befugt, wegen seiner Einlage, soweit dieselbe den Betrag des auf ihn fallenden Antheils am Verluste übersteigt, seine Forderung als Konkursgläubiger geltend zu machen.

Ist die Einlage rückständig, so hat der stille Gesellschafter dieselbe bis zu dem Betrage, welcher zur Deckung seines Antheils am Verluste erforderlich ist, in die Konkursmasse zu zahlen.

259. Wenn innerhalb eines Jahres vor Eröffnung des Konkurses über das Vermögen des Inhabers des Handelsgewerbes durch Vereinbarung[a] zwischen ihm und dem stillen Gesellschafter das Gesellschaftsverhältniß aufgelöst worden ist, so können die Konkursgläubiger verlangen, daß der stille Gesellschafter die ihm zurückbezahlte[b] Einlage in die Konkursmasse einzahle, unbeschadet seines Rechts, die in dem Zeitpunkt der Auflösung ihm aus dem Gesellschaftsverhältnisse zustehende Forderung als Konkursgläubiger geltend zu machen.

Dasselbe gilt, wenn dem stillen Gesellschafter in dem bezeichneten Zeitraum ohne Auflösung des Gesellschaftsverhältnisses die Einlage zurückbezahlt wurde.

In gleicher Weise ist, wenn der Inhaber des Handelsgewerbes in dem bezeichneten Zeitraum dem stillen Gesellschafter dessen Antheil an dem entstandenen Verluste ganz oder theilweise erlassen hat, der Erlaß zu Gunsten der Konkursgläubiger unwirksam.

Die Bestimmungen dieses Artikels treten nicht ein, wenn der stille Gesellschafter beweist, daß der Konkurs in Umständen seinen Grund hat, welche erst nach dem Zeitpunkt der Auflösung, der Zurückzahlung oder des Erlasses eingetreten sind. c)

a) Wird die stille Gesellschaft aus anderen Gründen aufgelöst (vgl. Art. 261, Ziff. 1, 2, 3, 5, 6), so finden die Bestimmungen des Art. 259 nicht Anwendung.

b) Der Art. 259 bezieht sich auf alle Fälle der Solution, nicht blos auf die Numeration.

Die Einlage gilt auch dann für zurückbezahlt, wenn der stille Gesellschafter in einer Weise sichergestellt worden ist, welche nach dem zur Anwendung kommenden Konkursrechte seine Bezahlung vor den übrigen Gläubigern zur Folge hat.

E. v. 16. Juni 1874. Entsch. XIV S. 38.

c) Der Einwand aus dem Abs. 4 setzt voraus, daß lediglich spätere Umstände die begründende Ursache des Konkurses gewesen sind. Der Austritt selbst, die Rückzahlung oder der Erlaß der Einzahlung darf nicht als Grund des Konkurses mitgewirkt haben.

Wenn auch erst ein nach dem Austritt des stillen Gesellschafters eingetretener Umstand (z. B. ein Krieg) die Veranlassung zum Ausbruch des Konkurses gewesen ist, so hindert dies nicht, die wirkliche Ursache desselben auf frühere Ereignisse, insbesondere auf den Austritt selbst zurückzuführen.

Das den Konkursgläubigern eingeräumte Zurückforderungsrecht ist nicht von dem Vorhandensein einer mala fides auf Seiten des stillen Gesellschafters abhängig.

E. v. 16. Juni 1874. Entsch. XIV S. 92.

260. Ob und inwieweit eine rechtliche Wirkung zu Gunsten dritter Personen eintritt, wenn durch einen stillen Gesellschafter oder mit dessen Willen das Vorhandensein der stillen Gesellschaft kundgemacht wird, ist nach allgemeinen Rechtsgrundsätzen zu beurtheilen.

261. Die stille Gesellschaft wird aufgelöst:

1) durch den Tod des Inhabers des Handelsgewerbes, wenn nicht der Vertrag bestimmt, daß die Gesellschaft mit den Erben des Verstorbenen fortbestehen soll;
2) durch die eingetretene rechtliche Unfähigkeit des Inhabers des Handelsgewerbes zur selbstständigen Vermögensverwaltung;
3) durch die Eröffnung des Konkurses über das Vermögen des Inhabers des Handelsgewerbes oder des stillen Gesellschafters;
4) durch gegenseitige Uebereinkunft;
5) durch Ablauf der Zeit, auf deren Dauer die stille Gesellschaft eingegangen ist, wenn dieselbe nicht stillschweigend fortgesetzt wird; in diesem Falle gilt der Vertrag von da an als auf unbestimmte Dauer geschlossen;
6) durch die Aufkündigung eines der beiden Theile, wenn der Vertrag auf unbestimmte Dauer geschlossen ist.

Ein auf Lebenszeit geschlossener Vertrag ist als auf unbestimmte Dauer geschlossen zu betrachten.

Die Aufkündigung eines auf unbestimmte Dauer geschlossenen Vertrages muß, wenn nicht ein

Anderes vereinbart ist, mindestens sechs Monate vor Ablauf des Geschäftsjahres erfolgen.

Vgl. die Anmerkung zu Art. 123.

262. Die Auflösung der stillen Gesellschaft kann vor Ablauf der für ihre Dauer bestimmten Zeit oder bei einem Vertrage von unbestimmter Dauer ohne vorherige Aufkündigung verlangt werden, wenn dazu wichtige Gründe[a] vorhanden sind. Die Beurtheilung, ob solche Gründe anzunehmen sind, bleibt im Falle des Widerspruchs dem Ermessen des Richters überlassen.

a) Auch mangelnde Rentabilität kann als ein wichtiger Grund aufgefaßt werden. — E. v. 7. Jan. 1874. Entsch. XII S. 100.

263. Die Bestimmung des Artikels 126 gilt auch zu Gunsten der Privatgläubiger eines stillen Gesellschafters.

264. Wenn der stille Gesellschafter stirbt, oder zur Verwaltung seines Vermögens rechtlich unfähig wird, so hat dies die Auflösung der stillen Gesellschaft nicht zur Folge.

265. Nach Auflösung der stillen Gesellschaft muß der Inhaber des Handelsgewerbes sich mit dem stillen Gesellschafter auseinandersetzen und die Forderung desselben in Gelde berichtigen.[a]

Der Inhaber des Handelsgewerbes besorgt die Liquidation der bei der Auflösung noch schwebenden Geschäfte.

a) Nach Auflösung der Gesellschaft darf der stille Gesellschafter nicht ohne Weiteres Rückzahlung seiner Einlage fordern. Er muß zunächst auf Rechnungslegung klagen, falls er nicht in der Lage ist, selbst die Rechnung aufzumachen.

Auf die Einlage des stillen Gesellschafters findet der Grundsatz, daß Veränderungen nicht vermuthet werden, keine Anwendung.

E. v. 19. Mai 1874. Entsch. XIII S. 274.

In dem Urtheil vom 9. Juni 1877 (Entsch. XXIII S. 130) nimmt dagegen das R.O.H.G. an, daß der stille Gesellschafter nach Auflösung der Gesellschaft auf Rückzahlung klagen könne, wenn er behauptet, daß diese Einlage noch in der ursprünglichen Höhe vorhanden sei. Behaupte auf eine solche Klage der Inhaber des Handelsgewerbes, daß die Einlage durch Verlust gemindert ist, so müsse er diese Behauptung eingehend begründen, wozu insbesondere die Vorlage einer ordnungsmäßigen Bilanz diene.

Zweiter Titel. Von der Vereinigung zu einzelnen Handelsgeschäften für gemeinschaftliche Rechnung.

Die wenigen Bestimmungen des H.G.B. über die Gelegenheitsgesellschaft erschöpfen die Materie nicht; vielmehr bleiben, soweit nicht das H.G.B. abweichende Bestimmungen getroffen hat, die Grundsätze des bürgerlichen Rechts über das Societätsverhältniß maßgebend.

E. v. 30. Mai 1877. Entsch. XXII S. 179.

266. Die Vereinigung zu einem oder mehreren einzelnen[a] Handelsgeschäften[b] für gemeinschaftliche Rechnung bedarf einer schriftlichen Abfassung nicht und ist sonstigen Förmlichkeiten nicht unterworfen.[c]

a) Es ist nicht erforderlich, daß die Geschäfte selbst im Voraus festgesetzt sind; es genügt, wenn die Natur der Geschäfte und die Ausführung im Allgemeinen vereinbart ist.

Eine Vereinigung im Sinne der Art. 266 ff. (Gelegenheitsgesellschaft) wird dadurch nicht ausgeschlossen, daß der mit der Ausführung betraute Theilnehmer zugleich ein gleichartiges dauerndes Handelsgewerbe für eigene Rechnung betreibt, vorausgesetzt, daß die

Beiträge der anderen Theilnehmer sich nicht als eine Einlage zu dem ganzen Handelsgewerbe darstellen.

E. v. 15. Febr. 1873. Entsch. IX S. 160.

Die Bestimmungen dieses Titels finden auf Vereinigungen zu einem dauernden Geschäftsbetriebe nicht Anwendung, auch dann nicht, wenn diese Vereinigung unter keine der Handelsgesellschaftsformen fällt. E. v. 13. Mai 1871. Stg. III S. 51, Entsch. II S. 425, u. E. v. 13. April 1872. Entsch. V S. 390.

b) Es brauchen dies nicht Handelsgeschäfte im Sinne der Art. 271, 272, es können auch solche Geschäfte sein, welche gemäß Art. 273 als Handelsgeschäfte gelten, weil sie von einem Kaufmann im Betriebe seines Handelsgewerbes abgeschlossen worden sind.

E. v. 16. Nov. 1872 und 28. Sept. 1873. Entsch. VIII S. 46 und X S. 429.

Eine Vereinigung zu dem spekulationsweisen An- und Verkauf eines Grundstücks ist als eine Vereinigung zu einem Handelsgeschäft nicht anzusehen. (Vgl. Anm. zu Art. 275.)

E. v. 9. Dez. 1873. Entsch. XII S. 53.

Wohl aber kann eine Vereinigung von Kaufleuten zur Vermittelung von Grundstücksverkäufen darunter fallen.

E. v. 24. Jan. 1875. Entsch. XVI S. 1.

c) Eine Vereinigung zu Handelsgeschäften ist an sich kein Handelsgeschäft und kann ein solches nur auf Grund des Art. 273 in Folge der Kaufmanns-Eigenschaft eines der Kontrahenten werden.

E. v. 7. Juni 1873. Entsch. X S. 262.

Ein Vertrag, durch welchen ein Theilnehmer an einer Vereinigung zu einzelnen Handelsgeschäften einen Dritten an seinem Antheile betheiligt, kann selbst wieder eine Vereinigung zu einem Handelsgeschäft darstellen.

E. v. 7. Juni 1873. Entsch. X S. 260.

267. Wenn nicht ein Anderes verabredet ist, so sind alle Theilnehmer in gleichem Verhältnisse zu dem gemeinsamen Unternehmen beizutragen verpflichtet.[a)]

a) Der Socius, welcher bezüglich der Ausführung des ihm ertheilten Auftrages die Erfüllung der ihm obliegenden Pflichten in wesentlichen Beziehungen unterläßt und durch sein schuldhaftes Thun oder Unterlassen die Erreichung des gesellschaftlichen Zweckes vereitelt, kann, wenn er dadurch dem andern Gesellschafter gerechten Anlaß giebt, sich von der Societät loszusagen (vgl. Art. 125 Nr. 1), von dem andern Socius auch nicht diejenigen Leistungen fordern, welche ein auftragsmäßiges Verhalten zur nothwendigen Voraussetzung haben.

E. v. 30. Mai 1877. Entsch. XXII S. 182.

268. Ist über den Antheil der Theilnehmer am Gewinn und Verlust nichts vereinbart, so werden die Einlagen verzinst, der Gewinn oder Verlust aber nach Köpfen vertheilt.[a]

a) Die Frage, ob schon vor völliger Beendigung der Geschäfte der einzelne Theilnehmer Herausgabe des auf ihn fallenden Gewinnes verlangen kann, ist nach der Lage des einzelnen Falles zu beantworten, wobei es darauf ankommt, ob zur zweckmäßigen Ausführung der späteren Geschäfte bereite Fonds nothwendig sind, ob dem einzelnen Theilnehmer Vorschüsse nicht zugemuthet werden können, ob aus den noch nicht abgewickelten Geschäften Verluste zu befürchten sind rc. Die bloße Möglichkeit, daß noch Ansprüche Dritter erhoben werden können, ist als Grund gegen die Herausgabe des bereits erzielten Gewinnes nicht zu berücksichtigen, besonders dann nicht, wenn eine Unsicherheit des die Herausgabe verlangenden Theilnehmers nicht vorliegt. E. v. 14. Nov. 1877. Entsch. XXIII S. 94.

269. Aus Geschäften, welche ein Theilnehmer mit einem Dritten geschlossen hat, wird Ersterer dem Dritten gegenüber allein berechtigt und verpflichtet.

Ist ein Theilnehmer zugleich im Auftrage[a] und Namen der übrigen aufgetreten,[b] oder haben alle Theilnehmer gemeinschaftlich oder durch einen gemeinsamen Bevollmächtigten gehandelt, so ist jeder Theilnehmer Dritten gegenüber solidarisch berechtigt und verpflichtet.[c]

a) Der mit der Ausführung des Unternehmens beauftragte Theilnehmer gilt der Regel nach für alle diejenigen Handlungen beauftragt, die zur Erreichung des gewollten Zwecks auch nur mittelbar erforderlich sind. — E. v. 24. Febr. 1874. Entsch. XIII S. 1.

b) Ist der kontrahirende Theilnehmer nur im eigenen Namen aufgetreten, so hat die nachträgliche Genehmigung durch den anderen Theilnehmer nicht die Wirkung, daß eine solidarische Berechtigung oder Verpflichtung entsteht.

E. v. 26. April 1874. Entsch. IX S. 282.

Dagegen tritt eine solche in Folge der nachträglichen Genehmigung ein, wenn der handelnde Genosse im gemeinschaftlichen Namen aufgetreten ist.

E. v. 24. Febr. 1874. Entsch. XIII S. 1.

c) Die Entstehung der solidarischen Berechtigung und Verpflichtung ist nicht davon abhängig, daß das beabsichtigte Geschäft zu Stande gekommen ist, es reicht hin, wenn überhaupt zwischen den Gesellschaftern und dem Gegenkontrahenten ein Rechtsverhältniß entstanden ist.

E. v. 16. Nov. 1872. Entsch. VII S. 48.

Nehmen die mehreren Theilnehmer die Zahlung einer Nichtschuld in gutem Glauben an, so sind sie zur Rückzahlung nicht solidarisch, sondern, in Ermangelung besonderer Umstände, zu gleichen Antheilen verpflichtet.

E. v. 3. Juni 1878. Entsch. XXIV S. 13.

270. Nach Beendigung des gemeinschaftlichen Geschäfts muß der Theilnehmer, welcher dasselbe führte, den übrigen Theilnehmern unter Mittheilung der Beläge Rechnung ablegen.[a)]

Er besorgt die Liquidation.[b)]

a) Die dem geschäftsführenden Gesellschafter obliegende Pflicht zur Rechnungslegung enthält zunächst die Verpflichtung zur Angabe der einzelnen von ihm abgeschlossenen Geschäfte.

Diese Angabe ist somit zur Substantiirung der Klage auf Rechnungslegung nicht erforderlich. In der Klage muß nur der Geschäftskreis, über welchen Rechnung gelegt werden soll, mit solcher Bestimmtheit bezeichnet sein, daß der Verklagte darüber nicht im Zweifel sein kann.

Eine bestimmte Form der Rechnungslegung ist nicht vorgeschrieben Unter Kaufleuten ist die bei Führung der Handelsbücher übliche Form zulässig. Die Rechnung muß so beschaffen sein, daß der Abnehmer sie verstehen und auf Grund derselben seine Monituren zu machen im Stande ist.

E. v. 13. Juni 1874. Entsch. XIV S. 87.

Die Rechenschaftspflicht des geschäftsführenden Socius beschränkt sich nicht auf eine nach völliger Beendigung des Geschäfts zu legende Rechnung. Bei erheblichen Geschäften muß er vielmehr von jedem erheblichen Schritte zur Ausführung derselben dem Gesellschafter Mittheilung machen.

E. v. 30. Mai 1877. Entsch. XXII S. 180.

b) Jeder Gesellschafter kann auf Theilung der zu gemeinschaftlichen Zwecken angeschafften Gegenstände klagen, ohne daß vorher die vollständige Auseinandersetzung stattgefunden hat. — E. v. 10. Okt. 1874. Entsch. XIV S. 231.

Viertes Buch. Von den Handelsgeschäften.

Erster Titel. Von den Handelsgeschäften im Allgemeinen.

Erster Abschnitt.

Begriff der Handelsgeschäfte.

271. Handelsgeschäfte[a]) sind:

1) der Kauf oder die anderweite Anschaffung[b]) von Waaren oder anderen beweglichen Sachen, von Staatspapieren, Aktien oder anderen für den Handelsverkehr bestimmten Werthpapieren, um

dieselben weiter zu veräußern; [c] es macht keinen Unterschied, ob die Waaren oder anderen beweglichen Sachen in Natur oder nach einer Bearbeitung oder Verarbeitung weiter veräußert werden sollen; [d]

2) die Uebernahme einer Lieferung von Gegenständen der unter Ziffer 1 bezeichneten Art, welche der Uebernehmer zu diesem Zweck anschafft;
3) die Uebernahme einer Versicherung gegen Prämie; [e]
4) die Uebernahme der Beförderung von Gütern oder Reisenden zur See und das Darleihen gegen Verbodmung.

a) In den Artikeln 271 bis 273 ist der fest abgeschlossene Kreis der Handelsgeschäfte erschöpfend aufgezählt. — E. v. 7. Juni 1873. Entsch. X S. 262.

b) Die Selbsterzeugung ist als Anschaffung im obigen Sinne nicht aufzufassen. Daher ist die Bearbeitung selbst gewonnenen Materials zum Zwecke des Verkaufes (Ziegelei, Steinbruch 2c.) kein Handelsgeschäft. Der Producent ist der Regel nach vom Gebiete des Handelsrechts ausgeschlossen. — E. v. 1. März 1873, 10. und 20. Juni 1874. Entsch. IX S. 189, XIII S. 385, XIV S. 117.

c) Der Ein- und Verkauf von Vieh zum Zwecke der Viehzucht und in Verbindung mit derselben ist nicht als Handelsgeschäft anzusehen. — E. v. 22. Okt. 1874. Entsch. XIV S. 265.

d) Die Ankäufe von Materialien Seitens eines Handwerkers zum Zweck der Verwendung in seinem Geschäfte sind als Handelsgeschäfte und der Handwerker in Bezug auf diese Ankäufe als Kaufmann anzusehen, gleichviel, ob auch seine Weiterveräußerungen nach Art. 273 Abs. 3 Handelsgeschäfte sind oder nicht. — E. v. 6. Dez. 1871, 18. Okt. 1872, 25. Okt. 1873, 17. Sept. 1874. Entsch. IV S. 240, VII S. 237, XI S. 241, XIV S. 69.

e) Eine Versicherung auf Gegenseitigkeit fällt nicht hierunter. E. v. 1. Dez. 1871. Entsch IV S. 201.

Auf den Gegenstand der Versicherung kommt es nicht an. Die Uebernahme einer Versicherung unbeweglicher Sachen gegen Prämie ist daher auch ein Handelsgeschäft. E. v. 23. Jan. 1872 S. 278. Entsch. V S. 12.

Der Versicherungsvertrag setzt ein Interesse des Versicherten an dem Nichteintritt des Ereignisses voraus, auf welches sich die Versicherung bezieht. Verträge, durch welche dem Versicherten Vortheile zugewendet werden sollen, die ihm auch beim Ausbleiben des Ereignisses nicht zu Theil werden könnten, sind keine Versicherungsverträge, sondern fallen unter den Gesichtspunkt des Spiels oder der Wette. Dies gilt besonders auch von der Versicherung des Lebens einer dritten Person, woran derjenige, welchem die Versicherungssumme zufallen soll, kein Interesse hat. Die Klagbarkeit eines solchen Wettvertrages hängt von den Bestimmungen des bürgerlichen Rechts ab. E. v. 7. Jan. 1878. Entsch. XXIII S. 159.

272. Handelsgeschäfte sind ferner die folgenden Geschäfte, wenn sie gewerbemäßig betrieben werden:

1) die Uebernahme der Bearbeitung oder Verarbeitung beweglicher Sachen für Andere, wenn der Gewerbebetrieb des Uebernehmers über den Umfang des Handwerks hinausgeht;[a]
2) die Bankier- oder Geldwechslergeschäfte;[b]
3) die Geschäfte des Kommissionärs (Art. 360), des Spediteurs und des Frachtführers,[c] sowie die Geschäfte der für den Transport von Personen bestimmten Anstalten;
4) die Vermittelung oder Abschließung von Handelsgeschäften[d] für andere Personen; die amtlichen Geschäfte der Handelsmäkler sind jedoch hierin nicht einbegriffen;

5) die Verlagsgeschäfte e), sowie die sonstigen Geschäfte des Buch- oder Kunsthandels; ferner die Geschäfte der Druckereien, sofern nicht ihr Betrieb nur ein handwerksmäßiger ist.

Die bezeichneten Geschäfte sind auch alsdann Handelsgeschäfte, wenn sie zwar einzeln, jedoch von einem Kaufmann im Betriebe seines gewöhnlich auf andere Geschäfte gerichteten Handelsgewerbes gemacht werden.

a) Die gewerbsmäßige Bauentreprise als solche gehört nicht zu den objektiven Handelsgeschäften (vgl. Anm. zu Art. 275).
E. v. 11. Nov. 1873. Entsch. XI S. 329.

b) Gewöhnliche Pfandleihgeschäfte sind nicht Bankiergeschäfte. E. v. 6. April 1878. Entsch. XXIV S. 35.

c) Der Zeitschriftendebit der Postanstalten erscheint als eine Verbindung von Fracht- mit Mandatsgeschäften von der Art der buchhändlerischen Kommissionsgeschäfte. Die dazu gehörenden Rechtsgeschäfte sind Handelsgeschäfte. E. v. 15. Juni 1877. Entsch. XXIII S. 19.

d) Die Bestimmung ist nicht auf die Vermittelung oder Abschließung beiderseitiger Handelsgeschäfte beschränkt. E. v. 15. Juni 1877. Entsch. XXIII S. 9.

Die Vermittelung von Nichthandelsgeschäften, gleichviel ob sie gewerbemäßig oder vereinzelt betrieben wird, ist an sich kein Handelsgeschäft. E. v. 21. Jan. 1875. Entsch. XVI S. 2. — Sie kann es aber sein; auch bei der Vermittelung eines Nichthandelsgeschäfts Seitens eines Kaufmanns greift die Vermuthung aus Art. 274 H.G.B. Platz. E. v. 9. April 1889. R.G. I S. 258.

e) Auch der Zeitungsverlag ist Handelsgeschäft. Die kaufmännische Thätigkeit eines Zeitungsverlegers umfaßt die Rechtsgeschäfte, welche derselbe zum Erwerbe der zu veröffentlichenden literarischen Erzeugnisse, zur Vervielfältigung derselben und zur Verwerthung des von ihm verlegten Blattes abschließt.
E. v. 19. Mai 1874. Entsch. XIV S. 23.

Auch die gewerbemäßigen Verlagsgeschäfte mit eigenen Werken sind Handelsgeschäfte; der Selbstverlag ist Verlag. E. v. 23. Juni 1881. R.G. V S. 67.

Die Geschäfte der Leihbibliothekare sind keine Handelsgeschäfte. E. v. 21. Mai 1878. Entsch. XXIII S. 401.

273. Alle einzelnen Geschäfte[a] eines Kaufmanns,[b] welche zum Betriebe seines Handelsgewerbes gehören, sind als Handelsgeschäfte anzusehen.[c]

Dies gilt insbesondere für die gewerbliche Weiterveräußerung der zu diesem Zweck angeschafften Waaren, beweglichen Sachen und Werthpapiere, sowie für die Anschaffung von Geräthen, Material und anderen beweglichen Sachen, welche bei dem Betriebe des Gewerbes unmittelbar[d] benutzt oder verbraucht werden sollen.

Die Weiterveräußerungen,[e] welche von Handwerkern[f] vorgenommen werden, sind, insoweit dieselben nur in Ausübung ihres Handwerksbetriebes geschehen, als Handelsgeschäfte nicht zu betrachten.

a) Dahin gehören auch Zahlungen und deren Annahme. Ansprüche an einen Kaufmann aus einer an ihn geleisteten Zahlung (condictio indebiti) unterliegen daher der handelsgerichtlichen Zuständigkeit. E. v. 3. Dez. 1877. Entsch. XXIII S. 144.

b) Eines Kaufmanns, also, nach der jetzigen Fassung des Artikel 208, auch einer nicht handeltreibenden Aktiengesellschaft.

E. v. 6. Sept. 1877. Entsch. XXII S. 326.

c) Es gilt dies auch von denjenigen Geschäften eines Kaufmanns, bei denen die Voraussetzungen der Art. 271, 272 nicht zutreffen. E. v. 23. Sept. 1871. Stg. IV S. 156 Anm., Entsch. III S. 141.

d) Dahin gehört nicht die Anschaffung von Baumaterial behufs Verwendung in das Geschäftsgebäude (E. v. 6. Juni 1873. Entsch. X S. 242) oder die Anschaffung einer Maschine zum Betriebe eines Bergwerks Seitens eines Kaufmanns, selbst wenn dieser die gewonnenen Produkte zusammen mit sonst angeschafften Waaren in seinem Handelsgewerbe weiterveräußert. E. v. 13. Nov. 1873. Entsch. XIV S. 341. — Dagegen gehören hierher und sind somit als Handelsgeschäfte anzusehen die Kaufverträge eines Gastwirths über Mobilien, welche lediglich für die Zwecke der Beherbergung von Gästen angeschafft werden. E. v. 15. Sept. 1877. Entsch. XXII S. 329.

e) Bezüglich der Ankäufe vgl. Anm. d. zu Art. 271.

f) Der Absatz 3 bezieht sich nur auf Handwerker; die Weiterveräußerungen der Minderkaufleute (Art. 10) sind Handelsgeschäfte. E. v. 18. Sept. 1878. Entsch. XXIV S. 270.

274. Die von einem Kaufmann[a)] geschlossenen Verträge gelten im Zweifel als zum Betriebe des Handelsgewerbes gehörig.[b)]

Die von einem Kaufmann gezeichneten Schuldscheine[c)] gelten als im Betriebe des Handelsgewerbes gezeichnet, sofern sich nicht aus denselben das Gegentheil ergiebt.[d)]

a) Auf die von dem Theilnehmer einer offenen Handelsgesellschaft abgeschlossenen Geschäfte findet Art. 274 nur Anwendung, wenn feststeht, daß die Geschäfte für die Gesellschaft geschlossen sind. E. v. 22. April 1875. Entsch. XVI S. 380.

Vgl. Anm a. zu Art. 273.

b) Durch diese Bestimmung in Verbindung mit Art. 273 Abs. 1 ist eine Vermuthung für die handelsgeschäftliche Qualität aller Verträge eines Kaufmanns aufgestellt, dergestalt, daß dieselben als Handelsgeschäfte zu beurtheilen sind, wenn es nicht zweifellos ist, daß sie außerhalb des Gewerbebetriebes abgeschlossen worden. E. v. 17. Febr. und 18. Nov. 1871. Stg. II S. 52, IV S. 320, Entsch. II S. 45, IV S. 50. — Die Vorschrift ist nicht auf zweiseitige Verträge zu beschränken.

E. v. 17. Febr. 1871. Stg. II S. 51, Entsch. II S. 44.

Wenn ein kaufmännischer Prinzipal einen selbstständigen Kaufmann als Kassirer an- und dieser eine solche Stellung übernimmt, so bildet der Engagementsvertrag für jeden von ihnen ein Handelsgeschäft. Forderungen des Prinzipals wegen Veruntreuungen eines solchen Kassirers sind als aus dem beiderseitigen Handelsgeschäfte entspringend anzusehen.

E. v. 28. Mai 1872. Entsch. VI S. 197.

Auch die Annahme eines Gewerbegehülfen zu rein technischen Diensten ist auf Seiten des kaufmännischen Prinzipals ein Handelsgeschäft, obwohl ein solcher Gehülfe kein Handlungsgehülfe ist.

E. v. 11. Nov. 1873. Entsch. XI S. 387.

Auf den Vertrag, durch welchen eine bestehende Handlung ganz an einen Dritten veräußert wird, findet die Vermuthung des Art. 274 gleichfalls Anwendung.

E. v. 17. Dez. 1874. Entsch. XV S. 101.

Die Berechnung zwischen Gesellschaftern über das Ergebniß der für gemeinschaftliche Rechnung betriebenen Handelsgeschäfte fällt in den Betrieb des Handelsgewerbes und ist als Handelsgeschäft anzusehen, selbst wenn die Berechnung erst nach Beendigung des gemeinschaftlichen Gewerbes geschieht und die früheren Gesellschafter zur Zeit der Berechnung nicht mehr Kaufleute sind. — Die Vollmacht zu einer solchen Abrechnung bedarf also nicht der Schriftform.

E. v. 7. Sept. 1872. Entsch. VII S. 56.

Der Auseinandersetzungsvertrag, durch welchen ein Gesellschafter ein gemeinschaftliches Handelsgeschäft für alleinige Rechnung übernimmt, ist für ihn ein Handelsgeschäft.

E. v. 19. Dez. 1873. Entsch. XV S. 368.

Die Vermuthung der Art. 273, 274 findet auch auf Anerkennungsverträge der Kaufleute Anwendung, selbst wenn die anerkannte Schuld nicht aus Handelsgeschäften herrührt, während an sich der Anerkennungsvertrag blos deswegen, weil die anerkannte Schuld sich aus einem Handelsgeschäft herleitet, noch nicht als Handelsgeschäft aufzufassen ist.

E. v. 3. April 1875. Entsch. XVII S. 169, 170.

Die Uebernahme der Agentur einer Versicherungsgesellschaft auf Gegenseitigkeit Seitens eines Kaufmanns unterliegt der Vermuthung aus § 274 H.G.B.

E. v. 15. Dez. 1877. Entsch. XXIII S. 148.

Unentgeltlichkeit (Leihverträge) steht der Annahme eines Handelsgeschäfts auf Seiten des Kaufmanns, dem das Geschäft zu statten kommt, nicht entgegen.

E. v. 21. Jan. 1876. Entsch. XIX S. 353.

Selbst Schenkungsverträge sind von der Vermuthung des Artikel 274 nicht schlechthin ausgeschlossen. Diese Vermuthung reicht soweit, als die Schenkung Handelsgeschäft sein kann, was bezüglich des Beschenkten, wenn dieser Kaufmann ist, zutrifft.

E. v. 15. März 1875. Entsch. XVI S. 185.

Die Vermuthung ist auch maaßgebend für den zum Ausschluß der kurzen Verjährung nach dem Preußischen Gesetze vom 31. März 1838 wesentlichen Gewerbebetrieb des Empfängers.

E. v. 20. Jan. u. 13. u. 15. Okt. 1874. Entsch. XII S. 233, XIV S. 38 u. S. 256.

Nur im Zweifel greift obige Vermuthung Platz, also nicht, wenn es im einzelnen Falle als gewiß anzunehmen ist, daß der Vertrag zu dem Gewerbebetrieb der Kontrahenten oder eines derselben in keiner Beziehung steht oder wenn der Vertrag seinem Gegenstande nach (weil er eine unbewegliche Sache betrifft) kein Handelsgeschäft sein kann.

E. v. 10. Juni und 3. Sept. 1874, u. 28. Juni 1876. Entsch. XIII S. 385, XIV S. 50, XX S. 401.

Ein Richter, welcher es für unzweifelhaft hält, daß ein von einem Kaufmann geschlossener Vertrag nicht als zu dessen Handelsgewerbe gehörig anzusehen ist, muß die Gründe angeben.

E. v. 18. Dez. 1876. Entsch. XXI S. 253.

Auch bei Frauen, die ein anderes Gewerbe, als ein Handelsgewerbe betreiben (§ 11 Gew.O. v. 21. Juni 1869) gilt die Vermuthung, daß die von ihnen geschlossenen Verträge zu ihrem Gewerbebetriebe gehören. E. v. 21. Mai 1878. Entsch. XXIII S. 400.

b) Als Schuldscheine im Sinne dieses Artikels sind auch Wechsel zu erachten. E. v. 18. Nov. 1872. Stg. IV S. 323, Entsch. IV S. 53. — Eine Bürgschaftsurkunde allgemeinen Inhalts („für alle Geschäfte des ꝛc.") ist als Schuldschein im Sinne des Art. 274 nicht anzusehen. E. v. 28. Juni 1876. Entsch. XX S. 400.

c) Die Vermuthung wird dadurch nicht ausgeschlossen, daß der

Schuldschein mit dem von der Firma verschiedenen bürgerlichen Namen des Einzelkaufmanns oder Gesellschafters gezeichnet (E. v. 13. Mai u. 21. Okt. 1871. Entsch. II S. 426, III S. 367; vgl. jedoch E. v. 12. Sept. 1874. Entsch. XIV S. 282) oder daß in dem Schuldscheine zugleich mit einer unbeweglichen Sache Pfand bestellt worden ist (E. v. 28. Sept. 1874. Entsch. XIV S. 209).

275. Verträge über unbewegliche Sachen sind keine Handelsgeschäfte.a)

a) Dieser Bestimmung gegenüber kann die Vermuthung aus Art. 274 Abs. 1 nicht geltend gemacht werden.

E. v. 9. Dez. 1873. Entsch. XII S. 53.

Der Artikel bezieht sich nur auf solche Verträge, deren unmittelbaren Gegenstand Immobilien bilden, also z. B. nicht auf Verträge, welche die Vermittelung eines Grundstücksverkaufs betreffen. Verträge letzterer Art können daher nach Art. 273, 274 Handelsgeschäfte sein.*)

E. v. 20. Sept. 1873 u. 21. Jan. 1875. Entsch. X S. 428, XVI S. 1; 9. April 1880. R.G. I S. 258.

Ferner bezieht sich der Artikel nur auf solche Verträge, deren Hauptgegenstand unbewegliche Sachen bilden.

E. v. 23. März 1875. Entsch. XVI S. 308.

Wenn sich unter den zu einem veräußerten Handlungsgeschäfte gehörigen Gegenständen auch eine unbewegliche Sache befindet, so wird dadurch der ganze Veräußerungsvertrag aus der Gattung der Handelsgeschäfte, falls er an sich dieser angehörte, nicht entfernt.

E. v. 17. Dez. 1874. Entsch. XV S. 102.

Damit hat nicht ausgesprochen werden sollen, daß ein Vertrag, welcher objektiv der Hauptsache nach über eine unbewegliche Sache geschlossen worden, blos wegen seiner Beziehung auf einen dem Handelsgewerbe der Vertragschließenden angehörigen Zweck der Bestimmung des Art. 275 entgegen wäre. Vielmehr ist bei gleichzeitigem

---

*) Anderer Ansicht war das Preußische Obertribunal. Entsch. Bd. 70 S. 275.

Verkauf beweglicher und unbeweglicher Sachen die Wesentlichkeit der einen oder anderen Gegenstände für den Vertragszweck über den Charakter des Geschäfts entscheidend.

E. v. 23. Dez. 1875. Entsch. XX S. 200.

Bei der Frage der Selbstständigkeit oder Unterordnung von Verträgen über Grundstücke und andere Gegenstände greift im Zweifel die Vermuthung des Art. 274 Platz.

E. v. 23. Dez. 1875. Entsch. XX S. 201.

Auch Verträge, welche die Ausnutzung von Grundstücken zum Zwecke haben, sind nicht Handelsgeschäfte.

E. v. 10. Juni 1874. Entsch. XIII S. 385.

Eine Vereinbarung von Kaufleuten zum spekulativen Ankauf bez. Verkauf von Grundstücken und Theilung des Gewinnes (E. v. 9. Dez. 1873. Entsch. XII S. 52) oder zur gemeinschaftlichen Pachtung eines Grundstücks (E. v. 8. Sept. 1877. Entsch. XXIII S. 131) ist kein Handelsgeschäft.

Die Anschaffung von Baumaterialien Seitens eines Bauunternehmers ist kein Handelsgeschäft, wenn er sie anschafft, um auf eigenem Grund und Boden ein Gebäude zu errichten (mag dieses auch zur Veräußerung bestimmt sein), oder wenn er den Bau gegen einen bestimmten Preis übernommen hat, so daß der Bau als einheitlicher Gegenstand des Vertrages erscheint. Dagegen ist die Anschaffung als Handelsgeschäft zu betrachten, wenn die Materialien einzeln berechnet und bezahlt werden, mag der Verkäufer mit dem Käufer derselben nebenbei noch als Bauunternehmer in Beziehung stehen. Hiernach ist ein Bauunternehmer als Kaufmann nur zu betrachten, wenn er gewerbsmäßig Geschäfte letzterer Art einzugehen pflegt.

E. v. 2. Mai 1874. Entsch. XIII S. 343.

Die Uebernahme der Pflasterung und Regulirung einer Straße ist nicht ein Handelsgeschäft, sondern ein Vertrag über eine unbewegliche Sache, selbst wenn der Uebernehmer derartige Geschäfte gewerbsmäßig betreibt und die Materialien selbst anschafft und liefert.

E. v. 10. Nov. 1874. Entsch. XV S. 257.

Ein Handelsgeschäft liegt vor, wenn ein Kaufmann es übernimmt, einem anderen Kaufmann zu einem von diesem zu errichtenden Fabrikgebäude Materialien zu liefern (vgl. Anm. b. zu Art. 273).

E. v. 5. Juni 1874. Entsch. XIII S. 423.

Zum Abholzen verkaufte Bäume gehören nicht zu den unbeweglichen Sachen. E. v. 23. Mai 1871. Stg. II S. 220. — Die Verpfändung einer Hypothek ist nicht als Vertrag über eine unbewegliche Sache aufzufassen. E. v. 17. Febr. 1871. Entsch. II S. 44.

276. Die Eigenschaft oder die Gültigkeit eines Handelsgeschäfts wird dadurch nicht ausgeschlossen, daß einer Person wegen ihres Amtes oder Standes, oder aus gewerbepolizeilichen oder anderen ähnlichen Gründen untersagt ist, Handel zu treiben oder Handelsgeschäfte zu schließen.

277. Bei jedem Rechtsgeschäft, welches auf der Seite eines der Kontrahenten ein Handelsgeschäft ist, sind die Bestimmungen dieses vierten Buchs in Beziehung auf beide Kontrahenten gleichmäßig anzuwenden, sofern nicht aus diesen Bestimmungen selbst sich ergiebt, daß ihre besonderen Festsetzungen sich nur auf denjenigen von beiden Kontrahenten beziehen, auf dessen Seite das Geschäft ein Handelsgeschäft ist.[a)]

a) Vgl. Anm. zu Art. 282, ferner Art. 280, 281, 288, 289, 309, 310, 313.

Zweiter Abschnitt.

Allgemeine Bestimmungen über Handelsgeschäfte.

278. Bei Beurtheilung und Auslegung der Handelsgeschäfte hat der Richter den Willen[a)] der Kontrahenten zu erforschen und nicht an dem buchstäblichen Sinne des Ausdrucks zu haften.[b]

a) Selbstverständlich kommt hierbei nur der wirklich erklärte Wille in Betracht. E. v. 13. Sept. 1870. Entsch. I S. 22. Die Erklärung des Willens kann sowohl ausdrücklich als stillschweigend erfolgen. Vgl. Anm. zu Art. 279.

b) im Zweifel ist das Gewöhnliche und Regelmäßige als gewollt zu betrachten. E. v. 5. Jan. 1872. Entsch. IV S. 102. E. v. 13. März 1875. Entsch. XVII S. 15.

Durch diesen Artikel sind die besonderen Auslegungsregeln, welche das bürgerliche Recht bezüglich einzelner Rechtsgeschäfte (z. B. Konventionalstrafen) aufstellt, nicht aufgehoben. — E. v. 29. Okt. 1874. Entsch. XIV S. 267.

279. In Beziehung auf die Bedeutung und Wirkung von Handlungen und Unterlassungen[a] ist auf die im Handelsverkehr geltenden Gewohnheiten und Gebräuche[b] Rücksicht zu nehmen.

a) Zu den Unterlassungen im Sinne dieses Artikels ist auch das Stillschweigen zu rechnen. — Ein allgemeiner Grundsatz, daß Stillschweigen als Genehmigung gelte, ist im H.G.B. nicht ausgesprochen. Die Fälle, in denen ungesäumte Erklärung unter dem Präjudize der Genehmigung vorgeschrieben ist (Art. 323 Abs. 1, 339 Abs. 4, 347 Abs. 2—4, 364 Abs. 2, Art. 7 Abs. 2, 56 Abs. 2, 96 Abs. 2), sind einer analogen Ausdehnung unzugänglich. Auch nach Handelsgebrauch besteht eine Rechtspflicht zu sofortiger Erklärung nur unter besonderen Umständen, namentlich falls Schweigen als Verletzung der im Handelsverkehr nothwendigen Beobachtung von Treu und Glauben erscheinen würde, falls dem Schweigen die Absicht unterliegt, den anderen Theil zu einer ihm möglicher Weise nachtheiligen, dem Schweigenden aber vortheilhaften Unthätigkeit zu verleiten. — Wer schweigt, wo er den Umständen nach sich zu erklären hat, und weiß, daß der andre Theil in der Lage ist, sein Verhalten von der Antwort oder Nichtantwort abhängig zu machen, gegen den ist mit geringerem Bedenken, als ein solches sonst zu bestehen pflegt, das Präjudiz des Konsenses zur Anwendung zu bringen. — Die Bedeutung des Stillschweigens ist im einzelnen Falle aus den begleitenden Umständen vom Richter nach freiem Ermessen festzustellen. E. v. 29. Okt. 1870, 14. März u. 8. Sept. 1874. Entsch. I S. 77, II S. 91, XIV S. 371.

In Anwendung vorstehender Prinzipien hat das R.O.H.G. noch folgende Sätze angenommen:

Bloßes Stillschweigen auf eine Kaufsofferte, wie sie in der Zusendung unbestellter Waaren liegt, ist an sich noch nicht als Annahme zu betrachten. Doch kann unter Umständen Stillschweigen in Verbindung mit dem sonstigen Verhalten des Empfangenden als Annahme aufgefaßt werden.

E. v. 15. Febr. 1875. Entsch. XVI S. 40 und S. 131.

Die Annahme und das Behalten der mit Preisnote übersandten (bestellten) Waaren läßt in der Regel eine andere Auffassung als die der faktischen Preisgenehmigung nicht zu. E. v. 15. Sept. 1871. Entsch. III S. 114 u. E. v. 6. Juni 1871. Stg. II S. 273.

Ein Bericht über eine Geschäftsausführung ist als gebilligt anzunehmen, wenn er längere Zeit ungerügt behalten wird. E. v. 5. Jan. 1872. Entsch. IV S. 350.

Aus dem Stillschweigen zu einem über einen geschlossenen Vertrag zugestellten Schriftstück, welches die Bedingungen des Geschäfts fixiren sollte, ist die Genehmigung des Inhalts dieses Schriftstücks zu folgern.

E. v. 8. Sept. 1874. Entsch. XIV S. 371.

Fortgesetztes Stillschweigen auf die Rücktrittserklärung des Verkäufers bei successiver Lieferungspflicht wird als Einverständniß mit dem Rücktritt in dem E. v. 11. Okt. 1874 (Entsch. XIV S. 393) aufgefaßt.

In dem E. v. 19. Nov. 1870 (Stg. I S. 152, Entsch. I S. 122, vgl. E. v. 17. Mai 1872. Entsch. VI S. 167) folgert das R.O.H.G. ein Kaufgeschäft in Bezug auf die zu einer Waarensendung benutzte Emballage aus der in der Faktura gemachten Offerte und dem Behalten der Emballage Seitens des Empfängers.

Dagegen kann widerspruchslose Annahme der Faktura als Genehmigung der darin enthaltenen Bedingungen nicht aufgefaßt werden, wenn der Inhalt der Faktura mit früheren Abreden in Widerspruch steht. E. v. 20. Jan. 1872. Entsch. V S. 256.

Die Nichtmonirung eines übersandten Buchauszuges ist nicht unter allen Umständen als Anerkennung desselben aufzufassen.
E. v. 27. Juni 1874. Entsch. XIII S. 439.

Stillschweigen auf einen Brief, in welchem der Schreiber anzeigt, daß er in Folge eines ihm zugegangenen Auftrages eine bestimmte Waare zu einem bestimmten Preise gekauft habe, wird in dem E. v. 11. März 1874 (Entsch. XIII S. 44) beim Nichtvorhandensein eines Auftrages als nachträgliche Genehmigung aufgefaßt.

b) Nur solche Gewohnheiten und Gebräuche können als Interpretationsmittel in Betracht kommen, welche demjenigen, dessen Wille erforscht werden soll, bekannt waren. E. v. 23. April 1872. Entsch. VI S. 78. — Eine vertragsmäßige Unterwerfung unter unbekannte Usancen ist dagegen zulässig. E. v. 4. Nov. 1870. Entsch. I S. 91.

Es ist unzulässig, kaufmännische Sachverständige zu dem Zwecke vorzuschlagen, damit von denselben eine Willenserklärung interpretirt werde. Dagegen ist die Berufung auf kaufmännische Sachverständige zulässig, um einen kaufmännischen Sprachgebrauch festzustellen. E. v. 18. Nov. 1873 u. 13. Juni 1874. Entsch. XI S. 408, XIII S. 435.

280. Wenn zwei oder mehrere Personen einem Andern gegenüber in einem Geschäft, welches auf ihrer Seite ein Handelsgeschäft ist,[a] gemeinschaftlich eine Verpflichtung eingegangen[b] sind, so sind sie als Solidarschuldner zu betrachten, sofern sich nicht aus der Uebereinkunft mit den Gläubigern das Gegentheil ergiebt.

a) Ist das Geschäft nur auf der Seite eines der Verpflichteten ein Handelsgeschäft, so haftet dieser als Solidarschuldner.
E. v. 9. Dez. 1876. Entsch. XXII S. 63.

b) Die Verpflichtung muß gemeinschaftlich durch Vertrag übernommen sein; dies ist nicht der Fall, wenn die Verpflichtung aus der Annahme einer zu Unrecht geleisteten Zahlung entstanden ist. E. v. 3. Juni 1878. Entsch. XXIV S. 11.

281. Bei Handelsgeschäften, ingleichen in allen Fällen, in welchen in diesem Gesetzbuche eine solidarische Verpflichtung auferlegt wird, steht einem Solidarschuldner die Einrede der Theilung oder der Vorausklage nicht zu.

Dasselbe gilt von Bürgen, wenn die Schuld aus einem Handelsgeschäft auf Seiten des Hauptschuldners hervorgeht, oder wenn die Bürgschaft selbst ein Handelsgeschäft ist. a)

a) Die Frage, ob eine Bürgschafts- oder Pfandbestellung als ein Handelsgeschäft aufzufassen ist (und welcher Form sie demnach bedarf), wird in den Art. 281, 306 bis 310 nicht berührt und ist lediglich nach Art. 271 bis 274 zu beurtheilen. — Daraus, daß das der Bürgschaft unterstellte Geschäft ein Handelsgeschäft ist, folgt für die Bürgschaft selbst die Qualität eines Handelsgeschäfts noch nicht. — E. v. 17. Febr. 1871. Entsch. II S. 43. E. v. 4. April 1872. Entsch. V S. 367. E. v. 3. Febr. 1872.

Die von einem Bauer einem Bierbrauer für dessen Ansprüche aus einem Bierabnahmevertrage mit einem Wirthe geleistete Bürgschaft wird in dem E. v. 25. März 1874 (Entsch. XIII S. 108) für ein Nichthandelsgeschäft erklärt.

Dem Bürgen steht im Falle des Art. 281 Abs. 2 auch nicht die Einrede zu, daß der Gläubiger bei der Beitreibung der Forderung gegen den Hauptschuldner nachlässig verfahren sei.

Dagegen kann bei der Bürgschaft für eine künftige Schuld aus einem dauernden Verhältnisse die Einrede von Erheblichkeit sein, daß bei gehöriger Sorgfalt des Gläubigers die Schuld überhaupt nicht entstanden wäre.

E. v. 1. Febr. 1876. Entsch. XX S. 47.

Der Begriff der Bürgschaft ist im H.G.B. nicht festgestellt, sondern als nach bürgerlichem Rechte feststehend behandelt. Eine ausdrückliche Erklärung, „für die Verpflichtung eines Dritten haften zu wollen", ist nach pr. R. nicht erforderlich.

E. v. 2. Jan. 1875. Entsch. XVI S. 412.

Der Gläubiger geht seiner Ansprüche aus der Bürgschaft (oder einer dolosen Verleitung zur Kreditbewilligung) nicht ohne Weiteres verlustig, wenn er die gefährdete Forderung unter dem Nennbetrage abtritt.

E. v. 26. Nov. 1875. Entsch. XIX S. 117.

Folgen einer auf unbestimmte Zeit übernommenen Kreditbürgschaft: Die Bürgschaft erlischt durch zeitweilige Tilgung der Schuld nicht; der Gläubiger kann das Schuldverhältniß jederzeit durch Geltendmachung seines Guthabens beendigen; der Bürge darf nach Verlauf eines den Umständen angemessenen Zeitraumes die Bürgschaft kündigen.

E. v. 12. Nov. 1875. Entsch. XIX S. 110.

282. Wer aus einem Geschäft, welches auf seiner Seite ein Handelsgeschäft ist, einem Anderen zur Sorgfalt verpflichtet ist, muß die Sorgfalt eines ordentlichen Kaufmanns anwenden.[a)]

a) Der Theil, auf dessen Seite das Geschäft nicht die Natur eines Handelsgeschäftes hat, ist zur Anwendung der Sorgfalt eines ordentlichen Kaufmanns nicht verpflichtet. E. v. 20. Dez. 1870. Stg. I S. 104.

Durch Art. 282, 283 sind für Handelsgeschäfte die Grundsätze des bürgerlichen Rechts über den Grad der anzuwendenden Sorgfalt (z. B. Pr. A.L.R. I, 5 §. 278 ff).

E. v. 12. Sept. 1877. Entsch. XX S. 411

und über die dort unterschiedenen Grade des Versehens

E. v. 11. Okt. 1872. Entsch. VII S. 328.

aufgehoben.

Kaufmännische Empfehlung:

Aus einer solchen entsteht an sich zwischen dem Ertheiler und dem Empfänger der Empfehlung kein Vertragsverhältniß. Die wissentlich falsche Empfehlung kann die actio doli begründen. Diese setzt Identität des Getäuschten und des Beschädigten nicht voraus.

Ob aus der wissentlich falschen Empfehlung Seitens des Vertreters einer Gesellschaft die Gesellschaft haftet, ist nach bürgerlichem Recht zu entscheiden.

E. v. 28. Jan. 1876. Entsch. XIX S. 196.

Vgl. Anm. c. zu Art. 114. — Einen Fall, in welchem der Anspruch aus einer dolosen Empfehlung für begründet erachtet worden ist, vgl. in dem E. v. 21. Dez. 1877. Entsch. XXIII S. 153.

283. Wer Schadensersatz zu fordern hat, kann die Erstattung des wirklichen Schadens und des entgangenen Gewinnes verlangen.[a])

a) Der Beschädigte darf nicht in Anrechnung bringen denjenigen Schaden — mag es sich um entgangenen Gewinn oder wirklichen Schaden handeln —, welcher durch Anwendung gehöriger Sorgfalt von Seiten des Beschädigten vermieden werden konnte, besonders dann nicht, wenn culpa lata (grobes Verschulden) auf Seiten des Beschädigten vorliegt. Dabei ist es gleichgültig, ob es sich um bloß faktische Versäumnisse des Beschädigten, z. B. unterlassene Wiederholung eines Telegramms, dessen Ankunft beim Ausbleiben einer Antwort unwahrscheinlich geworden ist (E. v. 12. März 1878. Entsch. XXIII S. 373) — oder um das Unterlassen des Abschlusses anderweitiger Rechtsgeschäfte handelt. E. v. 17. Juni 1871. Entsch. II S. 387. — Dies gilt auch beim außerkontraktlichen Schaden. E. v. 12. März 1878. Entsch. XXIII S. 373.

Das Recht auf Schadensersatz ist abzusprechen, wenn es sich um einen bloß möglichen, durch keinerlei objektive Momente unterstützten, rein putativen Gewinn handelt (E. v. 13. April 1871. Stg. II S. 108, Entsch. II S. 197). Auch darf es an einem thatsächlichen Zusammenhange zwischen Schaden und Schadensursache nicht fehlen. (E. v. 27. Sept. 1871. Stg. III S. 353, Entsch. III S. 274.) Der Richter soll jedoch nicht durch die Anforderung eines stringenten Beweises aller einzelnen Momente dieses Zusammenhanges das Recht auf Schadensersatz seiner praktischen Bedeutung entkleiden (Stg. II S. 108, Entsch. II S. 197).

Ein vertretbarer Schaden ist nicht vorhanden, wenn die Beschädigung auch ohne Dazwischenkunft der zum Ersatze verpflichtenden Thatsache eingetreten wäre. E. v. 6. Juni 1871. Entsch. II S. 358.

Wird Schadensersatz wegen Nichterfüllung eines Lieferungsvertrages gefordert, so ist der Anspruch nicht von dem zufälligen Umstande abhängig zu machen, ob die Höhe des Schadens gerade durch offizielle Preisnotizen nachgewiesen werden kann, oder von dem Nachweise, daß der durch die Nichtlieferung geschädigte Käufer Gelegenheit gehabt haben würde, die Waare, wenn sie ihm geliefert worden wäre, zu dem marktgängigen Preise zu verkaufen. — Liquidirt der Geschädigte die Mehrkosten eines anderweitigen Bezuges, so braucht er weder nachzuweisen, daß er zu der anderweitigen Anschaffung genöthigt gewesen sei, um seinen Verbindlichkeiten gegen einen Dritten zu genügen, noch daß er die durch den anderweitigen Bezug erwachsenen Kosten wirklich bezahlt habe. Es genügt, wenn ersichtlich ist, daß die Anschaffung zur Abwendung eines Verlustes oder Sicherung eines in Aussicht stehenden Gewinnes erforderlich war.

E. v. 13. April u. 16. Okt. 1871. Entsch. II S. 197, S. III 198.

Zum Schadensersatz wegen Nichtlieferung gehört auch Ersatz der Entschädigung, die der Geschädigte einem Dritten schuldig geworden ist, dem er die Waare weiter verkauft und nun auch seinerseits nicht hat liefern können, vorausgesetzt, daß ein ursächlicher Zusammenhang zwischen beiden Kaufverträgen besteht und dem weiterverkaufenden Käufer nicht in sofern, als er die Möglichkeit einer anderweiten Beschaffung der Waare unbenutzt gelassen hat, ein grobes Versehen zur Last fällt.

E. v. 27. April 1874. Entsch. XIII S. 197.

Als entgangener Gewinn muß auch der aus einem Geschäfte vermöge des Abschlusses eines zweiten Geschäfts in Aussicht stehende Vortheil betrachtet werden, wenn seine Erlangung durch Nichterfüllung jenes ersten Geschäfts vereitelt worden ist und nicht besondere Umstände dafür sprechen, daß er auch im entgegengesetzten Falle nicht erlangt worden wäre.

E. v. 5. April 1875. Entsch. XVI S. 193.

Der Schadensersatz wegen verweigerter oder verzögerter Erfüllung umfaßt auch die Konventionalstrafe, die der Berechtigte in Folge der Nichtlieferung oder des Verzuges an einen Dritten gezahlt hat oder zu zahlen verpflichtet ist. Die Belastung des Vermögens mit einer Verbindlichkeit ist ein bereits eingetretener Schaden. Es kommt also nicht darauf an, ob die Zahlung an den Dritten bereits erfolgt ist.

E. v. 2. Dez. 1871, 22. Febr. 1872, 7. Febr. u. 27. Okt. 1874.

Entsch. IV S. 192, V S. 171, XII S. 270, XV S. 48.
Vgl. ferner E. v. 4. Nov. 1875. Entsch. XVIII S. 277.

Zur Begründung des Anspruches auf entgangenen Gewinn aus einem vom Gegner mangelhaft erfüllten Vertrage ist es nicht erforderlich, daß dem Schadensersatzpflichtigen ein Versehen nachgewiesen wird.

E. v. 2. Nov. 1872. Entsch. VII S. 409.

Eine Klage auf Ersatz des in separato zu ermittelnden Schadens ist nur zulässig, wenn die Existenz eines von dem angeblich Verpflichteten zu ersetzenden Schadens im Allgemeinen bereits feststeht oder doch mindestens Wahrscheinlichkeitsgründe zu der Annahme berechtigen, daß ein solcher Schaden für den Berechtigten bereits eingetreten sei oder doch eintreten werde.

E. v. 16. Nov. 1872, 30. Mai 1874. Entsch. VIII S. 46 u. XIII S. 371.

Durch Art. 283 sind für Handelsgeschäfte alle gemeinrechtlichen und partikularrechtlichen Bestimmungen außer Anwendung gesetzt, welche Beschränkungen der Verpflichtnng zum vollen Schadensersatz enthalten (also auch const. un Cod. 7, 47),

E. v. 19. Jan. 1876. Entsch. XIX S. 305,

sowie diejenigen Beschränkungen beseitigt, welche das territoriale Recht (z. B. §. 410 Th. I Tit. 5 Pr. A.L.R.) in Bezug auf zeitliche Begrenzung des Umfanges des zu ersetzenden Schadens aufstellt,

E. v. 28. April 1874. Entsch. XIV S. 65.

wogegen die partikularrechtlichen Modalitäten der Schadensersttattung (z. B. §. 91 I, 6 Pr. A.L.R., welcher bei Beschädigung einer beweglichen Sache dem Beschädigten die Wahl zwischen dem Anspruch auf Ersatz der Werthverminderung und dem Anspruch auf Ersatz des ganzen Werths der Sache gegen Ueberlassung derselben zuspricht) ihre Geltung behalten haben.

E. v. 25. Febr. 1875. Entsch. XVI S. 42.

284. Die Konventionalstrafe unterliegt keiner Beschränkung in Ansehung des Betrages; sie kann das Doppelte des Interesses übersteigen.

Der Schuldner ist im Zweifel nicht berechtigt, sich durch Erlegung der Konventionalstrafe von der Erfüllung zu befreien.

Die Verabredung einer Konventionalstrafe schließt im Zweifel den Anspruch auf einen den Betrag derselben übersteigenden Schadensersatz nicht aus.[a]

a) Soweit Art. 284 über Konventionalstrafen keine Bestimmungen trifft, bleibt (abgesehen von einem etwaigen Handelsgewohnheitsrecht) das bürgerliche Recht in Wirksamkeit, also z. B. die Bestimmung des Sächs. Rechts (§. 1429 B.G.B., vgl. Pr. A.L.R. §. 307 Th. I Tit. 5), daß der Anspruch auf die Konventionalstrafe verloren geht, wenn der Berechtigte die bedungene Leistung annimmt, ohne sich die Strafe vorzubehalten,

E. v. 22. Febr. 1875. Entsch. XVI S. 144,

sowie der Badische Landr. Satz 1231 („Der Richter kann die Strafe ermäßigen, wenn die Hauptverbindlichkeit zum Theil vollzogen ist").

E. v. 26. Juni 1876. Entsch. XX S. 185.

Vgl. Anm. c. zu Art. 355.

Im Allgemeinen hat das Ausbedingen einer Konventionalstrafe den Zweck, den aus der Nichterfüllung oder nicht gehörigen Erfüllung eines Vertrages entstehenden Nachtheil im Voraus zu fixiren.

E. v. 13. Sept. 1870. Entsch. I S. 21.

Häufig, besonders wenn die Konventionalstrafe neben der Leistung selbst und auf die Verzögerung der Leistung gesetzt ist, bezweckt sie eine Bestärkung, Sicherung der vertraglichen Obliegenheit. Sie kann auch lediglich Unterwerfung unter eine Privatstrafe sein.

E. v. 11. April 1875. Entsch. XVI S. 397.

Die besonderen Auslegungsregeln, welche das bürgerliche Recht bezüglich Konventionalstrafen aufstellt, sind nicht aufgehoben.

E. v. 22. Okt. 1874. Entsch. XIV S. 267.

Ein Kontrahent, welcher wegen Verzugs des anderen Theils vom Vertrage zurücktritt und Entschädigung wegen Nichterfüllung fordert, kann daneben die für verzögerte Erfüllung bedungene Konventionalstrafe beanspruchen.

E. v. 5. Juni 1874. Entsch. XIII S. 423.

Ist ein Vertrag über die Lieferung zweier Gegenstände mit Vereinbarung einer Konventionalstrafe für den Fall nicht rechtzeitiger Lieferung geschlossen, und der Käufer verschuldet die nicht rechtzeitige Lieferung eines Gegenstandes, so wird der Verkäufer hierdurch von der Verbindlichkeit zur rechtzeitigen Lieferung des anderen Gegenstandes bei Vermeidung der Konventionalstrafe nicht ohne Weiteres frei.

E. v. 14. Mai 1877. Entsch. XXII S. 168.

285. Die Daraufgabe (Arrha) gilt nur dann als Reugeld, wenn dies vereinbart oder ortsgebräuchlich ist.

Sie ist, wenn nichts Anderes vereinbart oder ortsgebräuchlich ist, zurückzugeben oder in Anrechnung zu bringen.

286. Wegen übermäßiger Verletzung, insbesondere wegen Verletzung über die Hälfte, können Handelsgeschäfte nicht angefochten werden.

287. Die Höhe der gesetzlichen Zinsen, insbesondere auch der Verzugszinsen, ist bei Handelsgeschäften sechs vom Hundert jährlich.[a)]

In allen Fällen, in welchen in diesem Gesetzbuche die Verpflichtung zur Zahlung von Zinsen ohne Bestimmung der Höhe ausgesprochen wird, sind darunter Zinsen zu sechs vom Hundert jährlich zu verstehen.

a) Auf Rechtsgeschäfte, welche nur auf Seiten eines Kontrahenten Handelsgeschäfte sind, findet der Art. 287 auch Anwendung.

E. v. 15. Nov. 1873. Entsch. XI S. 407.

288. Wer aus einem Geschäft, welches auf seiner Seite ein Handelsgeschäft ist,[a)] eine fällige Forderung hat, kann wegen derselben vom Tage der Mahnung an Zinsen fordern, sofern er nicht nach dem bürgerlichen Recht schon von einem früheren Zeitpunkte an Zinsen zu fordern berechtigt ist.[b)]

Die Uebersendung der Rechnung gilt für sich allein nicht als Mahnung.

a) Vgl. Art. 14 des E. f. Pr.

b) Der Artikel bestimmt nur, von welchem Zeitpunkte an, nicht aus welchen Forderungen Zinsen beansprucht werden können.

Daher findet der Artikel auf solche Forderungen, aus welchen nach dem gemeinen bürgerlichen Recht Verzugszinsen überhaupt nicht gefordert werden können (wie nach §. 742 des Sächs. B.G.B von Konventionalstrafen), keine Anwendung.

E. v. 20. Dez. 1873. Entsch. XII S. 89.

289. Kaufleute unter einander sind berechtigt, in beiderseitigen Handelsgeschäften auch ohne Verabredung oder Mahnung von jeder Forderung seit dem Tage, an welchem sie fällig war, Zinsen zu fordern.

290. Ein Kaufmann, welcher in Ausübung des[a)] Handelsgewerbes[b)] einem Kaufmann oder Nichtkaufmann Geschäfte besorgt oder Dienste leistet, kann dafür auch ohne vorherige Verabredung Provision,[c)] und wenn es sich um Aufbewahrung handelt, zugleich auch Lagergeld[d)] nach den an dem Orte gewöhnlichen Sätzen fordern.[e)]

Von seinen Darlehen, Vorschüssen, Auslagen und anderen Verwendungen kann er, vom Tage ihrer Leistung oder Beschaffung an, Zinsen[f)] in Ansatz bringen.

Dies gilt insbesondere auch von dem Kommissionair und Spediteur.[g)]

a) „des“ nicht „seines“, vgl. E. v. 17. April 1872. Entsch. VII S. 363.

b) Die Dienste müssen in den Betrieb des Handelsgewerbes fallen, E. v. 6. Juni 1873, Entsch. X S. 243. — Voraussetzung ist immer eine gewerbliche Thätigkeit des Kaufmanns. An dieser Voraussetzung fehlt es und der Anspruch auf Lagergeld ist daher nicht begründet, wenn ein Anderer ohne Vorwissen des Kaufmanns dessen Lagerraum zum Aufbewahren von Sachen benutzt. E. v. 16. Nov. 1877. Entsch. XXIII S. 97.

c) Die Anwendung dieser Bestimmung setzt Leistungen voraus, welche vergütet zu werden pflegen. Hierzu gehören Handlungen, in welchen nicht eine Geschäftsvermittelung, sondern nur die Vorbereitung einer solchen zu erkennen ist, im Allgemeinen nicht.
E. v. 11. Febr. 1875. Entsch. XVI S. 34.

d) Der Anspruch auf Lagergeld wird dadurch nicht ausgeschlossen, daß der aufbewahrende Gläubiger an der Sache ein ihm zustehendes Zurückbehaltungsrecht geltend macht. E. v. 24. März 1880. R.G. I S. 284.

e) Eine Erhöhung der einmal angesetzten Entschädigung ist nicht zulässig, selbst wenn der Gegner die Pflicht zur Zahlung überhaupt bestreitet, es sei denn, daß der Berechtigte sich auf Irrthum, Zwang ꝛc. berufen oder nachweisen könne, daß er nicht in Ausübung seines vertragsmäßigen Rechts die Preisbestimmung getroffen, sondern nur eine Vergleichsofferte gethan habe.
E. v. 28. Okt. 1873. Entsch. XI S. 247.

f) Für den Lauf dieser Zinsen ist es gleichgültig, ob der Gläubiger mit der Tilgung der Hauptschuld im Verzuge ist, also auch ob er Zahlung der Hauptschuld vergeblich angeboten hat. Nur durch Deposition der angebotenen Summe wird der Schuldner von der Weiterzahlung dieser Zinsen frei.
E. v. 23. Juni 1875. Entsch. XVIII S. 137.

g) Der Artikel findet auch auf Kaufleute minderen Rechts Anwendung. E. v. 6. Juni 1873. Entsch. X S. 243.

291. Wenn ein Kaufmann mit einem anderen Kaufmann in laufender Rechnung (Kontokurrent)[a] steht, so ist derjenige, welchem beim Rechnungsabschlusse ein Ueberschuß gebührt, von dem ganzen Betrage desselben, wenngleich darunter Zinsen begriffen sind, seit dem Tage des Abschlusses Zinsen zu fordern berechtigt.

Der Rechnungsabschluß geschieht jährlich einmal, sofern nicht von den Parteien ein Anderes bestimmt ist.

a) Vgl. im Anhange die Zusammenstellung der auf das Kontokurrent-Verhältniß bezüglichen Entscheidungen des R.O.H.G. und des R.G.

292. Bei Handelsgeschäften können Zinsen zu sechs vom Hundert jährlich bedungen werden; höhere Zinsen zu bedingen ist nur insofern zulässig, als die Landesgesetze solches gestatten. a)

Bei Darlehen, welche ein Kaufmann empfängt, und bei Schulden eines Kaufmanns aus seinen Handelsgeschäften können auch höhere Zinsen als sechs vom Hundert jährlich bedungen werden.

a) Hierzu B.G. betr. die vertragsmäßigen Zinsen vom 14. November 1867.

293. Die Zinsen können bei Handelsgeschäften in ihrem Gesammtbetrage das Kapital übersteigen.

294. Die Anerkennung einer Rechnung schließt den Beweis eines Irrthums oder eines Betrugs in der Rechnung nicht aus. a)

a) Das verpflichtende Anerkenntniß kann auch stillschweigend abgegeben werden. Es ist z. B. anzunehmen, wenn bei dem Vorhandensein einer laufenden Geschäftsverbindung der Empfänger eines ordnungsmäßigen Rechnungsabschlusses ohne Erwiderung oder Rüge den Verkehr fortsetzt, mag selbst der Uebersender sich ein ausdrückliches Anerkenntniß erbeten haben (E. v. 14. März 1871. Stg. I

S. 339), oder wenn ein sogen. Beibuch', in welches der eine Theil einträgt, während es der andere Theil an sich nimmt, von dem letzteren längere Zeit ungerügt behalten wird (E. v. 17. Dez. 1870. Entsch. I S. 160. — Vgl. E. v. 9. Mai 1871. Entsch. II S. 273).

Eine unter Kaufleuten stattgehabte Abrechnung bildet, auch außerhalb des Kontokurrent-Verhältnisses, einen selbstständigen Verpflichtungsgrund bezüglich des gemeinsam festgestellten Saldos. E. v. 25. Nov. 1871. Entsch. IV S. 76. E. v. 14. Febr. 1876. Entsch. XVI S. 126. Das Ergebniß einer solchen Abrechnung kann mit der bloßen Behauptung, dieselbe beruhe auf falschen Annahmen, nicht angefochten werden. E. v. 25. Nov. 1871. Stg. V S. 248.

295. Die Beweiskraft eines Schuldscheins oder einer Quittung ist an den Ablauf einer Zeitfrist nicht gebunden.[a)]

a) Hierzu §. 3 B. Ziff. 5 des B.E.G. und Art. 26 des E. f. Pr.

296. Der Ueberbringer einer Quittung gilt für ermächtigt, die Zahlung zu empfangen, sofern nicht die dem Zahlenden bekannten Umstände der Annahme einer solchen Ermächtigung entgegenstehen.[a)]

a) Der Art. bezieht sich nur auf vollständige Quittungen, nicht auf Blanquetts. Doch kann in der Ausantwortung eines unterschriebenen Quittungsblanquetts an einen Handlungsgehülfen in Verbindung mit anderen Umständen eine stillschweigende Bevollmächtigung zur Geldempfangnahme hervorgehen.

E. v. 16. Sept. 1873. Entsch. XI S. 32.

297. Ein Antrag, ein Auftrag oder eine Vollmacht, welche von einem Kaufmann in dem Handelsgewerbe ausgegangen sind, werden durch seinen Tod nicht aufgehoben, sofern nicht eine entgegengesetzte Willensmeinung aus seiner Erklärung oder aus den Umständen hervorgeht.

Vgl. Art. 54 Abs. 2.

298. Bei einer Vollmacht zu Handelsgeschäften kommen in Betreff des Verhältnisses zwischen dem Vollmachtgeber, dem Bevollmächtigten und dem Dritten, mit welchem der Bevollmächtigte Namens des Vollmachtgebers das Geschäft schließt, dieselben Bestimmungen zur Anwendung, welche im Artikel 52 in Beziehung auf die Prokuristen und Handlungsbevollmächtigten gegeben sind.

Ingleichen gilt die Bestimmung des Artikels 55 in Beziehung auf denjenigen, welcher ein Handelsgeschäft als Bevollmächtigter schließt, ohne Vollmacht dazu erhalten zu haben, oder welcher bei dem Abschlusse des Handelsgeschäfts seine Vollmacht überschreitet.[a]

a) Ueberschreitet der Bevollmächtigte seinen Auftrag, so ist der Auftraggeber nicht ohne Weiteres gänzlich frei; vielmehr ist er insoweit gebunden, als der Auftrag reicht, vorausgesetzt, daß solche Theilung durch die Natur des Geschäfts oder seines Gegenstandes nicht ausgeschlossen ist und das Interesse des Machtgebers durch die Theilung nicht verletzt wird. Ist also mehr verkauft, als verkauft werden sollte oder zu geringerem Preise, als aufgetragen war, so kann der Dritte durch Genehmigung des geringeren auftraggemäßen Quantums oder des geringeren Preises und der Mandatar, indem er dem Dritten oder dem Mandanten die Differenz ersetzt, das Geschäft aufrecht erhalten, wie umgekehrt, wenn zu höherem Preise eingekauft ist, als beauftragt war, der Mandant von dem Dritten Erfüllung annehmen muß, sofern der Dritte oder der Beauftragte die Differenz ersetzt. E. vom 5. Dez. 1871. Stg. V S. 56. Entsch. IV S. 219. Vgl. Anm. zu Art. 52 und 66.

Ein Rechtsgrundsatz,

daß in Handelssachen eine Vollmachts-Ueberschreitung für genehmigt gelte, wenn der Machtgeber die das geschlossene Geschäft begründende oder konstatirende Urkunde annimmt und dem Gegner nicht alsbald seinen Dissens kundgiebt;

daß unterlassene Kenntnißnahme vom Inhalte solcher Urkunde als geschäfts- und ordnungswidrig dem Auftraggeber zur Last falle,

läßt sich in dieser Allgemeinheit aus geltenden Gesetzen nicht herleiten.

E. v. 30. Mai 1874. Entsch. XIII S. 293.

Zur Begründung der Klage des Dritten gegen den falsus procurator genügt die Behauptung, daß der Beklagte es bis dahin unterlassen habe, den Kläger in den Stand zu setzen, den angeblichen Auftraggeber in Anspruch zu nehmen. Die Klage gegen die angeblichen Auftraggeber braucht nicht vorauszugehen. Sache des Beklagten ist es, nachzuweisen, daß ihm die Vollmacht wirklich ertheilt sei.

E. v. 7. April 1877. Entsch. XXII S. 34.

Der Bevollmächtigte, dessen Geschäftsführung im Ergebniß dem Zwecke des erhaltenen Auftrages nicht entsprach, sondern mit Nachtheil für den Auftraggeber endigte, muß sich über seine Diligenz in Betreff der Nichtabwendung des Nachtheils ausweisen.

E. v. 30. April 1875. Entsch. XVII S. 238.

Der zur Rechnungslegung verpflichtete Bevollmächtigte kann der Klage auf Herausgabe bestimmter Hebungen nicht den Einwand entgegenstellen, es müsse zuvor auf Rechnungslegung geklagt werden.

E. v. 19. Dez. 1879. Entsch. XII S. 366.

Eine Substitutionsbefugniß hat der Beauftragte nur, wenn sie ihm vom Auftraggeber ausdrücklich ertheilt ist oder wenn die Natur des aufgetragenen Geschäfts die Verwendung eines Substituten nothwendiger- oder üblicherweise mit sich bringt oder wenn aus dem besonderen Inhalt der ertheilten Vollmacht hervorgeht, daß dieselbe nicht wesentlich mit Rücksicht auf die Individualität des Beauftragten ertheilt ist.

E. v. 28. März 1879. Entsch. XXII S. 92.

Vgl. im Anhange die Zusammenstellung der auf die Agenten bezüglichen Entscheidungen.

299. Im Falle der Abtretung einer aus einem Handelsgeschäft hervorgegangenen Forderung kann die Bezahlung ihres vollen Betrages auch dann verlangt werden, wenn dieser Betrag die Summe des für die Abtretung vereinbarten Preises übersteigt.

300. Ein Kaufmann, welcher eine auf ihn ausgestellte Anweisung (Assignation) gegenüber demjenigen, zu dessen Gunsten sie ausgestellt ist, angenommen hat,[a] ist demselben zur Erfüllung verpflichtet.[b] Die auf eine schriftliche Anweisung geschriebene und unterschriebene Annahme-Erklärung gilt als ein dem Assignatar geleistetes Zahlungsversprechen.[c]

a) Der Auftrag zur Acceptation liegt an sich nicht in dem Begriff der Anweisung und nur, wenn es das Interesse des Anweisenden oder die Natur des Geschäfts gebietet, ist der Angewiesene zu einer nicht ausdrücklich aufgetragenen Annahme-Erklärung (durch welche dem Anweisenden die Möglichkeit des Widerrufes genommen wird) berechtigt. E. v. 22. Okt. 1870. Entsch. I S. 70.

Die ein Handelsgeschäft bildende Annahme einer schriftlichen Anweisung kann auch mündlich erfolgen. — Für die Frage, ob die Annahme als Handelsgeschäft aufzufassen ist, kommt es auf die Natur der Forderung, welche durch die Anweisung gedeckt werden soll, nicht an. — E. v. 4. März 1873. Entsch. IX S. 113.

b) Dies gilt auch dann, wenn der Acceptant dem Anweisenden nichts schuldig war. Das Accept bildet einen selbstständigen Verpflichtungsgrund, welcher von früheren obligatorischen Beziehungen der drei betheiligten Personen zu einander unabhängig ist. Die Eröffnung des Konkurses über das Vermögen des Assignanten nach erfolgter Annahme der Anweisung und die vom Konkursverwalter an den Acceptanten erlassene Weisung, die assignirte Summe nicht auszuzahlen, berechtigt den Acceptant dem Assignatar gegenüber nicht, die angewiesene Summe zu deponiren.

E. v. 25. April 1875. Entsch. XXII S. 137.

c) Darin, daß der Angewiesene in seinen Büchern mit der zu zahlenden Summe den Anweisenden debitirt und den Anweisungs-Empfänger kreditirt, liegt eine verpflichtende Annahme-Erklärung noch nicht. Es muß mindestens eine Benachrichtigung des Assignatars von der zu seinen Gunsten geschehenen Buchung hinzukommen. E. v. 25. Juni 1871. Entsch. III S. 17.

301. Anweisungen und Verpflichtungsscheine, welche von Kaufleuten über Leistungen von Geld oder einer Quantität vertretbarer Sachen oder Werthpapiere ausgestellt sind, ohne daß darin die Verpflichtung zur Leistung von einer Gegenleistung[a] abhängig gemacht ist, können durch Indossament übertragen werden, wenn sie an Order lauten.[b]

Zur Gültigkeit der Urkunde oder des Indossaments ist nicht erforderlich, daß sie die Angabe des Verpflichtungsgrundes[c] oder das Empfangsbekenntniß der Valuta enthalten.

Wer eine solche Anweisung acceptirt hat, ist demjenigen, zu dessen Gunsten sie ausgestellt oder an welchen sie indossirt ist, zur Erfüllung verpflichtet.[d]

a) Das Abhängigsein der Leistung von einer anderen Bedingung, als einer Gegenleistung, schließt die Anwendbarkeit des Art. 301 nicht aus. E. v. 7. Nov. 1878. Entsch. XXIV S. 237.

b) Nur die Uebertragbarkeit durch Indossament, nicht die Gültigkeit ist von der Ausstellung an Order abhängig. Die Bestimmungen im Abs. 2 und 3 finden auch auf die nicht an Order lautenden Verpflichtungsscheine Anwendung. — E. v. 2. Okt. 1872 und 25. Jan. 1873. Entsch. VII S. 204 und VIII S. 431.

Der Ausdruck „an Order" ist nicht unumgänglich; jeder gleichbedeutende Ausdruck (z. B. „an N. N. oder sonstigen getreuen Inhaber") hat dieselbe Wirkung.

E. v. 3. Okt. 1876, 2. Febr. 1878. Entsch. XXI S. 80, XXIII S. 293.

c) Die Angabe des Schuldgrundes steht der Anwendbarkeit des Abs. 1 nicht entgegen. — E. v. 25. Jan. 1873. Entsch. VIII S. 433.

d) Die Ansicht, daß ein von einem Kaufmann ausgestellter

Wechsel nach Eintritt der Wechselverjährung noch die Geltung eines kaufmännischen Verpflichtungsscheins habe, ist rechtsirrthümlich. — E. v. 18. März 1874. Entsch. IX S. 354.

302. Ingleichen können Konnossemente der Seeschiffer und Ladescheine der Frachtführer, Auslieferungsscheine (Lagerscheine, Warrants) über Waaren oder andere bewegliche Sachen, welche von einer zur Aufbewahrung solcher Sachen staatlich ermächtigten Anstalt ausgestellt sind, ferner Bodmereibriefe und Seeassekuranzpolizen durch Indossament übertragen werden, wenn sie an Order lauten.

303. Durch das Indossament der in den beiden vorhergehenden Artikeln bezeichneten Urkunden gehen alle Rechte aus dem indossirten Papiere auf den Indossatar über.

Der Verpflichtete kann sich nur solcher Einreden bedienen, welche ihm nach Maßgabe der Urkunde selbst [a] oder unmittelbar gegen den jedesmaligen Kläger [b] zustehen. [c]

Der Schuldner ist nur gegen Aushändigung des quittirten Papiers zu erfüllen verpflichtet. [d]

a) Einreden aus denjenigen Klauseln, welche die Urkunde selbst enthält (z. B. Bezeichnung als Zinscoupon) muß sich jeder Inhaber gefallen lassen.

Der Erwerber von Zinscoupons au porteur kann daher nach preuß. Recht (§. 818 I, 11 A.L.R.) Verzugszinsen vom Couponbetrage nicht beanspruchen.

E. v. 27. Mai 1873. Entsch. X S. 213.

b) Dem ursprünglichen Gläubiger gegenüber kann der Aussteller nicht nur das Schuldversprechen an sich wegen Irrthum, Betrug &c.

anfechten, sondern auch Einwendungen aus dem zu Grunde liegenden Rechtsverhältnisse erheben.

E. v. 13. März 1874. Entsch. XIII S. 74.

Das zu Grunde liegende Abkommen kann auch gültig in mündlicher Form geschlossen sein.

E. v. 2. Okt. 1872. Entsch. VII S. 204.

c) Auf Lebensversicherungspolicen, die an Ordre oder auf den Inhaber gestellt sind, findet obige Bestimmung nicht Anwendung. Vgl. E. v. 30. Juni 1871. Stg. III S. 160.

d) Bei Leistung von Abschlagszahlungen kann der Schuldner nur Quittirung auf dem Papier verlangen. E. v. 14. Okt. 1871. Stg. IV S. 107.

304. Ob außer den in diesem Gesetzbuch bezeichneten noch andere an Order lautende Anweisungen, Verpflichtungsscheine oder sonstige Urkunden mit der in Artikel 303 erwähnten Wirkung durch Indossament übertragen werden können, ist nach den Landesgesetzen zu beurtheilen.

305. Für Papiere, welche an Order lauten und welche durch Indossament übertragen werden können (Artikel 301 bis 304), gelten in Betreff der Form des Indossaments, in Betreff der Legitimation des Inhabers und der Prüfung dieser Legitimation, sowie in Betreff der Verpflichtung des Besitzers zur Herausgabe dieselben Bestimmungen, welche die Artikel 11 bis 13, 36 und 74 der allgemeinen Deutschen Wechsel-Ordnung in Betreff des Wechsels enthalten.[a)]

Sind die im Artikel 301 bezeichneten Papiere[b)] abhanden gekommen, so finden in Bezug auf die Amortisation die im Artikel 73 der allgemeinen Deutschen Wechsel-Ordnung gegebenen Bestimmungen Anwendung.

Die Amortisation der im Artikel 302 bezeichneten Papiere richtet sich nach den Landesgesetzen. c)

a) Im Uebrigen finden die für Wechsel gegebenen Bestimmungen auf Anweisungen nicht Anwendung. Insbesondere ist eine Regreßpflicht des Ausstellers oder Indossanten dem Nachmann gegenüber im H.G.B. nicht anerkannt.

E. v. 14. März 1874. Entsch. XIII S. 313.

b) Die Bestimmung bezieht sich auf alle im Art. 301 bezeichneten Papiere, auch auf die nicht an Order lautenden.

E. v. 22. Nov. 1875. Entsch. XIX S. 276.

c) Die Art. 11—13 der A. D. W.O sind bereits zu Art. 182 abgedruckt. Die anderen hier in Bezug genommenen Artikel lauten wie folgt:

Art. 36. Der Inhaber eines indossirten Wechsels wird durch eine zusammenhängende, bis auf ihn heruntergehende Reihe von Indossamenten als Eigenthümer des Wechsels legitimirt. Das erste Indossament muß demnach mit dem Namen des Remittenten, jedes folgende Indossament mit dem Namen desjenigen unterzeichnet sein, welchen das unmittelbar vorhergehende Indossament als Indossatar benennt. Wenn auf ein Blanko-Indossament ein weiteres Indossament folgt, so wird angenommen, daß der Aussteller des letzteren den Wechsel durch das Blanko-Indossament erworben hat. Ausgestrichene Indossamente werden bei der Prüfung der Legitimation als nicht geschrieben angesehen. Die Echtheit der Indossamente zu prüfen, ist der Zahler nicht verpflichtet.

Art. 73. Der Eigenthümer eines abhanden gekommenen Wechsels kann die Amortisation des Wechsels bei dem Gerichte des Zahlungsortes beantragen. Nach Einleitung des Amortisationsverfahrens kann derselbe vom Acceptanten Zahlung fordern, wenn er bis zur Amortisation des Wechsels Sicherheit bestellt. Ohne eine solche Sicherheitsstellung ist er nur die Deposition der aus dem Accepte schuldigen Summen bei Gericht oder bei einer anderen zur Annahme von Depositen ermächtigten Behörde oder Anstalt zu fordern berechtigt.

Art. 74. Der nach den Bestimmungen des Art. 36 legitimirte Besitzer des Wechsels kann nur dann zur Herausgabe desselben angehalten werden, wenn er den Wechsel in bösem Glauben erworben hat, oder ihm bei der Erwerbung des Wechsels eine grobe Fahrlässigkeit zur Last fällt.

306. Wenn Waaren oder andere bewegliche Sachen von einem Kaufmann in dessen Handelsbetriebe veräußert und übergeben worden sind, so erlangt der redliche[a] Erwerber das Eigenthum, auch wenn der Veräußerer nicht Eigenthümer war. Das früher begründete Eigenthum erlischt. Jedes früher begründete Pfandrecht oder sonstige dingliche Recht erlischt, wenn dasselbe dem Erwerber bei der Veräußerung unbekannt war.

Sind Waaren oder andere bewegliche Sachen von einem Kaufmann in dessen Handelsbetriebe verpfändet und übergeben worden, so kann ein früher begründetes Eigenthum, Pfandrecht oder sonstiges dingliches Recht an den Gegenständen zum Nachtheil des redlichen Pfandnehmers oder dessen Rechtsnachfolger nicht geltend gemacht werden.

Das gesetzliche Pfandrecht des Kommissionairs, Spediteurs und Frachtführers[b] steht einem durch Vertrag erworbenen Pfandrechte gleich.

Dieser Artikel findet keine Anwendung, wenn die Gegenstände gestohlen oder verloren[c] waren.

a) Als redlich kann der Erwerber oder Pfandnehmer nicht angesehen werden, wenn er bei der Erwerbung des Besitzes unter Anwendung eines gewöhnlichen Grades von Aufmerksamkeit Ursache hatte, an dem Eigenthum des Auktor zu zweifeln (pr. R.).

E. v. 16. Dez. 1875. Entsch. XIX S. 83.

b) Vgl. Art. 374, 382, 409.

c) Die Bezeichnung „gestohlen oder verloren" umfaßt alle diejenigen Fälle, in denen jemand wider seinen Willen und ohne sein Zuthun den Gewahrsam einer Sache verloren hat; sie findet also auch Anwendung auf Sachen, welche der Eigenthümer dem Gewahrsam des Faustpfandgläubigers ohne dessen Wissen und Willen entzogen hat. E. v. 20. April 1880. R.G. I S. 255.

307. Die Bestimmungen des vorigen Artikels finden bei Papieren auf Inhaber auch dann Anwendung, wenn die Veräußerung oder Verpfändung nicht von einem Kaufmann in dessen Handelsbetriebe geschehen ist, und wenn die Papiere gestohlen oder verloren waren.[a)]

a) Die Art. 306 und 307 finden nach Art. 15 des E. f. Pr. und §. 3 B. Ziff. 6 des R.E.G. v. 5. Juni 1869 auf Inhaberpapiere, die außer Kurs gesetzt sind, keine Anwendung.

Bezüglich der Inhaberpapiere hat das R.O.H.G. in dem E. v. 27. Febr. 1875 (Entsch. Bd. XVII S. 149 ff.) folgende Rechtsgrundsätze angenommen:

1) Zur Ausgabe von Inhaberpapieren bedarf es in Ermangelung einer ausdrücklich entgegenstehenden gesetzlichen Vorschrift der staatlichen Genehmigung nicht. S. 151. (In Bremen besteht ein solches Verbot nicht, wohl aber in Preußen nach dem Ges. v. 17. Juni 1833, Ges.-Samml. S. 75, welches durch die Verordnung v. 17. Sept. 1867, Ges.-Samml. S. 1518, auf die mit dem Preußischen Staat vereinigten Landestheile ausgedehnt ist. Dieses Gesetz beschränkt aber den Verkehr mit ausländischen Inhaberpapieren in Preußen nicht. E. v. 27. Jan. 1874. Entsch. XII S. 302).
2) Dem gutgläubigen Dritten gegenüber ist der Einwand der noch nicht erfolgten Emission unzulässig. S. 154.
3) Auf die Richtigkeit des in dem Papier angegebenen Schuldgrundes kommt es nicht an. S. 155.
4) Der Aussteller kann dem Inhaber die Legitimation nicht bestreiten, also auch nicht einwenden, der Inhaber besitze

das Papier für einen Anderen oder habe dasselbe nur als Pfand erhalten. S. 159.

5) Der Aussteller, dem das Papier ohne seinen Willen abhanden gekommen ist, steht dem berechtigten Inhaber eines in den Verkehr gekommenen Papiers gleich, hat also gegen den schlechtgläubigen Erwerber die Vindikation. S. 160.

Der Käufer eines ausländischen Inhaberpapiers, welchem von dem ausländischen Gericht die Ansprüche aus dem Papiere abgesprochen sind, kann (nach preuß. Recht) vom Verkäufer Ersatz des gezahlten Kaufgeldes und der Kosten des Eviktionsprozesses verlangen. — E. v. 8. Okt. 1874. Entsch. XIV S. 226. — Auch bei beschränkter Kursfähigkeit des ausländischen Inhaberpapiers kann der Käufer nach pr. R. vom Kaufe zurücktreten. E. v. 28. Jan. 1875. Entsch. XVI S. 22.

Der Verkäufer eines mit der Garantie eines Dritten versehenen Inhaberpapiers haftet dem Käufer nur für die Echtheit der Garantie-Erklärung, nicht für deren Gültigkeit und Wirksamkeit.
E. v. 29. Jan. 1876. Entsch. XXI S. 340.

308. Durch die beiden vorhergehenden Artikel werden die Landesgesetze nicht berührt, welche für den Besitzer noch günstigere Bestimmungen enthalten.

309. Die zur Bestellung eines Faustpfandes in dem bürgerlichen Rechte vorgeschriebenen Förmlichkeiten sind nicht erforderlich, wenn unter Kaufleuten für eine Forderung aus beiderseitigen Handelsgeschäften ein Faustpfand an beweglichen Sachen, an Papieren auf Inhaber[a]) oder an Papieren, welche durch Indossament übertragen werden können, bestellt wird.

In diesem Falle genügt neben der einfachen Vereinbarung über die Verpfändung:

1) bei beweglichen Sachen und bei Papieren auf Inhaber die Uebertragung des Besitzes auf den

Gläubiger, wie solche nach den Bestimmungen des bürgerlichen Rechts für das Faustpfand erfordert wird;[b)]

2) bei Papieren, welche durch Indossament übertragen werden können, die Uebergabe des indossirten Papiers.

a) Lebensversicherungspolicen gehören nicht zu den Inhaberpapieren und können daher nicht in der hier vorgeschriebenen Form verpfändet werden. — E. v. 2. April 1873 und 20. Juni 1874. Entsch. IX S. 242 und XIV S. 28.

b) In Ansehung der Besitzübertragung hat das H.G.B. an dem bürgerlichen Recht nichts geändert. Wo also das Landesgesetz für die Besitzübertragung einzelner Arten von Pfandobjekten besondere Förmlichkeiten vorschreibt, müssen diese auch dann erfüllt werden, wenn es sich um eine handelsgeschäftliche Verpfändung handelt Die Vorschrift des Allg. Landr. für Preußen (Theil I. Tit. 11 §. 394; Tit. 20 §. 512, 515, 516), welches für die symbolische Uebertragung des Pfandbesitzes und für die pfandweise Besitzübertragung verbriefter, nicht auf den Inhaber lautender Forderungen einen schriftlichen Akt des Verpfänders erfordert, findet demnach auf die Verpfändung unter Kaufleuten aus beiderseitigen Handelsgeschäften Anwendung. Auch zur Konstituirung eines Pfandrechts an einer Hypothekenforderung genügt die bloße Uebergabe des Hypothekendokuments nicht. E. v. 26. Sept. 1871. Entsch. III S. 153.

310. Ist die Bestellung eines Faustpfandes[a)] unter Kaufleuten für eine Forderung aus beiderseitigen Handelsgeschäften schriftlich erfolgt, so kann der Gläubiger, wenn der Schuldner im Verzuge ist, sich aus dem Pfande sofort bezahlt machen, ohne daß es einer Klage gegen den Schuldner bedarf.

Der Gläubiger hat die Bewilligung hierzu unter Vorlegung der erforderlichen Bescheinigungsmittel bei dem für ihn zuständigen b) Handelsgerichte nachzusuchen, von welchem hierauf ohne Gehör des Schuldners und auf Gefahr des Gläubigers der Verkauf c) der verpfändeten Gegenstände oder eines Theils derselben verordnet wird.

Von der Bewilligung, sowie von der Vollziehung des Verkaufs hat der Gläubiger den Schuldner, soweit es thunlich, sofort zu benachrichtigen; unterläßt er die Anzeige, so ist er zum Schadensersatze verpflichtet. Um den Verkauf zu bewirken, ist der Nachweis der Anzeige nicht erforderlich. d)

a) Was unter „Faustpfand" im Sinne des obigen Artikels zu verstehen ist, bestimmt sich nach dem einschlägigen bürgerlichen Recht. — Der Artikel bezieht sich nur auf die nach bürgerlichem Recht wirksam bestellten Pfänder. E. v. 20. Juni 1874. Entsch. XIV S. 29.

b) Hiermit ist aber diesem Gericht die ausschließliche Zuständigkeit, über das Vorhandensein des Pfandrechts abzuurtheilen, nicht beigelegt. Das Bestehen und der Umfang des Pfandrechts kann auch an anderer Stelle und in anderer Weise zum Gegenstande eines Rechtsstreits werden. E. v. 16. April 1872. Entsch. IX S. 426.

Nur insofern ist die Zuständigkeit des persönlichen Richters des Gläubigers eine ausschließliche, als, wenn sich der Gläubiger an ihn wendet, der persönliche Richter des Schuldners nicht die Frage des Verkaufes an sich ziehen, auch die ertheilte Verkaufsermächtigung nicht seiner Nachprüfung unterwerfen kann, und ferner insofern, als nicht der Richter der belegenen Sache zur Ertheilung der Verkaufsermächtigung berufen ist. Dagegen ist nicht ausgeschlossen, daß der Gläubiger sich mit dem Antrage auf Verkaufsbewilligung an den persönlichen Richter des Schuldners wendet.

Beschl. v. 21. Juni 1876. Entsch. XX S. 179.

c) Der Verkauf braucht nicht öffentlich zu sein; er kann an der Börse einer anderen Stadt erfolgen. — E. v. 20. Juni 1874. Entsch. XIV S. 29, 30. — Hierbei wird vorausgesetzt, daß der Pfandgläubiger Inhaber des Pfandes ist oder der dritte Inhaber es freiwillig herausgiebt. Hat der Pfandgläubiger das Pfand zur Konkursmasse des Pfandschuldners abgeliefert, so muß gegen den die Herausgabe des Pfandes zum Zwecke des Verkaufs verweigernden Massenverwalter zunächst geklagt werden.

E. v. 17. Juni 1876. Entsch. XX S. 24.

d) Die Bestimmungen des Art. 310 finden auch Anwendung, wenn über das Vermögen des Pfandbestellers Konkurs eröffnet ist, unabhängig von den etwa davon abweichenden Bestimmungen der Landesgesetze. — E. v. 13. Mai 1874. Entsch. XIII S. 247.

311. Wenn die Bestellung eines Faustpfandes unter Kaufleuten für eine Forderung aus beiderseitigen Handelsgeschäften erfolgt, und schriftlich vereinbart ist,[a] daß der Gläubiger ohne gerichtliches Verfahren sich aus dem Pfande befriedigen könne, so darf, wenn der Schuldner im Verzuge ist, der Gläubiger das Pfand öffentlich verkaufen lassen; er darf in diesem Falle, wenn die verpfändeten Gegenstände einen Börsenpreis oder Marktpreis haben, den Verkauf auch nicht öffentlich durch einen Handelsmäkler oder in Ermangelung eines solchen durch einen zu Versteigerungen befugten Beamten zum laufenden Preise bewirken. Von der Vollziehung des Verkaufs hat der Gläubiger den Schuldner, soweit es thunlich, sofort zu benachrichtigen; bei Unterlassung der Anzeige ist er zum Schadensersatze verpflichtet.

a) Die Annahme eines nur vom Pfandnehmer unterschriebenen Pfandscheins, in welchem dieser sich den außergerichtlichen Verkauf vorbehält, ersetzt die nach Art. 311 erforderliche schriftliche Vereinbarung nicht.

E. v. 1. Jan. 1875. Entsch. XVIII S. 6.

312. Durch die vorhergehenden Artikel werden die den öffentlichen Pfandanstalten, Kreditinstituten oder

Banken durch Gesetze, Verordnungen oder Statuten verliehenen besonderen Rechte in Betreff der Bestellung oder Veräußerung von Pfändern nicht berührt.

Ingleichen ist durch die vorhergehenden Artikel nicht ausgeschlossen, daß die Bestellung oder die Veräußerung von Faustpfändern unter Kaufleuten für Forderungen aus Handelsgeschäften rechtsgültig geschehen kann, wenn dabei die in den einzelnen Staaten für die Bestellung oder Veräußerung von Faustpfändern geltenden Bestimmungen beobachtet werden.

Art. 313. Ein Kaufmann hat wegen der fälligen[a)] Forderungen,[b)] welche ihm gegen einen anderen Kaufmann aus den zwischen ihnen[c)] geschlossenen beiderseitigen Handelsgeschäften[d)] zustehen, ein Zurückbehaltungsrecht (Retentionsrecht)[e)] an allen beweglichen Sachen und Werthpapieren[f)] des Schuldners,[g)] welche mit dessen Willen[h)] auf Grund von Handelsgeschäften[i)] in seinen Besitz[k)] gekommen sind,[l)] sofern er dieselben noch in seinem Gewahrsam hat oder sonst, insbesondere vermittelst Konnossemente, Ladescheine oder Lagerscheine, noch in der Lage ist, darüber zu verfügen.[m)]

Dieses Recht tritt jedoch nicht ein, wenn die Zurückbehaltung der Gegenstände der von dem Schuldner vor oder bei der Uebergabe ertheilten Vorschrift oder der von dem Gläubiger übernommenen Verpflichtung, in einer bestimmten Weise mit den Gegenständen zu verfahren, widerstreiten würde.[n)]

a) Liquidität der Forderung ist nicht erforderlich. — E. v. 4. Juni 1873. Entsch. X S. 236.

b) Der auf Herausgabe verklagte Retentionsberechtigte muß einwandweise zur Begründung seines Rechts seine Forderung auch der Höhe nach nachweisen. — E. v. 26. Nov. 1874. Entsch. XV S. 99.

Nur ein zur Deckung dieser Forderung ausreichender Theil darf zurückbehalten werden. E. v. 4. Nov. 1875. Entsch. XVIII S. 276. Anders bei Ausübung eines Pfandrechts; vgl. Anm. d. zu Art. 315.

Ueber den Anspruch auf Lagergeld für die Zeit der Ausübung des Zurückbehaltungsrechts vgl. Anm. d. zu Art. 290.

c) Zwischen ihnen. Ein Cessionar hat daher das Zurückbehaltungsrecht noch nicht, wenn die Forderung aus einem zwischen dem Cedenten und dem Schuldner geschlossenen Handelsgeschäfte herrührt. Von selbst geht das Zurückbehaltungsrecht des Cedenten mit der abgetretenen Forderung nicht über. E. v. 19. März 1871 (1872?). Entsch. V S. 304. Das Recht aus Art. 313 ist nicht abtretbar. E. v. 7. Juni 1873. Entsch. X S. 162.

d) Auch die unter Kaufleuten in der beiderseitigen Erwartung, daß ein Kaufvertrag zu Stande kommen werde, erfolgte Zusendung bez. Annahme von Waaren und das für den Fall der Nichteinigung entstehende Vertragsverhältniß ist als ein beiderseitiges Handelsgeschäft anzusehen. — E. v. 4. Juni 1873. Entsch. X S. 236.

e) Von Amtswegen ist das kaufmännische Zurückbehaltungsrecht nicht zu berücksichtigen. E. v. 26. Juni 1880. R.G. II S. 74.

f) Zu den Werthpapieren im Sinne dieses Artikels gehören auch Hypothekendokumente (E. v. 26. Sept. 1871. Stg. III S. 341. Entsch. III S. 159, E. v. 28. Mai 1872. Entsch. VI S. 198), sowie Versicherungspolicen (E. v. 2. April 1873. Entsch. IX S. 242).

g) Des Schuldners. Der Schuldner muß also Eigenthümer der Sachen sein, an denen das Retentionsrecht ausgeübt werden soll. E. v. 7. Juni 1872 u. 27. Febr. 1875. Entsch. VI S. 310, XVII S. 157. — Deshalb gebührt dem Frachtführer an Waaren, die er vom Verkäufer zum Transport und zur Ablieferung an den Käufer erhalten hat, wegen Forderungen, die ihm aus früheren Geschäften an den Verkäufer zustehen, im Gebiete des Preuß. A.L.R. kein Zurückbehaltungsrecht, weil nach §. 128 Th. I. Tit. 11

A.L.R. durch die Aushändigung der Waare an den Frachtführer das Eigenthum an derselben auf den Käufer übergeht. E. v. 7. April 1880. R.G. II S. 1. — Der Gläubiger hat auch kein Retentionsrecht an Sachen, die noch ihm gehören und zu deren Uebereignung an den Schuldner er vertragsmäßig verpflichtet ist. E. v. 29. Nov. 1875. Entsch. XIX S. 75. Anders verhält es sich nach Art. 306 Abs. 3 mit dem Pfandrecht des Kommissionärs, Spediteurs, Frachtführers.

Es genügt, daß der Schuldner zur Zeit der Entstehung des Zurückbehaltungsrechts Eigenthümer der Sachen war; die Fortdauer des Zurückbehaltungsrechts ist unabhängig von der Fortdauer des Eigenthums des Schuldners, dann wenigstens, wenn das Erlöschen des letzteren nicht auf einem vor der Entstehung des Zurückbehaltungsrechts bestandenen und dem Erlangenden bekannt gewesenen Rechtsgrunde beruht. E. v. 7. Febr. 1879. Entsch. XXIV S. 346.

Das Eigenthum des Schuldners muß von demjenigen nachgewiesen werden, der das Zurückbehaltungsrecht geltend macht. E. v. 12. Febr. 1881. R.G. III S. 154.

h) Mit dessen Willen. Dadurch ist nur das Retentionsrecht an solchen Sachen des Schuldners ausgeschlossen, welche der Gläubiger eigenmächtig an sich genommen hat oder welche ihm ohne Zustimmung des Schuldners von Dritten übergeben sind. E. v. 2. Febr. 1876. Entsch. XIX S. 372.

i) Auf Grund von Handelsgeschäften. d. h. die Erlangung des Besitzes muß auf dem Handelsverkehr der Betheiligten beruhen. E. v. 2 Febr. 1876. Entsch. XIX S. 377. Das Handelsgeschäft, auf Grund dessen die Sache in den Besitz des Gläubigers gelangt ist, braucht nicht gleich demjenigen, aus welchem die Forderung herrührt, ein beiderseitiges zu sein. E. v. 28. Mai 1872. Entsch. VI S. 197. — Nimmt ein Kaufmann als Bevollmächtigter eines anderen Kaufmanns für diesen Waaren von einem Transportführer entgegen, so ist dies als Handelsgeschäft im Sinne obiger Bestimmung aufzufassen, es sei denn die Entgegennahme auf Grund einer Dienstpflicht erfolgt. E. v. 29. Jan. 1875. Entsch. XVI S. 82.

k) Es ist Sachbesitz erforderlich. Ein durch bloße Willensäußerung erlangter Besitz genügt nicht. E. v. 7. Juni 1873 Entsch. X S. 162.

Bloße Detention reicht aus. E. v. 29. Jan. 1875. Entsch. XVI S. 81.

l) Die Rechtshandlung des Schuldners, durch welche die Sache in den Besitz des Gläubigers gelangt ist, kann nach den Grundsätzen des bürgerlichen Rechtes angefochten werden. E. v. 24. Mai 1875. Entsch. XVII S. 293.

m) Eine Möglichkeit, über die Sache zu verfügen, ist auch dann anzunehmen, wenn ein entgegenstehendes Hinderniß nur durch gerichtliches Einschreiten beseitigt werden kann und darf. E. v. 19. Juni 1874. Entsch. XIV S. 112.

n) Die Uebernahme einer solchen Verpflichtung liegt schon in der Annahme der nur mit derselben offerirten Güter. Es muß aber eine solche Vorschrift ertheilt, oder Verpflichtung übernommen sein, daß sich darin der erkennbare Wille ausspricht, es solle jedenfalls ein Retentionsrecht des Gläubigers durch die Uebergabe an ihn nicht begründet werden. Es genügt, um das Retentionsrecht auszuschließen, nicht, daß dem Gläubiger nach der Vorschrift oder der übernommenen Verpflichtung an sich obliegen würde, die Sache dem Schuldner zurückzugeben oder einem Dritten auszuliefern. E. v. 2. Febr. 1876. Entsch. XIX S. 374.

314. Das in dem vorhergehenden Artikel bezeichnete Zurückbehaltungsrecht besteht unter den dort angegebenen Voraussetzungen selbst wegen der nicht fälligen Forderungen:

1) wenn über das Vermögen des Schuldners der Konkurs eröffnet worden ist, oder der Schuldner auch nur seine Zahlungen eingestellt hat;[a)]
2) wenn eine Exekution in das Vermögen des Schuldners fruchtlos vollstreckt oder wider denselben wegen Nichterfüllung einer Zahlungsverbindlichkeit die Vollstreckung des Personalarrestes erwirkt worden ist.

In diesen Fällen steht auch die Vorschrift des Schuldners oder die Uebernahme der Verpflichtung, in einer bestimmten Weise mit den Gegenständen zu verfahren, dem Zurückbehaltungsrecht nicht entgegen, sofern die vorstehend unter 1 und 2 bezeichneten Umstände erst nach Uebergabe der Gegenstände oder nach Uebernahme der Verpflichtung eingetreten oder dem Gläubiger bekannt geworden sind.

a) Die Eröffnung des Konkurses oder die Zahlungseinstellung muß erfolgt sein; es genügt nicht, daß sie mit Wahrscheinlichkeit zu erwarten ist. E. v. 19. Jan. 1881. R.G., III S. 114.

315. Der Gläubiger, welchem das Zurückbehaltungsrecht nach den Artikeln 313 oder 314 zusteht, ist verpflichtet, von der Ausübung desselben den Schuldner ohne Verzug zu benachrichtigen.[a] Er ist befugt,[b] wenn ihn dieser nicht rechtzeitig in anderer Weise sichert,[c] im Wege der Klage bei dem für ihn selbst zuständigen Gericht gegen den Schuldner den Verkauf der Gegenstände zu beantragen; er kann sich aus dem Erlöse vor den anderen Gläubigern des Schuldners befriedigen.[d] Der Gläubiger hat diese Rechte auch gegenüber der Konkursmasse des Schuldners.[e]

a) Das Unterlassen der Benachrichtigung hat nicht den Verlust des Zurückbehaltungsrechts, sondern nur die Verpflichtung zum Ersatz des dadurch entstandenen Schadens zur Folge. — E. v. 4. Juni 1873 u. 30. Okt. 1874. Entsch. X S. 237 u. XV S. 306.

b) befugt aber nicht verpflichtet. Er kann das Zurückbehaltungsrecht auch in anderer Weise ausüben. — E. v. 4. Juni 1873. Entsch. X S. 237. E. v. 5. Juni 1880. R.G. II S. 35. — Verkauft der Gläubiger die Gegenstände nicht im Wege der Klage, sondern ohne richterliche Mitwirkung, so wird er zum Schadensersatz· verpflichtet; sein Zurückbehaltungsrecht verwirkt er aber dadurch nicht. E. v. 24. Juni 1879. Entsch. XXV S. 224 u. v. 24. März 1880. R.G. I S. 285.

c) Gewährt der Schuldner Sicherheitsbestellung, so erlischt damit das Retentionsrecht in allen seinen Wirkungen (nicht etwa bloß die Befugniß, den Verkauf zu beantragen), und der Gläubiger muß die Sache herausgeben. E. v. 17. Juni 1871. Entsch. II S. 383. Stg. II S. 324.

Weigert sich der Gläubiger, die Gegenstände gegen eine andere ausreichende Sicherheitsbestellung herauszugeben, so macht er sich schadensersatzpflichtig. — E. v. 30. Okt. 1874. Entsch. XV S. 366.

d) Dieselben Befugnisse hat auch der Kaufmann, welchem ein Faustpfand bestellt worden ist, falls nur die sonstigen Voraussetzungen für die Ausübung des Zurückbehaltungrechts vorliegen. — E. v. 2. März u. 26. Sept. 1871. Entsch. II S. 81, III S. 15.

Das kaufmännische Retentionsrecht ist ein bloßes Sicherungsmittel, nicht ein Mittel, den Gegner zu einer Leistung zu nöthigen. Es kann nur insoweit ausgeübt werden, als zur Sicherung erforderlich ist. Bei theilbaren Sachen beschränkt sich daher das Recht, den Verkauf zu beantragen, auf einen dem Betrage der Forderung entsprechenden Theil derselben. — E. v. 17. Juni 1871. Stg. II S. 324. Entsch. II S. 383. — Das Pfandrecht des Kommissionärs ꝛc. (Art. 309 Abs. 2) geht weiter. Vgl. E. v. 26. Jan. 1874. Entsch. XII S. 254.

e) Das in den Artikeln 313—316 konstituirte Zurückbehaltungsrecht gewährt im Wesentlichen ein gesetzliches Pfandrecht, jedoch mit eigenthümlichen Wirkungen. Es derogirt als neue handelsrechtliche Schöpfung dem abweichenden territorialen Pfandrecht. Die Bestimmungen einzelner Landesgesetzgebungen, daß der Pfandinhaber beim Ausbruch des Konkurses des Schuldners das Pfand an die Konkursmasse herausliefern muß, finden daher auf den Gläubiger, dem das kaufmännische Zurückbehaltungsrecht zusteht, keine Anwendung.

E. v. 2. März 1871. Entsch. II S. 77. E. v. 5. Juni 1880. R.G. II S. 37. Vgl. Art. 30 und 44 des E. f. Pr. und R.G. v. 5. Juni 1869 §. 3 B. Ziff. 8.

316. Die in den Artikeln 313 bis 315 dem Gläubiger gegebenen Rechte treten nicht ein, soweit die Parteien dies besonders vereinbart haben.

Dritter Abschnitt.

Abschließung der Handelsgeschäfte.

317. Bei Handelsgeschäften ist die Gültigkeit der Verträge durch schriftliche Abfassung oder andere Förmlichkeiten nicht bedingt.[a]

Ausnahmen von dieser Regel finden nur insoweit statt, als sie in diesem Gesetzbuche enthalten sind.[b]

a) Der Art. 317 findet auch auf Rechtsgeschäfte Anwendung, die nur auf Seiten eines Kontrahenten Handelsgeschäfte sind. E. v. 24. Jan. 1871, v. 23. Jan. 1872, v. 12. Dez. 1879. Stg. I S. 207, V S. 285. Entsch. V S. 17. R.G. I S. 25. — Die Formfreiheit beschränkt sich ferner nicht auf diejenigen Willenserklärungen, aus denen unmittelbar ein Vertrag hervorgegangen ist, sondern erstreckt sich auf alle Akte, welche sich auf das Zustandekommen und die Wirkungen des Handelsgeschäfts beziehen oder dessen Erfüllung zum Gegenstande haben. So genügt Mündlichkeit für den Konsens des Ehemannes zu Handelsgeschäften der Ehefrau (E. v. 7. März 1871. Entsch. II S. 97), für den Schiedsvertrag, wonach Streitigkeiten aus dem betreffenden Handelsgeschäft in bestimmter vertragsmäßig geschlossener Form zum Austrag gebracht werden sollen (E. v. 15. Jan. 1878. Entsch. XXIII S. 259. Vgl. §. 853 C.P.O., wonach jede Partei verlangen kann, daß über einen in mündlicher Form gültig geschlossenen Schiedsvertrag eine schriftliche Urkunde errichtet werde), für die Vollmacht zum Abschluß eines Handelsgeschäfts (E. v. 19. Sept. 1871 u. 7. Sept. 1872. Stg. III S. 282. Entsch. Bd. VII S. 57), also auch für eine Vollmacht zur Aktienzeichnung, wenn letztere sich als Handelsgeschäft darstellt (E. v. 2. April 1881. R.G. IV S. 310); dies gilt auch dann, wenn der konsentirende Ehemann oder der Vollmachtgeber Nichtkaufmann ist. (Striethorst, Bd. 64 S. 294, Bd. 70 S. 64.) Mündlichkeit der Vollmacht genügt selbst dann, wenn das abzuschließende Geschäft nicht auf Seiten des Vollmachtgebers, wohl aber auf Seiten des anderen Theils ein Handelsgeschäft ist, vorausgesetzt, daß die Abschließung des Geschäfts als Handelsgeschäft in der Vollmacht nicht ausdrücklich ausgeschlossen war. E. v. 5. Jan. 1875. Entsch. XV S. 331. — In denjenigen Fällen, in denen eine mündliche Vollmacht für ausreichend zu erachten ist, wird eine stillschweigende Genehmigung des ohne Auftrag vorgenommenen Geschäfts bindend sein. Vgl. E. v. 2. April 1881. R.G. IV S. 310.

Auch die Vorschrift des Preuß. Allg. Landr. Th. I Tit. 16 §. 161, daß Vorbehalte bei Zahlungen schriftlich erklärt oder in der Quittung anerkannt sein müssen, ist für Zahlungen aus Handelsgeschäften durch Art. 317 H.G.B. aufgehoben. E. v. 17. Febr. 1872. Entsch. V S. 151.

Die Mündlichkeit genügt auch für Cessionen. — E. v. 11. Nov. 1874. Entsch. XV S. 145.

Die Bürgschaft, welche ein Nichtkaufmann für die Forderung eines Kaufmanns (also auch einer eingetragenen Genossenschaft) aus einem Handelsgeschäft übernimmt, bedarf (auch im Gebiete des Pr. A.L.R.) nicht der Schriftform. E. v. 12. Dez. 1879. R.G. I S. 24.

Versicherungsverträge gegen Prämie, ohne Rücksicht auf den versicherten Gegenstand (vgl. Anm. b. zu Art. 271), sind gleichfalls von den landesgesetzlich vorgeschriebenen Förmlichkeiten befreit. — E. v. 23. Jan. 1872. Stg. V S. 277, Entsch. V S. 10.

Zu den nach Art. 317 entbehrlichen Förmlichkeiten gehört auch die „Ausdrücklichkeit" der Willenserklärung, welche Landesgesetze für einzelne Erklärungen (z. B. das pr. R. für Erlasse und Verzichte) erfordern. E. v. 8. April 1875. Entsch. XVI S. 351.

Auf Verträge, die im Gebiet des Preuß. Allg. Landr. vor Geltung des H.G.B. abgeschlossen sind, ist der Art. 317 trotz des §. 17 der Einleitung zum Allg. Landr. nicht anzuwenden. E. v. 9. März 1872. Entsch. V S. 225.

Schriftliche Handelsverträge können durch mündliche Vereinbarung abgeändert werden. — E. v. 25. Nov. 1871. Entsch. IV S. 159.

Bei schriftlichen Handelsverträgen — mag die Schriftlichkeit gesetzlich vorgeschrieben sein oder nicht — ist anzunehmen, daß die Vertragsurkunde den gesammten Inhalt der Vereinbarung, soweit solche zur Zeit der Abfassung vorlag, vollständig angiebt, daß somit vorgängige Vereinbarungen der Parteien nur insoweit, als sie in die Schrift Aufnahme gefunden, verbindliche Kraft behalten haben, im Uebrigen aber aufgegeben sind. E. v. 27. Jan. und 16. Okt. 1871. Entsch. I S. 253, III S. 204. — Diese Regel ist aber keine absolute; sie kann durch besondere Umstände, aus denen hervorgeht, daß der Inhalt des mündlichen Abschlusses hat aufrecht erhalten werden sollen, ausgeschlossen werden. Insbesondere ist bei unsicheren, zweifelhaften Ausdrücken der Urkunde auf die vorgängige mündliche Abrede zurückzugehen. E. v. 13. April 1871. Entsch. II S. 187. — Vgl. E. v. 19. Jan. 1872. Entsch. V S. 29.

Wer eine Urkunde, welche ihrem Inhalte nach den Zweck hat, die Bedingungen eines abgeschlossenen Geschäfts schriftlich zu fixiren, ohne Widerspruch annimmt, genehmigt damit stillschweigend etwaige Abweichungen von der früheren mündlichen Vereinbarung. E. v. 3. Okt. 1871. Stg. IV S. 71.

Der Beweis, daß ein schriftlicher, wenn auch notarieller Vertrag das definitiv Verabredete nicht richtig wiedergiebt, ist zulässig. Die Beweislast trifft den solches Behauptenden. Gelingt ihm der Nachweis, so gilt bei der Formfreiheit der meisten Handelsverträge das mündlich Verabredete. E. v. 23. Mai 1871. Stg. II S. 220.

Bei verabredeter Schriftlichkeit ist die Vermuthung des bürgerlichen Rechts (Preuß. A.L.R. Th. I Tit. 5 §. 117), daß von der Schriftlichkeit die Gültigkeit abhängen soll, nicht anwendbar. Es ist vielmehr Sache der Interpretation, festzustellen, ob der Wille der Kontrahenten dahin ging, von der schriftlichen Abfassung die verbindliche Kraft des Vertrages abhängig zu machen.

E. v. 14. Sept. 1872. Entsch. VII S. 93.

Weichen mehrere über dasselbe Geschäft abgefaßte, nach der Absicht der Parteien gleichlautende und in gleichem Maaße wirksam sein sollende Urkunden in einzelnen Punkten von einander ab, so ist, wenn die Parteien über die verschieden angegebenen Punkte streiten, anzunehmen, daß in Betreff der streitigen Punkte keine Urkunde Beweis liefere. Bei Schuldurkunden (welche Obligationen erzeugen im Gegensatz zu Beweisurkunden) kann unter Umständen die frühere Entstehung in diesem Falle von Einfluß sein.

E. v. 8. Mai 1874. Entsch. XIII S. 228.

b) Ausnahmen enthalten die Art. 174, 208, 310, 311.

318. Ueber einen Antrag unter Gegenwärtigen [a] zur Abschließung eines Handelsgeschäfts muß die Erklärung [b] sogleich [c] abgegeben werden, widrigenfalls der Antragende an seinen Antrag nicht länger gebunden ist.

a) Der Art. 318 findet auch Anwendung, wenn die Partei abwesend ist, aber durch einen gegenwärtigen Stellvertreter verhandelt.

E. v. 18. Jan. 1873. Entsch. VIII S. 398.

b) Die Annahme braucht nicht gerade eine ausdrückliche zu sein, sie kann auch durch stillschweigendes Verhalten erklärt werden. E. v. 16. Sept. 1871. Entsch. III S. 116. Vgl. Anm. zu Art. 279.

c) Es kann jedoch auch eine Frist zur Erklärung gewährt werden, bis zu deren Ablauf der Antragende dann gebunden ist. — E. v. 18. Jan. 1873. Entsch. VIII S. 399.

319. Bei einem unter Abwesenden gestellten Antrage [a] bleibt der Antragende bis zu dem Zeitpunkte gebunden, in welchem er bei ordnungsmäßiger rechtzeitiger [b] Absendung der Antwort den Eingang der letzteren erwarten darf. [c] Bei der Berechnung dieses Zeitpunktes darf der Antragende von der Voraussetzung ausgehen, daß sein Antrag rechtzeitig angekommen sei.

Trifft die rechtzeitig abgesandte Annahme erst nach diesem Zeitpunkte ein, so besteht der Vertrag nicht, wenn der Antragende in der Zwischenzeit oder ohne

Verzug[d] nach dem Eintreffen der Annahme von seinem Rücktritt Nachricht gegeben hat.

a) Das Anrathen eines Geschäfts ist nicht als Antrag aufzufassen. — E. v. 24. Nov. 1874. Entsch. XV S. 281.

b) Unter rechtzeitig ist nicht grundsätzlich die Benutzung der nächsten Transportgelegenheit zu verstehen. Es muß vielmehr dem Empfänger des Antrages eine dem Gegenstande und dem gewöhnlichen ordentlichen Geschäftsverkehr angemessene Frist zur Prüfung der Offerte gewährt werden. Bis zu diesem Zeitpunkte bleibt der Antragende gebunden.

Ob dem Erfordernisse der Rechtzeitigkeit genügt ist, hat der Richter nach der Lage des einzelnen Falles zu ermessen. Unter Umständen kann nur die mit dem nächsten Beförderungsmittel abgesandte Antwort als rechtzeitig gelten.

Die rechtzeitige Annahme hat derjenige zu beweisen, der seinen Anspruch auf das Zustandekommen des Vertrages stützt.

E. v. 18. April 1874. Entsch. XIII S. 162 ff.

c) Hierbei wird vorausgesetzt, daß der Antragende nach seinem ausdrücklichen Wunsche oder nach Lage des Falls überhaupt eine Annahmeerklärung erwartet. Ist dies nicht der Fall, so bringt die rechtzeitige Ausführung des Antrages (Absendung der bestellten Waare) als eine stillschweigende Annahme den Vertrag zu Stande.

E. v. 22. Juni 1880. R.G. II S. 43.

d) ohne Verzug, d. h. umgehend. — E. v. 18. April 1873. Entsch. XIII S. 166.

320. Geht der Widerruf eines Antrages dem anderen Theile früher als der Antrag, oder zu gleicher Zeit mit demselben zu, so ist der Antrag für nicht geschehen zu erachten.

Ebenso ist die Annahme für nicht geschehen zu erachten, wenn der Widerruf noch vor der Erklärung der Annahme oder zu gleicher Zeit mit derselben bei dem Antragsteller eingegangen ist.

321. Ist ein unter Abwesenden verhandelter Vertrag zu Stande gekommen, so gilt der Zeitpunkt, in welchem die Erklärung der Annahme behufs der Absendung abgegeben ist, als der Zeitpunkt des Abschlusses des Vertrages.[a)]

a) Enthält das Anerbieten die Aufforderung zum sofortigen Handeln, so ist der Vertrag geschlossen, sobald dieser Aufforderung gemäß gehandelt ist, ohne daß es der Kenntnißnahme des Anbietenden bedarf.

E. v. 11. Okt. 1875. Entsch. XVIII S. 246.

Der Ort, von wo die Annahme-Erklärung abgesandt wird, ist Ort des Vertragsschlusses.

E. v. 25. Juni 1872. Entsch. VII S. 71.

322. Eine Annahme unter Bedingungen oder Einschränkungen[a)] gilt als Ablehnung des Antrages, verbunden mit einem neuen Antrage.[b)]

a) Dahin gehört auch die Annahme unter der Bedingung einer anderen Deckungsfrist, als der proponirten. E. v. 22. Okt. 1870. Entsch. I S. 70.

Auch eine verspätete Annahmeerklärung kann als neue Offerte gelten.

E. v. 27. Okt. 1874. Entsch. XV S. 43.

Eine telegraphische Annahme mit dem Zusatz „Brief Näheres" kann je nach Lage des Falls als eine unbedingte Annahme oder als eine Annahme unter den Bedingungen, welche der vorbehaltene Brief enthalten soll, aufgefaßt werden. E. v. 28. Febr. 1874. Entsch. XII S. 290.

Bezieht sich der Antrag auf mehrere Gegenstände, so ist der Regel nach die Annahme des Antrages bezüglich eines der Gegenstände nicht als bedingte oder eingeschränkte Annahme aufzufassen. Das Stillschweigen des Offerenten auf die ihm zugegangene Annahmeerklärung kann als Auslegungsmittel bezüglich des Antrages (z. B. seiner Theilbarkeit) dienen. E. v. 1. März 1875. Entsch. XVI S. 155. (Der Fall war folgender: A. bestellt 30 Ctr. Nüsse und 1 Faß

Preißelbeeren; B. antwortet, daß er 20 bis 30 Ctr. Nüsse senden werde; A. schweigt; B. sendet 23 Ctr. Nüsse. Es wurde ein gültiger Kaufvertrag bezüglich der gesandten Waare angenommen.)

b) Die unbedingte Annahme einer Offerte bedarf keiner weiteren Annahme Seitens des Offerenten. — E. v. 26. Sept. 1871. Stg. III S. 324, Entsch. III S. 161.

Ein Vertrag ist nicht zu Stande gekommen, wenn die Offerte nur unter Einschränkungen angenommen ist, der Offerent sich zur Aeußerung über letztere eine Frist vorbehalten und inzwischen der andere Theil die ursprüngliche Offerte unbedingt und uneingeschränkt angenommen hat. — E. v. 19. Juni 1872. Entsch. VI S. 243.

323. Wenn zwischen dem Kaufmann, welchem ein Auftrag gegeben wird, und dem Auftraggeber eine Geschäftsverbindung besteht, oder sich derselbe gegen letzteren zur Ausrichtung solcher Aufträge erboten hat,[a] so ist er zu einer Antwort ohne Zögern verpflichtet, widrigenfalls sein Schweigen als Uebernahme des Auftrages gilt.[b]

Auch wenn derselbe den Auftrag ablehnt, ist er schuldig, die mit dem Auftrage etwa übersandten Waaren oder anderen Gegenstände auf Kosten des Auftraggebers, soweit er für diese Kosten gedeckt ist, und soweit es ohne seinen Nachtheil geschehen kann, einstweilen vor Schaden zu bewahren.

Das Handelsgericht kann auf seinen Antrag verordnen, daß das Gut in einem öffentlichen Lagerhause oder bei einem Dritten so lange niedergelegt wird, bis der Eigenthümer anderweitige Vorkehrung trifft.

a) Auch beim Vorhandensein einer solchen Geschäftsverbindung oder eines Kontokurrentverkehrs besteht eine Verpflichtung zur unbedingten und ungesäumten Ausführung aller Aufträge nicht. — E. v. 21. Nov. 1874. Entsch. XV S. 273.

b) Die Vorschrift bezieht sich nur auf eigentliche Aufträge (Mandate), nicht auf Vertragsofferten, Waarenbestellungen. — Ist die Ablehnung einmal bestimmt erfolgt, so kann das Schweigen auf eine Wiederholung des Auftrages nicht als Uebernahme gelten. E. v. 22. Febr. 1872. Entsch. V S. 170.

Vierter Abschnitt.

Erfüllung der Handelsgeschäfte.

Die Unmöglichkeit rechtzeitiger Vertragserfüllung, welche der Verpflichtete durch Anwendung der Sorgfalt eines ordentlichen Kaufmanns hätte vermeiden können, entlastet ihn nicht. E. v. 28. Nov. 1871. Stg. V S. 13, Entsch. IV S. 164. — Ein Fabrikbesitzer kann sich gegen die Klage auf Erfüllung eines von ihm abgeschlossenen Lieferungsvertrages nicht mit der Einrede schützen, daß ihm die Lieferung durch einen Unfall in seiner Fabrik unmöglich gemacht sei. E. v. 17. April 1872. Entsch. V S. 401.

Die Zusage einer Krediteinräumung kann einseitig zurückgenommen werden, wenn vor ihrer Ausführung eine Unsicherheit desjenigen, dem sie ertheilt ist, eintritt oder bekannt wird. E. v. 2. Nov. 1877. Entsch. XXIII S. 137.

324. Die Erfüllung des Handelsgeschäfts muß an dem Orte geschehen, welcher im Vertrage bestimmt oder nach der Natur des Geschäfts oder der Absicht der Kontrahenten[a] als Ort der Erfüllung anzusehen ist.[b]

Fehlt es an diesen Voraussetzungen, so hat der Verpflichtete an dem Orte zu erfüllen, an welchem er zur Zeit des Vertragsabschlusses seine Handelsniederlassung oder in deren Ermangelung seinen Wohnort hatte.[c] Wenn jedoch eine bestimmte Sache übergeben werden soll, welche sich zur Zeit des Vertragsabschlusses mit Wissen der Kontrahenten an einem anderen Orte befand, so geschieht die Uebergabe an diesem Orte.[d]

a) In dieser Beziehung ist die Vereinbarung über die Kosten des Transports nur von geringer Bedeutung; von größerem Gewicht ist die Uebernahme der Transportgefahr, der Kosten der Transportversicherung. E. v 12. Jan. 1881. R.G. III S. 112.

Der aus der Absicht der Kontrahenten sich ergebende Erfüllungsort ist als stillschweigend vereinbarter, nicht als gesetzlicher Erfüllungsort anzusehen. E. v. 1. Mai 1875. Entsch. XVI S. 394.

b) Der Regel nach ist das örtliche Recht des vertragsmäßigen Erfüllungsortes für die Beurtheilung des Vertragsverhältnisses entscheidend. E. v. 9. Dez. 1874. Entsch. XV S. 212.

Bei alternativem Erfüllungsorte bestimmen sich die rechtlichen Wirkungen der Abnahme nach dem Recht des gewählten Erfüllungsortes. E. v. 3. Nov. 1874. Entsch. XV S. 130.

c) Der Erfüllungsort braucht nicht für beide Kontrahenten derselbe zu sein; bei Kaufverträgen hat (wenn nichts anderes vereinbart oder als Absicht der Vertragschließenden anzusehen ist, besonders wenn die Erfüllung nicht Zug um Zug erfolgen soll) jeder Theil an seinem Wohnsitz zu erfüllen. E. v. 27. Okt. 1880. R.G. III S. 122.

d) Durch die Bestimmungen in den Art. 324, 325, 342 H.G.B. sind für Handelsgeschäfte die landesrechtlichen Vorschriften über den Erfüllungsort beseitigt. E. v. 26. Jan. 1881. R.G. III S. 119.

325. Bei Geldzahlungen, mit Ausnahme der Auszahlung von indossabelen oder auf Inhaber lautenden Papieren,[a] ist der Schuldner verpflichtet, wenn nicht ein Anderes aus dem Vertrage oder aus der Natur des Geschäfts oder der Absicht der Kontrahenten hervorgeht, auf seine Gefahr und Kosten die Zahlung dem Gläubiger an den Ort zu übermachen, an welchem der letztere zur Zeit der Entstehung der Forderung seine Handelsniederlassung oder in deren Ermangelung seinen Wohnort hatte.[b]

Durch diese Bestimmung wird jedoch der gesetzliche

Erfüllungsort des Schuldners (Art. 324) in Betreff des Gerichtsstandes c) oder in sonstiger Beziehung nicht geändert.

a) Zu diesen Papieren sind auch auf Ordre gestellte Schuldscheine (vgl. Art. 301) zu rechnen. E. v. 19. Jan. 1872. Entsch. V S. 25.

b) Der Inkasso-Mandatar hat in Ermangelung anderer Vereinbarung nicht die Transportgefahr der Geldsendungen zu tragen. E. v 13. Okt. 1880. R.G. II S. 118.

c) Für die Klage auf die Geldzahlung ist auch jetzt (§. 29 C.P.O.*) das Gericht am Wohnsitz des Gläubigers nur zuständig, wenn auf Grund der Bestimmungen des Art. 324 Abs. 1 H.G.B. anzunehmen ist, daß dieser Wohnsitz der Erfüllungsort für die Zahlungsverpflichtung ist. E. v. 26. Mai u. 27. Okt. 1880. R.G. I S. 445 u. II S. 122.

326. Wenn die Zeit der Erfüllung einer Verbindlichkeit in dem Vertrage nicht bestimmt ist, so kann die Erfüllung zu jeder Zeit gefordert und geleistet werden, sofern nicht nach den Umständen oder nach dem Handelsgebrauche a) etwas Anderes anzunehmen ist.

a) Besteht ein Handelsgebrauch, so gilt die handelsgebräuchliche Erfüllungsart als vertragsmäßig bedungen. E. v. 3. Juni 1875. Entsch. XVII S. 334.

327. Lautet die Erfüllungszeit auf das Frühjahr oder den Herbst oder auf ähnliche Zeitbestimmungen, so entscheidet der Handelsgebrauch des Ortes der Erfüllung.

---

*) Der §. 29 C.P.O. lautet: Für Klagen auf Feststellung des Bestehens oder Nichtbestehens eines Vertrags, auf Erfüllung oder Aufhebung eines solchen, sowie auf Entschädigung wegen Nichterfüllung oder nicht gehöriger Erfüllung ist das Gericht des Orts zuständig, wo die streitige Verpflichtung zu erfüllen ist.

Ist die Erfüllung auf die Mitte eines Monats gestellt worden, so gilt der funfzehnte dieses Monats als der Tag der Erfüllung.

328. Wenn die Erfüllung einer Verbindlichkeit mit dem Ablaufe einer bestimmten Frist nach Abschluß des Vertrages erfolgen soll, so fällt der Zeitpunkt der Erfüllung:

1) wenn die Frist nach Tagen[a] bestimmt ist, auf den letzten Tag der Frist; bei Berechnung der Frist wird der Tag, an welchem der Vertrag geschlossen ist, nicht mit gerechnet;[b] ist die Frist auf acht oder vierzehn Tage bestimmt, so werden darunter volle acht oder vierzehn Tage verstanden;

2) wenn die Frist nach Wochen, Monaten, oder einem mehrere Monate umfassenden Zeitraum (Jahr, halbes Jahr, viertel Jahr) bestimmt ist, auf denjenigen Tag der letzten Woche oder des letzten Monats, welcher durch seine Benennung oder Zahl dem Tage des Vertragsschlusses entspricht; fehlt dieser Tag in dem letzten Monate, so fällt die Erfüllung auf den letzten Tag dieses Monats.

Der Ausdruck „halber Monat" wird einem Zeitraum von funfzehn Tagen gleich geachtet. Ist die Frist zur Erfüllung auf einen oder mehrere ganze Monate und einen halben Monat gestellt, so sind die funfzehn Tage zuletzt zu zählen.

Nach den vorstehenden Grundsätzen ist die Frist

auch dann zu berechnen, wenn der Anfang derselben nicht nach dem Tage des Vertragsschlusses, sondern nach einem anderen Zeitpunkte oder Ereignisse c) bestimmt worden ist. d)

a) Der Tag ist für den Handelsverkehr im Zweifel als kleinste Zeiteinheit zu nehmen. E. v. 25. Nov. 1875. Entsch. XII S. 128.

b) Das R.O.H.G. bezieht den Grundsatz,

daß bei Berechnung von Fristen der Tag, an welchem das den Anfang des Fristenlaufs bestimmende Ereigniß stattgefunden hat, nicht mitgezählt wird,

auch auf gesetzliche Fristen. E. v. 7. Nov. 1871. Entsch. III S. 415.

c) Zahlungsfristen („Ziel 3 Monate") beginnen nach allgemeiner Uebung mit der Absendung der Waare. E. v. 28. Juni 1871 u. 17. Mai 1872. Entsch. II S. 377, VI S. 167.

d) Auf die Berechnung landesgesetzlicher Fristen findet Art. 328 H.G.B. keine Anwendung. E. v. 20. März 1878. Entsch. XXIV S. 50.

329. Fällt der Zeitpunkt der Erfüllung auf einen Sonntag oder allgemeinen Feiertag, a) so gilt der nächste Werktag als der Tag der Erfüllung.

a) Ein jüdischer Feiertag gilt, auch wenn beide Theile Juden sind, nicht als ein allgemeiner Feiertag im Sinne des Art. 329. — E. v. 27. Juni 1871. Entsch. II S. 441.

330. Soll die Erfüllnng innerhalb eines gewissen Zeitraums geschehen, so muß sie vor Ablauf desselben erfolgen. a)

Fällt der letzte Tag des Zeitraums auf einen Sonntag oder allgemeinen Feiertag, so muß spätestens am nächstvorhergehenden Werktage erfüllt werden.

a) Der Empfangsberechtigte kommt in diesem Falle mit der Empfangnahme nur in Verzug, wenn ihm der Verpflichtete den Tag angezeigt hat, am welchem er erfüllen wolle. E. v. 26. Juni 1872,

Entsch. VI S. 361. — Ist während der Frist Seitens des Verpflichteten eine Kündigung zur Abnahme nicht erfolgt, so gilt der letzte Tag der Frist als Erfüllungstag, und der Berechtigte muß sich an diesem Tage auch ohne Ankündigung zur Empfangnahme melden, widrigenfalls ein Verzug des Verpflichteten nicht angenommen werden kann. E. v. 23. April 1872. Entsch. V S. 413. Beide Entscheidungen betreffen nur den Fall, wenn die Erfüllung am Orte des Verpflichteten erfolgen muß.

331. Abänderungen in diesen Zeitberechnungen (Artikel 328 bis 330), soweit sie die Liquidationstermine der Börsengeschäfte betreffen, bleiben den Börsenordnungen vorbehalten.[a)]

a) Auf andere, als die in den Art. 328 bis 330 enthaltenen Zeitberechnungen findet diese Vorschrift nicht Anwendung. — Ferner hat durch dieselbe die Anwendbarkeit des Art. 278 auf die Auslegung kontraktlicher Zeitbestimmungen nicht ausgeschlossen werden sollen. Also auch für die Interpretation vertragsmäßiger Fristen ist nicht der Wortsinn unbedingt entscheidend, sondern der erweisliche Wille der Kontrahenten. Als Mittel zur Erforschung dieses Willens sind auch solche Handelsgebräuche geeignet, die in die Börsenordnung nicht Aufnahme gefunden haben. E. v. 9. Jan. 1872. Entsch. IV S. 353.

332. Die Erfüllung muß an dem Erfüllungstage während der gewöhnlichen Geschäftszeit geleistet und angenommen werden.

333. Ist die vertragsmäßige Frist zur Erfüllung einer Verbindlichkeit verlängert worden, so beginnt die neue Frist im Zweifel am ersten Tage nach Ablauf der alten Frist.

334. In allen Fällen, in welchen ein Verfalltag bestimmt worden ist, ist nach der Natur des Geschäfts und der Absicht der Kontrahenten zu beurtheilen, ob derselbe nur zu Gunsten eines der beiden Kontrahenten hinzugefügt worden ist.

Auch wenn der Schuldner hiernach vor dem Verfalltage zu zahlen befugt ist, ist er doch nicht berechtigt, ohne Einwilligung des Gläubigers den Diskonto abzuziehen, insofern nicht Uebereinkunft oder Handelsgebrauch ihn dazu ermächtigen.

335. Ist im Vertrage über die Beschaffenheit und Güte der Waare nichts Näheres bestimmt, so hat der Verpflichtete Handelsgut mittlerer Art und Güte zu gewähren.[a)]

a) Dieser Art. ist von der Anwendung auf den Kauf einer speziell bestimmten Waare (Spezies-Kauf) nicht grundsätzlich auszuschließen. E. v. 17. Nov. 1871. Entsch. IV S. 36. Vgl. dagegen E. v. 23. März 1872. Entsch. V S. 322.

Mittlere Art und Güte kann auch im Falle üblicher Beimischung fremder Substanzen angenommen werden. E. v. 1. Nov. 1878. Entsch. XXIV S. 234.

Bei einem im Inlande geschlossenen Kauf ausländischer Prämienpapiere ist anzunehmen, daß solche Papiere gekauft sind, welche den Bestimmungen des Reichsgesetzes vom 8. Juni 1871 gemäß gestempelt sind. Ungestempelte Prämienloose sind als eine andere Gattung von Werthpapieren anzusehen, als gestempelte. E. v. 27. Sept. u. 5. Okt. 1876. Entsch. XX S. 418 u. 422.

Beim Verkauf verloosbarer Effekten sind solche Stücke als verkauft anzunehmen, welche durch bekannt gewordene Ausloosungen nicht betroffen sind, während die Chance (Gewinn und Verlust) einer zur Zeit des Vertragsabschlusses oder der Erfüllung bereits erfolgten, aber noch nicht veröffentlichten Verloosung im Zweifel den Käufer trifft.

E. v. 21. Juni 1876. Entsch. XX S. 387.

Vgl. Anm. zu Art. 307.

336. Maaß, Gewicht,[a)] Münzfuß, Münzsorten,[b)]

Zeitrechnung und Entfernungen, welche an dem Orte gelten, wo der Vertrag erfüllt werden soll, sind im Zweifel als die vertragsmäßigen zu betrachten. c)

Ist die im Vertrage bestimmte Münzsorte am Zahlungsorte nicht im Umlauf oder nur eine Rechnungswährung, so kann der Betrag nach dem Werthe zur Verfallzeit in der Landesmünze gezahlt werden, sofern nicht durch den Gebrauch des Wortes „effektiv" oder eines ähnlichen Zusatzes die Zahlung in der im Vertrage benannten Münzsorte ausdrücklich bedungen ist.

a) Ueber den Zeitpunkt, welcher beim Verkaufe nach Gewicht für die Ermittelung des Gewichts maaßgebend ist, vgl. E. v. 17. April 1872. Entsch. V S. 404.

b) Unter dem 30. April 1872 kam folgender Fall zur Entscheidung des R.O.H.G. (Entsch. VI S. 87): In einem in Preußen und zwischen Preußen geschlossenen, aber in Oesterreich zu erfüllenden Dienstvertrage war die Dienstvergütung auf „monatlich 75 fl. Oesterr. Währung" verabredet worden und es fragte sich, ob die Vergütung in Metall- oder in Papierwährung zu berechnen war. Das R.O.H.G. entschied sich für das Erstere; es motivirt diese Entscheidung aus den Umständen des Falles und führt aus, daß der Art. 336 nicht zur Anwendung komme, weil es sich nicht um die Frage handele, in welcher Münzsorte die Zahlung geleistet und angenommen, sondern nach welcher Währung die Höhe der Schuld berechnet werden müsse, und daß es daher darauf nicht ankomme, ob bei einer in Oesterreich kontrahirten Schuld im Zweifel die Papierwährung als gewollt gelte.

c) Aus der Bestimmung des Art. 336 Abs. 1 darf nicht gefolgert werden, daß auch für die Auslegung des sonstigen Vertragsinhaltes (z. B. bezüglich der Qualität des zu leistenden Gegenstandes) die lokalen Auffassungen des Erfüllungsortes maaßgebend sind. E. v. 26. Mai 1871. Entsch. II S. 321. Vgl. jedoch die Anm. zu Art. 324.

Zweiter Titel. Vom Kauf.

Den Begriff des „Kaufes" hat das H.G.B. nicht bestimmt. — Ob ein Kaufgeschäft vorliegt (und demgemäß die Vorschriften dieses zweiten Titels Anwendung finden) ist — falls nicht Artikel 338 Platz greift — nach den Landesgesetzen zu beurtheilen. E. v. 12. Mai 1881. Entsch. II S. 290.

Der Preis kann beim Kauf auch in der Weise verabredet werden, daß der Verkäufer zu dem festbedungenen oder zu ermittelnden Selbstanschaffungspreise noch einen Zuschlag (provision, commission) als Entgelt für die jedem Handelsbetriebe innewohnende Vermittlerthätigkeit empfängt. Ein solches Geschäft ist nach den Regeln des Kaufs und nicht der Einkaufskommission zu beurtheilen. E. v. 15. Juni 1871. Entsch. III S. 44 u. v. 1. Sept. 1873, Entsch. XII S. 122. Ebenso R.G. III S. 109 in dem E. v. 5. Jan. 1881, wo auch angenommen ist, daß die Frage, ob vorliegende Willenserklärungen einen Kauf oder ein Kommissionsgeschäft enthalten, der Prüfung des Revisionsgerichts unterliegt.

Die reichs- und partikular-gesetzlichen Verbote des Verkaufs ungeernteter Früchte („auf dem Halme") sind durch das H.G.B. auch für Handelsgeschäfte nicht aufgehoben.

E. v. 1. Mai 1872. Entsch. V S. 432.

Ueber die Folgen der Konkurseröffnung auf nicht erfüllte Kaufverträge enthält das H.G.B. keine Vorschriften. Es kommen die Bestimmungen der R.K.O. zur Anwendung.

E. v. 13. Febr. 1877. Entsch. XXI S. 346.

Ein Kauf ist nur denkbar, wo ein Preis verabredet ist. Die Vereinbarung verschiedener Kaufpreise für verschiedene Bruchtheile einer verkauften Quantität begründet mehrere Kaufgeschäfte.

E. v. 8. März 1875. Entsch. XVI S. 311.

337. Das Anerbieten zum Verkauf, welches erkennbar für mehrere Personen, insbesondere durch Mittheilung von Preislisten, Lagerverzeichnissen, Proben oder Mustern geschieht, oder bei welchem die Waare, der Preis oder die Menge a) nicht bestimmt bezeichnet ist, ist kein verbindlicher Antrag zum Kauf. b)

a) „Mehrere hundert Dutzend", ohne Beifügung eines Anhaltspunktes für die schließliche Entscheidung über die Menge der zu liefernden Waare, ist eine unzureichende Bezeichnung des Vertragsgegenstandes. — E. v. 24. Sept. 1873. Entsch. XI S. 1. Vgl. Anm. a. zu 338.

b) Vgl. E. v. 14. Juni 1872. Entsch. IV S. 241.

Wer öffentlich bekannt macht, daß er eine Waare gewisser Art und zu gewissen Zwecken brauchbar zu verkaufen bereit sei, der muß, wenn mit ihm über die Lieferung solcher Waare kontrahirt wird, die angekündigte Art und Brauchbarkeit als von ihm zugesagt gelten lassen, wenn er nicht seinem Kontrahenten das Gegentheil erklärt hat. E. v. 18. Nov. 1876. Entsch. XXI S. 195.

338. Nach den Bestimmungen über den Kauf ist auch ein Handelsgeschäft zu beurtheilen, dessen Gegenstand in der Lieferung einer Quantität a) vertretbarer Sachen b) gegen einen bestimmten Preis c) besteht. d)

a) Die Quantität darf nicht gänzlich in die Willkür des einen Kontrahenten gestellt sein. Dagegen ist es zulässig, daß der eine Kontrahent dem anderen in Betreff der zu leistenden Menge einen gewissen Spielraum läßt. Der Zusatz „ungefähr" („circa") bei Festsetzung des zu liefernden Quantums nimmt dem Kaufgeschäft nicht die erforderliche Bestimmtheit; über die Grenze der zulässigen Mehr- oder Minderlieferung entscheidet in einem solchen Fall richterliches Ermessen, erforderlichen Falls mit Hülfe Sachverständiger. E. v. 15. Okt. 1870. Entsch. I S. 56. — In dem Erkenntnisse vom 26. April 1872 (Entsch. V S. 421) ist angenommen, aus der Unbestimmtheit von Quantität und Preis lasse sich nicht ableiten, daß das Recht auf Erfüllung weder durch Klage noch durch Einrede geltend gemacht werden könne. Denn solche Unbestimmtheit lasse sich nach der für den Handelsverkehr maßgebenden bona fides durch das richterliche Ermessen leicht beseitigen, indem der Vertragswille dahin aufzufassen, daß ein dem Verhältniß entsprechendes Quantum der Waare als Gegenstand des Kontrakts und als Preis der handelsübliche gemeint ist. — Ein Kaufvertrag über ein „Pöstchen" einer bestimmten Waare ist rechtswirksam. Der Verkäufer hat nachzuweisen, daß die gesandte Menge den Umständen entspricht, wenn dies vom Käufer bestritten wird. Hat aber der Käufer die Waare angenommen und eine Zeit lang ungerügt behalten, so gilt das gesandte Quantum als genehmigt. E. v. 18. März 1874. Entsch. XIII S. 94.

Durchgängige Quantitätsmängel, welche während einer längeren Geschäftsverbindung ungerügt geblieben sind, können bei der schließlichen Abrechnung nicht geltend gemacht werden. E. v. 9. Nov. 1870. Entsch. I S. 122. — In dem Erkenntnisse v. 5. Dez. 1874 (Entsch. XV S. 306) wird der Umstand, daß der Empfänger der Waare nach der Entdeckung von Manco's mit der Rüge einige Monate gewartet hat, nicht für genügend erachtet, um eine Genehmigung des Manco's anzunehmen. Es entscheiden die konkreten Umstände des einzelnen Falles. — Ist die Waare unbeanstandet angenommen worden, so trifft den auf Zahlung des Kaufpreises verklagten Käufer die Beweislast bezüglich behaupteter Manco's. E. v. 5. Dez. 1874. Entsch. XV S. 304.

b) Bei Verträgen, deren Gegenstand die Lieferung nicht vertretbarer Sachen ist (z. B. einer Dampfmaschine für ein individuell bestimmtes Schiff, oder von Maschinen, die nach speziellem Anschlage und auf Grund besonderer Zeichnungen zum Zwecke eines bestimmten Fabrikbetriebes bestellt sind), kommen die Bestimmungen des 2. Titels nur zur Anwendung, wenn nach dem maaßgebenden bürgerlichen Rechte dergleichen Verträge als Kaufgeschäfte anzusehen sind (was nach badischem, aber nicht nach preuß. Recht der Fall ist, welches derartige Verträge als Werkverdingung auffaßt). E. v. 12. Mai 1871, 26. März 1872, 26. Nov. 1875, 20. Okt. 1877. Entsch. II S. 289, VI S. 32, XIX S. 261, XXIII S. 88.

c) Vgl. die Anm. unter der Titelüberschrift.

Einer Preisabrede wird durch den Zusatz „etwa" die erforderliche Bestimmtheit nicht entzogen. — E. v. 10. Dez. 1872. Entsch. VIII S. 209.

d) Unter diesen Art. fallen auch Lieferungsgeschäfte über solche

Gegenstände, welche der Lieferant erst anschafft oder anfertigt. E. v. 12. Mai 1871. Stg. II S. 201, Entsch. II S. 289.

Eisenhandel mit Spezifikation.

1. Die Verabredung im Eisenhandel, daß eine bestimmte Quantität Eisen zu einem festgestellten Grundpreise in näher vom Besteller nach einer Ueberpreis-Skala zu spezifizirenden Dimensionen geliefert werden soll, stellt ein perfektes Geschäft dar, auf Grund dessen der Verkäufer gegen den Käufer auf Bestimmung der Spezifikation klagen kann. E. v. 10. Dez. 1874. Entsch. XVI S. 204.

2. Ein klagbarer Vertrag liegt auch dann vor, wenn dem Besteller außerdem die Wahl hinsichtlich der Qualität des Eisens gelassen ist. Ist für jede Qualität ein verschiedener Grundpreis festgestellt, so liegen verschiedene Kaufverträge vor, welche in dem Verhältnisse zu einander stehen, daß erst durch die Erklärung des Käufers (zu deren Abgabe er verpflichtet ist) gewiß wird, welcher von den Kaufverträgen endgültig geschlossen sein soll. Ist der Kaufpreis für die verschiedenen Qualitäten gleich, so liegt eine (alternative) Obligation vor.

E. v. 17. Juni 1875. Entsch. XVIII S. 49.

3. Ist der Grundpreis, aber nicht die Ueberpreis-Skala verabredet, so gilt die z. Z. des Vertragsschlusses geltende Preis-Skala des Verkäufers, auch wenn der Käufer sie nicht kennt, als stillschweigend vereinbart.

E. v. 20. März 1876. Entsch. XIX S. 401.

Vgl. Anm. g. zu Art. 343.

Ein fester Verkauf unter der Bedingung, daß der Verkäufer die Waare von seinem Fabrikanten zu beschaffen vermöge, ist gültig und verpflichtet den Verkäufer, sich mit der Sorgfalt eines ordentlichen Kaufmanns um die Anschaffung der Waare zu bemühen und die empfangene Waare an den Käufer abzuliefern. — E. v. 10. Jan. 1873. Entsch. VIII S. 368.

Durch Art. 338 sind die landesrechtlichen Bestimmungen, welche den Lieferungsvertrag anders behandeln, als den Kauf, für den Handelsverkehr aufgehoben. — E. v. 2. Juni 1874. Entsch. XIII S. 419. — Dahin gehört auch der §. 9 der Preuß. Verordnung vom

4. März 1834 (Exekution auf Handlungen), soweit darin materielle Vorschriften getroffen sind. E. v. 15. Juni 1876. Entsch. XX S. 106.

339. Ein Kauf auf Besicht oder auf Probe ist unter der in dem Willen des Käufers stehenden Bedingung geschlossen, daß der Käufer die Waare besehen oder prüfen und genehmigen werde. Diese Bedingung ist im Zweifel eine aufschiebende.[a]

Der Käufer ist vor seiner Genehmigung[b] an den Kauf nicht gebunden. Der Verkäufer hört auf, gebunden zu sein, wenn der Käufer bis zum Ablauf der verabredeten oder ortsgebräuchlichen Frist nicht genehmigt.

In Ermangelung einer verabredeten oder ortsgebräuchlichen Frist kann der Verkäufer nach Ablauf einer den Umständen angemessenen Zeit den Käufer zur Erklärung auffordern; er hört auf, gebunden zu sein, wenn sich der Käufer auf die Aufforderung nicht sofort erklärt.

Ist die auf Besicht oder Probe verkaufte Waare zum Zweck der Besichtigung oder Probe bereits übergeben, so gilt das Stillschweigen des Käufers bis nach Ablauf der Frist[c] oder auf die Aufforderung als Genehmigung.

a) Die Auslassung des auf Zahlung des Kaufpreises belangten Käufers, daß nur ein Kauf auf Probe vorliege, ist als ein „Bestreiten“ aufzufassen, wenn nach seiner Angabe aufschiebende Bedingung, dagegen als „Einrede“, wenn auflösende Bedingung vorliegen soll. In ersterem Falle hat Verkäufer den Beweis des unbedingten Kaufs, im letzteren Käufer den Beweis der Bedingung zu führen. — E. v. 22. Juni 1872. Entsch. VII S. 38. Vgl. E. v. 4. Nov. 1871. Entsch. IV S. 127.

Der Kauf auf Probe ist nicht ein beabsichtigtes, sondern ein wirklich zu Stande gekommenes Geschäft. — E. v. 19. Okt. 1872. Entsch. VII S. 322.

Ein Kauf auf Probe liegt nur vor, wenn er einzig und allein von dem Willen des Käufers abhängig gemacht ist, also namentlich dann nicht, wenn der Käufer sich verpflichtet hat, die Waare zu prüfen und nach dem Ergebniß der Prüfung die Genehmigung oder Nichtgenehmigung auszusprechen. Die Behauptung des verklagten Käufers, daß letzteres verabredet ist, stellt sich als Einrede dar und ist daher vom Käufer zu beweisen. — E. v. 26. Sept. 1874. Entsch. XIV S. 204.

b) Ob beim Nichteintritt der Genehmigung dem Käufer die auf den Empfang und die Aufbewahrung der Waare verwendeten Kosten vom Verkäufer zu erstatten sind, kann nicht für alle Fälle gleichmäßig entschieden werden, sondern richtet sich nach der Absicht der Parteien bei Eingehung des Vertrages. E. v. 19. Dez. 1877. Entsch. XXIV S. 48.

c) Es ist nicht erforderlich, daß der Anfang der Frist kalendermäßig oder anderweit fest bestimmt ist; es bedarf also auch dann einer Aufforderung des Verkäufers nicht, wenn verabredet worden ist, daß als Anfang der Probefrist derjenige Zeitpunkt gelten solle, in welchem zuerst nach dem ordnungsmäßigen Geschäftsgange es dem Käufer möglich ist, die Probe anzustellen. E. v. 9. Mai 1879. Entsch. XXV S. 118.

340. Ein Kauf nach Probe oder Muster ist unbedingt, jedoch unter der Verpflichtung des Verkäufers geschlossen, daß die Waare der Probe oder dem Muster gemäß sei.[a)]

a) Ein Kauf nach Probe liegt vor, wenn die Lieferung einer der Probe entsprechenden Waare den Inhalt des Vertrages bildet. Eine dahin gehende ausdrückliche Verabredung oder eine Ausantwortung der Probe ist nicht wesentlich; andererseits genügt das bloße Vorzeigen einer Probe beim Kaufabschlusse nicht, um einen Handel nach Probe anzunehmen. E. v. 15. April 1875. Entsch. XVI S. 318.

Wird unter Bezugnahme auf eine noch unfertige, inneren Veränderungen unterworfene Probe gekauft (z. B. fertiger Wein nach einer vorgelegten Probe jungen Weins), so ist nicht Kauf nach Probe anzunehmen. In einem solchen Falle hat die Sendung einer Probe nur die Wirkung, daß der Käufer wegen Arglist zurücktreten kann, wenn ihm der Verkäufer vorsätzlich eine „geschmeichelte" Probe zugestellt hat. E. v. 9. Juni 1876. Entsch. XX S. 329.

Vom Kauf „nach Probe" ist Kauf „unter der Bedingung der Probemäßigkeit" zu unterscheiden; während bei dem letzteren die Existenz des Geschäfts davon abhängt, daß die Waare der Probe gemäß ausfällt, ist der Kauf nach Probe ein unbedingtes Geschäft, bei welchem der Verkäufer die Probemäßigkeit vertreten muß. Ob das eine oder andere Geschäft vorliegt, ist Sache der Interpretation, wobei die gebrauchten Worte nicht unbedingt maaßgebend sind. — E. v. 29. Juni 1871 und 16. Jan. 1872. Stg. III S. 134, V S. 246; Entsch. II S. 418. — Der Kauf nach Probe kann auch unter einer Bedingung abgeschlossen werden. Es ist jedoch keine Bedingung, wenn der Verkäufer die Haftung übernommen hat, daß die nach Probe gekaufte Waare zu einem bestimmten Zwecke dienlich sei. — E. v. 16. Dez. 1872. Entsch. VIII S. 249.

Es ist auch zulässig, daß in Betreff einzelner Eigenschaften der Waare eine wörtliche Beschreibung gemacht und im Uebrigen auf die Probe Bezug genommen wird. E. v. 23. Sept. 1874. Entsch. XIV S. 290.

Ein Kauf unter der Bedingung, daß die Waare gleich einer früheren Sendung ausfalle, ist kein Kauf nach Probe. — E. v. 29. April 1874. Entsch. XIII S. 214.

Beim Kauf nach Probe hat der Verkäufer die Probemäßigkeit zu beweisen, mag er den Kaufpreis einklagen, oder der Verkäufer das im Voraus bezahlte Kaufgeld wegen Probewidrigkeit zurückverlangen. E. v. 4. April 1871 und 28. Juni 1872. Stg. II S. 90; Entsch. II S. 179, VI S. 337. Anders, wenn Käufer die Waare abgenommen hat. — Entsteht Streit über die Identität der im Prozesse vorgelegten Probe und Waare mit der abgelieferten, so trifft den Verkäufer die Beweislast. E. v. 21. Juni 1872. Entsch. VI S. 337. — Ein Kontrahent, welcher als Inhaber der zwischen ihm und dem anderen Theil maaßgebenden Probe dieselbe vor Erledigung der Frage nach der Probemäßigkeit absichtlich oder fahrlässiger Weise abhanden kommen oder unbrauchbar werden läßt, bürdet sich die Beweislast auf, falls dieselbe ihm sonst nicht obgelegen haben würde. E. v. 31. März 1873 u. 16. März 1878. Entsch. IX S. 27, XXIII S. 308.

Ueber die Beweislast bezüglich der Identität der Probe nach gemeinem Recht vgl. E. v. 24. März 1876. Entsch. XX S. 62.

Derjenige, welcher aus einem Kauf nach Probe ein Recht herleitet, muß — wenigstens beim Spezies-Kauf — nachweisen, daß nach Probe gekauft ist. E. v. 29. Juni 1871. Entsch. II S. 94.

Der klagende Verkäufer hat den Nachweis zu führen, daß nicht nach Probe verkauft ist, wenn der verklagte Käufer nur einen Kauf nach Probe zugiebt. Es gilt dies selbst dann, wenn der Käufer den Einwand der Probewidrigkeit nicht erhebt, dieser Einwand aber nach den Bestimmungen des Art. 347 überhaupt noch zulässig ist (z. B. in der Exekutions-Instanz). E. v. 27. Okt. 1874. Entsch. XV S. 53. — Die Ueberlieferung einer Probe an den Käufer erweckt die Vermuthung für den Kauf nach Probe. Die Vermuthung kann jedoch durch die Umstände widerlegt werden. Der Beweis des unbedingten Kaufs ist für geführt zu erachten, wenn der Käufer das Geschäft in das Bestellbuch des Käufers eingetragen, den Abschluß nach Probe dabei nicht erwähnt und der Käufer hiergegen keinen Einspruch erhoben hat. E. v. 24. Nov. 1874. Entsch. XV S. 171.

341. Ein Kauf zur Probe ist unbedingter Kauf unter Hinzufügung des Beweggrundes. a)

a) Der gewöhnliche Sprachgebrauch hält die Begriffe des Kaufes „auf Probe" und „zur Probe" nicht immer scharf auseinander. Der Art. 341 darf daher nicht als absolute Interpretationsregel aufgefaßt werden. Es kann vielmehr ein bedingter Kauf beabsichtigt sein, auch wenn die Worte „Kauf zur Probe" gebraucht sind. E. v. 13. April 1871. Stg. III S. 32, Entsch. II S. 188.

342. Hinsichtlich des Ortes der Erfüllung der Verbindlichkeiten des Verkäufers und des Käufers kommen die Bestimmungen des Artikels 324 Absatz 1 zur Anwendung.

Die Uebergabe der Waare geschieht, wenn aus diesen Bestimmungen sich nicht ein Anderes ergiebt, an dem Orte, wo der Verkäufer zur Zeit des Vertragsabschlusses seine Handelsniederlassung[a] oder in deren Ermangelung seinen Wohnort hatte. Wenn jedoch eine bestimmte Sache verkauft ist, welche sich zur Zeit des Vertragsabschlusses mit Wissen der Kontrahenten an einem anderen Orte befand, so geschieht die Uebergabe an diesem Orte.[b]

Der Kaufpreis ist bei der Uebergabe zu entrichten,[c] sofern nicht ein Anderes durch die Natur des Geschäfts bedingt oder durch Vertrag[d] oder Handelsgebrauch bestimmt ist. Im Uebrigen kommt die Bestimmung des Artikels 325 auch in Bezug auf diese Zahlung zur Anwendung.[e]

a) Handelsniederlassung, also nicht der Ort, wo die zum Handel benutzte Waare vom Verkäufer fabrizirt wird, sondern derjenige Ort, von welchem aus die kaufmännische Leitung des Ganzen ihren Ausgang nimmt. E. v. 27. Juni 1874. Entsch. XVI S. 52.

b) Ist ein Erfüllungsort bestimmt, an welchem weder Verkäufer noch Käufer eine Handelsniederlassung hat, so muß der Verkäufer den Platz am Erfüllungsorte, wo er liefern will, dem Käufer näher bezeichnen. E. v. 26. Juni 1872. Entsch. VI S. 361. — Der Erfüllungsort braucht mit dem Ablieferungs- oder Bestimmungsort nicht zusammenzufallen. E. v. 9. Dez. 1874. Entsch. XV S. 212.

c) Hat Verkäufer, was nach Art. 342 die Regel ist, an dem Orte seiner Handlungsniederlassung zu erfüllen, so genügt zur Begründung der Klage auf das Kaufgeld der Nachweis, daß die Waare ordnungsmäßig abgesandt ist, ohne daß Empfangnahme der Waare

Seitens des Käufers behauptet zu werden braucht. E. v. 9. Nov. 1870. Entsch. I S. 122.

Ein Verzug des Verkäufers mit der Uebergabe kann in der Regel ohne Bereitschaft des Käufers zu gleichzeitiger Bezahlung nicht eintreten. — Die Annahmeweigerung des Käufers begründet für sich allein keinen Verzug desselben. Es muß hinzukommen, daß der Verkäufer liefern konnte und wollte. Daher entbindet die Annahmeweigerung des Käufers den Verkäufer nicht von der Nothwendigkeit wörtlichen Anerbietens und wirklicher Bereitschaft. Aber die Verpflichtung zum thatsächlichen Anbieten fällt fort, wenn der andere Theil erklärt hat, er werde die Erfüllung nicht annehmen.

E. v. 24. Febr. 1871, Stg. III S. 2, u. 9. April 1873, Entsch. IX S. 265.

Ist Erfüllung Zug um Zug vereinbart, so kann Käufer auch ohne vorgängiges Angebot des Kaufpreises auf Lieferung der Waare gegen Zahlung des Preises klagen, wenn der Verkäufer die Existenz oder Rechtsbeständigkeit des Vertrages bestreitet.

E. v. 26. April 1873. Entsch. XI S. 433.

Bei einem am Wohnorte des Käufers zu erfüllenden Distance-Geschäfte braucht sich der Käufer eine Zusendung der Waare gegen Nachnahme des vertragsmäßig Zug um Zug zu entrichtenden Kaufpreises nicht gefallen zu lassen, selbst dann nicht, wenn er die Waare vor deren Uebersendung gesehen und gebilligt hat.

E. v. 10. Juni 1874. Entsch. XIII S. 187.

Der Käufer kann aber bei solchen Geschäften nicht verlangen, daß ihm vor Bezahlung des Kaufpreises die Waare zur Prüfung der Empfangbarkeit ausgehändigt werde. E. v. 14. Febr. 1874. Entsch. XII S. 275.

d) Eine Vereinbarung, die Zahlung solle in das Belieben des Käufers gestellt sein, ist dahin aufzufassen, daß die Zahlung nach einer den Umständen angemessenen Frist erfolgen solle, über deren Länge richterliches Ermessen zu entscheiden habe.

E. v. 4. Juni 1873. Entsch. X S. 233.

e) Ist ein Kauf durch Uebergabe und Empfangnahme der Waare thatsächlich vollzogen, ohne daß die vorhergegangene Verhandlung der Kontrahenten über die Zeit und Modalität der Zahlung zu einer

Einigung geführt hätte, so haben sich die Kontrahenten insoweit den einschlagenden gesetzlichen Bestimmungen unterworfen.

E. v. 24. Sept. 1870. Stg. I S. 44, Entsch. I S. 30.

343. Der Verkäufer ist verpflichtet, die Waare, so lange der Käufer mit der Empfangnahme[a] nicht im Verzuge[b] ist, mit der Sorgfalt eines ordentlichen Geschäftsmannes aufzubewahren.

Ist der Käufer mit der Empfangnahme der Waare im Verzuge,[c] so kann[d] der Verkäufer die Waare[e] auf Gefahr und Kosten des Käufers in einem öffentlichen Lagerhause oder bei einem Dritten[f] niederlegen. Er ist auch befugt,[g] nach vorgängiger Androhung[h] die Waare öffentlich[i] verkaufen[k] zu lassen; er darf, wenn die Waare einen Börsenpreis oder einen Marktpreis hat, nach vorgängiger Androhung den Verkauf auch nicht öffentlich durch einen Handelsmäkler[l] oder in Ermangelung eines solchen durch einen zu Versteigerungen befugten Beamten zum laufenden Preise[m] bewirken.[n] Ist die Waare dem Verderben ausgesetzt und Gefahr im Verzuge, so bedarf es der vorgängigen Androhung nicht.[o]

Von der Vollziehung des Verkaufs hat der Verkäufer den Käufer, soweit es thunlich, sofort zu benachrichtigen; bei Unterlassung ist er zum Schadensersatze verpflichtet.

a) Empfangnahme setzt voraus, daß der Empfänger oder sein Stellvertreter in die Lage gesetzt ist, die Waare und deren Empfangbarkeit zu prüfen. Mit Uebergabe, Tradition, ist Empfangnahme nicht identisch. Ein Verzug des Käufers mit der Empfangnahme ist möglich, auch wenn die Waare bereits an ihn übergeben ist. Für die Anwendbarkeit des Artikels 343 ist es daher gleichgültig, ob Tradition der Waare stattgefunden hat. (Der Art. 354 setzt dagegen voraus, daß die Waare nicht übergeben ist.) E. v. 14. Nov. 1871. Entsch. IV S. 15. Vgl. Anm. b. zu Artikel 347.

b) Um den Empfänger in Verzug zu setzen, ist in der Regel thatsächliches Anbieten (Real-Oblation) erforderlich. Bei vorher erklärter Annahme-Verweigerung ist aber mündliches Anbieten (Verbal-Oblation) für genügend zu erachten; beharrt dann der Käufer bei seiner Annahme-Verweigerung, was anzunehmen ist, wenn er sich auf das mündliche Erbieten des Verkäufers stillschweigend verhält, so tritt Annahme-Verzug ein.

E. v. 16. März 1872, 16. Febr. 1875. Entsch. V S. 290, XVI S. 422.

Mündliches Anbieten mit Erfüllungsbereitschaft genügt auch, um den Käufer in Verzug zu setzen, wenn dieser vorzuleisten hat.

E. v. 28. Okt. 1875. Entsch. XVIII S. 331.

Ist zur Erfüllung oder thatsächlichen Offerte eine Mitwirkung des Käufers erforderlich, so ist Annahme-Verzug vorhanden, wenn der Käufer mit dieser Mitwirkung im Verzuge ist.

E. v. 22. Nov. 1871, 12. April 1877. Entsch. IV S. 145, XXII S. 5.

Das Anbieten eines Theiles der verkauften Waare oder das Anbieten der Erfüllung eines von mehreren zusammenhängenden Kaufgeschäften ist nicht geeignet, einen Annahme-Verzug zu begründen.

E. v. 8. März 1875. Entsch. XVI S. 314.

Der Einwand des Käufers, daß der Verkäufer sich die angebotene Waare nur zum Zweck des Angebots geliehen habe, ist von Erheblichkeit, wenn die Sachlage ergiebt, daß der Verkäufer erfüllen nicht konnte oder nicht ernstlich wollte.

E. v. 28. Jan. 1875. Entsch. XVI S. 281.

Der Verkäufer wird dem mit der Empfangnahme säumigen Käufer gegenüber durch jede nicht auf dolus oder grobem Versehen beruhende Unmöglichkeit der ihm obliegenden Vertragserfüllung befreit; sein Anspruch auf den Kaufpreis ist also dem säumigen

Käufer gegenüber durch die fortdauernde Möglichkeit der Erfüllung oder Ausübung der Depositions- oder Verkaufsbefugniß nicht bedingt.

E. v. 6. Nov. 1875. Entsch. XIX S. 343.

c) Erklärt der Käufer während des Transports der Waare vom Erfüllungsorte zum Bestimmungsorte, daß er dieselbe nicht annehmen werde, so ist der Verkäufer berechtigt, die Waare schon während des Transports den Vorschriften des Artikels 343 gemäß verkaufen zu lassen.

E. v. 14. März 1874. Entsch. XIII S. 58.

d) Verpflichtet ist der Verkäufer hierzu nicht; er kann auch die Waare in einem eigenen Speicher niederlegen und dort verkaufen lassen. E. v. 27. Juni 1871. Stg. II S. 368. Entsch. II S. 409.

e) Beim Genuskauf kann die vom Verkäufer zum Zwecke der Niederlegung vorzunehmende Aussonderung ohne Zuziehung des Käufers erfolgen. E. v. 9. Mai 1878. Entsch. XXIV S. 33.

f) Bei einem Dritten. Es kann dies unter Umständen auch das Gericht sein. E. v. 9. Mai 1878. Entsch. XXIV S. 32.

g) Befugt. Für dieses Recht des Verkäufers ist es gleichgültig, ob er ein besonderes Interesse hat, sich der Waare zu entäußern.

E. v. 24. Sept. 1881. R.G. V S. 63.

h) Hat der Käufer bereits vor dem Eintreffen der Waare deren Annahme abgelehnt, so genügt eine vor dem Eintreffen Seitens des Verkäufers erklärte Verkaufsandrohung.

E. v. 11. Juni 1873. Entsch. X S. 238.

Auch in diesem Falle (der Annahme-Verweigerung des Käufers) muß die Androhung erfolgen.

E. v. 29. Mai 1880. R.G. I S. 310.

Bei der Androhung bedarf es nicht der Angabe der beabsichtigten Verkaufsart (ob öffentlich oder nicht öffentlich).

E. v. 1. Nov. 1879. Entsch. I S. 5.

Eine blos allgemein gehaltene, die Modalitäten des beabsichtigten Verkaufs nicht angebende Androhung hat jedenfalls die Wirkung, daß sie zur Annahme berechtigt, Verkäufer wolle den im Sinne des Gesetzes regelmäßigen Weg des öffentlichen Verkaufs wählen.

E. v. 11. Juni 1873. Entsch. X S. 242.

Einer Benachrichtigung vom Verkaufstermine bedarf es nicht.

E. v. 4. Sept. 1872. Entsch. VII S. 49.

Die Androhung kann (als eine eventuelle, d. h. für den Fall der Nichtabnahme gemeinte) mit dem Erfüllungsanerbieten verbunden werden, also dem Verzuge des Käufers vorangehen.

E. v. 16. Febr. 1875, 16. Jan. 1878. Entsch. XII S. 424 und XXIII S. 169.

Sie kann auch mit der nach Art. 356 H.G.B. erforderlichen Wahlanzeige verbunden werden.

E. v. 25. Febr. 1874. Entsch. XII S. 284.

Die Androhung (d. h. vorgängige Ankündigung) muß rechtzeitig erfolgen; rechtzeitig ist sie nur, wenn die Frist bis zum Verkauf für den säumigen Käufer ausreicht, sich vor Schaden zu schützen, sei es durch Abnahme der Waare, sei es, daß er durch direktes oder indirektes Mitbieten für einen möglichst vortheilhaften Verkauf Sorge trägt. Die Gewährung einer Frist wird durch eine vorhergehende Empfangsverweigerung des Käufers nicht entbehrlich. Die Rechtzeitigkeit der Androhung hat der Verkäufer zu beweisen.

E. v. 11. Jan. 1876. Entsch. XIX S. 293.

i) Oeffentlich, d. h. durch einen zur Vornahme von Versteigerungen befugten Beamten und unter Beobachtung derjenigen Formen, welche für öffentliche Versteigerungen in dem betreffenden Landesrechte vorgeschrieben oder beim Mangel solcher Vorschriften ortsüblich sind. Zu diesen Formen gehört eine vorgängige rechtzeitige öffentliche Bekanntmachung. Es genügt nicht, daß die Versteigerung in einem öffentlichen Lokale stattfindet. Einem etwaigen Mangel in dieser Beziehung wird nicht dadurch abgeholfen, daß der säumige Käufer bei der Versteigerung zugegen war, zu der Art des Verkaufs schwieg und sich beim Mitbieten betheiligte.

E. v. 17. Dez. 1872, 20. Okt. 1874, 2. Febr. 1875, 1. Mai 1876. Entsch. VIII S. 261, XIV S. 330, XVI S. 93, XX S. 23. Ebenso E. v. 1. Nov. 1881. R.G. V S. 95.

k) Es ist nicht erforderlich, daß der Verkauf unter allen für das ursprüngliche Kaufgeschäft vereinbarten Bedingungen erfolge. Die Waare ist so zu verkaufen, wie sie den Markt- oder Börsenpreis hat.

E. v. 30. Juni 1873. Entsch. X S. 372.

Ist bei einem Genuskaufe die sogen. Spezifikation (Bestimmung der Formen und Dimensionen bei Hölzern, Stabeisen ꝛc.) dem Käufer vorbehalten, so wird der Käufer in Annahme-Verzug gesetzt, wenn er nach Ablauf der zur Spezifikation vereinbarten Frist die Aufforderung des Verkäufers zur Vornahme der Spezifikation unberücksichtigt läßt und Verkäufer im Stande ist, die angebotene Lieferung alsbald vorzunehmen. — Macht in einem solchen Falle der Verkäufer von dem Rechte des öffentlichen Verkaufs Gebrauch, so muß er die Waare mit der Befugniß des Käufers, zu spezifiziren, ausbieten lassen.

E. v. 7./25. Nov. 1874, 12. April 1877. Entsch. XV S. 146, XXII S. 5.

Der Verkäufer hat nicht das Recht, nach Ablauf der Frist die Spezifikation selbst vorzunehmen und die gekaufte Waare in einer von ihm gewählten Form oder Dimension anzufertigen und auszubieten, auch nicht, wenn die selbst spezifizirte Sorte in der Preisliste als niedrigste bezeichnet ist.

E. v. 7./25. Nov. 1874, 17. Juni 1875. Entsch. XV S. 146, XVIII S. 51.

Ist aber dem Käufer auch die Wahl zwischen verschiedenen Qualitäten mit verschiedenen Preisen gelassen, so ist, so lange der Käufer keine Wahl getroffen, die Möglichkeit, die Erfüllung anzubieten, also auch die Möglichkeit eines Annahme-Verzuges, also auch die Zulässigkeit des Selbsthülfe-Verkaufs ausgeschlossen.

E. v. 17. Juni 1875. Entsch. XVIII S. 50.

Es muß dieselbe Waare verkauft werden, mit deren Empfangnahme der Käufer im Verzuge war, beim Speziesкauf müssen sich der Gegenstand des ursprünglichen Kaufs und der des Weiterverkaufs vollständig decken. Wenn also der Verkäufer einen Theil der als Ganzes verkauften Waare freihändig verkauft, hat er auch bezüglich des Restes das Recht der Verkaufs-Selbsthülfe verloren.

E. v. 28. Nov. 1876. Entsch. XXI S. 235.

Auch beim Genuskauf ist die Verkaufs-Selbsthülfe an einem Theil des Verkaufsobjekts nur dann zulässig, wenn nach Lage des Falls der Käufer zur Annahme einer Theillieferung verpflichtet war.

E. v. 3. Jan. 1874 und 26. Sept. 1878. Entsch. XII S. 176 und XXIV S. 359.

Aktien, auf welche ohne Einwilligung des Käufers mehr eingezahlt ist, als zur Zeit des ursprünglichen Verkaufs, sind in der Regel nicht als „dieselbe Waare" anzusehen.

E. v. 10. Juni 1876. Entsch. XX S. 336.

Es ist zuläsig, daß der Selbsthülfe-Verkauf an einer noch auszuscheidenden Waare (noch nicht geförderten Kohlen) stattfinde.

E. v. 19. Sept. 1876, 24. Sept. 1881. Entsch. XX S. 173. R.G. V S. 66.

Handelt es sich um Lieferung eines genus, so kommt es nicht darauf an, ob die öffentlich verkaufte Waare mit der dem Käufer zur Abnahme angebotenen identisch ist.

E. v. 21. Juni 1871. Entsch. II S. 410.

Der Selbsthülfe-Verkauf braucht nicht gerade am Erfüllungsorte vorgenommen zu werden; er ist dort vorzunehmen, wo sich die Waare zur Zeit der Annahme-Weigerung befindet oder befinden mußte, unter Umständen auch an dem für den Erfüllungsort maaßgebenden Marktplatze. Bei Distanzgeschäften ist der Erfüllungsort maaßgebend, wenn die Waare dorthin gelangt ist, der Absendungsort, wenn der Annahme-Verzug schon vor der Absendung eintritt. — Der Verkäufer kann aber den Verkaufsort nicht willkürlich wählen, er darf nicht mit der Waare auf Gefahr des Käufers eine sich als Spekulation darstellende Handlung, insbesondere nicht einen kostspieligen Transport vornehmen.

E. v. 24. Okt. 1874, 16. Febr. 1875. Entsch. XIV S. 422, XVI S. 421.

Beim Selbsthülfe-Verkauf kann auch der Verkäufer selbst als Mitbieter und Käufer auftreten. E. v. 24. Sept. 1881. R.G. V S. 58.

Durch Anstellung einer Klage auf Erfüllung des Vertrages verliert der Verkäufer nicht das Recht zum Selbsthülfe-Verkauf. E. v. 2. Febr. 1875. Entsch. XXIII S. 189.

Vgl. die Anm. zu Art. 354.

1) Der Verkauf an einen Handelsmäkler genügt nicht.

E. v. 17. Dez. 1872. Entsch. VIII S. 262.

Der Verkäufer, welcher den Verkauf durch einen Handelsmäkler hat besorgen lassen, braucht nicht nachzuweisen, daß der laufende Preis erreicht ist. Dies wird vermuthet.

E. v. 10. Sept. 1872. Entsch. VII S. 66.

m) Falls sämmtliche Formen der Verkaufs-Selbsthülfe beobachtet sind, jedoch der mit dem Verkaufe zum laufenden Preise beauftragte Beamte diesen nicht erzielt hat, so muß der Käufer den Verkauf als für seine Rechnung geschehen gelten lassen, kann aber beanspruchen, daß der anderweit zu ermittelnde laufende Preis angerechnet werde. Pl.-Beschl. v. 16. Juni 1873. Entsch. X S. 368. In dem E. v. 27. Nov. 1872 (Entsch. VIII S. 98) hatte das R.O.H.G. angenommen, daß der Käufer einen unter dem laufenden Preise erfolgten Verkauf nicht als für seine Rechnung geschehen anzuerkennen brauche.

n) Beim Verkaufe müssen die Vorschriften des Art. 343 Abs. 2 inne gehalten werden, sonst braucht Käufer denselben nicht gelten zu lassen, selbst wenn nachgewiesen wird, daß ein den Vorschriften des Art. 343 entsprechender Verkauf keinen höheren Preis gebracht haben würde, E. v. 1. Nov. 1872 u. 14. März 1874. Entsch. VII S. 405, XIII S. 58, oder wenn der säumige Käufer selbst sich bei der Auktion durch Bieten und Erstehen betheiligt hat, E. v. 21. Dez. 1875. Entsch. XIX S. 91.

Der Verkäufer kann von der Beobachtung der Vorschriften des Art. 343 durch Vereinbarung mit dem Käufer befreit werden, und in dem Verhalten des Käufers zu den Abweichungen von diesen Vorschriften kann eine ihn verpflichtende Genehmigung dieser Abweichungen gefunden werden.

E. v. 21. Dez. 1875. Entsch. XIX S. 92.

Die Verkaufs-Selbsthülfe braucht nicht sofort nach Eintritt des Annahme-Verzuges, sondern kann so lange ausgeübt werden, als der Annahme-Verzug des Käufers dauert.

E. v. 15. Febr. 1872. Entsch. IX S. 83.

Ein unberechtigter Selbsthülfe-Verkauf ist nicht wie die unabänderliche Ausübung eines Wahlrechts zu behandeln, sondern als nicht geschehen zu erachten, hindert also den Verkäufer nicht an der Ausübung des ihm wirklich zustehenden Rechts, vom Käufer Abnahme der Waare zu fordern und im Falle des Abnahme-Verzuges das dann begründete Recht auf Verkaufs-Selbsthülfe anderweit auszuüben. E. v. 20. Okt. 1877. Entsch. XXIII S. 83 und S. 84 Anm.*

o) Nur die Androhung kann in diesem Falle unterbleiben; die übrigen Vorschriften des Art. 343 müssen auch beobachtet werden, wenn Gefahr im Verzuge ist. E. v. 1. Nov. 1881. R.G. V S. 97.

344. Soll die Waare dem Käufer von einem anderen Orte übersendet werden,[a] und hat der Käufer über die Art der Uebersendung nichts bestimmt, so gilt der Verkäufer für beauftragt, mit der Sorgfalt eines ordentlichen Kaufmanns[b] die Bestimmung statt des Käufers[c] zu treffen, insbesondere auch die Person zu bestimmen, durch welche der Transport der Waare besorgt oder ausgeführt werden soll.[d]

a) Eine Pflicht zur Uebersendung legt Art. 344 dem Verkäufer nicht auf. Doch wird bei Distanz-Geschäften in der Regel anzunehmen sein, daß die Absendung zu den vom Verkäufer übernommenen Vertragspflichten gehört.

E. v. 16. Okt. 1875. Entsch. XVIII S. 322.

Eine Uebersendung an seine verschiedenen Kunden kann der Käufer, wenn sie nicht vereinbart ist, nicht verlangen.

E. v. 20. Okt. 1875. Entsch. XVIII S. 326.

Bei Verträgen, die Zug um Zug zu erfüllen sind, kann der Verkäufer nicht die Absendung von der vorgängigen Bezahlung des Kaufpreises abhängig machen. Er darf nur Bestimmungen treffen, daß die Waare am Bestimmungsort dem Käufer nur gegen Zahlung ausgeantwortet wird.

E. v. 16. Okt. 1875. Entsch. XVIII S. 322.

b) d. h. mit derjenigen Umsicht, welche nach Lage des Falls von einem geschäftskundigen Kaufmann vorausgesetzt werden darf. Handelt es sich um eine bei längerem Transport dem Verderben ausgesetzte Waare (lebende Fische), so wird der Verkäufer bei Abschluß des Transportvertrages von mehreren vorhandenen Eisenbahnlinien die schneller zum Ziele führende vorschreiben müssen. Unkenntniß der mehrfachen Eisenbahnverbindung schützt ihn nicht.

E. v. 2. Okt. 1875. Entsch. XIX S. 245.

c) statt des Käufers, d. h. im Einklange mit dem ausgesprochenen oder nach den Umständen vorauszusetzenden Vertragswillen des Käufers. In Ermangelung einer anderen Weisung ist anzunehmen, daß der Käufer Uebersendung vom Erfüllungsorte aus gewollt hat. Sendet der Verkäufer die Waare von einem anderen Orte ab, so trifft ihn, falls die Waare Schaden nimmt, die Beweislast, daß die unstatthafte Wahl des Absendungsortes auf das Schicksal der Waare ohne Einfluß geblieben ist.

E. v. 14. Dez. 1874. Entsch. XVI S. 49.

Der Art. 344 bezieht sich nur auf die Art der Versendung, nicht auf den Ort, wohin gesendet werden soll. Der Verkäufer ist nicht ohne Weiteres berechtigt, dem Käufer die Waare nach dem Ort seiner Handelsniederlassung zu übersenden, besonders wenn ersichtlich der Käufer die Waare behufs Weiterveräußerung im Großhandel gekauft hat.

E. v. 11. Sept. 1875. Entsch. XVIII S. 161.

d) Die dem Verkäufer obliegende gehörige Uebersendung schließt in der Regel nur die Ausantwortung der ordentlich verpackten Waare an den geeigneten Frachtführer, nicht auch die Sorge für die weitere ordnungsmäßige Verladung durch den Frachtführer ein. E. v. 12. Sept. 1871. Entsch. III S. 106.

Die Absendung der Waare gehört beim Distanzgeschäft zu den dem Käufer aus dem Kaufvertrage obliegenden Verpflichtungen. Er hat den Kaufvertrag erst vollständig erfüllt, wenn er alles zum Transport Erforderliche gethan, also auch den Frachtvertrag abgeschlossen hat. — Ein selbständiges, den Grundsätzen des Mandatsvertrages unterliegendes Auftragsverhältniß besteht zwischen dem Verkäufer und dem Käufer nicht. Der Verkäufer schließt den Transportvertrag im eigenen Namen, nicht in Vertretung des Käufers ab. E. v. 11. April 1874. Entsch. XIII S. 148. — Noch weniger ist der Verkäufer, welcher die ihm vom Käufer bezüglich der Uebersendung der Waare ertheilten Weisungen befolgt, als Spediteur des Käufers zu betrachten. Es gilt dies auch dann, wenn er aus Gefälligkeit Aufträge annimmt, welche ihm Seitens des Käufers ertheilt werden, nachdem er seine Verpflichtungen aus dem Kaufvertrage bereits vollständig erfüllt hat. E. v. 9. Nov. 1872. Entsch. VIII S. 10.

Hat der Verkäufer die Versicherung der Waare übernommen, so hat er auch hierbei die Sorgfalt eines ordentlichen Kaufmanns anzuwenden; er braucht ohne besondere Anweisung nur den Werth der Waare, nicht den imaginären Gewinn zu versichern.

E. v. 17. Okt. 1876. Entsch. XXI S. 172.

Der Verkäufer, welcher gemäß Art. 344 im eigenen Namen den Speditionsvertrag über die dem Käufer zuzuführende Waare geschlossen hat, kann auch selbst Erfüllung dieses Vertrages oder Schadensersatz wegen Nichterfüllung gegen den Spediteur einklagen.

E. v. 9. April 1875. Entsch. XVII S. 78.

345. Nach Uebergabe der Waare an den Spediteur oder Frachtführer oder die sonst zum Transport der Waare bestimmte Person [a)] trägt der Käufer die Gefahr, von welcher die Waare [b)] betroffen wird. [c)] Hat jedoch der Käufer eine besondere Anweisung über die Art der Uebersendung ertheilt, und ist der Verkäufer ohne dringende Veranlassung davon abgewichen, so ist dieser für den daraus entstandenen Schaden verantwortlich.

Der Verkäufer hat die Gefahr, von welcher die Waare auf dem Transport betroffen wird, in dem Falle zu tragen, wenn er gemäß dem Vertrage die Waare an dem Orte, wohin der Transport geschieht, zu liefern hat, so daß dieser Ort für ihn als der Ort der Erfüllung gilt. [d)] Daraus, daß der Verkäufer die Zahlung von Kosten oder Auslagen der Versendung übernommen hat, folgt für sich allein noch nicht, daß der Ort, wohin der Transport geschieht, für den Verkäufer als der Ort der Erfüllung gilt.[e)]

Durch die Bestimmungen dieses Artikels ist nicht ausgeschlossen, daß die Gefahr schon seit einem früheren Zeitpunkte von dem Käufer getragen wird, sofern dies nach dem bürgerlichen Recht der Fall sein würde.[f)]

a) Bis zur Uebergabe der Waare an den Frachtführer trägt der Verkäufer die Gefahr selbst dann, wenn ihm ein Verzug nicht zur Last fällt, also auch wenn auf Anweisung des Käufers die Uebergabe verzögert wird. E. v. 18. Juni 1872. Entsch. VII S. 234.

So lange der Verkäufer sich das Verfügungsrecht über die dem Spediteur übergebene Waare vorbehält, hat er die Gefahr zu tragen.
E. v. 2. Jan. 1877. Entsch. XXI S. 355.

b) Wer handelsgesetzlich die Gefahr bezüglich der vom Verkäufer leihweise hergegebenen Emballage zu tragen hat, läßt das R.O.H.G. in dem E. v. 23. Mai 1874 (Entsch. XIII S. 367) unentschieden, indem es für den betreffenden Fall ein Seitens der Aeltesten der Kaufmannschaft in Berlin abgegebenes Parere für maaßgebend hält, wonach „es kaufmännische Usance ist, daß, wenn Waare von einem Orte nach einem andern für Rechnung und Gefahr des Käufers versandt wird, der letztere das Risiko der Reise und die sonstige Gefahr nicht blos in Ansehung des Guts, sondern auch in Ansehung der Emballage zu tragen hat."

c) Hierbei wird vorausgesetzt, daß der Verkäufer mit der Uebergabe der Waare an den Transportführer seinerseits Alles zur Erfüllung des Vertrages gethan hat. Die Bestimmung findet also nicht Anwendung, wenn beim Genus-Kauf der Verkäufer an der dem Transportführer übergebenen Waare noch die verkaufte Menge ausscheiden muß.
E. v. 5. Juni 1877. Entsch. XXII S. 285.

An dieser Ausscheidung fehlt es und die Gefahr trifft also den Verkäufer, wenn derselbe von der bestellten Waarensorte eine größere als die bestellte Menge an den Käufer absendet. Das Beifügen nicht bestellter Stücke einer anderen Waarensorte hat nicht zur Folge, daß bezüglich der bestellten Waare die Gefahr nicht mit der Absendung auf den Käufer übergeht, es sei denn, daß diese nicht bestellten Stücke auf den Verlust oder die Beschädigung der Waare von Einfluß waren. E. v. 13. Dez. 1877. Entsch. XXIII S. 145.

d) Ein dahin gehender Vertragswille wird in dem E. v. 7. Mai 1872 (Entsch. VI S. 106) aus den dort vorliegenden Umständen, insbesondere daraus gefolgert, daß Verkäufer die Transportkosten bis zum Bestimmungsorte, sowie Garantie für rechtzeitiges Eintreffen der Waare übernommen hatte, daß die Faktura nicht bei Abgang der Waare ausgestellt und in derselben der Absendeort nicht genannt war, daß Verkäufer die Waare auf seinen Namen versichert und die gezahlte Versicherungsprämie dem Käufer nicht zur Last gestellt hatte. Vgl. E. v. 23. April 1873. Entsch. X S. 174.

Bis zum Erfüllungsorte trägt der Verkäufer die Gefahr selbst dann, wenn der Käufer die Kosten des Transports übernommen hat. E. v. 22. Juni 1871. Entsch. II S. 439.

e) Durch eine Vereinbarung „frei X", „frei hier" wird der Bestimmungsort nicht zum Erfüllungsort. E. v. 23. April u. 24. Juni 1873, 12. Sept. 1874 u. 1. Febr. 1875. Entsch. X S. 176 u. 348, XIV S. 168, XVI S. 16.

f) Das Preuß. Allg. Landrecht (§. 95 und 128 Th. I Tit. 11) stimmt in Bezug auf den Uebergang der Gefahr im Wesentlichen mit dem H.G.B. überein. Der Vorbehalt im Absatz 3 trifft hauptsächlich die weitergehenden Grundsätze des gemeinen Rechts, welches schon mit der Perfektion des Kaufes die Gefahr auf den Käufer übergehen läßt. E. v. 7. Mai 1872. Entsch. VI S. 103.

346. Der Käufer ist verpflichtet, die Waare zu empfangen,[a] sofern sie vertragsmäßig[b] beschaffen ist oder in Ermangelung besonderer Verabredung den gesetzlichen Erfordernissen entspricht (Art. 335).

Die Empfangnahme muß sofort[c] geschehen, wenn nicht ein Anderes bedungen[d] oder ortsgebräuchlich oder durch die Umstände geboten ist.

a) Ein Klagerecht auf die Empfangnahme steht dem Verkäufer,

dem regelmäßig nur an der Zahlung des Kaufpreises gelegen sein kann, lediglich dann zu, wenn er ein besonderes Interesse daran darthut. E. v. 25. Okt. 1881. R.G. V S. 392.

Der Besteller, welchem ein größeres Quantum gesendet wird, als er bestellt hat, ist berechtigt, die ganze Sendung zurückzuweisen, wenn die Ausscheidung des Bestellten umständlich und zeitraubend ist. E. v. 4. Okt. 1875. Entsch. XVIII S. 242.

b) Der den Kaufpreis einklagende Verkäufer muß die Vertragsmäßigkeit der Waare beweisen, wenn Vertragswidrigkeit rechtzeitig (Art. 347) gerügt ist. E. v. 29. April 1874. Entsch. XIV S. 213. Vgl. die letzte Anm. zu Art. 347.

Beim Kauf einer individuell bestimmten Sache (Spezies-Kauf) hat der Käufer die Beweislast, wenn er behauptet, es sei ihm eine bestimmte Eigenschaft oder ein bestimmter Umfang der Sache zugesichert worden.

E. v. 29. Mai 1876. Entsch. XX S. 352.

Die Beweislast geht durch einen Annahme-Verzug des Käufers nicht auf diesen über, es sei denn, daß der Käufer durch unberechtigtes Verhalten dem Verkäufer die Führung des ihm obliegenden Beweises unmöglich macht oder wesentlich erschwert. E. v. 11. Juni 1881. R.G. V S. 29.

c) Ob der Käufer „sofort“ empfangen hat, ist — wie das „ohne Verzug“ im Art. 347 — nach vernünftiger Erwägung der konkreten Umstände und unter Berücksichtigung des ordnungsmäßigen Geschäftsganges zu bestimmen. E. v. 23. Mai 1874. Entsch. XIII S. 364.

d) Ist Abnahme nach Kündigung bedungen, so kann die einmal erfolgte Kündigung nicht widerrufen werden. E. v. 20. Sept. 1872. Entsch. VII S. 145.

347. Ist die Waare von einem anderen Orte übersendet,[a] so hat der Käufer ohne Verzug nach der Ablieferung,[b] soweit dies nach dem ordnungsmäßigen Geschäftsgange thunlich ist,[c] die Waare zu untersuchen,[d] und wenn sich dieselbe nicht als vertragsmäßig oder gesetzmäßig (Artikel 335)[e] ergiebt, dem Verkäufer sofort[f] davon Anzeige[g] zu machen.

Versäumt er dies,[h] so gilt die Waare als genehmigt,[i] soweit es sich nicht um Mängel[k] handelt, welche bei der sofortigen Untersuchung nach ordnungsmäßigem Geschäftsgange nicht erkennbar waren.[l]

Ergeben sich später solche Mängel, so muß die Anzeige ohne Verzug nach der Entdeckung gemacht werden, widrigenfalls die Waare auch rücksichtlich dieser Mängel als genehmigt gilt.

Die vorstehende Bestimmung findet auch auf den Verkauf auf Besicht[m] oder Probe oder nach Probe Anwendung, insoweit es sich um Mängel der übersendeten Waare handelt, welche bei ordnungsmäßigem Besicht oder ordnungsmäßiger Prüfung nicht erkennbar waren.[n]

a) Der Artikel 347 setzt voraus, daß die Waare von einem anderen Orte übersendet ist. Er bezieht sich nur auf Distanz-, nicht auf Platzgeschäfte. Auf letztere findet er weder direkt noch analog Anwendung; dieselben unterliegen vielmehr dem Ortsgebrauche bezw. den Bestimmungen des allg. bürgerlichen Rechts. E. v. 2. März 1871. Stg. II S. 66, Entsch. II S. 82.

Daraus, daß Verkäufer und Käufer an demselben Orte wohnen, oder daß Absendungs- und Erfüllungsort zusammenfallen, ist das Vorhandensein eines Platzgeschäftes nicht zu folgern. Entscheidend ist vielmehr lediglich, ob die Waare zur Erfüllungszeit sich bereits an dem Orte befindet, wo nach dem Vertragswillen die Abnahme Seitens des Käufers erfolgen soll, oder ob sie dorthin erst von einem anderen Orte übersandt werden muß. Im ersteren Falle liegt ein Platzgeschäft, im letzteren ein Distanzgeschäft vor. E. v. 16. April und 8. Juni 1872, 25. Nov. 1872. Entsch. V S. 396, VI S. 237, XV S. 174.

Zum Vorhandensein eines Distanzgeschäfts ist noch erforderlich, daß die von auswärts kommende Waare an den Käufer übersandt wird, so daß sie derselbe nicht vom Verkäufer direkt, sondern vom Transportführer oder Spediteur in Empfang nimmt. Wenn der Verkäufer am Ablieferungsorte die von einem anderen Orte ankommende Waare in Empfang nimmt und dem Käufer zustellt, so liegt ein Platzgeschäft vor. E. v. 13. Juni 1874. Entsch. XIII S. 389.

Der Art. 347 bezieht sich nur auf den Fall, daß die Ablieferung in Abwesenheit des Verkäufers erfolgt; er findet also nicht Anwendung, wenn der Verkäufer die Waare von einem Orte selbst dem Käufer nach einem anderen Orte überbringt. E. v. 15. Nov. 1877. Entsch. XXIII S. 59.

b) Die Anwendbarkeit des Artikels 347 ist dadurch bedingt, daß die Waare dem Käufer abgeliefert ist. Ablieferung im Sinne des Artikels 347 ist derjenige Akt, durch welchen der Verkäufer den Käufer in die Lage setzt, über die Waare thatsächlich verfügen und deren Beschaffenheit prüfen zu können; sie ist nicht mit Tradition identisch und setzt nicht nothwendig eine An- und Abnahme Seitens des Käufers voraus. — E. v. 7. Nov. 1871. Stg. IV S. 232, Entsch. IV S. 391, und v. 18. Juni 1872. Entsch. VI S. 4. Vgl. Anm. a. zu Art. 343 und E. v. 23. Mai 1874. Entsch. XIII S. 365. — Ebenso das R.G. (V S. 28. E. v. 11. Juli 1881), welches als wesentlich für die Ablieferung hinstellt, daß der Verkäufer sich der Waare entäußert, die Gewahrsam aufgiebt und der Käufer die thatsächliche Möglichkeit erlangt, durch streng einseitigen Akten sich sofort die Gewahrsam der Waare zu verschaffen, dieselbe zu untersuchen und darüber thatsächlich zu verfügen.

Ein fehlgeschlagener Versuch der Ablieferung reicht nicht aus; lehnt also der Käufer die Uebernahme überhaupt ab, weist er die ihm thatsächlich angebotene Waare zurück, so macht er sich vielleicht für die Folgen des Annahme-Verzuges haftbar, der Art. 347 findet aber auf ihn keine Anwendung. E. v. 8. Okt. 1872 u. 17. Mai 1878. Entsch. VIII S. 234, XXIV S. 28. — Das R.G. (V S. 32; E. v. 11. Juni 1881) nimmt dagegen an, daß zwar eine reale Traditions-Offerte nicht ausreicht, wenn der Verkäufer sich bei der Ablehnung beruhigt und nicht weiter zur Entäußerung der Gewahrsam vorschreitet, daß aber die Erklärung des Käufers, die Abnahme zu verweigern, für den Begriff der Ablieferung, **als eines einseitigen Aktes des Verkäufers** unerheblich ist.

Der Zeitpunkt, wann der Käufer die abgelieferte Waare an sich genommen hat, ist für die ihm obliegende Untersuchungspflicht unerheblich. E. v. 17. Mai 1872. Entsch. VI S. 166.

Daß die Ablieferung erfolgt ist, muß der Verkäufer beweisen. E. v. 11. Juni 1881. R.G. V S. 30.

c) Die Vorschrift ist nicht dahin zu verstehen, daß der Käufer durchaus bei erster Gelegenheit reklamiren müsse, sondern dahin, daß er keine Zeit verstreichen lassen dürfe, welche bei ordnungsmäßigem Geschäftsgange als unmotivirter Verzug, als willkürliches Hinhalten des Verkäufers erscheinen würde. — Der Begriff des ordnungsmäßigen Geschäftsganges ist zwar im Allgemeinen nach **objektiven** Regeln, nicht nach der hergebrachten Geschäftsübung des Käufers allein zu beurtheilen. Dies schließt jedoch eine Berücksichtigung der konkreten Umstände des einzelnen Falles nicht aus. — Eine genau bestimmte Frist, in welcher die Reklamation erfolgen muß, läßt sich hiernach nicht angeben. — E. v. 21. März, 25. April, 8. Juni u. 15. Juni 1871. Stg. I S. 370, II S. 137, III S. 98, 109; Entsch. II S. 234, 380, III S. 47.

In die Augen fallende Mängel muß der Käufer sofort nach der Ablieferung anzeigen. E. v. 21. Febr. 1871. Stg. I S. 329.

Eine von dem Verkäufer nach dem Vertragsschlusse einseitig (z. B. in der Faktura) vorgeschriebene Reklamationsfrist bindet den Käufer nicht. E. v. 1. Nov. 1870. Stg. I S. 146. Entsch. I S. 88.

d) Die **Untersuchung** muß sich auch auf die etwa zur Prüfung der Waare erforderliche Bearbeitung erstrecken (E. v. 20. Sept. 1871. Stg. III S. 308, Entsch. III S. 247) und ist rechtzeitig, wenn diese Bearbeitung alsbald erfolgt. E. v. 18. Okt. 1872. Entsch. VII S. 318. — Läßt sich also z. B. die Güte von Mehl nur durch Verbacken erkennen, so ist die Backprobe in einer dem Art. 347 entsprechenden Zeit vorzunehmen. E. v. 7. Dez. 1872 u. 22. Okt. 1874. Entsch. VIII S. 175, XIV S. 265. — Die Untersuchung durch Bearbeitung darf nicht weiter reichen, als zur Feststellung der Mängel erforderlich ist. Sie muß also unterbleiben, wenn die Waare schon ohnedies als vertragswidrig erkannt ist. E. v. 13. März 1875. Entsch. XVI S. 321.

Der Käufer darf sich nicht auf die Untersuchung einzelner Colli beschränken, es sei denn, daß nach der Art der Verfertigung oder Gewinnung der Waare oder aus sonstigen Umständen zu entnehmen ist, daß alle einzelnen Theile derselben von gleicher Beschaffenheit seien, bez. daß eine Verschiedenheit sich nur auf ein Verschulden des Verkäufers zurückführen lassen würde. E. v. 8. Nov. 1872. Entsch. VII S. 427.

In der Regel muß die Waare an dem Ablieferungsorte untersucht werden. Der Ablieferungsort braucht mit dem gesetzlichen oder vertragsmäßigen Erfüllungsorte nicht zusammen zu fallen; es ist darunter derjenige Ort zu verstehen, an welchem abgeliefert werden sollte und thatsächlich abgeliefert worden ist (E. v. 24. Sept. 1873. Entsch. XI S. 41). Weiterversendung ohne Untersuchung gilt der Regel nach als Genehmigung. E. v. 1. Juni 1871. Stg. III S. 81, Entsch. II S. 336.

Soll nach dem Willen der Parteien die Waare am Ablieferungsorte nur Behufs Weiterversendung an den davon verschiedenen Geschäftssitz des Käufers abgeliefert werden, so ist anzunehmen, daß erst am Orte des Geschäftssitzes die Untersuchung zu erfolgen hat. Es gilt dies besonders dann wenn ein am Orte des Geschäftssitzes vorzunehmendes Arbitrage-Verfahren vereinbart ist. — E. v. 30. Sept. 1875. Entsch. XVIII S. 205.

Es kann auch sonst der ordnungsmäßige Geschäftsgang oder der erkennbare Wille der Betheiligten den Käufer berechtigen, die Untersuchung an einem anderen Orte als dem Ablieferungsorte vorzunehmen oder durch einen Dritten bewirken zu lassen. So z. B. wenn am Ablieferungsorte die Mittel zu der chemischen oder durch Bearbeitung zu bewerkstelligenden Untersuchung fehlen oder wenn die Waare in der Original-Verpackung weiter veräußert werden soll. E. v. 7. Nov. 1871. Entsch. III S. 393, Stg. IV S. 233. Auch bei Verkaufsgeschäften über Waaren, welche an einem inländischen Hafenplatze zu liefern, aber für überseeische Plätze bestimmt sind, geht die Absicht der Parteien nicht selten dahin, daß die Untersuchung der Waare erst an dem eigentlichen Bestimmungsorte erfolgen solle.

Ob dies im einzelnen Falle anzunehmen ist, bildet quaestio facti. Immer aber ist der Verkäufer nur dafür verantwortlich, daß die Waare an dem Erfüllungsorte in gehöriger Beschaffenheit ankomme. — E. v. 2. Sept. 1871. Stg. III S. 183, Entsch. III S. 81. Vgl. E. v. 25. April 1871. Stg. II S. 137, Entsch. II S. 234.

Der Umstand allein, daß der Verkäufer um die Absicht des Käufers, die Waare weiter zu versenden, wußte, genügt nicht, um den Käufer von der Verpflichtung, die Waare am Ablieferungsorte zu untersuchen, zu entbinden. E. v. 7. Nov. 1871 u. 30. Nov. 1878. Entsch. III S. 393, XXIV S. 259.

Eine Genehmigung der Waare ist noch nicht anzunehmen, wenn der Käufer die Waare weiter verkauft und die Untersuchung seinem Käufer überlassen hat, vorausgesetzt, daß dadurch weder an dem Orte noch an der Zeit der vorzunehmenden Untersuchung eine Aenderung herbeigeführt wurde. E. v. 8. März 1872. Entsch. V S. 250.

Weiterversendung der Waare nach der rechtzeitigen Mängel-Anzeige hat den Verlust des Ablehnungsrechts nicht zur Folge, wenn nicht etwa daraus die Absicht, die Waare zu genehmigen, hervorgeht oder Unthunlichkeit der Rückgewähr bewirkt wird. E. v. 9. Nov. 1875. Entsch. XIX S. 105.

Nimmt der Käufer an einer beanstandeten Waare erhebliche Veränderungen vor (ohne daß diese zur Untersuchung erforderlich waren), so muß er die Waare behalten und bezahlen. E. v. 13. Juni 1873. Entsch. X S. 273.

Hat der Verkäufer die Zusicherung ertheilt, daß die Waare zu einem bestimmten Zwecke tauglich sei, so ist der Käufer der Nothwendigkeit enthoben, die ihm sonst obliegende Prüfung hinsichtlich der gewährleisteten Eigenschaften anzustellen. E. v. 6. Dez. 1872. Entsch. VIII S. 244.

e) Auch die nicht gesetzmäßige Beschaffenheit der Waare muß also in der durch Artikel 347 vorgeschriebenen Weise gerügt werden. Ist dies unterblieben, so kann Käufer nicht verlangen, daß der Verkäufer beweist, Handelsgut mittlerer Art und Güte (Artikel 335) geliefert zu haben. E. v. 19. Juni 1872. Entsch. VI S. 328.

f) Die Untersuchung und Anzeige darf auch vor der Ablieferung geschehen. E. v. 5. Sept. und 16. Nov. 1874. Entsch. XIV S. 157 und XV S. 270.

Aus der Thatsache allein, daß die verkaufte Waare in der Original-Verpackung weiterverkauft zu werden pflegt, folgt noch nicht, daß die Parteien stillschweigend übereingekommen seien, daß die Mängel-Anzeige nicht alsbald nach der Ablieferung der Waare an den Käufer, sondern erst dann zu erfolgen brauche, wenn dem Käufer von seinem Käufer eine Mängel-Anzeige zugegangen sein werde. — Ist im einzelnen Falle eine solche Uebereinkunft als geschlossen anzunehmen, so ist sie doch nur dahin zu verstehen, daß der zweite Käufer die Anzeige in ordnungsmäßiger Frist zu erstatten und der erste Käufer seinem Verkäufer für Einhaltung dieser Frist einzustehen habe, so daß also eine ihm verspätet zugegangene Mängel-Anzeige auch die eigene darauf gebaute Anzeige als verspätet erscheinen läßt.

E. v. 24. April 1875. Entsch. XVII S. 217.

g) Die Anzeige braucht zwar keine in das Detail genau eingehende, andere, als die speziell gerügten Mängel ausschließende zu sein; sie muß jedoch den Verkäufer darüber ausreichend ins Klare setzen, aus welchem Grunde Käufer die Waare beanstandet. E. v. 11. März 1872. Entsch. V S. 261. — Eine allgemeine Erklärung der Unzufriedenheit mit der Sendung genügt nicht. E. v. 10. Juni 1873 u. 5. Sept. 1874, Entsch. X S. 269, XIV S. 156. — Die Anzeige hat sich auch nicht darauf zu beschränken, die Waare sei nicht vertragsmäßig oder nicht gesetzmäßig, sondern muß die vorhandenen Abweichungen von der vertragsmäßigen oder gesetzmäßigen Beschaffenheit wenigstens im Allgemeinen ergeben. Rücksichtlich solcher Mängel, welche nicht unter die Anzeige fallen, gilt die Waare als genehmigt. E. v. 10. Sept. 1874. Entsch. XIV S. 66.

Beim Kauf nach Probe ist die Anzeige, die Waare falle nicht nach Probe aus, unter Umständen für hinreichend zu erachten, ohne daß es einer speziellen Bezeichnung bedarf, worin die Probewidrigkeit bestehe. Es gilt dies besonders dann, wenn ein Arbitrage-Verfahren vereinbart ist. E. v. 30. Sept. 1875. Entsch. XVIII S. 204.

Sind verschiedene Käufe durch eine Kollektivsendung effektuirt worden, so muß die Anzeige erkennbar machen, bei welchem Kauf die Waare beanstandet wird. E. v. 10. Juni 1873. Entsch. X S. 269.

Bei theilweiser Mangelhaftigkeit von nach Gewicht gekauften Waaren ist es nicht erforderlich, daß die Mängel-Anzeige das Gewicht der fehlerhaften Stücke enthalte. E. v. 22. Mai 1876. Entsch. XX S. 351.

Ein Mangel, den der Verkäufer selbst in der Faktura anführt, braucht von dem die Abnahme ablehnenden Käufer nicht speziell gerügt zu werden. E. v. 17. Sept. 1872. Entsch. VII S. 112.

Ob die Anzeige direkt oder durch eine Mittelsperson gemacht wird, ist gleichgültig. E. v. 5. Sept. 1874. Entsch. XIV S. 156.

Liegt Grund zu der Annahme vor, daß der bei der Ablieferung vorhandene Mangel nur durch den Transport verursacht und vorübergehend ist, so kann der Empfänger mit der Anzeige warten, bis erkennbar ist, daß der Fehler ein dauernder ist, ohne daß aus dem Unterlassen einer Anzeige über den vorläufigen Befund eine Genehmigung der Waare gefolgert werden kann. E. v. 9. Dez. 1874. Entsch. XV. S. 214.

Nur die Anzeige ist wesentlich; eine Rechtspflicht zur Untersuchung besteht nicht. Stellt sich die Anzeige als wahr heraus, so ist es unerheblich, in welcher Weise der Käufer von den Mängeln Kenntniß erhalten hat; es ist nicht einmal erforderlich, daß er vom Vorhandensein der gerügten Mängel überzeugt war. Eine vor Ablauf der Untersuchungsfrist gemachte Anzeige ist daher rechtzeitig, mag selbst der Käufer bereits mehrere Tage zuvor den Mangel gekannt haben. E. v. 22. Dez. 1773, 28. Febr. und 22. Okt. 1874. Entsch. XII S. 92, XIII S. 9 und XIV S. 265.

Eine Mittheilung darüber, welche Ansprüche Käufer aus der Fehlerhaftigkeit erheben wolle, oder eine definitive Zurdispositionsstellung braucht mit der Anzeige nicht verbunden zu sein. E. v. 8. März 1872. Entsch. V S. 252 u. E. v. 2. März 1880. R.G. I S. 246. — Eine Zurdispositionsstellung der Waare ohne Angabe des Grundes oder wegen Preisdifferenzen ersetzt die im Art. 347 vorgeschriebene Anzeige nicht und hat auf die Frist zur Untersuchung der Waare und Rüge etwaiger Mängel keinen Einfluß. E. v. 13. Juni

1871. Stg. III S. 101, Entsch. II S. 380. E. v. 17. Mai 1872. Entsch. VI S. 165. Vgl. E. v. 19. Juni 1872. Entsch. VI S. 210. E. v. 10. März 1873. Entsch. IX S. 206.

Die Zurdispositionsstellung wegen nicht vertragsmäßiger Qualität berechtigt den Käufer nicht, später noch den Mangel gesetzmäßiger Beschaffenheit geltend zu machen. E. v. 19. Juni 1872. Entsch. VI S. 228.

Die Zurdispositionsstellung einer Waare ist nicht Erklärung des Rücktritts vom Vertrage, sondern nur die Erklärung, die Waare sei nicht empfangbar. — Die Erklärung des Verkäufers, daß er die Zurdispositionsstellung annehme, ist daher als Anerkennung der nicht gehörigen Erfüllung und als Versprechen, nunmehr eine gesetz- oder vertragsmäßige Waare zu liefern, aufzufassen. E. v. 27. Okt. 1874. Entsch. XV S. 45.

Es genügt ordnungsmäßige Absendung der Anzeige. Die Gefahr der Ankunft hat der Käufer nicht zu tragen. Absendung der Anzeige durch die Reichspost gilt als ordnungsmäßig, auch wenn sie nicht eingeschrieben erfolgt. E. v. 11. Jan. 1876. Entsch. XIX S. 153.

h) Es ist Sache des beanstandenden Käufers, sich im Prozesse darüber auszuweisen, daß er die Vorschriften des Art. 347 (unverzügliche Untersuchung und sofortige Anzeige) erfüllt habe. Er muß den Zeitpunkt der Ablieferung (über die Beweislast bezüglich der Ablieferung vgl. Anm. b. am Schluß) der Untersuchung und der Anzeige so genau und substantiirt darlegen, daß dem Gegner eine genügende Einlassung möglich ist und der Richter in den Stand gesetzt wird, sich ein richtiges Bild darüber zu machen, ob den Vorschriften des Art. 347 genügt ist. Dieser Grundsatz gilt auch für nicht sofort erkennbare und erst später entdeckte Mängel, in welchem Falle der Zeitpunkt und die näheren Umstände der Entdeckung anzugeben sind. Die Benennung des Datums der Entdeckung ist dagegen nicht absolutes Erforderniß. E. v. 1., 8., 15. Juni, 18. Nov. 1871, 10. Febr. 1872 u. 3. Jan. 1874. Entsch. II S. 337, 379, III S. 46; IV S. 42, VII S. 308, XII S. 178.

Die Behauptung, daß dem Art. 347 genügt sei, gehört zur Substantiirung der Einrede der mangelhaften Qualität der Waare. Der

Richter hat also von Amts wegen zu prüfen, ob die Vorschriften des Art. 347 erfüllt sind, auch wenn sich der Verkäufer darauf nicht beruft. E. v. 16. Jan. 1878 u. 11. Juni 1881. Entsch. XXIII S. 171. R.G. V S. 30.

Bei mehreren auf einander folgenden Sendungen ist in Bezug auf jede einzelne Sendung eine Mängelanzeige erforderlich, widrigenfalls die Sendung, bei der die Anzeige unterblieben ist, für genehmigt gilt. E. v. 11. Dez. 1880. Entsch. III S. 101.

i) Ist die Untersuchung und Anzeige nicht rechtzeitig erfolgt, so findet das Präjudiz der Genehmigung Anwendung, selbst wenn hinterher im Prozesse formell festgestellt wird, daß die Waare vertragswidrig war. E. v. 9. Mai 1871. Entsch. I S. 99 ff.

Die schlechte Beschaffenheit der für genehmigt zu erachtenden Theillieferungen kann auch nicht geltend gemacht werden, um spätere Lieferungen ohne Prüfung zurückzuweisen. E. v. 16. März 1880. R.G. I S. 63.

Wenn die Mängelanzeige des Käufers verspätet erfolgt ist, der Käufer aber trotzdem verspricht, den Mängeln abhelfen zu wollen, so ist dies im Zweifel als ein Verzicht auf die Rechte des Verkäufers aus der Unterlassung rechtzeitiger Mängelanzeige, als eine Wiederherstellung des früheren Rechtszustandes aufzufassen. E. v. 23. März 1876. Entsch. XIX S. 333.

Verbraucht oder verkauft Käufer die Waare, so kann er mangelnde Qualität nicht rügen (E. v. 21. Febr. 1871. Stg. I S. 329. E. v. 22. Okt. 1875. Entsch. XVIII S. 330), und ist die beanstandete Waare als ein einheitliches Ganze zu betrachten, so ist schon die Verfügung des Käufers über einen Theil derselben als eine gänzliche Zurücknahme der Dispositionsstellung aufzufassen. E. v. 19. Juni 1872. Entsch. VI S. 328.

Der Verbrauch eines Theils der Waare zum Zwecke der Prüfung derselben ist nicht als Billigung der Waare aufzufassen. E. v. 30 April 1877. Entsch. XXII S. 151.

Die Absätze 1 und 2 des Art. 347 finden auch auf den Kauf nach Probe Anwendung. E. v. 22. Sept. 1874. Entsch. XIV S. 287.

Bei Platzgeschäften ist ein allgemein geltender Rechtssatz, daß der Käufer durch Abnahme, Bezahlung oder jedenfalls durch Verbrauch der Waare dieselbe genehmige, nicht anzuerkennen. E. v. 16. Mai 1874. Entsch. XIII S. 264.

k) Der Artikel 347 findet nur wegen Qualitätsmängel, nicht bei Beanstandung der Quantität Anwendung. E. v. 5. Dez. 1874. Entsch. XV S. 304.

Das R.O.H.G. hat aber unter analoger Ausdehnung des Artikels 347 (dessen ratio darin gefunden wurde, daß der Verkäufer nicht in Ungewißheit gelassen werden dürfe, wenn Käufer wegen Beanstandung der Vertragserfüllung die vom Verkäufer beanspruchte Gegenleistung ganz oder theilweise zurückzuhalten beabsichtigt) in einem Falle, wo eine vertragsmäßig auf „etwa 130 Ctr." veranschlagte Maschine sich nach der vorbehaltlos acceptirten Ausführung auf 186 Ctr. herausstellte, den Besteller zur Bezahlung des Preises nach letzterem Gewichte verurtheilt. E. v. 16. Dez. 1870. Stg. I S. 329 Anm. Vgl. E. v. 20. Dez. 1870. Stg. II S. 21, Entsch. I S. 164.

Quantitätsmängel können sich unter Umständen auch als Qualitätsmängel darstellen. E. v. 5. Dez. 1874. Entsch. XV S. 303.

l) Mängel, die nur mittelst genauerer Untersuchung festzustellen sind, können deswegen noch nicht als heimliche Mängel gelten. E. v. 23. Sept. 1874. Entsch. XIV S. 288.

m) Beim Kaufe nach Besicht können offenkundige Fehler nicht gerügt werden; sie gelten als durch den Besicht genehmigt. E. v. 17. Nov. 1871. Stg. IV S. 319, Entsch. IV S. 36.

n) Ueber die Rechte des Käufers, welcher die Vorschriften des Art. 347 erfüllt hat, enthält das H.G.B. keine Bestimmungen; es entscheidet daher Handelsgebrauch event. das bürgerliche Recht. Nach preuß. wie nach gemeinem Recht hat der Käufer sowohl beim Spezies- als beim Genuskaufe die Wahl zwischen der **redhibitoria** (Aufhebung des Kaufes unter Rückgabe der Waare) und der **quanti minoris** (Behalten der Waare unter Beanspruchung des Minderwerthes). E. v. 8. März und 16. April 1872. Entsch. V S. 252, 398. Beim Genuskaufe kann Käufer auch auf Erfüllung, d. h. auf die Lieferung einer vertragsmäßigen Waare an Stelle der wegen mangelhafter Beschaffenheit zurückgewiesenen bestehen und mit diesem Anspruche die Klage auf Rückzahlung des in Erwartung vertragsmäßiger Lieferung gezahlten Kaufpreises nebst Zinsen kumuliren. E. v. 15. Mai 1872. Entsch. VI S. 267. Das R.G. nimmt an, daß der Käufer, welcher die Waare beanstandet, den gezahlten Kaufpreis nur zurückverlangen kann, wenn die Zahlung erfolgt ist, nicht um den Vertrag definitiv zu erfüllen, sondern nur provisorisch, um den Verkäufer, bevor er die Waaren aus Händen giebt, zu sichern. Letzteres sei bei Vorausbezahlung des Kaufpreises anzunehmen, wenn nicht ausdrückliche oder stillschweigende Vereinbarungen anderer Art vorliegen. E. v. 11. Febr. 1880. R.G. III S. 89.

Der Käufer geht der redhibitoria verlustig, wenn er mit der Waare eine Veränderung vornimmt, welche sich durch die ihm zustehende Untersuchungsbefugniß nicht rechtfertigen läßt. E. v. 13. März 1875. Entsch. XVI S. 321. — Die redhibitoria ist nicht davon abhängig, daß die fehlenden vorbedungenen Eigenschaften wesentliche sind. Vom Käufer kann nicht ohne Weiteres verlangt werden, daß er die Mängel (wenn auch auf Kosten des Verkäufers) beseitige. E. v. 18. Dez. 1876. Entsch. XXI S. 313. — Im Falle der Redhibition muß die Zurücknahme der Waare an demjenigen Orte erfolgen, wo die Untersuchung vorzunehmen war. E. v. 30. Sept. 1875. Entsch. XVIII S. 206.

Nach dem Pr. A.L.R. geht der Käufer durch die Erklärung, Redhibition zu verlangen, noch nicht des Rechts auf die Minderungsklage, wohl aber durch die Erklärung, die Sache nicht zurückgeben zu wollen, des Rechts auf Redhibition verlustig. E. v. 12. Sept. 1878. Entsch. XXIV S. 76.

Ueber die Berechnung des Minderwerthes bei der quanti minoris vgl. E. v. 4. Jan. 1875, Entsch. XV S. 327. Nach preuß. und gemeinem Recht ist der Kaufpreis nach Verhältniß des Werths der fehlerfreien Sache zu dem Werthe der fehlerhaften zu mindern.

Bezüglich der Beweislast nimmt das R.O.H.G. in vielen Entscheidungen an, daß, wenn der Käufer den Vorschriften des Art. 347 genügt hat, der Verkäufer den Nachweis gehöriger Erfüllung führen muß, selbst wenn er nicht selbst klagt, sondern auf Rückzahlung des von dem Käufer im Voraus bezahlten Kaufgeldes und der auf die Waare verwendeten Kosten belangt wird (z. B. E. v. 18. Okt. 1872 und 9. Dez. 1874. Entsch. VII S. 236, XV S. 217). Vgl. Anm. b. zu Art. 345.

Dasselbe gilt, wenn der Käufer wegen unvollständiger Lieferung einen Theil des Kaufgeldes zurückverlangt. E. v. 14. Okt. 1873. Entsch. XI S. 185.

Beim Kauf nach Probe hat der Verkäufer die Probemäßigkeit der gelieferten Waare zu beweisen, mag er auf Zahlung des Kaufpreises klagen oder vom Käufer, welcher die Waare als probewidrig abgelehnt hat, auf Schadensersatz wegen Nichterfüllung in Anspruch genommen werden. E. v. 1. Sept. und 19. Nov. 1873. Entsch. XI S. 21 und 367.

Durch die vorbehalt- und widerspruchslose Empfangnahme der Waare Seitens des Käufers dreht sich die Beweislast um, so daß nunmehr dem Käufer, wenn er behauptet, daß der Waare bedungene oder gesetzliche Eigenschaften bei der Empfangnahme gefehlt haben, der Beweis dieser Behauptung obliegt. Für Platzgeschäfte angenommen im E. v. 16. Mai 1874. Entsch. XIII S. 264.

Dagegen ist die Fehlerhaftigkeit vom Käufer zu beweisen, wenn er auf dieselbe einen Schadensanspruch stützt. E. v. 9. Januar und 7. Mai 1872. Entsch. IV S. 405 und VI S. 404.

Der Art. 347 greift auch Platz, wenn anstatt der ursprünglich gelieferten, als mangelhaft beanstandeten Waare behufs Erfüllung der dem Verkäufer obliegenden Verbindlichkeit andere Waare der gekauften Art geliefert wird. E. v. 2. Okt. 1875. Entsch. XVIII S. 239.

Der Art. 347 findet bei vollständiger Werthlosigkeit der gelieferten Waare (amortisirte Werthpapiere) keine Anwendung, E. v. 4. Okt. 1873. Entsch. XI S. 45, auch nicht wenn ein anderer Gegenstand als der gekaufte, geliefert wird, E. v. 30. Juni 187. Entsch. XIV S. 367, z. B. ausgelooste Werthpapiere statt nicht ausgelooster (E. v. 10. April 1880. R.G. I S. 292), unechte Waare statt der gekauften echten (nachgemachte Laferme-Cigaretten statt der bestellten echten, E. v. 23. März 1876. Entsch. XIX S. 402), oder Sommererbsen statt der zur Saat gekauften Wintererbsen, E. v. 17. Febr. 1879. Entsch. XXIV S. 404. (In dem E. v. 26. Febr. 1877, Entsch. XXII S. 85, nimmt dagegen das R.O.H.G. an, daß der Käufer, welcher geltend macht, es sei über Waaren anderer Art oder anderer Qualität kontrahirt, als die Klage behauptet, doch die ordnungsmäßige Mängel-Anzeige zu behaupten und zu beweisen hat.)

Der Art. 347 setzt fest abgeschlossene Verträge voraus; er findet beim Kauf auf Besicht oder auf Probe nicht Anwendung. E. v. 26. Mai 1873. Entsch. X S. 142. Er bezieht sich auch nur auf wirkliche Kaufverträge und die denselben nach Art. 388 gleichstehenden Lieferungsgeschäfte. Er findet keine Anwendung, auch nicht analoge, wenn bei einer Vereinigung zu Handelsgeschäften der eine Socius dem anderen die für gemeinschaftliche Rechnung gekaufte Waare übersendet hat. E. v. 22. Dez. 1871. Entsch. IV S. 336.

Vgl. Anm. zu Art. 370.

Der Art. 347 findet auch auf solche landesrechtlich (gem. R.) als Käufe geltenden Verträge Anwendung, welche die Lieferung erst anzufertigender Sachen zum Gegenstand haben. E. v. 23. Febr. 1880. Entsch. II S. 58.

Auf Werkvredingsverträge kann das dem Art. 347 zu Grunde liegende Prinzip analog angewendet werden.' E. v. 29. Juni 1874. Entsch. XIV S. 43.

Der Art. 347 H.G.B. findet auch auf den Viehhandel Anwendung. E. v. 26. Juni 1879. Entsch. XXV S. 232.

348. Wenn der Käufer die von einem anderen Orte übersendete[a]) Waare beanstandet, so ist er verpflichtet, für die einstweilige Aufbewahrung derselben zu sorgen.[b])

Er kann,[c]) wenn sich bei der Ablieferung oder später Mängel ergeben, den Zustand der Waare durch Sachverständige feststellen lassen. Der Verkäufer ist in gleicher Weise berechtigt, diese Feststellung zu verlangen, wenn ihm der Käufer die Anzeige gemacht hat, daß er die Waare wegen Mängel beanstande.

Die Sachverständigen ernennt auf Antrag des Betheiligten das Handelsgericht oder in dessen Ermangelung der Richter des Orts.[d]

Die Sachverständigen haben das Gutachten schriftlich oder zu Protokoll zu erstatten.

Ist die Waare dem Verderben ausgesetzt und Gefahr im Verzuge, so kann der Käufer die Waare unter Beobachtung der Bestimmungen des Artikels 343 verkaufen lassen.[e]

a) Vgl. Anm. a. zu Art. 347.

b) Die Vorschrift ist im Interesse des Verkäufers erlassen. Dieser hat daher auch — wenn die Beanstandung eine begründete war — die Kosten der vorläufigen Aufbewahrung zu tragen. E. v. 4. April 1871. Stg. II S. 94.

Aus einer Verletzung dieser Vorschrift erwirbt der Verkäufer einen Anspruch auf Schadensersatz; für die auf Erfüllung des Kaufes gerichtete Klage hat dieselbe keine Bedeutung. E. v. 20. Juni 1874. Entsch. XIII S. 438.

Die Abweichung des Art. 348 Abs. 1 von dem Falle des Art. 323 Abs. 2 ist eine gewollte. Es ist also gleichgültig, ob der beanstandende Käufer für die Kosten der Aufbewahrung gedeckt ist. E. v. 11. Jan. 1876. Entsch. XX S. 206.

Der Art. 348 Abs. 1 hat zur stillschweigenden Voraussetzung, daß der Verkäufer thatsächlich auf die vom Käufer zu leistende Fürsorge angewiesen ist. Die Anwesenheit eines Agenten des Absenders am Bestimmungsorte genügt nicht ohne Weiteres, um den Käufer von der ihm nach Art. 348 obliegenden Verpflichtung zu befreien; vielmehr hängt das Bestehen der Verpflichtung von der Lage des einzelnen Falles ab. E. v. 6. April 1875. Entsch. XVII S. 171.

Der Käufer erfüllt seine Pflicht, wenn er die Waare mit der erforderlichen Sorgfalt in Aufbewahrung giebt und den Verkäufer zur Verfolgung seiner Rechte gegen den dritten Aufbewahrer in die Lage setzt. Er ist dann seiner Rückgewährpflicht ledig und kann den Verkäufer an den dritten Aufbewahrer verweisen. Aus Dispositionen, die der Käufer im eigenen Interesse über die angekommene Waare getroffen hat, kann aber eine persönliche Redhibitionspflicht folgen. E. v. 11. Jan. 1876. Entsch. XX S. 203.

Ueber die Frage, inwieweit der die Waare beanstandende Käufer verpflichtet ist, die zur Wahrung etwaiger Ansprüche des Absenders an den Ueberbringer der Waare erforderlichen Schritte zu thun, vgl. das Erk. v. 26. Mai 1871. Stg. III S. 69, Entsch. II S. 328. — Bei äußerlich erkennbaren Mängeln darf Käufer jedenfalls nicht das Gut annehmen und die Fracht bezahlen, weil dadurch nach Art. 408 der Regreß an den Frachtführer verloren geht. E. v. 7. Mai 1872. Entsch. VI S. 107.

Versäumt der Verkäufer, nachdem er von der Sachlage unterrichtet ist, die nöthigen Schritte zu thun, so ist der Käufer von der ihm durch Artikel 348 auferlegten Verpflichtung entbunden. E. v. 15. Dez. 1870. Stg. II S. 94, Anm. Entsch. I S. 204.

c) Eine Verpflichtung, den Zustand der Waare konstatiren zu lassen, liegt dem beanstandenden Käufer nicht ob. E. v. 8. Februar 1872. Entsch. V S. 252.

Das Recht hierzu hat der Käufer auch dann, wenn schon vorher auf Antrag des Verkäufers eine solche Feststellung stattgefunden hat, mindestens dann, wenn er darthut, daß er an einer nochmaligen Feststellung ein berechtigtes Interesse habe. E. v. 28. April 1875. Entsch. XVI S. 385.

d) Vgl. §. 13 letzt. Abs. des Einf.Ges. z. C.P.O. u. §. 448 C.P.O.*)

---

*) §. 13 letzt. Abs. des Einf.Ges. z. C.P.O. lautet:

„In den Fällen der Artikel 348, 365, 407 des Handelsgesetzbuchs ist das im §. 448 der Civilprozeßordnung bezeichnete Amtsgericht zuständig; auf die Ernennung, Beeidigung und Vernehmung der Sachverständigen finden die Vorschriften der Civilprozeßordnung in dem achten Titel des ersten Abschnitts des zweiten Buchs entsprechende Anwendung."

§. 448 C.P.O. lautet:

„Das Gesuch ist bei dem Gericht anzubringen, vor welchem der Rechtsstreit anhängig ist; es kann vor dem Gerichtsschreiber zu Protokoll erklärt werden.

Im demnächstigen Prozesse kann der nicht zugezogene Theil die nochmalige Vernehmung der Sachverständigen beantragen (E. v. 16. Dez. 1872. Entsch. VIII S. 250), und selbst derjenige, der die Feststellung veranlaßt hat, kann das Gutachten anfechten und widerlegen (E. v. 22. April 1874. Entsch. XIII S. 359).

In einem Falle, wo beide Theile bei dem späteren Prozeßgericht den Antrag auf Besichtigung gestellt und sich über die zuzuziehenden Sachverständigen geeinigt hatten, nahm das R.O.H.G. an, daß die Parteien beabsichtigt hätten, die Beschaffenheit der Waare definitiv festzustellen, und daß deshalb mit Recht von einer nochmaligen Beweisaufnahme über die Beschaffenheit Abstand genommen sei. E. v. 4. März 1878. Entsch. XXIII S. 313.

e) Dieser Verkauf geschieht im Interesse des Verkäufers, darf also nicht gegen seinen Widerspruch erfolgen. E. v. 22. Sept. 1875. Entsch. XVIII S. 230.

Liegen die Voraussetzungen des Art. 348 Abs. 5 nicht vor, so ist der Käufer zum Verkaufe nicht berechtigt. Verkauft er trotzdem, so geht er dadurch des Rechts zu redhibiren verlustig. E. v. 4. Okt. 1873. Entsch. XI S. 201. Dies gilt auch dann, wenn der von der Beanstandung in Kenntniß gesetzte Verkäufer es unterläßt, für die weitere Aufbewahrung der Waare Sorge zu tragen. Eine dem Käufer die Verkaufsbefugniß einräumende Bestimmung des bürgerlichen Rechts ist dem Art. 348 gegenüber nicht anwendbar. E. v. 13. März 1875. Entsch. XVI S. 325.

349. Der Mangel der vertragsmäßigen oder gesetzmäßigen Beschaffenheit der Waare kann von dem Käufer nicht geltend gemacht werden, wenn derselbe erst

---

In Fällen dringender Gefahr kann das Gesuch auch bei dem Amtsgericht angebracht werden, in dessen Bezirke die zu vernehmenden Personen sich aufhalten oder der in Augenschein zu nehmende Gegenstand sich befindet.

Bei dem bezeichneten Amtsgericht muß das Gesuch angebracht werden, wenn der Rechtsstreit noch nicht anhängig ist."

nach Ablauf von sechs Monaten seit der Ablieferung an den Käufer entdeckt worden ist.[a)]

Die Klagen gegen den Verkäufer wegen Mängel verjähren in sechs Monaten nach der Ablieferung an den Käufer.[b)]

Die Einreden sind erloschen, wenn die im Artikel 347 vorgeschriebene sofortige Absendung der Anzeige des Mangels nicht innerhalb sechs Monate nach der Ablieferung an den Käufer geschehen ist. Ist die Anzeige in dieser Weise erfolgt, so bleiben die Einreden bestehen.[c)]

An den besonderen Gesetzen oder Handelsgebräuchen, durch welche für einzelne Arten von Gegenständen eine kürzere Frist bestimmt ist, wird hierdurch nichts geändert.

Ist die Haftbarkeit des Verkäufers auf eine kürzere oder längere Frist vertragsmäßig festgesetzt, so hat es hierbei sein Bewenden.[d)]

a) Dies gilt auch dann, wenn der Mangel nach ordnungsmäßigem Geschäftsgange nicht früher entdeckt werden konnte (E. v. 29. Nov. 1871. Entsch. IV S. 184), oder wenn die im Inlande abgelieferte Waare für einen überseeischen Platz bestimmt, dies dem Verkäufer bekannt und wegen der Verpackung die Untersuchung vor der Ankunft am Bestimmungsorte nicht möglich war. E. v. 23. Okt. 1874. Entsch. XV S. 126.

b) Die Klage des Käufers verjährt in sechs Monaten auch dann, wenn innerhalb dieser Frist die im Art. 347 vorgeschriebene sofortige Anzeige erfolgt ist,

E. v. 26. Nov. 1871. Entsch. IV S. 179

und sogar, wenn der Verkäufer die beanstandete Waare zurückgenommen hat. Die Klageverjährung bezieht sich auf alle Ansprüche des Käufers aus der Mangelhaftigkeit der Waare, also auch auf Auslagen und Schadensersatz.

E. v. 14. Juni 1881. R.G. V S. 50.

c) Auch Kompensationseinreden aus verschiedenem Geschäfte (ex causa dispari) fallen unter die Vorschrift des Abs. 3, sind also nicht zu den Klagen im Sinne des Abs. 2 zu zählen. E. v. 23. Okt. 1874. Entsch. XV S. 129.

d) Soweit für die Haftbarkeit des Verkäufers eine längere Frist stipulirt worden, ist auch die Verjährungsfrist des Abs. 2 als verlängert anzusehen. E. v. 29. Nov. 1871. Entsch. IV S. 185.

Eine vertragsmäßige Verlängerung der Garantiefrist befreit jedoch nicht von der im Art. 347 vorgeschriebenen Anzeigepflicht. — E. v. 28. Jan. 1873. Entsch. IX S. 12.

Der Art. 349 bezieht sich nur auf Distanzgeschäfte (vgl. Anm. a. zu Art. 347)

E. v. 21. u. 24. Juni 1873. Entsch. X S. 337 u. 348

und nur auf Qualitätsmängel. Er findet also nicht Anwendung, wenn beim Genuskauf eine andere Gattung, als die gekaufte, geliefert ist (vgl. Anm. n. zu Art. 347).

E. v. 17. Febr. 1879. Entsch. XXIV S. 405.

Auf Werkverdings-Verträge ist der Art. 349 nur anwendbar, wenn dieselben nach dem maaßgebenden bürgerlichen Recht als Kaufverträge behandelt werden (was nach pr. R. nicht der Fall ist).

E. v. 26. März 1872 u. 20. Okt. 1877. Entsch. VI S. 32, XXIII S. 88.

350. Die Bestimmungen der Artikel 347 und 349 können von dem Verkäufer im Falle eines Betruges[a]) nicht geltend gemacht werden.

a) Es braucht dies nicht gerade ein Betrug im strafrechtlichen Sinne zu sein; vielmehr genügt es, wenn die Voraussetzungen des civilrechtlichen dolus vorhanden sind. E. v. 9. März und 29. Nov. 1871. Stg. III S. 6, V S. 35, Entsch. II S. 102, IV S. 185.

Auch durch Verschweigen erheblicher Thatsachen kann ein civilrechtlicher Betrug verübt werden. Das Verschweigen muß aber ein rechtswidriges und namentlich im Handelsverkehr ein solches sein, daß es eines anständigen Kaufmanns unwürdig erscheint. E. v. 19. Dez. 1871. Entsch. IV S. 319.

Erweisliche Kenntniß des Verkäufers von dem Mangel der Waare reicht nicht ohne Weiteres hin, um einen Betrug im Sinne des Art. 350 herzustellen. E. v. 18. Nov. 1871. Stg. IV S. 338, Entsch. II S. 49. Dagegen würde das Vorhandensein eines dolus anzunehmen sein, wenn die dem Verkäufer bekannten Mängel zur Zeit der Lieferung überhaupt nicht oder nur mittelst genauerer sachverständiger Untersuchung erkennbar sind und Verkäufer die Waare in der Erwartung abgeliefert hat, Käufer werde die kontraktwidrige Beschaffenheit nicht bemerken (E. v. 29. Nov. 1871. Entsch. IV S. 186; vgl. E. v. 23. März 1872. Entsch. V S. 323, und E. v. 9. Dez. 1874. Entsch. XV S. 216), oder wenn Verkäufer in irgend einer Art, z. B. durch Versicherung der vertragsmäßigen Beschaffenheit oder durch Nichtbeobachtung einer zum Schutz des Käufers gegebenen Polizeivorschrift dahin wirkt, daß der Käufer die rechtzeitige Untersuchung unterläßt, oder daß dieselbe erfolglos bleibt. E. v. 13. April 1871. Entsch. II S. 191. E. v. 14. Mai 1880. R.G. I S. 299.

Der Art. 350 setzt einen dolus bei Abschluß oder bei Ausführung des Vertrages voraus. Ein späterer Betrug fällt nicht unter diesen Artikel, kann aber selbständige Ansprüche für den Betrogenen erzeugen. E. v. 13. April 1871. Entsch. II S. 191.

Auch in den Fällen, wo dem Verkäufer ein Betrug im Sinne des Art. 350 zur Last fällt, kann eine Genehmigung der Waare rechtswirksam stattfinden und selbst aus den Umständen gefolgert werden; allein die besondere Bestimmung des Art. 347 H.G.B. findet dann keine Anwendung, vielmehr sind die allgemeinen Grundsätze maaßgebend. E. v. 14. Mai 1880. R.G. I S. 300.

351. Sofern nicht durch Ortsgebrauch oder besondere Abrede ein Anderes bestimmt ist, trägt der Verkäufer die Kosten der Uebergabe, insbesondere des Messens und Wägens; der Käufer die Kosten der Abnahme.[a]

a) Die Vertragsbestimmung „kostenfrei ab Bahnhof X." ist nicht dahin zu verstehen, daß der Verkäufer die Kosten des Aufladens im

Bahnhof X. zum Zweck des Weitertransports zu tragen habe. — E. v. 6. März 1875. Entsch. XVII S. 9.

352. Ist der Kaufpreis nach dem Gewicht der Waare zu berechnen, so kommt das Gewicht der Verpackung[a]) (Taragewicht) in Abzug, wenn nicht durch besondere Abrede oder durch den Handelsgebrauch am Orte der Uebergabe ein Anderes bestimmt ist. Ob und in welcher Höhe das Taragewicht nach einem bestimmten Ansatze oder Verhältnisse statt nach genauer Ausmittelung abzuziehen ist, ingleichen ob und wieviel als Gutgewicht zu Gunsten des Käufers zu berechnen ist, oder als Vergütung für schadhafte oder unbrauchbare Theile (Refaktie) gefordert werden kann, ist nach dem Vertrage oder dem Handelsgebrauche am Orte der Uebergabe zu beurtheilen.

a) Emballage. Der Rückgabepflicht von Verpackungsmitteln ist durch Uebergabe derselben an einen geeigneten Transportanten genügt. Der Transporterfolg braucht nicht vertreten zu werden. E. v. 3. Febr. 1871. Entsch. I. S. 267.

Durch Rückgabe der Emballage wird der Käufer nicht ohne Weiteres von der Bezahlung des in der Faktura für „Verpackung" angesetzten Betrages frei, da im Zweifel auch für die Mühewaltung des Verpackens eine angemessene Vergütung beansprucht werden kann (Art. 290), auch das Verpackungsmaterial durch die zu Gunsten des Käufers erfolgte Benutzung mehr oder minder entwerthet wird. E. v. 15. Sept. 1871. Stg. III S. 258. Entsch. III S. 114.

Vgl. auch die Anm. zu Art. 279.

Für Kistchen, in welche die zu liefernde Waare nach bestimmten Quantitäten zu legen ist, damit immer eine gewisse Anzahl als eine Waareneinheit erscheint, kann neben dem vereinbarten Kaufpreis eine besondere Vergütung nicht beansprucht werden. Das Verpacktsein in solchen Kistchen erscheint als eine bestimmte Art der Herrichtung oder Ausstattung, mithin als Eigenschaft der Waare. E. v. 18. Okt. 1873. Entsch. XI S. 106.

Ist die Waare selbst nicht empfangbar, so kann der Verkäufer nur verlangen, daß ihm vom Käufer die zur Disposition gestellte Waare in der Emballage wieder ausgeantwortet werde, wobei Ersterer für den Rücktransport selbst zu sorgen und dessen Kosten zu bestreiten hat. E. v. 10. März 1873. Entsch. IX S. 208.

353. Ist im Vertrage der Marktpreis[a)] oder der Börsenpreis als Kaufpreis bestimmt, so ist im Zweifel hierunter der laufende Preis, welcher zur Zeit und an dem Orte der Erfüllung oder an dem für letzteren maßgebenden Handelsplatze nach den dafür bestehenden örtlichen Einrichtungen festgestellt ist, in Ermangelung einer solchen Feststellung oder bei nachgewiesener Unrichtigkeit derselben, der mittlere Preis zu verstehen, welcher sich aus der Vergleichung der zur Zeit und am Orte der Erfüllung geschlossenen Kaufverträge ergiebt.

a) Der Begriff „Marktpreis" ist durch die Existenz einer amtlichen Feststellung nicht bedingt. Als Marktpreis eines gewissen Platzes ist vielmehr derjenige Durchschnittspreis zu betrachten, welcher sich bei Vergleichung einer erheblichen Zahl von an diesem Orte geschlossenen Geschäften als der, von den besonderen persönlichen Beziehungen und sonstigen speziellen Umständen unabhängige gemeine Werth der Waare darstellt. Es bleibt lediglich Beweisfrage, ob die thatsächlichen Unterlagen dieser Vergleichung in dem einzelnen Falle dem Richter vorzuführen sind, oder ob es deren Beibringung nicht bedarf, weil das Ergebniß in der amtlich festgestellten und veröffentlichen Preisangabe bereits Ausdruck gefunden hat.

Der in Gemäßheit örtlicher Einrichtungen amtlich festgestellte Marktpreis hat bis zum Erweise des Gegentheils die Vermuthung der Richtigkeit für sich. E. v. 13. April 1871. Entsch. II S. 95.

354. Wenn der Käufer mit der Zahlung des Kaufpreises im Verzuge[a)] und die Waare noch nicht übergeben ist, so hat der Verkäufer die Wahl, ob er die Erfüllung des Vertrages und Schadensersatz wegen verspäteter Erfüllung verlangen, oder ob er statt der Erfüllung die Waare unter Beobachtung der Bestimmungen des Artikels 343[b)] für Rechnung des Käufers verkaufen[c)] und Schadensersatz[d)] fordern, oder ob er von dem Vertrage abgehen will, gleich als ob derselbe nicht geschlossen wäre.[e)]

a) Ist ein bestimmter Zeitpunkt, durch dessen Eintritt der Käufer von selbst in Verzug kommt, nicht festgesetzt, so ist eine Mahnung des Verkäufers erforderlich, um ihn in Verzug zu setzen. E. v. 23. Nov. 1872. Entsch. VIII S. 76. Eine Zuvielforderung bei der Mahnung macht diese nicht ohne Weiteres unwirksam, E. v. 2. Dez. 1874. Entsch. XVI S. 201; es kommt vielmehr auf die Umstände an, und namentlich ist die Zuvielforderung dann gleichgültig, wenn anzunehmen ist, daß dieselbe nicht der Grund gewesen, aus welchem der Gemahnte die ihm obliegenden Leistungen unterlassen hat, daß dieser vielmehr auch einer auf die geschuldete Leistung beschränkten Mahnung nicht Folge geleistet haben würde. E. v. 2. Nov. 1876. Entsch. XXI S. 133.

b) Die Vorschriften des Art. 343 müssen innegehalten werden, selbst wenn das bürgerliche Recht formlosen Verkauf gestattet. E. v. 25. Sept. 1874. Entsch. XIV S. 291. E. v. 1. Nov. 1881. R.G. V S. 94.

Die Beobachtung der Bestimmungen des Art. 343 hat der Verkäufer nachzuweisen. E. v. 15. Jan. 1873. Entsch. VIII S. 377.

c) Der Verkauf muß an dem vertragsmäßigen Ablieferungsorte geschehen. E. v. 15. Jan. 1873. Entsch. VIII S. 377.

Bei der Wahl des Zeitpunktes des Verkaufs braucht sich der Verkäufer nicht durch das Interesse des Käufers leiten zu lassen, wenn er nur nicht arglistiger Weise einen dem Käufer besonders ungünstigen Zeitpunkt wählt. E. v. 15. Sept. 1876. Entsch. XXI S. 158.

d) Es ist dies eigentlich kein Schadensersatzanspruch, sondern der

Anspruch auf Bezahlung des vertragsmäßigen Kaufpreises, soweit derselbe nicht aus dem Erlöse der Waare gedeckt ist. E. v. 8. März 1875. Entsch. XVI S. 315. — Die Ausübung der Verkaufsselbsthülfe ist ein Bestehen auf Erfüllung (nicht auf Schadensersatz wegen Nichterfüllung) mit der Maßgabe, daß an die Stelle der kontraktlichen eine andere Art der Erfüllung, an die Stelle der Waare der Erlös des Selbsthülfeverkaufs tritt, und zwar auch dann, wenn bei der Ausübung des Selbsthülfeverkaufs der Verkäufer selbst als Käufer auftritt, so daß auch in diesem Falle der Verkäufer den durch das Ergebniß des Selbsthülfeverkaufs nicht gedeckten Theil des Kaufpreises beanspruchen kann. E. v. 7. März 1873. Entsch. IX S. 118 u. E. v. 24. Sept. 1881. R.G. V S. 65. — Dem Käufer gebührt aber auch der erwachsende Nutzen, also der beim Selbsthülfeverkauf erzielte Mehrerlös. E. v. 1. Febr. 1876. Entsch. XX S. 223.

e) Hat Verkäufer (bezw. im Falle des Art. 355 Käufer) eine Wahl getroffen und dem Gegner hiervon Mittheilung gemacht, so kann er von der Wahl nicht wieder abgehen. E. v. 16. Okt. 1871. Entsch. III S. 203. E. v. 28. Mai 1872. Entsch. VI S. 193.

Die Anzeige der Wahl, welche der Verkäufer eventuell treffen wird, kann auch mit derjenigen Erklärung, durch welche der Verzug des Käufers begründet wird (Erfüllungsanerbieten) verbunden werden. E. v. 16. Jan. 1878. Entsch. XXIII S. 170.

Ist Vertragserfüllung gewählt, so kann — wenn drrch Verschulden des säumigen Theils die Erfüllung unmöglich gemacht wird — statt derselben Entschädigung wegen Nichterfüllung beansprucht werden. In einem solchen Falle ist es für zulässig zu erachten, daß die ursprünglich auf Erfüllung gerichtete Klage im Laufe des Prozesses in die Klage auf Entschädigung umgewandelt werde. E. v. 16. März 1880. R.G. I S. 64. —

Durch Anstellung der Klage auf Erfüllung verliert der Verkäufer bei fortgesetztem Verzuge des Käufers nicht das Recht der Verkaufsselbsthülfe. E. v. 2. Febr. 1575. Entsch. XXIII S. 189.

Ist der Verkäufer rechtskräftig zur Lieferung verurtheilt, so kann er wegen eines erst nach dem Urtheil eintretenden Verzuges des Käufers von dem ihm im Artikel 354 eingeräumten Wahlrecht nicht mehr Gebrauch machen. E. v. 27. März 1872 u. 15. Juni 1876.

Entsch. V S. 345, XX S. 108, insbesondere kann er nicht mehr vom Vertrage zurücktreten. E. v. 6. Juni 1873. Entsch. X S. 245.

355. Wenn der Verkäufer mit der Uebergabe der Waare im Verzuge[a] ist, so hat der Käufer die Wahl,[b] ob er die Erfüllung nebst Schadensersatz wegen verspäteter Erfüllung[c] verlangen, oder ob er statt der Erfüllung Schadensersatz wegen Nichterfüllung[d] fordern oder von dem Vertrage abgehen will, gleich als ob derselbe nicht geschlossen wäre.[e]

a) Verzug setzt eine schuldhafte Verzögerung der Erfüllung voraus. E. v. 23. Nov. 1872. Entsch. VIII S. 82.

Muß Zahlung Zug um Zug erfolgen, so ist es, um den Verkäufer in Verzug zu setzen, doch nicht erforderlich, daß der Käufer den Kaufpreis im Voraus anbiete oder sich über seine Zahlungsfähigkeit im Voraus ausweise. Die Verpflichtung des Käufers, das Geld bereit zu haben, tritt erst ein, wenn der Verkäufer die vertragsmäßig beschaffene Waare an den Ablieferungsort gebracht und dem Käufer angeboten hat. E. v. 21. April 1874. Entsch. XIII S. 170.

Zusendung der Rechnung in Verbindung mit der Bitte um Disposition über die Waare schließt Lieferungsverzug so lange aus, als der Käufer die erbetene Verfügung nicht getroffen hat. E. v. 20. Dez. 1872. Entsch. VIII S. 277.

So lange sich der Käufer im Zahlungsverzuge befindet, ist ein späterer Lieferungsverzug des Verkäufers ausgeschlossen. E. v. 10. Dez. 1873. Entsch. XII S. 64.

b) Die Aufforderung zur Erfüllung enthält noch keine Ausübung des Wahlrechts, E. v. 23. Nov. 1872 und 13. Juni 1874. Entsch. VIII S. 82, XIII S. 434, auch nicht, wenn mit der Aufforderung die Bemerkung verbunden war, Käufer werde sich sonst die Waare anderweit beschaffen. E. v. 11. Nov. 1875. Entsch. XVIII S. 386.

c) In der vorbehalt- und widerspruchlosen Empfangnahme der verspäteten Lieferung in Verbindung mit der vorbehaltlosen Zahlung des Kaufpreises liegt eine Genehmigung und ein Verzicht auf Ansprüche wegen der verspäteten Erfüllung. E. v. 27. Sept. 1871. Entsch. III S. 274. — Aus der vorbehaltlosen Annahme der verspäteten Lieferung ohne hinzutretende Zahlung des Kaufpreises kann ein solcher Verzicht noch nicht gefolgert werden. E. v. 28. Nov. 1879. R.G. I S. 21. — Ist eine für Verspätung bedungene Konventionalstrafe nach dem zur Anwendung kommenden Landesgesetze (§. 307 Th. I Tit. 5 Pr. A.L.R.) durch die vorbehaltlose Annahme der verspäteten Lieferung verwirkt, so ist auch der Anspruch auf Schadloshaltung erloschen. E. v. 14. Okt. 1878. Entsch. XXIV S. 272.

Der neben der Erfüllung wegen der Verspätung zu leistende Schadensersatz besteht bei Waaren, die einen Markt- oder Börsenpreis haben, unter analoger Anwendung des Art. 357 Abs. 3, mindestens in der Differenz zwischen dem Markt- und Börsenpreis zur Zeit des eingetretenen Verzuges und dem (geringeren) Markt- und Börsenpreis zur Zeit der erfolgten Lieferung. E. v. 18. Juni 1878. Entsch. XXIV S. 155.

Hat der Käufer Vertragserfüllung gewählt und ein den Verkäufer zur Lieferung verurtheilendes Erkenntniß erstritten, so kann er bei fruchtlosem Ausfall der Zwangsvollstreckung nicht mehr das Interesse wegen des nicht zur Verfallzeit erfüllten Vertrages, sondern nur das Interesse wegen des nicht befolgten Urtheils fordern; er muß also der Schadensberechnung denjenigen Zeitpunkt zu Grunde legen, in welchem dem Urtheil zufolge, nicht den Zeitpunkt, in welchem dem Vertrage zufolge die Lieferung hätte geschehen müssen. E. v. 18. Jan. 1879. Entsch. XXIV S. 329.

d) Der zu ersetzende Schaden besteht in dem Nachtheil, welcher dem Käufer durch die Nichterfüllung am Erfüllungstage, nicht in dem weiteren Nachtheil, der durch den Nichtbesitz der zu liefernden Waare seit dem Erfüllungstage etwa entstanden ist. E. v. 28. Mai 1872. Entsch. VI S. 194.

Bei Waaren, die einen Markt- oder Börsenpreis haben, besteht auch bei Nichtfixgeschäften der dem Käufer zu leistende Schadensersatz wegen Nichterfüllung gemäß Art. 357 Abs. 3 in der Differenz zwischen dem Kaufpreise und dem Markt- oder Börsenpreise am Tage der geschuldeten Lieferung unbeschadet des Rechts, einen erweislich höheren Schaden geltend zu machen. — Für die Ermittelung des

Schadens ist der Marktpreis desjenigen Tages maaßgebend, an welchem die Waare spätestens geliefert bezw. angenommen werden mußte. — Ist auf Grund des Art. 355 eine Nachfrist gewährt worden, so kann der Käufer den Markt- oder Börsenpreis zur Zeit des Ablaufs der Nachfrist in Ansatz bringen, wenn zur Bewilligung derselben eine Pflicht oder mindestens gerechtfertigter Anlaß vorlag. E. v. 22. Jan. 1873, 27. Juni und 3. Sept. 1874, 14. Jan., 5. Mai 1875. Entsch. X S. 170, XIV S. 7 und 142, XV S. 337, XVII S. 256. Vgl. Anm. n. zu Art. 356.

Zur Gewährung der Nachfrist liegt keine Veranlassung vor, wenn der Verkäufer, ohne eine solche nachzusuchen, die Erfüllung endgültig verweigert hat. E. v. 12. Mai 1874, Entsch. XIII S. 246, u. E. v. 25. Okt. 1881. R.G. V S. 103.

Hat der Verkäufer schon vor der Erfüllungszeit erklärt, daß er nicht liefern werde, so kann der Käufer auch schon vor Eintritt der Erfüllungszeit den Deckungskauf vornehmen. Mindestens hat der säumige Verkäufer nachzuweisen, daß nach Ablauf der Erfüllungszeit eine billigere Deckung möglich gewesen wäre. E. v. 3. Mai 1881. R.G. IV S. 70.

Zur Begründung des Anspruchs auf Schadensersatz braucht der Käufer auch bei Waaren, die keinen Markt- oder Börsenpreis haben, nicht nachzuweisen, daß er für die gekaufte Waare bereits Abnehmer gefunden habe oder daß die Waare verkäuflich war. Bei Waaren, die einen Gegenstand des Handelsverkehrs bilden, ist vielmehr bis zu dem vom säumigen Verkäufer zu erbringenden Nachweise des Gegentheils anzunehmen, daß die Waare zu üblichen Preisen verkäuflich ist. E. v. 4. Dez. 1880. R.G. IV S. 3 ff.

Bei der Schadensberechnung ist der Markt- und Börsenpreis des A b l i e f e r u n g s o r t e s maßgebend, auch wenn dieser vom Erfüllungsort verschieden ist. Die Beschränkung auf einen bestimmten Ort fällt fort, wenn nicht einfache Differenz gefordert, sondern der Schaden konkret begründet wird. Dann hat der Käufer nur nachzuweisen, daß er bei der Wahl des Orts des Deckungskaufs die Sorgfalt eines ordentlichen Kaufmanns angewendet hat. E. v. 14. Nov. 1876. Entsch. XXI S. 247.

Gelingt dem Käufer der Deckungskauf zu einem billigeren Preise, so hat der säumige Verkäufer keinen Anspruch auf die Preisdifferenz. E. v. 1. Febr. 1876. Entsch. **XX** S. 223.

e) Sowohl beim Rücktritt vom Vertrage als bei der Wahl der zweiten Alternative (Schadensersatz wegen Nichterfüllung) kann der Käufer vom säumigen Verkäufer Rückzahlung des an ihn gezahlten Kaufpreises verlangen. E. v. 18. Januar 1878. Entsch. **XXIV** S. 107.

Vgl. Anm. e. zu Art. 354.

356. Will ein Kontrahent auf Grund der Bestimmungen der vorigen Artikel statt der Erfüllung Schadensersatz wegen Nichterfüllung fordern oder von dem Vertrage abgehen,[a] so muß er dies dem anderen Kontrahenten anzeigen[b] und ihm dabei,[c] wenn die Natur des Geschäfts dies zuläßt,[d] noch eine den Umständen angemessene[e] Frist zur Nachholung des Versäumten gewähren.[f]

a) Der Artikel findet nicht Anwendung, wenn ein Kontrahent nur Schadensersatz wegen verspäteter Erfüllung beanspruchen, die Erfüllung selbst also annehmen will. E. v. 27. Febr. 1872. Entsch. **V** S. 172.

b) Durch die Anzeige muß eine bereits getroffene Wahl bestimmt kund gegeben werden. Erklärungen, wie die: „bei Nichtlieferung würde ich mich genöthigt sehen, mich anderweitig zu decken", sind nicht hinreichend (Entsch. **XV** S. 335). — Dagegen liegt eine genügende Anzeige in den Worten: „ich habe mich gedeckt", oder „ich werde mir die Waare für Ihre Rechnung anderweit beschaffen". Eine derartige Erklärung bedeutet, daß man Schadensersatz wegen Nichterfüllung verlange. — E. v. 31. Jan. u. 6. Okt. 1871, 14. Jan. 1875. Entsch. **I** S. 266, **III** S. 320, **XV** S. 335.

Die Anzeige kann durch die Verkaufsandrohung Art. 354, 343 Abs. 2) ersetzt werden. E. v. 25. Febr. 1874. Entsch. **XII** S. 285.

Die Anzeige kann rechtzeitig in der Klage oder Klagebeantwortung oder sonst im Laufe des bezüglichen Prozesses erfolgen. — Die in der Klage enthaltene Anzeige ist bindend, selbst wenn demnächst die Klage zurückgewiesen wird. E. v. 7. Mai 1873, 21. März und

27. Okt. 1874. Entsch. IX S. 318, XIII S. 104, XV S. 359. — Uebt der nichtsäumige Theil das Wahlrecht erst in der Klage aus, so hat der Verklagte keineswegs immer und unbedingt bis zur Klagebeantwortung Frist, das Versäumte nachzuholen; es kann vielmehr auch eine kürzere Nachfrist nach richterlichem Ermessen den Umständen angemessen sein. Ob zur purgatio morae Real-Oblation erforderlich, muß nach den Umständen des Falls beurtheilt werden. E v. 10. Mai 1876. Entsch. XX S. 301.

Der Art. 356 beruht auf der Voraussetzung, daß der Gegenkontrahent sich bereits im Verzuge befinde. Daher kann vor Ablauf der Lieferfrist die Anzeige mit rechtlicher Wirksamkeit nicht erfolgen. E. v. 9. Juni 1874. Entsch. XIV S. 24.

So lange der nichtsäumige Kontrahent eine Erklärung, wie die im Art. 356 bezeichnete, nicht abgegeben hat, kann der säumige Theil seine mora purgiren (das Versäumte nachholen), ohne daß ihm ein vom Gegner bei oder vor der Annahme der Erfüllung gemachter Vorbehalt seiner Rechte entgegenstände. Doch bleibt dem nichtsäumigen Theil das Recht, Schadensersatz wegen des früheren Verzuges zu verlangen. E. v. 21. März u. 6. Okt. 1874. Entsch. XIII S. 98 und XIV S. 393.

Ist hiernach die Ausübung des Wahlrechts auch an keine Frist gebunden, so darf sie doch nicht bis zu einem Zeitpunkt hinausgeschoben werden, wo durch wesentliche Veränderung der Verhältnisse dem säumigen Theil die purgatio morae unthunlich geworden ist, sei es, daß die verkaufte Waare eine wesentliche Veränderung erfahren hat (E. v. 10. Juni 1876. Entsch. XX S. 336), sei es, daß die Konjunktur sich erheblich geändert hat (E. v. 20. Okt. 1877. Entsch. XXIII S. 83).

c) Das Wort „dabei" ist nicht so aufzufassen, daß die Nachfrist im Anzeigebriefe gewährt werden müsse. E. v. 11. Nov. 1872. Entsch. VIII S. 16.

d) Die hier wegen der Natur des Geschäfts gemachte Ausnahme von der Verpflichtung, eine Nachfrist zu gewähren, ist auf diejenigen Fälle zu beschränken, in denen die spätere Leistung nicht mehr als Vertragserfüllung erscheint, d. h. für den Gläubiger nutzlos ist, weil er die Lieferung nicht mehr zu dem Zwecke verwenden kann, wozu er sie nach der dem anderen Theile bekannten Absicht bestimmt hatte.

Der Umstand, daß die zu liefernde Waare Preisschwankungen ausgesetzt ist, hat nicht die Bedeutung, daß deswegen die Gewährung einer Nachfrist als mit der Natur des Geschäfts unvereinbar erachtet werden müßte. E. v. 17. Okt. 1871. Stg. IV S. 125, Entsch. III S. 212.

e) Die Bestimmung ist nicht dahin zu verstehen, daß die Frage, ob eine Nachfrist zu gewähren ist, nur von der „Natur des Vertrages" und die eventuelle Dauer der Nachfrist nur von den „Umständen" abhängt. Vielmehr ist nach den konkreten Umständen, zu denen auch die Natur des Vertrages gehört, zu bestimmen, ob und welche Nachfrist zu gewähren ist. Die Nachfrist kann also auch dann versagt werden, wenn zwar nicht der Vertragsinhalt, wohl aber die sonstigen konkreten Umstände entgegenstehen. E. v. 9. April 1881. R.G. IV S. 56.

Ob eine Nachfrist den Umständen angemessen erscheint, entscheidet das richterliche Ermessen, nach den beiden Erwägungen, daß

1. die Ausgleichung des Verzuges (purgatio morae) nicht unmöglich gemacht werden soll und
2. die Nachfrist vorzugsweise das Interesse des säumigen Schuldners wahren soll, soweit nicht dadurch berechtigte Interessen des Gläubigers in erheblicher Weise verletzt werden.

E. v. 17. Okt. 1871. Entsch. III S. 212.

Die Beurtheilung der Angemessenheit einer Nachfrist bildet eine der Prüfung des Revisionsrichters entrückte Thatfrage. Von der Verletzung einer Rechtsregel kann nur dann die Rede sein, wenn der Richter für die Bemessung der Nachfrist falsche Prinzipien zu Grunde gelegt, Zweck und Bedeutung der Nachfrist verkannt hat. E. v. 11. Juni 1872. Entsch. VI S. 399.

Die Nachfrist braucht weder der ursprünglichen Lieferungsfrist gleich zu kommen, noch so bemessen zu werden, daß der Säumige, wenn er bis dahin keine Schritte zur Erfüllung gethan hatte, nunmehr noch sämmtliche Erfüllungshandlungen vornehmen könne.

E. v. 6. März 1873 und 25. April 1874. Entsch. VIII S. 125, XIII S. 192.

f) Der Nichtsäumige ist nicht verpflichtet, die Nachfrist unaufgefordert zu setzen.

Pl.-Beschl. v. 6. März 1873 u. E. v. 21. März u. 27. Okt. 1874. Entsch. VIII S. 125, XIII S. 104, XV S. 361. Ebenso R.G. I S. 241, E. v. 30. Jan. 1880.

Ist mit der Anzeige die Fristgewährung nicht verbunden, so kann doch der Säumige innerhalb angemessener Frist das Versäumte nachholen. E. v. 11. Nov. 1872. Entsch. VIII S. 19.

Setzt der Nichtsäumige eine Frist, so kann er vor Ablauf derselben von seinem Rechte, statt der Erfüllung Schadensersatz zu fordern oder vom Vertrage abzugehen, keinen Gebrauch machen. Pl.-Beschl. v. 11. Nov. 1873. Entsch. VIII S. 125.

Von der Erfüllung der im Art. 356 enthaltenen Vorschriften (Anzeige und Gewährung einer angemessenen Nachfrist auf Erfordern) ist die Zulässigkeit des Rücktrittes, sowie die Geltendmachung des Schadensanspruches wegen Nichterfüllung abhängig. E. v. 3. und 16. Okt. 1871. Stg. IV S. 35 und S. 118, Entsch. III S. 203.

Die Nachfrist braucht nicht gewährt zu werden, wenn der säumige Kontrahent bestimmt erklärt hat, er könne oder wolle nicht erfüllen. E. v. 6. und 17. Okt. 1871, 10. Febr. und 18. Juni 1872, V S. 362. Entsch. III S. 208 u. S. 321, V S. 107 und VI S. 326.

Auch die Erklärung, nur theilweise erfüllen zu können, entbindet den anderen Theil von der Gewährung der Nachfrist, wenn derselbe — und dies ist die Regel, vgl. Anm. a. zu Art. 359 — zur Annahme der theilweisen Erfüllung nicht verpflichtet ist. — E. v. 10. Febr. 1872. Entsch. V S. 107.

Der unbedingten Weigerung steht die bedingte gleich, sofern die Bedingung eine unstatthafte ist. E. v. 15. März 1873. Entsch. IX S. 347.

Die bloße Meinungsäußerung, man brauche nicht zu liefern, hat diese Wirkung noch nicht. — E. v. 17. Okt. 1871. Stg. V S. 362.

Die Erklärung, zur Zeit nicht erfüllen zu können, entbindet von der Gewährung der Nachfrist nicht, läßt sich vielmehr als Bitte um eine solche auffassen. E. v. 17. Dez. 1872. Entsch. VIII S. 253.

Das Gesetz schließt eine mehrmalige Fristgewährung nicht aus. E. v. 8. März 1873. Entsch. IX S. 128.

Durch die Bewilligung der Nachfrist wird der ursprüngliche Lieferungstermin nicht verändert. Der Käufer ist berechtigt, den bei Ablauf der gewährten Nachfrist bestehenden Preis seiner Schadensberechnung zu Grunde zu legen, er kann aber auch vom Werthe der Waaren zur Zeit der verabredeten Erfüllung ausgehen. E. v. 11. Okt. 1873. Entsch. XI S. 182.

Die Anzeige, von dem Vertrage abgehen oder Schadensersatz wegen Nichterfüllung verlangen zu wollen, braucht nach Ablauf der gewährten Nachfrist nicht wiederholt zu werden. — E. v. 13. Jan. 1871. Stg. I S. 260, Entsch. I S. 266.

Auf Anzeige und Fristgewährung kann gültig verzichtet werden. E. v. 25. Nov. 1873. Entsch. XI S. 425.

Der säumige Kontrahent kann noch nach Empfang der im Art. 356 vorgeschriebenen Anzeige, und zwar auch dann, wenn er eine Nachfrist nicht nachgesucht hat, seinen Verzug durch nachträgliche Erfüllung für die Zukunft ungeschehen machen, indem er die Erfüllung als die Ausübung seines Rechts auf Nachfrist anbietet; er muß aber den Anspruch auf nachträgliche Annahme seiner Erfüllungsleistung dahin thatsächlich begründen, daß, wenn er eine Nachfrist verlangt hatte, ihm eine solche bis zum Zeitpunkt der angebotenen Erfüllung hätte gewährt werden müssen. E. v. 6. Dez. 1877. Entsch. XXIII S. 40 (also: Vor Empfang der Anzeige hat der Säumige ein unbedingtes Recht, zu erfüllen; nach Empfang der Anzeige hat er es nur, wenn die Nachfrist, auf welche er einen Anspruch hat, noch nicht abgelaufen ist.)

Das Recht, auf Erfüllung zu bestehen, ist nicht davon abhängig, daß alsbald nach Eintritt des Verzuges die desfallsige Absicht kund gegeben wird. E. v. 7. März 1873. Entsch. IX S. 118.

357. Ist bedungen, daß die Waare genau zu einer festbestimmten Zeit oder binnen einer festbestimmten Frist geliefert werden soll,[a] so kommt der Artikel 356 nicht zur Anwendung. Der Käufer sowie der Verkäufer kann die Rechte, welche ihm gemäß Artikel 354 oder 355 zustehen, nach seiner Wahl ausüben. Es muß jedoch derjenige, welcher auf der Erfüllung bestehen will,[b] dies unverzüglich nach Ablauf der Zeit oder der Frist[c] dem anderen Kontrahenten anzeigen;[d] unterläßt er dies, so kann er später nicht auf der Erfüllung bestehen.

Will der Verkäufer statt der Erfüllung für Rechnung des säumigen Käufers verkaufen, so muß er, im Falle die Waare einen Markt- oder Börsenpreis hat,[e] den Verkauf[f] unverzüglich nach Ablauf der Zeit oder der Frist[g] vornehmen. Ein späterer[h] Verkauf gilt nicht als für Rechnung des Käufers geschehen. Eine vorgängige Androhung ist nicht erforderlich, dagegen hat der Verkäufer auch in diesem Falle den bewirkten Verkauf dem Käufer ungesäumt anzuzeigen.

Wenn der Käufer statt der Erfüllung Schadensersatz wegen Nichterfüllung fordert, so besteht, im Falle die Waare einen Markt- oder Börsenpreis hat, der Betrag des von dem Verkäufer zu leistenden Schadensersatzes in der Differenz[i] zwischen dem Kaufpreise und dem Markt- und Börsenpreise zur Zeit[k] und am Orte[l] der geschuldeten Lieferung, unbeschadet des Rechts des Käufers, einen erweislich höheren Schaden[m] geltend zu machen.[n]

a) Der Artikel 357 bezieht sich nur auf sogenannte Fixgeschäfte.

Nicht jeder Lieferungsvertrag, bei welchem eine bestimmte Erfüllungszeit oder Erfüllungsfrist bedungen ist, darf als Fixgeschäft angesehen werden. Vielmehr betrifft der Art. 357 nur diejenigen Fälle, in denen die vereinbarte Erfüllungszeit nach der Absicht der Kontrahenten eine wesentliche Bedingung des Geschäfts (ein essentiale) sein soll, dergestalt, daß die Leistung weder früher noch später, als zu der verabredeten Zeit, gefordert oder gemacht werden, daß mit dieser Zeit der Vertrag stehen und fallen, eine spätere Lieferung nicht mehr als Vertragserfüllung gelten soll.

Daß die Absicht der Kontrahenten dahin ging, ein derartiges Geschäft abzuschließen, muß entweder mit unzweideutigen Worten (genau, präcis, fix oder durch Beifügung der kassatorischen Klausel) ausdrücklich erklärt sein oder aus den Umständen zweifellos hervorgehen.

E. v. 24. März, 28. Okt., 28. Nov. 1871, 4. Juni und 16. Okt. 1872. Entsch. II S. 93, III S. 275, IV S. 164, VI S. 227, VII S. 369. Ebenso R.G. I S. 241 E. v. 30. Jan. 1880.

Daraus allein, daß die zu liefernde Waare täglichen Preisschwankungen ausgesetzt oder daß sie zur Anfertigung von Modewaaren bestimmt ist, kann eine Vermuthung für die Natur eines Fixgeschäfts nicht gefolgert werden. E. v. 27. Sept. 1872. Entsch. VII S. 260.

Die Absicht, ein Fixgeschäft abzuschließen, braucht jedoch nicht direkt aus den Festsetzungen des Vertrages, sie kann auch aus den begleitenden Umständen, namentlich aus der Beschaffenheit der Waare und dem erkennbaren Zweck in Verbindung mit der vereinbarten Erfüllungszeit, hervorgehen. — Ist die Waare eine solche, welche erfahrungsmäßig erheblichen Preisschwankungen unterliegt, bildet sie insbesondere einen Gegenstand der Börsenspekulation, ist außerdem das Geschäft erkennbar mit Rücksicht auf den durch die Preisschwankungen zu erzielenden Gewinn und im Börsenhandel abgeschlossen, so wird die gesetzte feste Zeitbestimmung als ein essentiale zu betrachten sein. E. v. 13. Dez. 1872, 24. Febr. 1875. Entsch. VIII S. 236, XVI S. 292. — Es genügt zum Vorhandensein eines Fixgeschäfts nicht, daß ein Theil oder beide Theile an der rechtzeitigen Erfüllung ein erhebliches Interesse haben. E. v. 21. April 1874. Entsch. XIII S. 169.

Der Fall des Art. 357 ist als Ausnahme zu betrachten und deshalb im Zweifel gegen ein beabsichtigtes Fixgeschäft zu interpretiren. E. v. 1. Juni 1872. Entsch. VI S. 19.

Unter Anwendung dieser Grundsätze hat das R.O.H.G. das Vorhandensein eines Fixgeschäftes stets verneint, wenn eine an sich bestimmte Erfüllungszeit „ohne weiteren Beisatz" verabredet war (vgl. noch E. v. 22. Febr. 1872. Entsch. V S. 172); ferner in Fällen, wo die Abrede dahin lautete, es solle „sofort" (E. v. 30. Dez. 1870, 3. Nov. 1871, 1. März 1876, IV S. 404. Entsch. IV S. 337, XX S. 236), „binnen kürzester Frist" (E. v. 30. Sept. 1871, Entsch. III S. 288), „successive von Woche zu Woche" (E. v. 27. Sept. 1871. Entsch. III S. 273), „täglich" (E. v. 17. Juni 1874, Entsch. XIII S. 435), bei „offener Schifffahrt" (E. v. 26. Nov. 1873. Entsch. XI S. 432), „April, Mai, Juni" (E. v. 27. Sept. 1872. Entsch. VII S. 260), geliefert werden, sowie in einem Falle, in welchem Käufer bei Bestellung der Waare erklärt hatte, „die Sendung müsse binnen fünf, höchstens sechs Wochen bei ihm eintreffen, da er später keine Verwendung dafür habe." (E. v. 3. Mai 1872. Entsch. V S. 437.)

Als Argument gegen die Annahme eines Fixgeschäftes wird Seitens des R.O.H.G. noch besonders verwerthet, wenn nach Ablauf der Frist theilweise Erfüllung angenommen worden ist. Vgl. u. A. E. v. 29. Juni 1872, Entsch. IV S. 378.

Ist ein Fixgeschäft durch Prolongation auf eine nicht fest bestimmte Zeit in ein nicht fixes verwandelt, so ist dadurch das Geschäft dem Geltungsbereiche des Art. 357 H.G.B. entzogen. E. v. 31. Jan. 1871. Stg. I S. 256, Entsch. I S. 264.

Eine aus der Natur der Waare und dem Verhalten der Parteien hergenommene thatsächliche Feststellung, daß ein Fixgeschäft nicht vorliege, läßt sich mit der Nichtigkeitsbeschwerde nicht anfechten. E. v. 6. Febr. 1872. Stg. V S. 351 und vom 11. Juni 1872. Entsch. VI S. 398.

b) Wer Schadensersatz wegen Nichterfüllung fordern oder von dem Vertrage abgehen will, braucht also beim Fixgeschäft keine Anzeige zu machen.

Durch Disposition über einen Theil der Waare verliert Käufer das Rücktrittsrecht. E. v. 3. Mai 1872. Entsch. V S. 438.

c) Eine am Stichtage selbst oder noch früher erfolgte Anzeige reicht nicht aus. E. v. 27. Febr. 1872. Entsch. V S. 172.

Doch kann die Anzeige durch vorangegangene Umstände unnöthig gemacht werden, z. B. dadurch, daß schon vor dem kritischen Momente zwischen den Kontrahenten völlig festgestellt worden ist, daß der eine Theil nicht erfüllen könne oder wolle, der andere Theil aber auf Erfüllung bestehe. E. v. 24. März 1874. Entsch. XIII S. 136.

d) Diese Anzeige kann auch in der Weise geschehen, daß Verkäufer sich für den Fall der Nichterfüllung binnen anderweit bestimmter Frist den Verkauf auf Rechnung des Käufers vorbehält. Auf diesen demnächst bewirkten Kauf finden dann aber die Vorschriften des Art. 343, nicht die des Art. 357 Abs. 2 Anwendung. E. v. 13. Dez. 1871. Entsch. IV S. 286.

Der Protest wegen Nichterfüllung und der darin enthaltene „Vorbehalt der Rechte" ersetzt die Anzeige nicht. E. v. 24. Febr. 1875. Entsch. XVI S. 291.

Die Anzeige ist lediglich im Interesse des säumigen Kontrahenten vorgeschrieben, um Spekulationen des Nichtsäumigen auf Kosten des ersteren auszuschließen. Der nichtsäumige Theil kann daher aus dem Unterlassen der Anzeige Rechte nicht herleiten. E. v. 31. Jan. 1871. Entsch. I S. 261.

e) Vgl. über „Marktpreis" die Anm. a. zu Art. 353. — Gegen amtliche Coursnotirungen ist auch hier, wie im Falle des Art. 353, der Beweis der Unrichtigkeit zulässig. E. v. 26. März 1872. Entsch. V S. 331.

f) Der Verkauf muß am Erfüllungsorte erfolgen. E. v. 27. Febr. 1872. Entsch. V S. 174.

Der Einwand, der anderweite Verkauf sei ein Scheingeschäft, ist von Erheblichkeit. E. v. 28. Jan. 1875. Entsch. XVI S. 283.

g) Ist Abnahme-Kündigung bedungen, so kann der Verkäufer einer einmal erfolgten Kündigung eine zweite, nach welcher die Rechtzeitigkeit des zu Lasten des Käufers zu bewirkenden Kaufes zu bemessen wäre, nicht folgen lassen. Der Verkauf muß vielmehr sofort nach Ablauf der ersten Kündigungsfrist erfolgen. E. v. 20. Sept. 1872. Entsch. VII S. 145.

h) Auch einen früheren, z. B. am letzten Tage der Frist stattfindenden Verkauf braucht der säumige Käufer nicht wider sich gelten zu lassen. Vgl. jedoch die Anm. k.

i) Differenzgeschäfte. Ein auf Lieferung von Waaren gerichtetes Geschäft büßt dadurch nicht seinen reellen Charakter ein, daß einer oder beide Kontrahenten beim Abschluß des Geschäfts sich von der Absicht leiten lassen, es werde am Stichtage Lieferung nicht erfolgen, sondern nur Preisdifferenz berechnet und gewährt werden. So lange diese Absicht unausgesprochenes Motiv bleibt, ist sie schon deshalb unerheblich, weil trotzdem keiner der Kontrahenten gehindert ist, am Stichtage auf effektiver Lieferung zu bestehen.

Ist aber ausdrücklich bedungen worden, daß die Waare nicht geliefert, sondern nur die Differenz vergütet werden, daß also Recht und Pflicht zur effektiven Lieferung ausgeschlossen sein solle, so liegt ein zu den Glücksverträgen zu rechnendes reines Differenzgeschäft vor, auf welches die im Art. 357 für Lieferungsgeschäfte aufgestellten Grundsätze keine Anwendung finden. E. v. 4. Juni 1872, 26. Nov. 1874. Entsch. VI S. 224, XV S. 279.

Inwieweit solch ein reines Differenzgeschäft überhaupt rechtliche Wirkung erzeugt, ist nach dem bürgerlichen Recht zu beurtheilen.

Nach sächs. R. sind Differenzgeschäfte nicht verboten; durch einen hinzutretenden Anerkenntnißvertrag erlangen sie die ihnen an sich fehlende Klagbarkeit. E. v. 31. Jan. 1875. Entsch. XVII S. 322.

Nach französischem Recht sind die reinen Differenzgeschäfte nicht klagbar. E. v. 29. Okt. 1874. Entsch. XIV S. 273.

Ist ein Zeitkauf über geldwerthe Papiere geschlossen und werden vor dem Lieferungstage Papiere derselben Art für denselben Termin vom Käufer dem Verkäufer verkauft, so ist der spätere Verkauf als Rückkauf aufzufassen, so daß beiderseits die Papiere als durch Kompensation geliefert gelten und die zu zahlende Differenz durch den Preis von Kauf und Rückkauf festgestellt wird. — Ein solcher die laufende Spekulation beendender und ihr Resultat fixirender Rückkauf verwandelt den ursprünglich reellen Kauf nicht in ein reines Differenzgeschäft. E. v. 23. März 1875. Entsch. XVII S. 41.

k) Hat an dem maßgebenden Tage ein Markt oder eine Börse und in Folge dessen eine amtliche Preis-Feststellung nicht stattgefunden, so ist damit nicht ausgeschlossen, daß an dem fraglichen

Tage die betreffende Waare einen Markt= (d. i. Durchschnitts=) Preis hatte. Der an einem voraufgehenden oder nachfolgenden Börsentage notirte Preis kann jedoch nicht maßgebend sein, wohl aber zusammengenommen für den in der Zwischenzeit herrschend gewesenen Preis einen gewissen Anhalt bieten. E. v. 27. Nov. 1872. Entsch. VIII S. 100.

Unter Umständen kann auch ein schon vor der Erfüllung vorgenommener Deckungskauf der Schadensberechnung zu Grunde gelegt werden; es gilt dies besonders, wenn der Verkäufer schon vor Ablauf der Erfüllungsfrist erklärt hat, nicht liefern zu wollen. In einem solchen Falle hat der Käufer nicht nachzuweisen, daß zur Erfüllungszeit der Marktpreis nicht niedriger war. E. v. 16. Sept. 1874. Entsch. XIV S. 184.

l) Existirt am Erfüllungsort kein Marktpreis für die betreffende Waare, so ist der Marktpreis des nächsten Bezugsortes unter Hinzurechnung der Fracht nach dem Erfüllungsorte zu Grunde zu legen. E. v. 3. Sept. 1874. Entsch. XIV S. 141. Vgl. E. v. 16. Sept. 1874. Entsch. XIV S. 183.

Ueber den Begriff „Marktpreis" vgl. Anm. a. zu Art. 353, über den Begriff „Marktplatz" E. v. 27. Mai 1875. Entsch. XVII S. 305.

m) Der Nachweis eines höheren Schadens ist nicht auf den Fall zu beschränken, daß der Käufer wegen besonderer Umstände die Waare zur Lieferzeit höher als zum damaligen Marktpreise hätte verwerthen können. Dahin gehört vielmehr auch eine Reihe anderer Fälle, z. B. der, daß es vermöge der Quantität der zu liefernden Waare nicht möglich war, sie überhaupt oder zum gewöhnlichen Marktpreise am Erfüllungsorte zu beschaffen. E. v. 4. Juni 1872. Entsch. VI S. 226.

Die Geltendmachung eines höheren Schadens ist ausgeschlossen, wenn die Erhöhung des Schadens durch den nichtsäumigen Kontrahenten verschuldet ist. E. v. 5. Mai 1875. Entsch. XVII S. 257. Fordert der Käufer die Differenz zwischen Kauf= und Marktpreis, so kann er nicht außerdem noch Vergütung des Gewinns beanspruchen, welchen er durch den Weiterverkauf erzielt hätte. E. v. 21. Okt. 1875. Entsch. XVIII S. 215.

n) Die Vorschriften der Art. 357, 358 können durch Vereinbarung geändert werden. E. v. 19. März 1872. Entsch. V S. 185.

Die hier vorgeschriebene Art der Schadensberechnung ist

a. auch bei Nichtfixgeschäften zulässig, und zwar gerade dann, wenn es sich um das niedrigste Maß der zu leistenden Entschädigung handelt. E. v. 30. Okt. 1872. Entsch. VI S. 377; v. 30. Jan. 1880. R.G. I S. 242;

b. auch dann anzuwenden, wenn der Käufer neben der Erfüllung Schadensersatz wegen Verspätung der Erfüllung beansprucht. E. v. 18. Juni 1878. Entsch. XXIV S. 155.

Vgl. Anm. d. zu Art. 355.

358. In den Fällen des Artikels 357 ist jeder Kontrahent berechtigt, den Verzug des anderen Kontrahenten auf dessen Kosten durch eine öffentliche Urkunde (Protest) feststellen zu lassen.

359. Wenn in den Fällen der Artikel 354, 355 und 357 sich aus den Umständen, insbesondere aus der Natur des Vertrages, aus der Absicht der Kontrahenten oder aus der Beschaffenheit des zu leistenden Gegenstandes ergiebt, daß die Erfüllung des Vertrages auf beiden Seiten theilbar ist, so kann das Abgehen des einen Kontrahenten von dem Vertrage nur in Betreff des von dem anderen Kontrahenten nicht erfüllten Theiles des Vertrages erfolgen.[a)]

a) Der Art. 359 setzt voraus, daß die theilweise Erfüllung von dem Nichtsäumigen angenommen worden ist. Eine Verpflichtung zur Annahme der Theilleistung ist durch den Art. 359 nicht aufgestellt. Auch bei an sich theilbarer Erfüllung besteht eine solche Verpflichtung nur, wenn sie übernommen ist oder besondere rechtliche Gründe dafür sprechen. E. v. 10. Febr. 1872. Entsch. V S. 107.

Ferner bezieht sich der Art. 359 nur auf den Fall einer theilweisen Nichterfüllung, nicht auf den Fall einer theilweisen Mangelhaftigkeit der vollständig gelieferten Waare.

Doch besteht auch in letzterem Falle, sowohl nach gemeinem, wie nach preußischem Rechte ein Gewährleistungs-Anspruch des Käufers in der Regel nur bezüglich des mangelhaft erfüllten Theiles, so daß der Käufer das Ganze nur zurückweisen kann, wenn nach der Absicht der Kontrahenten oder der Beschaffenheit des Gegenstandes die Erfüllung keine theilbare ist. E. v. 18. April u. 13. Mai 1871. Entsch. II S. 204 u. 305.

Das Empfangene muß der Käufer in dem durch Art. 359 vorgesehenen Falle (d. h. wenn er wegen des nicht erfüllten Theils vom Vertrage abgeht) vertragsmäßig bezahlen. Er kann jedoch den ihm aus der unvollständigen Lieferung erwachsenen Schaden ersetzt verlangen. E. v. 30. Dez. 1870. Stg. I S. 110.

Verlangt der Käufer vollständige Erfüllung, wozu er nach Art. 355, 357 gleichfalls berechtigt ist, so braucht er den Kaufpreis für die bereits gelieferte Waare vor vollständiger Lieferung nicht zu zahlen, selbst wenn die verabredete Zahlungsfrist der geschehenen Lieferungen abgelaufen ist. E. v. 25. Jan. 1873. Entsch. VIII S. 424.

Bei Kaufgeschäften, deren Erfüllung vertragsmäßig in Raten erfolgen soll, berechtigt ein Verzug des Käufers den Verkäufer zum Rücktritt vom Vertrage, soweit er die Waare nicht bereits übergeben hat, und zwar ohne Ankündigung bei Fixgeschäften, nach fruchtloser Ankündigung bei anderen Geschäften. Dabei macht es keinen Unterschied, ob der Käufer mit der Bezahlung noch ausstehender oder schon geschehener Lieferungen im Verzuge ist. E. v. 7. März 1871. Stg. I S. 317. Entsch. II S. 84.

In den Erkenntnissen vom 14. u. 21. März 1874 (Entsch. XIII S. 78 und 103) hat das R.O.H.G. den vorstehenden Grundsatz, wie folgt, verallgemeinert: Bei einem in Raten zu erfüllenden Lieferungskaufe wird das dem nichtsäumigen Kontrahenten nach Art. 354 bis 356 zustehende Wahlrecht schon durch den in Bezug auf eine Rate eingetretenen Lieferungs- oder Zahlungsverzug des anderen Theils begründet.

Bei Ratenlieferung kann der nichtsäumige Kontrahent auch Betreffs der einzelnen Raten von verschiedenen der ihm nach Art. 354, 355 zustehenden Befugnisse Gebrauch machen. — Es ist hierbei gleichgültig, ob Ratenlieferungen vereinbart oder thatsächlich einzelne Theile des Kaufgegenstandes zu verschiedenen Zeiten offerirt sind. E. v. 8. März 1873 u. 11. April 1874. Entsch. IX S. 121, XIII S.

131. Der nichtsäumige Käufer kann den Zeitpunkt des Verzuges bezüglich der ersten Rate der Berechnung seines ganzen Schadens zu Grunde legen. E. v. 2. Dez. 1874. Entsch. XVI S. 202.

Selbst wenn der Verkäufer die mangelhafte Qualität eines Theiles der verkauften Waare dem Käufer arglistig verheimlicht hat, ist der Käufer nur zur Redhibition des mangelhaften Theiles berechtigt. E. v. 12. Okt. 1872. Entsch. VII S. 228.

Ist Ratenlieferung vereinbart, so kann die vertragswidrige Beschaffenheit einer früheren Rate, welche wegen mangelnder rechtzeitiger Rüge gemäß Art. 347 für genehmigt zu erachten ist, auch nicht zu dem Zweck geltend gemacht werden, um eine spätere vertragsmäßige Rate abzulehnen. E. v. 31. Jan. u. 16. März 1880. R.G. I S. 53 u. S. 63.

Dritter Titel. Von dem Kommissionsgeschäft.

360. Kommissionair ist derjenige, welcher gewerbemäßig in eigenem Namen für Rechnung eines Auftraggebers (Kommittenten)[a] Handelsgeschäfte schließt.[b]

Durch die Geschäfte, welche der Kommissionair mit Dritten schließt, wird er allein berechtigt und verpflichtet. Zwischen dem Kommittenten und den Dritten entstehen daraus keine Rechte und Pflichten.[c]

Ist von dem Auftraggeber ausdrücklich bestimmt, daß das Geschäft auf seinen Namen abgeschlossen werden soll, so ist dies keine kaufmännische Kommission, sondern ein gewöhnlicher Auftrag zu einem Handelsgeschäft.[d]

a) Der Auftraggeber braucht nicht Kaufmann zu sein. E. v. 19. Sept. 1874. Entsch. XIV S. 188.

b) Die Vereinbarung, daß ein schon geschlossenes Geschäft auf Rechnung eines Anderen gehen solle, erzeugt von da an dieselben Wirkungen, wie wenn das Geschäft von vornherein für Rechnung dieses Anderen geschlossen worden wäre. E. v. 8. Okt. 1881. R.G. V S. 86.

c) Der Kommittent kann das für seine Rechnung vom Kommissionair geschlossene Rechtsgeschäft dem Drittkontrahenten gegenüber wegen eines von diesem ihm, dem Kommittenten, gegenüber verübten dolus causam dans oder wegen eines in ihm erregten wesentlichen Irrthums nicht anfechten. E. v. 8. Mai 1877. Entsch. XXII S. 249.

d) Bei einem Auftrage zum Einkauf von Werthpapieren ist im Zweifel, ob kaufmännische Kommission oder gewöhnliches Mandat vorliegt, das Erstere als das Gewöhnlichere anzunehmen. Daraus, daß der Vermittler dem Dritten den Namen seines Auftraggebers genannt und denselben angewiesen hat, die Waare dem Auftraggeber zu übersenden, läßt sich noch nicht mit Nothwendigkeit schließen, daß der Vermittler Mandatar, nicht Kommissionair sei. E. v. 7. April 1877. Entsch. XXII S. 28.

Auch an nicht volleingezahlten Namensaktien, die der Auftraggeber mit seinem Blanko-Giro versehen hat, ist ein kommissionsweiser Verkauf denkbar. E. v. 10. April 1877. Entsch. XXII S. 232.

Eigenhandel und Kommissionshandel werden im Geschäftsverkehr nicht immer streng geschieden. Die Vereinbarung fester Preise und die Bedingung, daß der Empfänger der Waare den Preis aus eigenen Mitteln zahlen solle, sprechen im Zweifel für Kauf; das Ausbedingen einer Provision schließt die Annahme eines Kaufs nicht aus. E. v. 30. Sept. 1875. Entsch. XVIII S. 195. — Vgl. die Anm. unter der Ueberschrift des zweiten Titels.

Der Kommissionsauftrag ist jederzeit widerruflich, insoweit nicht besondere Abreden entgegenstehen und das aufgetragene Geschäft nicht bereits ausgeführt ist. — Die Vereinbarung einer Kündigungsfrist ohne gleichzeitige Vereinbarung einer bestimmten Verpflichtung zur Ertheilung oder Ausführung von Kommissionsaufträgen hat nicht eine Unzulässigkeit des Widerrufs der einzelnen Aufträge zur Folge, sondern begründet höchstens einen Schadensanspruch. E. v. 30. Okt. 1872. Entsch. VII S. 381.

Derjenige, welcher Waaren für überseeische Plätze in „Konsignation" übernimmt, ist nicht ohne Weiteres als Verkaufskommissionair im Sinne des H.G.B. zu betrachten. E. v. 28. Nov. 1872. Entsch. VIII S. 119.

Kommissionaire sind befugt, zur Vermittelung eines Kaufgeschäfts Aufträge beider Kontrahenten anzunehmen. E. v. 14. Sept. 1872. Entsch. VII S. 90.

361. Der Kommissionair hat das Geschäft mit der Sorgfalt eines ordentlichen Kaufmanns im Interesse des Kommittenten gemäß dem Auftrage auszuführen;[a] er hat dem Kommittenten die erforderlichen Nachrichten zu geben, insbesondere sofort nach der Ausführung des Auftrages davon Anzeige zu machen;[b] er ist verpflichtet, dem Kommittenten über das Geschäft Rechenschaft[c] zu geben und ihm dasjenige zu leisten, was er aus dem Geschäft zu fordern hat.[d]

a) Die erste und hauptsächlichste Pflicht des Kommissionairs ist, den Weisungen des Kommittenten zu folgen. Er darf nicht im vermeintlichen Interesse des Kommittenten gegen dessen Verbot verfahren. Die Regel erleidet nur dann eine Ausnahme, wenn der Kommittent von der Sachlage nicht unterrichtet ist und es an der Zeit gebricht, seine Entschließungen einzuholen. — E. v. 11. Juni 1872. Entsch. VI S. 313.

b) Die Unterlassung der Anzeige hat nicht blos die Verpflichtung zum Ersatz des dadurch entstandenen Schadens, sondern unter Umständen auch zur Folge, daß der Kommittent dem Kommissionair überhaupt nicht verpflichtet ist; es ist dies besonders der Fall, wenn es in Folge der unterlassenen Anzeige an dem die Ausführung manifestirenden Akte fehlt. E. v. 9. Okt. 1875. Entsch. XVIII S. 313.

c) In welcher Art und in welchem Umfange der Kommissionair über die Ausführung des ihm aufgetragenen Geschäfts Auskunft zu ertheilen und namentlich, ob er eine förmliche Rechnung zu legen hat, ist nach Lage des einzelnen Falles zu beurtheilen. E. v. 17. Juni 1871. Stg. II S. 316, Entsch. II S. 436. In dem durch dieses Erkenntniß entschiedenen Falle wurde der Verklagte, dem von der

Klägerin nicht blos ein einzelner Kommissionsauftrag ertheilt, sondern eine Quantität Waare zum kommissionsweisen Verkaufe anvertraut worden war und der einen Theil dieser Waaren verkauft hatte, zu einer förmlichen Rechnungslegung über den Restbestand des Lagers verurtheilt.

Der Kommissionair muß, wenn nach Lage des Falls anzunehmen ist, daß er sich im Besitze von schriftlichen Belägen über die Ausführung des ihm ertheilten Auftrages befinde oder doch solche ohne Schwierigkeit herbeizuschaffen im Stande sei, dieselben beibringen, bevor er selbst Zahlung fordern kann; er kann sich von dieser Verpflichtung nicht dadurch befreien, daß er über die zur Begründung seiner Berechnung angeführten Thatsachen dem Kommittenten den Eid zuschiebt. E. v. 12. März 1877. Entsch. XXII S. 4.

Zu der dem Einkaufskommissionair obliegenden Auskunftsertheilung gehört auch die Bezeichnung der gekauften Spezies, bei Werthpapieren die Angabe der Nummern. E. v. 2. Dez. 1880. R.G. V S. 6.

Auch ohne vorgängige Rechnungslegung kann der Kommittent dasjenige, was er aus dem Geschäft zu fordern hat, einklagen. E. v. 5. März u. 30. Okt. 1872. Entsch. V S. 228, VII S. 379. Vgl. E. v. 19. Dez. 1873. Entsch. XII S. 396.

d) Zu den Pflichten des Einkaufskommissionairs gehört an sich nicht die Ablieferung der eingekauften Waare an den Kommittenten, sondern je nach den Umständen der bloße Einkauf, d. h. der Geschäftsabschluß, oder auch dessen Realisirung oder auch, daß er die Waare dem Kommittenten in gehöriger Weise zur Verfügung stellt, oder endlich, daß er für gehörigen Transport derselben Sorge trägt. Ein Mehr kann ihm in Ermangelung einer besonderen Vereinbarung nicht zugemuthet werden.

Hat er dieser Pflicht genügt, so ist sein Anspruch auf Ersatz des verauslagten Kaufgeldes nebst Spesen und auf Zahlung der Provision begründet (Art. 372), mag auch die Waare in die Hand des Kommittenten nicht gelangt sein, da die Transportgefahr an sich nur den Kommittenten trifft.

E. v. 29. Okt. 1870 u. 24. Mai 1876. Entsch. I S. 84, XX S. 316.

Der Kommittent wird nicht ohne Weiteres Eigenthümer oder Besitzer der vom Einkaufs-Kommissionair infolge der Einkaufskommission eingekauften Sachen, sondern erlangt zunächst nur einen persönlichen Anspruch auf Ausantwortung der Sachen und, wenn diese vertretbar sind, nicht auf Ausantwortung der gekauften Spezies, welche daher der Kommissionair, so lange er in der Lage bleibt, dem Kommittenten eine gleiche Menge derselben Waare zu übergeben, auf eigene Rechnung weiter verkaufen kann. Was hinzukommen muß, damit der Kommittent Eigenthum erwerbe, ist nach bürgerlichem Recht zu beurtheilen. E. v. 27. Nov. 1875. Entsch. XIX S. 78.

Das R.G. nimmt dagegen an, daß der Einkaufskommissionair, der nicht als Selbstkontrahent aufgetreten ist, auch bei fungiblen Waaren nicht das Recht hat, die auf Grund des ihm ertheilten Auftrages angeschaffte Waare zu verkaufen und eine andere zu liefern, es sei denn, daß nach Lage des Falls anzunehmen ist, daß dem Kommittenten eine bloße Lieferungsbereitschaft des Kommissionairs genüge. E. v. 2. Dez. 1880. R.G. V S. 1.

362. Handelt der Kommissionair nicht gemäß dem übernommenen Auftrage, so ist er dem Kommittenten zum Ersatze des Schadens verpflichtet; der Kommittent ist nicht gehalten, das Geschäft für seine Rechnung gelten zu lassen.[a)]

a) Vgl. Anm. a. zu Art. 361 und zu Art. 364.

Ein vertragswidriges Verhalten des Kommissionairs (z. B. Ausübung eines nicht begründeten Retentionsrechts) berechtigt den Kommittenten nicht in jedem Falle zum Rücktritt von dem (Seitens des Kommissionairs ausgeführten) Kommissionsvertrage, sondern giebt, soweit es sich nicht um ein auftragswidrig ausgeführtes Geschäft handelt, nur Anspruch auf Leistung des Interesse. Dieses Interesse kann allerdings unter besonderen Umständen mit der gänzlichen Lossagung vom Vertrage zusammenfallen, wenn nämlich durch das schuldhafte Verhalten des Kommissionairs die Ausführung des Auftrages allen Werth für den Kommittenten verloren hat. E. v. 24. Mai 1876. Entsch. XX S. 323.

363. Hat der Kommissionair unter dem ihm gesetzten Preise[a]) verkauft, so muß er dem Kommittenten den Unterschied im Preise vergüten, sofern er nicht beweist, daß ein Verkauf zu dem gesetzten Preise nicht ausgeführt werden konnte und die Vornahme des Verkaufs von dem Kommittenten Schaden abgewendet hat.[b])

a) Die Preislimitirung kann unbeschadet der Natur des Kommissionshandels auch in der Weise erfolgen, daß der Kommissionair den ihm gesetzten Preis an den Komittenten abführen muß, er den Abnehmern einen ihm anheimgestellten höheren Betrag zu berechnen hat und der Zuschlag ganz oder theilweise ihm verbleibt. E. v. 20. Okt. 1875. Entsch. XIX S. 70.

b) An den von dem Kommissionair zu führenden Nachweis der Schadensabwendung sind bei der exzeptionellen Natur des vom Gesetze gestatteten Ausnahmefalles strenge Anforderungen zu stellen. Der Kommissionair hat im Allgemeinen darzuthun, daß jeder spätere Verkauf noch ungünstiger ausfallen mußte, und dies wird anzunehmen sein, wenn eine schnelle Entwerthung der Waare zu befürchten war, ohne daß zu einer Anfrage Zeit blieb. — E. v. 10. Nov. 1871. Stg. IV S. 270, Entsch. IV S. 1 (vgl. Art. 366).

Der Nachweis, daß zur Zeit des Verkaufs kein höherer Preis zu erzielen war, genügt nicht. E. v. 28. Jan. 1873. Entsch. IX S. 19.

Der Kommissionair kann sich auf den Art. 363 nicht berufen, wenn er das Kommissionsgut im eigenen Interesse, zur Wahrung seiner Rechte verkauft hat. — E. v. 16. März 1872. Entsch. V S. 293.

364. Hat der Kommissionair den für den Einkauf gesetzten Preis überschritten, so kann der Kommittent den Einkauf als nicht für seine Rechnung geschehen zurückweisen, sofern sich der Kommissionair nicht zugleich mit der Einkaufsanzeige zur Deckung des Unterschiedes erbietet.

Der Kommittent, welcher den Einkauf als nicht für seine Rechnung geschehen zurückweisen will, muß dies ohne Verzug auf die Einkaufsanzeige erklären, widrigenfalls die Ueberschreitung des Auftrages als genehmigt gilt.[a)]

a) Es genügt Mißbilligung der Auftragsüberschreitung. Der Kommittent braucht nicht ausdrücklich hinzuzufügen, daß er das Geschäft nicht für seine Rechnung gelten lassen wolle. E. v. 12. Jan. 1875. Entsch. XVI S. 257.

Die Vorschrift bezieht sich nur auf den Fall, wenn der Einkaufskommissionair den ihm gestellten Preis überschreitet, und findet auf andere Auftragsüberschreitungen oder den Verkaufskommissionair weder direkt noch analog Anwendung.

Die Frage, ob Schweigen des Kommittenten zu den im Art. 364 nicht vorgesehenen Ueberschreitungen seines Auftrages als Genehmigung anzusehen ist, muß nach Lage der konkreten Umstände beurtheilt werden. Das Schweigen des Kommittenten wird besonders dann präjudizirlich sein, wenn durch seine Erklärung die schädlichen Folgen der vom Kommissionair begangenen Auftragsüberschreitung hätten abgewendet oder gemindert werden können.

E. v. 17. Febr. 1871, Entsch. I S. 321, v. 14. März 1871. Stg. II S. 75. Entsch. II S. 88. E. v. 1. Dez. 1871. Entsch. IV S. 203. Stg. V S. 37.

365. Wenn das Gut, welches dem Kommissionair zugesandt wird, bei der Ablieferung sich in einem äußerlich erkennbar beschädigten oder mangelhaften Zustande befindet, so muß der Kommissionair die Rechte gegen den Frachtführer oder Schiffer wahren, für den Beweis jenes Zustandes sorgen und dem Kommittenten ohne Verzug Nachricht geben.

Im Unterlassungsfalle ist er für den daraus entstandenen Schaden verantwortlich.

Er kann den Zustand durch Sachverständige feststellen lassen,[a] und wenn das Gut dem Verderben ausgesetzt und Gefahr im Verzuge ist, unter Beobachtung der Bestimmungen des Artikels 343 den Verkauf des Guts bewirken.

a) Vgl. Anm. zu Art. 348.

366. Treten Veränderungen an dem Gute ein, welche dessen Entwerthung befürchten lassen, und ist keine Zeit vorhanden, die Verfügung des Kommittenten einzuholen, oder der Kommittent in der Ertheilung der Verfügung säumig, so kann der Kommissionair unter Beobachtung der Bestimmungen des Artikels 343 den Verkauf des Guts veranlassen.

Ein gleiches Recht hat der Kommissionair in allen anderen Fällen, in welchen der Kommittent, obwohl hierzu nach Lage der Sache verpflichtet, über das Gut zu verfügen unterläßt.

367. Für Verlust oder Beschädigung des Guts ist der Kommissionair, während er Aufbewahrer desselben ist,[a] verantwortlich, wenn er nicht beweist, daß der Verlust oder die Beschädigung durch Umstände herbeigeführt ist, welche durch die Sorgfalt eines ordentlichen Kaufmanns nicht abgewendet werden konnten.

Der Kommissionair ist wegen Unterlassung der Versicherung des Guts nur dann verantwortlich, wenn er von dem Kommittenten den Auftrag zur Versicherung erhalten hat.[b]

a) Während er A u f b e w a h r e r desselben ist, also erst von dem

Zeitpunkte ab, wo das eingekaufte Gut Eigenthum des Kommittenten geworden ist. E. v. 27. Nov. 1875. Entsch. XIX S. 79.

b) Vgl. Anm. d. zu Art. 344.

368. Forderungen aus einem Geschäft, welches der Kommissionair abgeschlossen hat, kann der Kommittent dem Schuldner gegenüber erst nach der Abtretung geltend machen.

Jedoch gelten solche Forderungen, auch wenn sie nicht abgetreten sind,[a] im Verhältniß zwischen dem Kommittenten und dem Kommissionair oder dessen Gläubigern als Forderungen des Kommittenten.[b]

a) Der Kommittent kann jedoch Abtretung der Rechte des Kommissionairs fordern. E. v. 28. März 1873. Entsch. IX S. 233.

b) Es gilt dies auch dann, wenn der Kommissionair das del credere übernommen hat. E. v. 28. Juni 1872. Entsch. VII S. 23.

Aus der Bestimmung des Art. 368 Abs. 2 kann nicht geschlossen werden, daß der Kommissionair Besitz und Eigenthum an dem Kommissionsgut sofort mit der Uebergabe Seitens des dritten Verkäufers für den Kommittenten erwerbe. E. v. 23. Dez. 1874, 22. Jan. 1875. Entsch. XVI S. 69 u. 211.

369. Der Kommissionair, welcher ohne Einwilligung des Kommittenten einem Dritten Vorschüsse macht oder Kredit giebt, thut dies auf eigene Gefahr.

Insoweit jedoch der Handelsgebrauch am Orte des Geschäfts das Kreditiren des Kaufpreises mit sich bringt, ist in Ermangelung einer anderen Bestimmung des Kommittenten auch der Kommissionair dazu berechtigt.

Hat der Kommissionair unbefugt auf Kredit verkauft, so hat er dem Kommittenten, welcher dies nicht genehmigt, sofort als Schuldner des Kaufpreises die Zahlung zu leisten. Beweist der Kommissionair, daß beim Verkauf gegen baar der Preis ein geringerer gewesen sein würde, so hat er nur diesen Preis und, wenn derselbe geringer ist, als der auftraggemäße Preis, auch den Unterschied gemäß Artikel 363 zu vergüten.

370. Der Kommissionair steht für die Zahlung oder für die anderweitige Erfüllung der Verbindlichkeit seines Kontrahenten ein, wenn dies von ihm übernommen oder am Orte seiner Niederlassung Handelsgebrauch ist.

Der Kommissionair, welcher für seinen Kontrahenten einsteht, ist dem Kommittenten für die gehörige Erfüllung im Zeitpunkte des Verfalls unmittelbar und persönlich insoweit verhaftet, als solche aus dem Vertragsverhältnisse überhaupt rechtlich gefordert werden kann.[a)]

Der Kommissionair, welcher für seinen Kontrahenten einsteht, ist dafür zu einer Vergütung (del credere-Provision) berechtigt.

Der aus dem „del credere" in Anspruch genommene Kommissionair kann alle diejenigen Einreden geltend machen, welche seinem Gegenkontrahenten ihm gegenüber zustehen, sofern sie nicht etwa durch ein ihm, dem Kommissionair, zur Last fallendes Verschulden begründet worden sind. — Der Art. 347 findet auf den Verkaufskommissionair in seinem Verhältniß zum Kommittenten nicht Anwendung; die Unterlassung rechtzeitiger Mängel-Anzeige kann nach Art. 361 eine Schadensersatzpflicht zur Folge haben, nicht aber Verlust der Einrede. E. v. 23. Nov. 1876, 19. Juni 1879. Entsch. XXI S. 147, XX S. 214.

371. Der Kommittent ist schuldig, dem Kommissionair zu ersetzen, was dieser an baaren Auslagen oder überhaupt zum Vollzuge des Geschäfts nothwendig oder nützlich aufgewendet hat.[a)] Hierzu gehört auch die Vergütung für die Benutzung der Lagerräume[b)] und der Transportmittel des Kommissionairs und der Arbeit seiner Leute.

Der Kommissionair hat die Provision zu fordern,[c)] wenn das Geschäft zur Ausführung gekommen ist. Für Geschäfte, welche nicht zur Ausführung gekommen sind, kann eine Provision nicht gefordert werden; jedoch hat der Kommissionair das Recht auf die Auslieferungsprovision, sofern eine solche ortsgebräuchlich ist.

a) Hierbei kann der Kommittent eine bei ihm infolge höherer Gewalt eingetretene Unmöglichkeit der Erfüllung nicht geltend machen, wenn der Kommissionair die für Rechnung des Kommittenten, aber im eigenen Namen abgeschlossenen Geschäfte erfüllt hat, weil der Kommissionair sich dem Dritten gegenüber auf die beim Kommittenten eingetretene Unmöglichkeit der Erfüllung nicht berufen kann. E. v. 22. Dez. 1877. Entsch. XXIII S. 107.

b) Den Anspruch auf Lagergeld hat der Kommissionair durch Bezeichnung des verwendeten Raumes oder sonstige Thatsachen, aus denen sich die Angemessenheit ergiebt, zu substantiiren. E. v. 30. Okt. 1872. Entsch. VII S. 382.

c) Ist dem Kommissionair statt der Provision ein Gewinnantheil versprochen worden, so kann er doch die übliche Provision beanspruchen, wenn durch das Verhalten des Kommittenten die Erzielung eines Gewinnes vereitelt worden ist. E. v. 21. Febr. 1877. Entsch. XXII S. 77.

372. Wenn der Kommissionair zu vortheilhafteren Bedingungen abschließt, als sie ihm vom Kommittenten gestellt worden, so kommt der Vortheil dem letzteren allein zu Statten.[a)]

Dies gilt insbesondere, wenn der Preis, für welchen der Kommissionair verkauft, den vom Kommittenten bestimmten niedrigsten Preis übersteigt, oder wenn der

Preis, für welchen er einkauft, den vom Kommittenten bestimmten höchsten Preis nicht erreicht.

a) Dies gilt auch dann, wenn der Kommissionair die Waare in der irrthümlichen Ansicht, als Selbstkontrahent auftreten zu können (Art. 376), für sich weiter veräußert hat. E. v. 7. Jan. 1874. Entsch. XII S. 181.

373. Ein Kommissionair, welcher den Ankauf eines Wechsels übernommen hat, ist, wenn er den Wechsel indossirt, verpflichtet, denselben regelmäßig und ohne Vorbehalt zu indossiren.

374. Der Kommissionair hat an dem Kommissionsgut,[a] sofern er dasselbe noch in seinem Gewahrsam hat oder sonst, insbesondere mittelst der Konnossemente, Ladescheine oder Lagerscheine, noch in der Lage ist, darüber zu verfügen, ein Pfandrecht[b] wegen der auf das Gut verwendeten Kosten, wegen der Provision, wegen der rücksichtlich des Gutes gegebenen Vorschüsse und Darlehen,[c] wegen der rücksichtlich desselben gezeichneten Wechsel oder in anderer Weise eingegangenen Verbindlichkeiten, sowie wegen aller Forderungen aus laufender Rechnung in Kommissionsgeschäften.

Der Kommissionair kann sich für die vorstehend erwähnten Ansprüche aus den durch das Kommissionsgeschäft begründeten und noch ausstehenden Forderungen vorzugsweise vor dem Kommittenten und dessen Gläubigern befriedigen.

a) Kommissionsgut. Dazu gehört auch das dem Kommissionair zunächst nur zur Aufbewahrung übergebene Gut. E. v. 11. Mai 1876. Entsch. XX S. 87.

Talons, die der Kommissionair zur Beschaffung neuer Zinsbogen erhalten hat, sind nicht als Kommissionsgut im Sinne des Art. 374 anzusehen. E. v. 12. Febr. 1881. R.G. III S. 155.

b) Vgl. Art. 306 Abs. 2 u. 3.

Der Kommissionair ist nicht verpflichtet, das Kommissionsgut gegen Hinterlegung der Pfandsumme herauszugeben. E. v. 17. April 1880. R.G. I S. 305.

Er ist nicht befugt, zum Schutze seines Pfandrechts über das Kommissionsgut eine von der Weisung des Kommittenten abweichende Verfügung zu treffen. E. v. 11. Juni 1872. Entsch. VI S. 312.

c) Darlehen und Vorschüsse, die auf das Kommissionsgut geleistet sind, kann der Kommissionair nur mit der actio mandati contraria und mithin in der Regel nur zurückfordern, wenn und insoweit das Ergebniß des Verkaufs abzüglich der Auslagen und Provision hinter dem Betrage des Vorschusses zurückgeblieben ist. Die Vorschüsse und Darlehen sind im Zweifel als bis zum Verkaufe des Kommissionsgutes gestundet anzusehen. E. v. 10. Mai 1873. Entsch. X S. 187.

375. Ist der Kommittent in Erfüllung der in dem vorigen Artikel bezeichneten Verpflichtungen gegen den Kommissionair im Verzuge, so ist der letztere berechtigt,[a] sich unter Beobachtung der Vorschriften des Artikels 310[b] aus dem Kommissionsgute bezahlt zu machen;[c] er hat dieses Recht auch gegenüber den übrigen Gläubigern und der Konkursmasse des Kommittenten.

a) berechtigt, nicht verpflichtet. E. v. 17. April 1880. R.G. I S. 305.

b) Sind die Vorschriften des Art. 310 nicht innegehalten, insbesondere die Bewilligung des Handelsgerichts nicht eingeholt, so braucht der Kommittent den Verkauf nicht wider sich gelten zu lassen,

E. v. 16. März 1872. Entsch. V S. 291

wobei es gleichgültig ist, ob der Kommissionair Eigenthümer der Waare ist oder nicht (vgl. Anm. d. zu Art. 361 und Anm. b. zu Art. 368).

E. v. 9. Febr. u. 15. Okt. 1875. Entsch. XVI S. 116 u. XVIII S. 255.

Der Kommissionair kann jedoch durch schriftlichen Vertrag (Art. 311) von der Verpflichtung, die Vorschriften des Art. 310 zu beobachten, entbunden werden. E. v. 19. Sept. 1874 u. 9. Febr. 1875. Die mündliche Unterwerfung unter einen angeblich von der Mitwirkung des Gerichts befreienden Handelsbrauch genügt nicht. E. v. 9. Febr. 1875. Entsch. XVI S. 125. Ob ein den Bestimmungen des Art. 310 entsprechender Verkauf genügend unter Beweis gestellt ist, hat der Richter von Amtswegen zu prüfen. Dass. E. S. 122. Die Vorschriften des Art. 310 hat der Kommissionair aber nur zu beobachten, wenn er durch den Verkauf seine Ansprüche gegen den Kommittenten wegen Auslagen und Provision realisiren will. Daraus folgt nicht, daß der Einkaufskommissionair nicht berechtigt ist, das angekaufte Gut, so lange es noch nicht Eigenthum des Kommittenten geworden ist, für sich ohne Beobachtung der Vorschriften des Art. 310 weiter zu verkaufen.

E. v. 27. Nov. 1875. Entsch. XIX S. 81.

c) Andere Rechte, als die ihm hier verliehenen, hat der Kommissionair gegen den im Verzuge befindlichen Kommittenten nicht. Insbesondere hat er, wenn er nicht als Selbstkontrahent eingetreten ist, nicht das Recht, von dem Kommissionsvertrage abzugehen und seinerseits die Erfüllung zu versagen. E. v. 27. Sept. 1873. Entsch. XI S. 9.

376. Bei der Kommission zum Einkauf oder zum Verkauf von Waaren, Wechseln und Werthpapieren, welche einen Börsenpreis oder Marktpreis haben,[a] ist der Kommissionair, wenn der Kommittent nicht ein Anderes bestimmt hat,[b] befugt, das Gut, welches er einkaufen soll, selbst als Verkäufer zu liefern, oder das Gut, welches er zu verkaufen beauftragt ist, als Käufer für sich zu behalten.[c]

In diesem Falle ist die Pflicht des Kommissionairs, Rechenschaft über die Abschließung des Kaufs oder Verkaufs zu geben, auf den Nachweis beschränkt, daß bei dem berechneten Preise der Börsenpreis oder Marktpreis zur Zeit der Ausführung des Auftrags[d]) eingehalten ist.[e]) Er ist zu der gewöhnlichen Provision berechtigt und kann die bei Kommissionsgeschäften sonst regelmäßig vorkommenden Unkosten[f]) berechnen.

Macht der Kommissionair nicht zugleich mit der Anzeige über die Ausführung des Auftrages eine andere Person als Käufer oder Verkäufer namhaft,[g]) so ist der Kommittent befugt, den Kommissionair selbst als Käufer oder Verkäufer in Anspruch zu nehmen.[h])

a) Bei Waaren, die keinen Markt= oder Börsenpreis haben, ist die Befugniß des Kommissionairs, als Selbstkontrahent einzutreten, ausgeschlossen. E. v. 7. Jan. 1874. Entsch. XII S. 181.

b) Diesem Falle steht derjenige gleich, wenn die Natur des fraglichen Geschäfts es in einer für Jedermann greifbaren Weise mit sich bringt, daß es nicht die Absicht des Kommittenten sein könne, ein persönliches Eintreten des Kommissionairs als Kontrahenten zuzulassen. Dahin sind nach Ansicht des R.O.H.G. Aufträge zum Abschluß von Differenzgeschäften zu rechnen. E. v. 1. Okt. 1873. Entsch. XI S. 43.

Eine den Eintritt als Selbstkontrahent ausschließende Bestimmung ist nicht zu finden in der Festsetzung eines Limitums (E. v. 14. Dez. 1877. Entsch. XXIII S. 104, vgl. Anm. e.) oder in der Uebernahme des del credere Seitens des Kommissionairs. E. v. 26. Nov. 1875. Entsch. XIX S. 55.

c) Das hier dem Kommissionair eingeräumte Wahlrecht, ob er ein dem Auftrage entsprechendes Geschäft für Rechnung des Kommittenten abschließen oder als Selbstkontrahent eintreten will, ist zeitlich nicht beschränkt. Die einmal getroffene Wahl ist aber unabänderlich. Auch wenn der Kommissionair aus Veranlassung der ihm ertheilten Einkaufskommission ein entsprechendes Geschäft mit einem Dritten abschließt, hängt es von seiner Wahl ab, ob dieses Geschäft als unmittelbar für Rechnung des Kommittenten geschlossen gelten soll oder ob er sich dadurch nur in den Stand setzen will, als Selbstverkäufer zu liefern. In der ersten Anzeige kann der Kommissionair noch dahin gestellt sein lassen, was er wählt. Die Anzeige, daß der aufgetragene Einkauf oder Verkauf bewirkt ist, enthält nicht nothwendig die Erklärung, daß der Auftrag durch Geschäftsabschluß mit einem Dritten ausgeführt sei. Auch nach einer solchen Anzeige kann also der Kommissionair noch als Selbstkontrahent eintreten.

E. v. 26. Jan. u. 3. Juni 1876. Entsch. XIX S. 355, XX S. 328. Ebenso E. v. 10. April 1880. R.G. I S. 288.

Die Anzeige des Kommissionairs, „er habe die Waare unter seinem del credere gekauft, so daß der Kommittent ihn als Selbstverkäufer betrachten wolle", enthält keinen Widerspruch, sondern eine genügende Anzeige des Eintritts als Selbstkontrahent.

E. v. 20. Nov. 1875. Entsch. XIX S. 53.

Das Recht des Einkaufskommissionairs, als Selbstverkäufer einzutreten, ist nicht davon abhängig, daß er die fragliche Waare zur Zeit des Eintritts besitze oder sofort darüber verfügen könne.

E. v. 3. Juni 1876. Entsch. XX S. 327.

Ist der Kommissionair auf Grund des Art. 376 als Selbstkontrahent eingetreten, so hat von dem Zeitpunkte des Eintrittes ab das Mandatsverhältniß mindestens insoweit sein Ende erreicht, als es mit dem neu begründeten Rechtsverhältnisse aus dem Kaufgeschäft unvereinbar ist. Insbesondere bestimmen sich die Wirkungen des Verzuges nach Art. 354 ff. Ein solcher Kommissionair hat daher auch auf Grund der Art. 343, 354 das Verkaufsrecht ohne gerichtliche Ermächtigung, während der Kommissionair, welcher von dem Rechte des Eintritts als Selbstkontrahent keinen Gebrauch gemacht hat, nach Art. 375 an die Beobachtung der Vorschriften des Art. 310 gebunden ist. — E. v. 28. Mai 1872. Entsch. VI S. 182.

d) Es ist dies der Zeitpunkt der Erklärung des Kommissionairs, daß er als Selbstkontrahent eintrete. Hatte jedoch der Kommissionair den Auftrag, die anzuschaffende Waare für den Kommittenten zu verwenden, so ist der Zeitpunkt der Verwendung (nicht der bloßen Bereithaltung) maßgebend, auch wenn die Anzeige von dem Eintritt als Selbstverkäufer später erfolgt ist. E. v. 28. Nov. 1871. Stg. V S. 17, Entsch. IV S. 168.

e) Der Verkaufskommissionair darf nicht zum Limitum als Selbstkäufer eintreten, wenn zur Zeit des Eintritts der Börsen- und Marktpreis ein höherer war. E. v. 26. Nov. 1872. Entsch. VIII S. 94.

f) Dahin gehört besonders die übliche Maklergebühr (Courtage). Ob dem Kommissionair die Unkosten thatsächlich entstanden sind, ist unerheblich. E. v. 17. Okt. 1871. Stg. IV S. 119.

Auch die Ansprüche des als Selbstverkäufer eintretenden Einkaufskommissionairs wegen Provision und sonstigen Kosten sind als Theile der Forderung aus dem Kaufvertrage anzusehen und unterliegen deshalb nach preußischem Recht der kurzen Verjährung aus §. 1 Nr. 1 des Ges. v. 31. März 1838. E. v. 3. Juni 1875. Entsch. XVII S. 327.

g) namhaft. Dasselbe gilt, wenn in der Anzeige über die Ausführung des Auftrages ein ungenannter Dritter („ein Freund") als Käufer oder Verkäufer bezeichnet ist. E. v. 19. Dez. 1877. Entsch. XXIII S. 103.

h) Diese Befugniß des Kommittenten ist zeitlich nicht beschränkt und selbst nach der Erfüllungsannahme jedenfalls noch so lange zulässig, als der Kommissionair den Dritten, mit dem das Geschäft abgeschlossen ist, nicht genannt hat. E. v. 4. Juni 1881. R.G. IV S. 92.

Dem Kommissionair, welcher bei der Anzeige über die Ausführung des Auftrages den Käufer oder Verkäufer nicht genannt hat, steht nicht ohne Weiteres das Recht zu, als Selbstkontrahent aufzutreten. Er darf sich vielmehr erst dann als Selbstkäufer oder Selbstverkäufer betrachten, wenn ihm der Kommittent erklärt hat, daß er ihn als solchen in Anspruch nehme. E. v. 11. u. 14. Okt. 1871. Entsch. III S. 189 u. 334. — Bevor der Kommittent diese Erklärung abgegeben hat, darf daher der Einkaufskommissionair, der nicht seinerseits erklärt, als Selbstverkäufer einzutreten, nach Art. 375 nur unter Beobachtung des Art. 310 das Kommissionsgut verkaufen. Verkauft er es ohne Beobachtung dieser Vorschrfit, so ist die davon dem Kommittenten gemachte Mittheilung als Rücktritt vom Kommissionsgeschäft aufzufassen, welcher eine spätere Rückkehr zur Vertragstreue nicht zuläßt. E. v. 20. März 1875. Entsch. XVI S. 330.

Macht der Kommittent von der ihm im letzten Absatz des Art. 376 eingeräumten Befugniß Gebrauch, so ist der Kommissionair nicht darauf beschränkt, Behufs Rechtfertigung des angerechneten Preises nachzuweisen, daß derselbe dem Markt- oder Börsenpreise entspricht. E. v. 2. Okt. 1874. Entsch. XIV S. 387. — Der Kommissionair muß in einem solchen Falle alle diejenigen Verpflichtungen erfüllen, die er nach dem ihm ertheilten Auftrage dem dritten Kontrahenten auferlegen sollte. Der Art. 376 Abs. 3 ist nicht auf sogenannte glatte Geschäfte, d. h. solche, die Zug um Zug ohne Nebenverpflichtungen erfüllt werden sollen, zu beschränken. E. v. 10. April 1877. Entsch. XXII S. 238.

377. Wenn der Kommittent den Auftrag widerruft und der Widerruf bei dem Kommissionair eintrifft, bevor die Anzeige von der Ausführung des Auftrages behufs ihrer Absendung abgegeben ist,[a] so kann sich der Kommissionair der Befugniß, selbst als Käufer oder Verkäufer einzutreten, nicht mehr bedienen.[b]

a) An sich ist der Widerruf und das Verlangen auf Herausgabe des Kommissionsguts jederzeit zulässig und kann auch durch Anstellung der Klage erklärt werden. Daß der Auftrag bei Eintreffen des Widerrufs schon erfüllt (also im Falle des Eintritts des Kommissionairs als Selbstkontrahent die Erklärung bereits abgegangen) war, hat der Kommissionair zu beweisen. E. v. 16. März 1870, 1. März 1875. Entsch. V S. 281, XVI S. 305.

Der Widerruf wird auch dann für verspätet zu erachten sein, wenn der Kommissionair vor Eintreffen desselben den Auftrag in äußerlich erkennbarer Weise als Selbstkontrahent erfüllt oder mündlich die Ausführung des Auftrags angezeigt hat. Die Anzeige muß jedoch vollständig sein, insbesondere die Selbstübernahme ausdrücken. E. v. 16. März u. 16. Nov. 1872. Entsch. V S. 282, VIII S. 95.

b) Auf einen schon vorher gefaßten, etwa Dritten gegenüber oder in einem noch nicht abgesandten Briefe geäußerten Entschluß, als Selbstkontrahent einzutreten, kann sich der Kommissionair nicht berufen. E. v. 16. März 1876. Entsch. V S. 281.

378. Die Bestimmungen dieses Titels kommen auch zur Anwendung, wenn ein Kaufmann, dessen gewöhnlicher Handelsbetrieb nicht in Kommissionsgeschäften besteht, ein einzelnes Handelsgeschäft in eigenem Namen für Rechnung eines Auftraggebers schließt.

Vierter Titel. Von dem Speditionsgeschäfte.

379. Spediteur ist derjenige, welcher gewerbemäßig in eigenem Namen für fremde Rechnung Güterversendungen durch Frachtführer oder Schiffer zu besorgen übernimmt.

380. Der Spediteur haftet für jeden Schaden, welcher aus der Vernachlässigung der Sorgfalt eines ordentlichen Kaufmanns bei der Empfangnahme[a] und Aufbewahrung des Gutes, bei der Wahl der Frachtführer, Schiffer oder Zwischenspediteure[b] und überhaupt bei der Ausführung der von ihm übernommenen Versendung der Güter entsteht.[c]

Der Spediteur hat die Anwendung dieser Sorgfalt zu beweisen.[d]

a) Zu einer Feststellung der Quantität bei der Empfangnahme ist der Spediteur verpflichtet, wenn die Umstände des Falles dazu Veranlassung bieten. E. v. 8. Dez. 1874 u. 26. Febr. 1876. Entsch. XV S. 384, XX S. 231.

b) Der Spediteur ist verpflichtet, auch die persönlichen Eigenschaften der von ihm gewählten Frachtführer, Schiffer und Zwischenspediteure zu prüfen; er darf nur als solid bekannte Personen wählen.

Dagegen ist er auf die Wahl gewerbsmäßiger Frachtführer ꝛc. nicht beschränkt, wie andererseits nicht jeder gewerbsmäßige Frachtführer ohne Weiteres als tauglich gelten kann. E. v. 11. Okt. 1872. Entsch. VII S. 307.

Der Spediteur haftet nicht für Versehen des von ihm erwählten ordentlichen Frachtführers und ist in der Regel nicht verpflichtet, demselben Weisungen zu ertheilen. E. v. 11. Okt. 1872. Entsch. VII S. 306.

c) Der Spediteur haftet auch für den Schaden, der dadurch entsteht, daß er ein Duplikat des Empfangscheins einem nicht Berechtigten ausgeantwortet hat, gleichviel wo sich zur Zeit der Begehung der Nachlässigkeit die Waare befunden hat und wann in Folge dessen der Schaden eingetreten ist. E. v. 28. April 1875. Entsch. XVI S. 349.

d) Wenn der Eigenthümer der Waare eine bestimmte Entstehungsursache behauptet, so kann dem Spediteur eine anderweitige Aufklärung der Schadensursache nicht angesonnen werden und es genügt, wenn er in der vom Eigenthümer behaupteten Richtung sein Nichtverschulden nachweist. E. v. 10. Dez. 1872 u. 3. Febr. 1874. Entsch. VIII S. 201, XII S. 386. Vgl. auch das Erk. v. 22. Juni 1875. Entsch. XIX S. 212, wonach eine besondere Beweisantretung dafür, daß die dargelegten Handlungen des Spediteurs dem technischen Begriffe „Sorgfalt eines ordentlichen Kaufmanns" entsprechen, nicht verlangt werden kann. Der Beweispflichtige legt seine Handlungen dar, der Richter qualifizirt sie.

Die Vorschrift des Art. 408, daß durch Annahme des Guts und Bezahlung der Fracht die Ansprüche an den Frachtführer erlöschen, findet auf die Ansprüche an den Spediteur nicht Anwendung. E. v. 10. Dez. 1872. Entsch. VIII S. 195. Vgl. E. v. 16. Nov. 1874. Entsch. XV S. 266.

381. Der Spediteur hat die Provision[a)] und die Erstattung dessen zu fordern, was er an Auslagen und Kosten oder überhaupt zum Zweck der Versendung[b)] nothwendig oder nützlich aufgewendet hat (Artikel 371).[c)]

Er ist nicht befugt, eine höhere als die mit dem Frachtführer oder Schiffer bedungene Fracht zu berechnen.

a) Ist die Provision (Speditionsgebühr) im Allgemeinen bestimmt, aber dem Spediteur durch Beifügung eines „circa" ein gewisser Spielraum gelassen, so kann derselbe auf Grund dieses an sich gültigen Vertrages über die festgesetzte Gebühr um ein Geringes hinausgehen. E. v. 14. März 1874. Entsch. XIII S. 75.

b) Der Spediteur, welcher die vom Verkäufer auf die Waare gelegte Nachnahme ohne Einwilligung des Käufers bezahlt, kann blos deswegen, weil er sonst die Waare nicht erhalten hätte, dem Käufer diese Zahlung als nützliche Verwendung nicht anrechnen. Wenn aber der Käufer auf die ihm gemeldete Zahlung schweigt und die spedirte Waare später abnimmt, so ist dies als nachträgliche Genehmigung der Zahlung aufzufassen. E. v. 9. Nov. 1875. Entsch. XX S. 187.

c) Diese Spesen hat der Spediteur vom Auftraggeber zu verlangen. Durch Uebernahme des Auftrages, sie vom Empfänger zu erheben, wird sein Anspruch an den Auftraggeber kein subsidiärer. Schuldlose Ausantwortung des Guts an den Empfänger hat den Verlust des Anspruchs an den Auftraggeber nicht zur Folge. E. v. 22. Juni 1875. Entsch. XIX S. 217.

Die Gebühren und Auslagen der kaufmännischen Spediteure unterliegen nicht der vierjährigen Verjährung aus §. 2 Nr. 2 des preuß. Gesetzes vom 31. März 1838. E. v. 8. Mai 1877. Entsch. XXII S. 160.

382. Der Spediteur hat wegen der Fracht, der Provision, der Auslagen, Kosten und Verwendungen und wegen der dem Versender auf das Gut geleisteten Vorschüsse ein Pfandrecht[a] an dem Gute, sofern er dasselbe noch in seinem Gewahrsam hat oder in der Lage ist, darüber zu verfügen.[b]

Er kann dieses Recht auch gegenüber den übrigen

Gläubigern und der Konkursmasse des Eigenthümers geltend machen. c)

Bedient sich der Spediteur eines Zwischenspediteurs, so hat der letztere zugleich die seinem Vormann zustehenden Rechte, insbesondere dessen Pfandrecht, auszuüben.

Soweit der Vormann wegen seiner Forderung durch Nachnahme von dem Nachmann befriedigt ist, geht die Forderung und das Pfandrecht des Vormanns von Rechtswegen auf den Nachmann über. d) Dasselbe gilt in Bezug auf die Forderung und das Pfandrecht des Frachtführers, wenn und insoweit der letztere von dem Zwischenspediteur befriedigt ist.

a) Dieses Pfandrecht bewirkt, daß der Destinatär das Gut nur gegen Zahlung der Spesen 2c. fordern kann. Lehnt dieser Zahlung ab, so kann sich der Spediteur nur an seine Vormänner halten. — E. v. 9. Nov. 1875. Entsch. XX S. 190.

b) Vgl. Art. 306 Abs. 2 und 3.

c) Hierzu Art. 28 und 45 des E. f. Pr.

d) Der Zwischenspediteur hat die Richtigkeit und Rechtmäßigkeit der von seinem Vormann nachgenommenen Auslagen nicht zu vertreten; er erlangt in Höhe des an den Vormann gezahlten Betrages ein wirksames Pfandrecht, selbst wenn der Vormann, weil die Nachnahme überhaupt unbegründet oder zu hoch war, ein solches nicht hatte. E. v. 6. Dez. 1878. Entsch. XXIV S. 288.

383. Ein Spediteur, welcher die Versendung durch Frachtführer oder Schiffer, jedoch mittelst von ihm für eigene Rechnung gemietheter Transportmittel besorgt, kann die gewöhnliche Fracht nebst der Provision und den sonstigen Kosten berechnen.

384. Wenn ein Spediteur mit dem Absender oder

Empfänger über bestimmte Sätze der Transportkosten sich geeinigt hat, so haftet er, in Ermangelung einer entgegenstehenden Vereinbarung, für die von ihm angenommenen Zwischenspediteure und Frachtführer.[a]) Er ist in diesem Falle zur Provision nur dann berechtigt, wenn vereinbart ist, daß eine solche neben den bestimmten Sätzen der Transportkosten gefordert werden könne.[b])

a) Die Vereinbarung eines Pauschquantums für sämmtliche Transportkosten genügt, um den Spediteur zu einem Transportunternehmer und damit für die Zwischenspediteure und Frachtführer insoweit verantwortlich zu machen, als diese letzteren selbst haften. E. v. 4. Mai 1871. Entsch. II S. 249.

Ob der Spediteur mittelbar oder unmittelbar die Zwischenspediteure und Frachtführer angenommen hat, ist unerheblich. Er haftet für alle Zwischenspediteure und Frachtführer, die der Absender oder Empfänger nicht selbst gewählt hat. E. v. 11. Sept. 1874. Entsch. XIV S. 277.

Im Uebrigen behält ein dem Art. 384 entsprechender Vertrag die Natur des Speditionsgeschäfts; er wird nicht Frachtgeschäft. E. v. 19. April 1875. Entsch. XVI S. 377.

b) Ueber den juristischen Charakter des Inseraten-Spediteurs läßt sich das R.O.H.G. in dem E. v. 17. Nov. 1871 (Entsch. IV S. 135, vgl. E. v. 10. Jan. 1871. Entsch. I S. 212), wie folgt, aus:

„Das Rechtsgeschäft, dem der Inhaber eines Annoncenbüreaus sich unterzieht, nimmt dessen Thätigkeit in verschiedenen mandatsmäßigen Richtungen in Anspruch, Richtungen, welche theils dem Bereiche des Spediteurs, theils dem des Kommissionairs angehören. Denn er übernimmt den Transport der ihm aufgegebenen Annonce an die bestimmte Zeitungsexpedition, er schließt aber zugleich mit dieser den Vertrag über die Druckausführung, zwar für Rechnung des Kommittenten, jedoch im eigenen Namen ab. Er berechnet dem Kommittenten die regelmäßigen, von den Zeitungsredaktionen ihren

Kunden abgeforderten Insertionskosten, abzüglich des durch besondere Uebereinkunft mit dem Kommittenten festgesetzten Rabatts. Was er dabei durch vortheilhaftes Abkommen mit der Redaktion verdient, ist sein Geschäftsgewinn. Gleichgültig erscheint es, ob er selbst die berechneten Insertionskosten den betreffenden Zeitungen bezahlt hat oder ob er nur zu deren Zahlung verbunden ist. Nach dieser Seite erscheint er nicht als gewöhnlicher Kommissionair, sondern als Speditionsunternehmer, welcher analog dem in Art. 384 anerkannten Verhältniß einen bestimmten Preis für die übertragene Besorgung berechnet, ohne Rücksicht auf den Betrag seiner wirklichen Aufwendungen."

Der vom Annoncen-Spediteur aufgestellte und verbreitete Tarif ist in Ermangelung anderweiter Vereinbarungen für seine Forderung wegen bewirkter Insertionen maßgebend, auch wenn bei der Bestellung auf den Tarif nicht Bezug genommen, dem Besteller selbst ein Tarif nicht zugestellt ist und selbst dann, wenn in dem Tarif aus Versehen der Preis zu niedrig angegeben ist. E. v. 16. Jan. 1874. Entsch. XII S. 214.

385. Der Spediteur ist, wenn nicht ein Anderes bestimmt ist, befugt, den Transport der Güter selbst auszuführen.

Wenn er sich dieser Befugniß bedient, so hat er zugleich die Rechte und Pflichten eines Frachtführers und kann die gewöhnliche Fracht, die Provision und die bei Speditionsgeschäften sonst regelmäßig vorkommenden Unkosten berechnen.

386. Die Klagen gegen den Spediteur[a)] wegen gänzlichen Verlustes[b)] oder wegen Verminderung, Beschädigung oder verspäteter Ablieferung des Guts verjähren nach einem Jahre.[c)]

Die Frist beginnt in Ansehung der Klagen wegen gänzlichen Verlustes mit dem Ablauf des Tages, an welchem die Ablieferung hätte bewirkt sein müssen; in Ansehung der Klagen wegen Verminderung, Beschädigung oder verspäteter Ablieferung mit dem Ablauf des Tages, an welchem die Ablieferung geschehen ist.[d)]

In gleicher Art sind die Einreden wegen Verlustes, Verminderung, Beschädigung oder verspäteter Ablieferung des Guts erloschen, wenn nicht die Anzeige von diesen Thatsachen an den Spediteur binnen der einjährigen Frist abgesandt worden ist.

Die Bestimmungen dieses Artikels finden in Fällen des Betruges[e)] oder der Veruntreuung des Spediteurs keine Anwendung.

a) Die Klagen gegen den Spediteur stehen dem Empfänger, wenn er mit demselben weder unmittelbar noch mittelbar kontrahirt hat, nicht zu. Das im Artikel 405 dem Empfänger gegen den Frachtführer eingeräumte Klagerecht findet dem Spediteur gegenüber nicht Anwendung. E. v. 3. Febr. 1874, u. 17. März 1874. Entsch. XII S. 384, XIII S. 322.

b) Verloren ist das Gut, wenn der Spediteur außer Stande ist, dasselbe auszuhändigen, ohne Unterschied, worin dies seinen Grund hat. Unbedingtes Nichtwissen in betreff des Verbleibs gehört nicht zum Begriff des Verlustes.

Gleichgültig ist ferner, ob der Verlust auf dem Transport oder am Bestimmungsorte vor der Aushändigung stattgefunden hat.

E. v. 11. Nov. 1871. Stg. IV S. 288, Entsch. IV S. 14.

Es ist unerheblich, ob der Spediteur sich selbst außer Stand gesetzt hat, seiner Ablieferungspflicht zu genügen, und ob er berechtigter oder unberechtigter Weise dies gethan hat. Sogar die Veruntreuung des Spediteurs begründet einen wahren Verlustfall im Sinne des Gesetzes.

Auch die im Wege der öffentlichen Versteigerung bewirkte Veräußerung des Guts durch den Spediteur begründet einen Fall des gänzlichen Verlustes. E. v. 15. Sept. 1874. Entsch. XV S. 30.

Eine auf dem Transport mit Beschlag belegte Sache ist nicht als verloren anzusehen. Zum Begriffe des Verlustes gehört, daß die Sache für den Eigenthümer nicht mehr existirt. E. v. 7. Sept. 1872. Entsch. VII S. 55.

c) Ein Reklamationsverfahren (bei der Eisenbahnbehörde) unterbricht die Verjährung nicht. E. v. 15. Sept. 1875. Entsch. XV S. 31.

Die Verjährung aus Art. 386 findet nicht Anwendung, wenn das Gut dem Spediteur nicht zur Besorgung der Versendung, sondern nur zur Aufbewahrung übergeben ist. E. v. 7. Jan. 1879. Entsch. XXIV S. 305.

d) In Fällen der letzteren Art kann also vor der Ablieferung von einer Verjährung nicht die Rede sein. E. v. 9. April 1875. Entsch. XVII S. 78.

e) Nicht jede, wenngleich grobe Vertragsverletzung ist Betrug. E. v. 28. Nov. 1873 u. 15. Sept. 1875. Entsch. XII S. 137, XV S. 32.

Vgl. Anm. zu Art. 350.

387. Im Uebrigen sind die Rechte und Pflichten des Spediteurs, soweit dieser Titel keine Bestimmungen darüber enthält, nach den Grundsätzen des vorigen Titels zu beurtheilen;[a] insbesondere kommen die Bestimmungen, welche in den Artikeln 365 bis 367 für den Kommissionair gegeben sind, auch für den Spediteur zur Anwendung.[b]

a) Zu den nothwendigen Auslagen, die dem Spediteur nach Art. 387, 371 ersetzt werden müssen, gehören auch die von ihm auf Verlangen der Zollbehörde bezahlten Steuerbeträge, selbst wenn zu hohe Sätze erhoben sein sollten und gegen die Entscheidung der Steuerbehörde ein Rekurs statthaft war. Nur muß der Machtgeber rechtzeitig von der Sachlage in Kenntniß gesetzt werden. E. v. 23. Mai 1871. Stg. II S. 240, Entsch. II S. 314.

Der Spediteur, welcher die ihm anvertrauten Sachen auf Lager gebracht hat, ist verpflichtet, den ihm ausgehändigten Lagerschein an den Absender herauszugeben. E. v. 12. Nov. 1874. Entsch. XV S. 264.

b) also auch die Bestimmungen über die Widerruflichkeit des Auftrages, insbesondere die Vorschrift des Art. 371, daß für nicht ausgeführte Geschäfte keine Provision gefordert werden kann. E. v. 19. April 1875. Entsch. XVI S. 378.

388. Wenn ein Kaufmann, dessen gewöhnlicher Handelsbetrieb nicht in Speditionsgeschäften besteht, eine Güterversendung durch Frachtführer oder Schiffer für fremde Rechnung in eigenem Namen zu besorgen übernimmt, so gelten in Ansehung eines solchen Geschäfts die Vorschriften dieses Titels.

389. Die Bestimmungen dieses Titels finden keine Anwendung auf Personen, welche nur die Vermittelung von Frachtverträgen zwischen dem Absender und dem Frachtführer oder Schiffer bewirken (Frachtmäkler, Güterbestätter, Schiffsprokureure).

Fünfter Titel. Von dem Frachtgeschäft.

Erster Abschnitt.

Vom Frachtgeschäft überhaupt.

390. Frachtführer ist derjenige, welcher gewerbemäßig den Transport von Gütern[a)] zu Lande[b)] oder auf Flüssen und Binnengewässern[c)] ausführt.[d)]

a) Die Bestimmungen des 5. Titels finden sowohl auf den Transport von Stückgütern als von Wagenladungen Anwendung. E. v. 30. Juni 1876. Entsch. XX S. 408.

b) Auch der gewöhnliche Fuhrmann (vgl. Art. 10 Abs. 1), der das Frachtgeschäft nur im Lokalverkehr betreibt und Frachtbriefe nicht auszustellen pflegt, ist als Frachtführer im Sinne des Art. 390 ff. anzusehen. E. v. 9. Jan. 1874. Entsch. XII S. 197.

c) Für das Transportgeschäft auf Flüssen und Binnengewässern sind die im Vten Buche des H.G.B. getroffenen seerechtlichen Vorschriften weder direkt noch analog anwendbar. E. v. 11. Jan. 1879. Entsch. XXIV S. 418.

Ueber die rechtliche Stellung des Steuermannes eines Stromfahrzeuges zum Schiffseigenthümer vgl. E. v. 12. März 1872. Entsch. V S. 273.

d) Zum Begriffe des Frachtführers ist nicht erforderlich, daß der den Transport Uebernehmende denselben selbst oder durch seine Leute ausführt. E. v. 22. Febr. 1873. Entsch. IX S. 89. Vgl. Anm. zu Art. 420.

Auf gewerbliche Frachtgeschäfte findet die Bestimmung des §. 408 I, 5 A.L.R. (pr. R.), wonach bei Verträgen über Handlungen nicht auf Erfüllung geklagt werden kann, der Rücktritt vom Vertrage dem anderen Theil nur einen Anspruch auf Schadloshaltung giebt, nicht Anwendung. Gegenstand des Frachtgeschäfts ist nicht die Transporthandlung, sondern der Transport selbst als deren Produkt.

E. v. 15. Juni 1876. Entsch. XX S. 340.

Der Schleppvertrag ist nicht Frachtvertrag. E. v. 1. Mai 1878. Entsch. XXIII S. 320.

Frachtverträge sind, wie alle zweiseitigen Verträge, im Zweifel Zug um Zug zu erfüllen. Insbesondere kann der (durch Art. 409 geschützte) Frachtführer nicht Vorleistung verlangen.

E. v. 27. Mai 1876. Entsch. XX S. 377.

391. Der Frachtbrief dient als Beweis a) über den Vertrag zwischen dem Frachtführer und dem Absender. b)

Der Frachtführer kann die Ausstellung eines Frachtbriefes verlangen.

a) Gegenbeweis (z. B. in betreff der Quantität des Frachtguts) ist zulässig. E. v. 4. Okt. 1872. Entsch. VII S. 216.

Eine Werthdeklaration im Frachtbriefe hat nur die Bedeutung

einer einseitigen, den Frachtführer nicht unbedingt verpflichtenden Erklärung des Absenders. Sie ersetzt für den Fall der Klage auf Verlustersatz nicht den Beweis des Werths, sondern setzt nur den Höchstbetrag der zu gewährenden Entschädigung fest. E. v. 21. Nov. 1873. Entsch. XI S. 423.

Der Frachtbrief dient nicht lediglich dazu, den Inhalt des zwischen Absender und Frachtführer geschlossenen Frachtvertrages zu erweisen, sondern zugleich den Umfang der dem Frachtführer gegen den Empfänger zukommenden Rechte und Pflichten darzulegen. E. v. 10. Dez. 1872. Entsch. VIII S. 197.

b) Der Frachtführer ist aus dem Frachtvertrage dem Absender verhaftet, gleichviel ob derselbe den Frachtvertrag für eigene Rechnung oder (wie es beim Verkäufer, der die Waare dem Käufer übersendet, oder beim Spediteur der Fall ist) für fremde Rechnung abgeschlossen hat. Der Käufer, der Kommittent kann (abgesehen von dem Fall, daß er als Empfänger in den Frachtvertrag eintritt, Art. 405) die Klage aus dem Frachtvertrage nur als eine cedirte geltend machen. E. v. 22. Okt. 1879. R.G. I S. 1.

392. Der Frachtbrief enthält:

1) die Bezeichnung des Guts nach Beschaffenheit, Menge und Merkzeichen;[a]
2) den Namen und Wohnort des Frachtführers;
3) den Namen des Absenders;
4) den Namen dessen, an welchen das Gut abgeliefert werden soll;
5) den Ort der Ablieferung;
6) die Bestimmung in Ansehung der Fracht;[b]
7) den Ort und Tag der Ausstellung;
8) die besonderen Vereinbarungen, welche die Parteien etwa noch über andere Punkte, namentlich über die Zeit, innerhalb welcher der Transport bewirkt

werden soll, und über die Entschädigung wegen verspäteter Ablieferung, getroffen haben.

a) Eine allgemeine Pflicht des Absenders zur Signirung des Frachtguts ist damit nicht aufgestellt. — Ob Signirung zu den Obliegenheiten eines ordentlichen Kaufmanns gehört, darüber entscheidet der Handelsgebrauch. E. v. 21. März 1871. Stg. I S. 361.

b) Ist über die Höhe der Fracht eine bestimmte Vereinbarung nicht getroffen, so gilt die übliche Fracht als bedungen. E. v. 19. Sept. 1871. Stg. III S. 277, Entsch. III S. 136.

393. Der Absender ist verpflichtet, bei Gütern, welche vor der Ablieferung an den Empfänger einer zoll= oder steueramtlichen Behandlung unterliegen, den Frachtführer in den Besitz der deshalb erforderlichen Begleitpapiere zu setzen. Er haftet[a)] dem Frachtführer, sofern nicht diesem selbst ein Verschulden zur Last fällt, für alle Strafen[b)] und Schäden, welche denselben wegen Unrichtigkeit oder Unzulänglichkeit der Begleitpapiere treffen.

a) Diese Haftung des Absenders ist nicht auf den Fall eines ihm zur Last fallenden Verschuldens beschränkt. E. v. 27. Sept. 1878. Entsch. XXIV S. 213.

Auf den Frachtführer, welcher auf Grund eines durchgehenden Frachtbriefs das Frachtgut mit den vom Absender übergebenen Begleitpapieren dem folgenden Frachtführer zur Weiterbeförderung übergiebt, ist Art. 393 nicht anwendbar. E. v. 27. Sept. 1878. Entsch. XXIV S. 214.

b) Daß der Frachtführer die Strafe schon bezahlt hat, ist nicht erforderlich. Es genügt, daß er zur Zahlung verpflichtet ist. E. v. 28. Febr. 1874. Entsch. XIII S. 6. Vgl. in diesem Erkenntniß die Bedeutung des Strafresoluts für den demnächstigen Regreßprozeß.

394. Ist über die Zeit, binnen welcher der Frachtführer den Transport bewirken soll, im Frachtvertrage nichts bedungen, so wird die Frist, innerhalb deren er die Reise antreten muß, durch den Ortsgebrauch bestimmt; besteht ein Ortsgebrauch nicht, so ist die Reise binnen einer den Umständen des Falles angemessenen Frist anzutreten.

Wird der Antritt oder die Fortsetzung der Reise durch Naturereignisse oder sonstige Zufälle zeitweilig verhindert,[a]) so braucht der Absender die Aufhebung des Hindernisses nicht abzuwarten, er kann vielmehr von dem Vertrage zurücktreten, muß aber den Frachtführer, sofern demselben kein Verschulden zur Last fällt, wegen der Kosten zur Vorbereitung der Reise, der Kosten der Wiederausladung und der Ansprüche in Beziehung auf die bereits zurückgelegte Reise entschädigen. Ueber die Höhe der Entschädigung entscheidet der Ortsgebrauch und in dessen Ermangelung das richterliche Ermessen.

a) Hierunter ist einerseits nicht die ganz geringfügige Zögerung, andererseits nicht solche Hinderung zu verstehen, welche nach Lage der Sache die konkreten Vertragszwecke völlig vereiteln würde, und daher dem dauernden Hinderniß gleich zu achten ist. Natur und Zweck des konkreten Vertragsverhältnisses entscheiden darüber, ob das objektiv nur zeitweilige Hinderniß in casu als dauerndes zu behandeln sei.

Für die in Art. 394 nicht behandelten Fälle (der ganz unbedeutenden Zögerung und der dauernden Verhinderung) hat das H.G.B. keine Lösung. Es ist aus Art. 394 nicht etwa e contrario zu folgern, daß in diesen Fällen dem Frachtführer ein Rücktrittsrecht gegen theilweise Frachtvergütung nicht zustehe; vielmehr sind diese Fälle ausschließlich den Grundsätzen des bürgerlichen Rechts unterworfen. E. v. 28. Nov. 1871. Stg. V S. 7, Entsch. IV S. 174. (Bezüglich des Seerechts vgl. Art. 636 Abs. 1 bis 5 und Art. 631 bis 633.)

395. Der Frachtführer haftet[a] für den Schaden, welcher durch Verlust oder Beschädigung des Frachtguts seit der Empfangnahme bis zur Ablieferung[b] entstanden ist,[c] sofern er nicht beweist, daß der Verlust oder die Beschädigung durch höhere Gewalt (vis major)[d] oder durch die natürliche Beschaffenheit des Guts, namentlich durch inneren Verderb, Schwinden, gewöhnliche Leckage u. dgl., oder durch äußerlich nicht erkennbare Mängel der Verpackung entstanden ist.

Für Kostbarkeiten, Gelder und Werthpapiere haftet der Frachtführer nur dann, wenn ihm diese Beschaffenheit oder der Werth des Guts angegeben ist.[e]

a) Wem? Vgl. Anm. b. zu Art. 391 und Art. 405.

b) Die Benachrichtigung des Empfängers von der Ankunft des Frachtguts, die Aufforderung an denselben, das Gut abzuholen, und die Auslieferung des Frachtbriefes, überhaupt alle diejenigen Handlungen, welche blos bezwecken, den Empfänger in den Stand zu setzen, über das Frachtgut zu verfügen, können für sich allein nicht als Ablieferung gelten noch eine solche ersetzen. E. v. 25. Sept. 1874. Entsch. XIV S. 293. Vgl. über den Begriff der Ablieferung die Anm. a. zu Art. 403.

Während der Dauer des Transports wird die Verantwortlichkeit des Frachtführers nicht ohne Weiteres dadurch ausgeschlossen, daß er das Gut zeitweise an die Zoll- oder Steuerbehörde ausgeliefert hat. Nach Ankunft am Ablieferungsorte wird er aber durch Ablieferung der Waare an die Zollstätte mindestens dann von jeder weiteren Verantwortlichkeit frei, wenn er den Empfänger durch Anzeige von der Ankunft des Guts und durch Zustellung der erforderlichen Papiere in den Stand gesetzt hat, über das Gut zu verfügen.

E. v. 4. Mai 1871. Entsch. II S. 254. Vgl. Anm. zu Art. 403.

Der Frachtführer (Eisenbahn-Gesellschaft) ist verpflichtet, von einem der Ablieferung an den Adressaten entgegenstehenden Hindernisse (verweigerten Annahme) den Absender rechtzeitig zu benachrichtigen und bei Vernachlässigung dieser Pflicht dem Absender den durch zu langes Lagern entstandenen Schaden (z. B. Werthsverlust von Modewaaren) zu ersetzen. E. v. 15. März 1876. Entsch. XX S. 347.

c) Der Spediteur haftet auch für den Schaden, der durch die Herbeiführung einer zu vermeidenden Verzollung (bei Transitgut) entsteht. E. v. 22. Okt. 1879. R.G. I S. 2.

d) Die Frage, ob ein bestimmtes Ereigniß als höhere Gewalt aufzufassen, ist nach der Besonderheit des Falles zu beantworten. Ihre Bejahung setzt voraus, daß das Ereigniß durch die nach Lage des Falles gebotene Vorsicht unabwendbar und in seinen schädlichen Folgen durch menschliches Bemühen unüberwindlich war. — Die richterliche Feststellung, daß ein Verlust oder eine Beschädigung durch höhere Gewalt eingetreten ist, läßt sich mit der Nichtigkeitsbeschwerde nur anfechten, wenn der Feststellung eine falsche Begriffsauffassung der höheren Gewalt zu Grunde liegt. E. v. 4. Febr. 1873. Entsch. VIII S. 159.

Nicht jede Vernichtung durch Feuer ist als höhere Gewalt anzusehen. E. v. 4. Mai 1871. Entsch. II S. 259.

Der Frachtführer kann sich auf höhere Gewalt nicht berufen, wenn er schuldbarer Weise das Frachtgut in diejenige Lage gebracht hat, in welcher es von der höheren Gewalt betroffen wurde. E. v. 6. Juni 1871. Entsch. II S. 357. Vgl. Anm. zu Art. 283.

e) Ist die Beschaffenheit nicht angegeben, so haftet der Frachtführer selbst im Falle einer ihm zur Last fallenden böslichen Handlungsweise für die Kostbarkeiten 2c. nicht. Der Schlußsatz des Art. 396 findet auf nicht deklarirte Werthgegenstände nicht Anwendung. E. v. 18. Dez. 1872. Entsch. VIII S. 271.

396. Wenn auf Grund des vorhergehenden Artikels von dem Frachtführer für Verlust oder Beschädigung des Guts Ersatz geleistet werden muß, so ist der Berechnung des Schadens nur der gemeine Handelswerth des Guts zu Grunde zu legen.

Im Falle des Verlustes ist der gemeine Handelswerth[a]) zu ersetzen, welchen Gut derselben Art und Beschaffenheit am Ort der Ablieferung zu der Zeit hatte, in welcher das Gut abzuliefern war; davon kommt in Abzug, was in Folge des Verlustes an Zöllen und Unkosten erspart ist.

Im Falle der Beschädigung ist der Unterschied zwischen dem Verkaufswerth des Guts im beschädigten Zustande und dem gemeinen Handelswerth zu ersetzen, welchen das Gut ohne diese Beschädigung am Ort und zur Zeit der Ablieferung gehabt haben würde, nach Abzug der Zölle und Unkosten, soweit sie in Folge der Beschädigung erspart sind.[b])

Hat das Gut keinen Handelswerth, so ist der Berechnung des Schadens der gemeine Werth des Guts zu Grunde zu legen.

Wenn dem Frachtführer eine bösliche Handlungsweise[c]) nachgewiesen wird, so hat er den vollen Schaden zu ersetzen.[d])

a) Es ist nicht Rücksicht darauf zu nehmen, ob das Interesse des Geschädigten ein größeres oder geringeres ist. Der gemeine Handelswerth muß also auch dann ersetzt werden, wenn der Absender die Waare bereits unter diesem Werthe verkauft hat. E. v. 13. Juni 1874. Entsch. XIII S. 393.

Ein allgemeiner Grundsatz, daß der Frachtführer neben dem Ersatz des verlorenen Frachtguts noch eine besondere Entschädigung wegen Nichteinhaltung der versicherten Lieferfrist zu leisten hat, ist nicht anzuerkennen. E. v. 1. Okt. 1875. Entsch. XVIII S. 236.

b) Der Empfänger ist nicht berechtigt, das beschädigte Gut zurückzuweisen und vollen Werthsersatz zu verlangen. Er geräth, wenn er dies thut, in Annahmeverzug. E. v. 4. Nov. 1873. Entsch. XI S. 291.

Bei theilweiser Beschädigung kann Ersatz für den unbeschädigten Theil nur ausnahmsweise beansprucht werden, wenn nämlich wegen Beschaffenheit der Waare oder ihrer inneren Zusammengehörigkeit oder wegen des Rechtsverhältnisses, welches den Frachtvertrag veranlaßt hat, eine Entwerthung oder Werthverminderung auch des unbeschädigten Theiles anzunehmen ist. E. v. 21. Nov. 1874. Entsch. XV S. 374, 375.

c) Die „bösliche Handlungsweise" ist ein eigenthümlicher Rechtsbegriff. Sie umfaßt einerseits den dolus im eigentlichen Sinne (die auf Beschädigung gerichtete, arglistige Absicht), andererseits die sog. luxuria, den frevelhaften Leichtsinn oder Muthwillen, der zwar die Beschädigung nicht beabsichtigt, sein Handeln aber trotz des Bewußtseins der damit verbundenen Gefahr nicht ändert. Der Begriff fällt weder mit dem des dolus noch mit dem grober Nachlässigkeit zusammen. E. v. 15. Dez. 1870, 12. Sept. 1871, 22. Jan. 1873 u. 25. Mai 1875. Entsch. I S. 156, III S. 108, VIII S. 429, XVII S. 301. — Auch das R.G. nimmt an, daß der Ausdruck bösliche Handlungsweise neben dem dolus nicht allgemein die grobe Fahrlässigkeit, sondern nur denjenigen Frevelmuth, welcher sich der rechtswidrigen Folgen seines Verhaltens bewußt ist, in sich begreift. E. v. 5. Dez. 1879. R.G. I S. 22.

d) Die bösliche Handlungsweise ist von demjenigen zu beweisen, der Ersatz des vollen Schadens verlangt. E. v. 21. Juni 1872. Entsch. VI S. 429.

Vgl. Anm. c. zu Art. 395.

397. Der Frachtführer haftet für den Schaden, welcher durch Versäumung der bedungenen oder üblichen Lieferungszeit entstanden ist, sofern er nicht beweist, daß er die Verspätung durch Anwendung der Sorgfalt eines ordentlichen Frachtführers nicht habe abwenden können.[a]

a) Vgl. Anm. zu Art. 405.

398. Ist für den Fall verspäteter Ablieferung ein Abzug an der Fracht oder der Verlust der Fracht oder sonst eine Konventionalstrafe bedungen, so kann im Zweifel außerdem auch der Ersatz des diesen Betrag übersteigenden Schadens gefordert werden, welcher durch die verspätete Ablieferung entstanden ist.

399. Beweist der Frachtführer, daß er die Verspätung durch die Sorgfalt eines ordentlichen Frachtführers nicht habe abwenden können, so kann die bedungene gänzliche oder theilweise Einbehaltung der Fracht, oder die Konventionalstrafe wegen verspäteter Ablieferung nicht in Anspruch genommen werden, es sei denn, daß sich aus dem Vertrage eine entgegenstehende Absicht ergiebt.

400. Der Frachtführer haftet für seine Leute und für andere Personen, deren er sich bei Ausführung des von ihm übernommenen Transports bedient.[a)]

a) So haftet die Eisenbahnverwaltung für den Rollfuhrunternehmer, dessen sie sich zum Anfahren des Frachtguts bedient. E. v. 21. Dez. 1878. Entsch. XXIV S. 304.

401. Wenn der Frachtführer zur gänzlichen oder theilweisen Ausführung des von ihm übernommenen Transports das Gut einem anderen Frachtführer übergiebt, so haftet er für diesen und die etwa folgenden Frachtführer bis zur Ablieferung.

Jeder Frachtführer, welcher auf einen anderen Frachtführer folgt, tritt dadurch, daß er das Gut mit dem ursprünglichen Frachtbrief annimmt, in den Frachtvertrag gemäß dem Frachtbrief ein, übernimmt eine selbstständige Verpflichtung, den Transport nach Inhalt des Frachtbriefes auszuführen, und hat auch in Bezug auf den von den früheren Frachtführern bereits ausgeführten Transport für die Verbindlichkeiten derselben einzustehen.[a)]

a) Einseitige Abänderungen, die ein späterer Frachtführer nach Uebernahme des Guts am Frachtbriefe vornimmt, sind nicht geeignet, den aus dem ursprünglichen Inhalt des Frachtbriefs zu entnehmenden Umfang der Verpflichtungen gegen den Absender und Empfänger zu beschränken. E. v. 17. Okt. 1873. Entsch. XI S. 209.

Der folgende Frachtführer haftet für das Versehen des vorhergehenden nicht, wenn er das thatsächlich durchgehende Gut nicht als solches auf Grund des ersten, sondern auf Grund eines neuen Frachtbriefes übernimmt. Hierbei ist es gleichgültig, daß der neue Frachtbrief auf den alten Bezug nimmt, wenn die Bezugnahme dahin zu deuten ist, daß die Frachtbedingungen und Bezeichnungen des alten Frachtbriefs auch für das neue Verhältniß Geltung haben sollen, nicht aber daß ein einheitliches Frachtverhältniß vorliegt. E. v. 4. Okt. 1872. Entsch. VII S. 218.

Ein Rollfuhrunternehmer, durch welchen eine Eisenbahnverwaltung den ihr selbst obliegenden Transport vollendet, haftet nur nach Maaßgabe des für die Eisenbahnen reglementsmäßig geltenden Maximalsatzes. E. v. 17. Sept. 1872. Entsch. VII S. 99.

Vgl. Anm. zu Art. 429.

402. Der Frachtführer hat den späteren Anweisungen des Absenders[a)] wegen Zurückgabe des Guts[b)] oder wegen Auslieferung desselben an einen anderen als den im Frachtbriefe bezeichneten Empfänger so lange Folge zu leisten,[c)] als er nicht letzterem nach Ankunft des Guts am Ort der Ablieferung den Frachtbrief übergeben hat.

Ist dies bereits geschehen, so hat er nur die An=

weisungen des bezeichneten Empfängers zu beachten, widrigenfalls er demselben für das Gut verhaftet ist.[d)]

a) Der Frachtführer braucht, wenn keine besondere Veranlassung vorliegt, nicht zu prüfen, ob diejenige Person, welche unter dem Namen des Absenders die Waare aufgiebt, den Frachtbrief zeichnet und die spätere Anweisung ertheilt, mit dem Absender identisch ist, wie überhaupt im Geschäftsverkehr, insbesondere einer Eisenbahn-Verwaltung, eine Prüfung des Umstandes, ob eine geschäftlich auftretende Person den Namen, welchen sie sich beilegt, mit Recht führt, als allgemeine Pflicht nicht angenommen werden kann. E. v. 13. April 1877. Entsch. XXII S. 133.

Anweisungen des Destinatärs muß der Absender insoweit wider sich gelten lassen, als sie nicht mit seinen eigenen Dispositionen in Widerspruch stehen. E. v. 4. Sept. 1877. Entsch. XXIII S. 26.

b) Der Frachtführer ist nur verpflichtet, das Gut an denjenigen Ort zurückzugeben, wo es sich zur Zeit der nachträglichen Weisung befindet. Rücktransport an den Absendungsort kann von ihm (wenn nicht die Voraussetzungen des Art. 422 vorliegen) nicht verlangt werden. E. v. 30. Nov 1874. Entsch. XVI S. 199.

c) Aus dieser Verpflichtung des Frachtführers, die Anweisungen des Absenders zu befolgen, kann nicht gefolgert werden, daß der Absender berechtigt ist, von dem Frachtführer den Transport anderer Güter, als der im Frachtvertrage bestimmten, zu verlangen. E. v. 11. Jan. 1879. Entsch. XXIV S. 418.

d) Bei einer Kollision zwischen den in diesem Artikel dem Absender und den in dem Art. 405 dem Adressaten eingeräumten Befugnissen entscheidet der Zeitpunkt der von dem letzteren angestellten Klage, so daß bis dahin, aber nur bis dahin, der Frachtführer den Weisungen des Absenders vor denen des Adressaten den Vorzug geben muß. Vgl. E. v. 3. Nov. 1871. Stg. IV S. 202, Entsch. III S. 436.

In einem am 24. Mai 1872 zur Entscheidung des R.O.H.G. gekommenen Falle (Entsch. VI S. 273) hatte nach Ablieferung des Frachtbriefes der darin bezeichnete Empfänger nur einen Theil der Waare abgenommen und, ohne auf den Rest derselben Anspruch zu erheben, den Frachtbrief an den Absender ausgeliefert. Als demnächst der Absender Herausgabe der Seitens des Destinatärs nicht abgenommenen Waare verlangte, machte der Frachtführer auf Grund von Ansprüchen, die ihm an den Destinatär zustanden, die Einrede der Retention geltend. Diese Einrede wurde jedoch von dem R.O.H.G. verworfen. In dem Erkenntnisse wird ausgeführt, daß durch Uebergabe des Frachtbriefes an den Adressaten das Verfügungsrecht des Absenders lediglich zu Gunsten des Destinatärs aufgehoben oder beschränkt wird, ohne daß das Vertragsverhältniß zwischen dem Absender und dem Frachtführer eine Aenderung erleidet. Macht der Destinatär von dem durch Empfang des Frachtbriefes erworbenen Rechte auf Ausantwortung der Waare keinen Gebrauch, so tritt die Verbindlichkeit des Frachtführers, das Gut zur Verfügung des Absenders zu halten, wieder in volle Wirksamkeit.

403. Der Frachtführer ist verpflichtet, am Ort der Ablieferung dem durch den Frachtbrief bezeichneten Empfänger a) das Frachtgut auszuhändigen. b)

a) oder demjenigen, der von dem im Frachtbrief bezeichneten Empfänger zur Empfangnahme ermächtigt ist. Der Frachtführer muß aber genau prüfen, ob und unter welchen Bedingungen der Destinatär den Dritten hat bevollmächtigen wollen, d. h. ihm, dem Frachtführer, gegenüber hat legitimiren wollen; er darf sich nicht damit begnügen, daß der sich meldende Dritte vom Adressaten die Einwilligung in die Auslieferung des Gutes verlangen kann. E. v. 13. Sept. 1879. Entsch. XXV S. 330.

b) Unter Aushändigung im Sinne des Art. 403 kann die bloße Bereitstellung des Gutes zur Abnahme nicht verstanden werden, andererseits aber auch nicht etwa die reelle Tradition im engsten Sinne, das Hingeben von Hand zu Hand. Vielmehr wird damit, gleichwie mit den Ausdrücken „Ablieferung, Auslieferung, Lieferung, Ausantwortung" derjenige Akt bezeichnet, durch welchen der Frachtführer die zum Zwecke des Transports erhaltene Gewahrsam nach beendigtem Transporte mit ausdrücklicher oder stillschweigender Genehmigung des Empfängers wieder aufgiebt, gleichviel an wen und ohne Unterschied, ob dadurch der Empfänger Gewahrsam oder gar juristischen Besitz erlangt.

Nach Ankunft am Bestimmungsorte genügt daher der Transportführer seiner Aushändigungspflicht schon durch Ablieferung des Gutes an die Zollstätte, wenn er den Empfänger von der Ankunft des Gutes in Kenntniß und durch Zustellung der erforderlichen Papiere in den Stand setzt, über die Waare zu verfügen.

E. v. 4. Mai 1871. Entsch. II S. 252.

Der Frachtführer muß dem im Frachtbriefe bezeichneten Empfänger die Waare ins Haus schaffen. Ist jedoch der Destinatär mit der Empfangnahme im Verzuge, so muß er das Frachtgut von dem Frachtführer abholen. Als Verzug gilt schon eine mit Bestimmtheit abgegebene Erklärung, die Fracht nicht zahlen zu wollen.

E. v. 29. Juni 1871. Entsch. II S. 417. Vgl. Anm. a. zu Art. 407.

Ist das Frachtgut mit Nachnahme beschwert, so darf der Frachtführer (auch Eisenbahnen) das Gut nur gegen Zahlung der Nachnahme ausantworten, sonst haftet er für den daraus entstehenden Schaden. — Der in diesem Falle zu ersetzende Schaden kann den Werth des Gutes nicht übersteigen.

E. v. 9. Sept. 1871. Stg. III S. 231.

404. Der im Frachtbriefe bezeichnete Empfänger ist vor Ankunft des Guts am Ort der Ablieferung dem Frachtführer gegenüber berechtigt, alle zur Sicherstellung des Guts erforderlichen Maßregeln zu ergreifen und dem Frachtführer die zu diesem Zweck nothwendigen Anweisungen zu ertheilen; die Auslieferung des Guts kann er vor dessen Ankunft am Ort der Ablieferung nur dann fordern, wenn der Absender den Frachtführer zu derselben ermächtigt hat.

405. Nach Ankunft des Frachtführers am Ort der Ablieferung ist der im Frachtbriefe bezeichnete Em=

pfänger berechtigt, die durch den Frachtvertrag begründeten Rechte gegen Erfüllung der Verpflichtungen, wie sie der Frachtbrief ergiebt, in eigenem Namen gegen den Frachtführer geltend zu machen, sei es, daß er hierbei in eigenem oder fremdem Interesse handle; er ist insbesondere berechtigt, den Frachtführer auf Uebergabe des Frachtbriefes und Auslieferung des Guts zu belangen,[a] sofern nicht der Absender demselben vor Anstellung der Klage eine nach Maßgabe des Artikels 402 noch zulässige entgegenstehende Anweisung gegeben hat.[b]

a) Der Empfänger übt diese Rechte nicht als Vertreter des Absenders, sondern kraft eigenen Rechtes aus. Er hat einen Anspruch auf den ihm durch verspätete oder überhaupt nicht erfolgte Lieferung entstandenen Schaden (vgl. Art. 397), ohne daß es darauf ankommt, ob und in welchem Maße der Absender geschädigt ist. E. v. 9. Jan. 1872. Entsch. IV S. 359.

b) Vgl. Anm. a. zu Art. 402. — Der Art. 405 findet nur auf Frachtführer, nicht auf Spediteure Anwendung. E. v. 17. März 1874. Entsch. XIII S. 327.

406. Durch Annahme des Guts und des Frachtbriefes wird der Empfänger verpflichtet, dem Frachtführer nach Maßgabe des Frachtbriefes[a] Zahlung zu leisten.[b]

a) des Frachtbriefes oder der darin in Bezug genommenen Normen, auch wenn diese dem Empfänger unbekannt sind. Weicht irrthümlicher Weise der Frachtbrief von dem darin in Bezug genommenen Tarif ab, so entscheidet der Tarif, dessen höherer Betrag von dem Empfänger nachgefordert werden kann.

E. v. 20. Okt. 1876. Entsch. XXI S. 182.

b) Nach Abnahme des Frachtbriefes ist der Empfänger verpflichtet, das Gut frachtbriefmäßig oder geschäftsüblich abzunehmen.

Er haftet persönlich für die aus seinem Verzuge entstehenden Liegegelder, auch wenn der Frachtbrief eine Bestimmung darüber nicht enthält. Im Uebrigen schützt ihn Art. 406 gegen die persönliche Verbindlichkeit für Ansprüche, die dem Frachtführer an den Absender zustehen und aus dem Frachtbrief nicht hervorgehen.

E. v. 5. Sept. 1876. Entsch. XX S. 406.

Auch zur Zahlung einer nach dem Frachtbrief oder dem darin in Bezug genommenen Reglement durch unrichtige Deklaration verwirkten Konventionalstrafe wird der Empfänger durch Annahme des Guts verpflichtet, wenigstens wenn er bei der Annahme von der unrichtigen Deklaration Kenntniß hatte.

E. v. 20. Okt. 1876. Entsch. XXI S. 185.

Nur gegen Zahlung der Fracht braucht der Frachtführer das Gut herauszugeben. Erfolgt Zahlung nicht, so kann er das ganze Gut, auch den zur Deckung seiner Forderung nicht erforderlichen Theil zurückbehalten.

E. v. 24. Okt. 1874. Entsch. XIV S. 372.

407. Wenn der bezeichnete Empfänger des Guts nicht auszumitteln ist oder die Annahme verweigert,[a]) oder wenn Streit über die Annahme oder den Zustand des Guts entsteht,[b]) so kann der Betheiligte den letzteren durch Sachverständige feststellen lassen.[c])

Die Sachverständigen ernennt auf das Ansuchen des Betheiligten das Handelsgericht oder in dessen Ermangelung der Richter des Orts.

Die Sachverständigen haben ihr Gutachten schriftlich oder zu Protokoll zu erstatten.

Das Gericht kann auf Ansuchen des Betheiligten verordnen, daß das Gut in einem öffentlichen Lagerhause oder bei einem Dritten niedergelegt, und daß es ganz oder zu einem entsprechenden Theile behufs Bezahlung der Fracht und der übrigen Forderungen des Frachtführers öffentlich verkauft wird.[d)]

Ueber das Ansuchen um Ernennung von Sachverständigen oder um Verfügung des Gerichts wegen Niederlegung und wegen Verkaufs des Guts wird die Gegenpartei, wenn sie am Ort anwesend ist, gehört.[e)]

a) Die Weigerung des im Frachtbriefe bezeichneten Empfängers, die Fracht zu zahlen, steht der Weigerung zur Empfangnahme gleich. E. v. 29. Juni 1871. Stg. III S. 417, Entsch. III S. 133.

Beschädigung des Guts, unvollständige oder verspätete Lieferung desselben begründet wohl Schadensersatzansprüche, berechtigt aber nicht, das Gut gänzlich zurückzuweisen und Ersatz des Werthes zu verlangen.

E. v. 22. Mai 1874. Entsch. XIII S. 416.

b) Dahin gehört auch der Fall, wenn sich der Streit um die Frage nach der Verpflichtung zur Vorleistung dreht. E. v. 28. April 1871. Entsch. II S. 238. Stg. III S. 132 Anm.

c) Diese Feststellungen, welche sich auch auf Werthsverringerung nach Maaßgabe des Art. 396 beziehen können, sind an eine Frist nicht gebunden und brauchen nicht gerade von gerichtlichen oder Seitens des Gericht ernannten Sachverständigen vorgenommen zu werden. Die Beweiskraft derartiger Feststellungen hat durch das H.G.B. nicht fixirt werden sollen. Gegenbeweis ist jedenfalls zulässig. E. v. 30. Dez. 1870. Entsch. I S. 177. Vgl. Anm. * zu Art. 348.

d) Es geschieht dies durch bloße Verfügung, ohne daß eine Klage und ein auf Grund eines förmlichen Prozeßverfahrens zu erlassendes Erkenntniß erfordert wird. E. v. 14. April 1875. Entsch. XVII S. 182.

e) Die am Orte anwesende Gegenpartei muß, die nicht anwesende kann gehört werfen. E. v. 14. April 1875. Entsch. XVII S. 181.

408. Durch Annahme des Guts und Bezahlung[a)] der Fracht erlischt jeder Anspruch gegen den Frachtführer.[b)]

Nur wegen Verlustes oder Beschädigung, welche bei der Ablieferung äußerlich nicht erkennbar waren, kann der Frachtführer selbst nach der Annahme und nach Bezahlung der Fracht in Anspruch genommen werden, wenn die Feststellung des Verlustes oder der Beschädigung ohne Verzug nach der Entdeckung nachgesucht worden ist, und bewiesen wird, daß der Verlust oder die Beschädigung während der Zeit seit der Empfangnahme bis zur Ablieferung entstanden ist.

Die Bestimmungen über die Verjährung der Klagen und Einreden gegen den Spediteur wegen Verlustes, Beschädigung oder verspäteter Ablieferung des Guts (Artikel 386) finden auch auf den Frachtführer Anwendung.

a) Hierunter ist nur eine nach beendetem Transporte erfolgte Zahlung der Fracht gemeint. Die Ansprüche erlöschen also nicht durch die Annahme frankirten Frachtguts. E. v. 22. Mai 1874. Entsch. XIII S. 415.

Durch Bezahlung der Fracht ohne Annahme des Guts erlöschen die Ansprüche nicht. E. v. 25. Sept. 1874. Entsch. XIV S. 295.

b) Die Vorschrift findet sowohl im Falle der Beschädigung als bei theilweisem Verlust (Manco), nicht aber bei Totalverlust Anwendung. Ein Totalverlust liegt schon vor, wenn eins von mehreren mittelst desselben Frachtbriefs übersandten Collis fehlt. E. v. 6. Nov. 1874. Entsch. XV S. 141.

Die Ansprüche an den Frachtführer können durch vorgängige Uebereinkunft mit demselbem, aber nicht durch einseitigen Vorbehalt gewahrt werden. E. v. 30. Dez. 1870. Entsch. I S. 181.

Uebergiebt der Frachtführer das Gut mit einem Frachtbriefe, der anders lautet, als der ursprünglich dem Absender ausgestellte, so bleiben trotz der Annahme des Gutes und Bezahlung der Fracht die Ansprüche aus dem abweichenden Inhalt des ursprünglichen Frachtbriefs bestehen. E. v. 22. Okt. 1879. R.G. I S. 3.

Auf die Ansprüche an den Spediteur findet die Vorschrift des Art. 408 Abs. 1 nicht Anwendung. E. v. 10. Dez. 1872 u. 6. Dez. 1878. Entsch. VIII S. 195, XXIV S. 288.

409. Der Frachtführer hat wegen aller durch den Frachtvertrag begründeten Forderungen,[a] insbesondere der Fracht- und Liegegelder, sowie wegen der Zollgelder und anderer Auslagen ein Pfandrecht an dem Frachtgut. Dieses Pfandrecht besteht, so lange das Gut zurückzubehalten oder niedergelegt ist; es dauert auch nach der Ablieferung noch fort, insofern der Frachtführer es binnen drei Tagen nach der Ablieferung gerichtlich geltend macht, und das Gut noch bei dem Empfänger oder bei einem Dritten sich befindet, welcher es für den Empfänger besitzt.

Er kann zu seiner Befriedigung den Verkauf des Guts oder eines Theils desselben veranlassen (Artikel 407).

Er hat dieses Recht auch gegenüber den übrigen Gläubigern und der Konkursmasse des Eigenthümers.[b]

a) Auf sonstige Nachnahme-Forderungen erstreckt sich das Pfandrecht nicht. E. v. 8. Nov. 1874. Entsch. XV S. 200.

b) Vgl. Art. 28 u. 35 des E. f. Pr.

410. Geht das Gut durch die Hände mehrerer Frachtführer, so hat der letzte bei der Ablieferung, sofern nicht der Frachtbrief das Gegentheil bestimmt, auch die aus dem Frachtbriefe sich ergebenden Forderungen der vorhergehenden einzuziehen und deren Rechte, insbesondere auch das Pfandrecht, auszuüben.

Der vorhergehende Frachtführer, welcher von dem

nachfolgenden befriedigt ist, überträgt auf diesen von Rechtswegen seine Forderung und sein Pfandrecht.

In gleicher Art wird die Forderung und das Pfandrecht des Spediteurs auf den nachfolgenden Spediteur und den Frachtführer übertragen.

Das Pfandrecht der Vormänner besteht so lange, als das Pfandrecht des letzten Frachtführers.

411. Wenn auf demselben Gute zwei oder mehrere gemäß den Artikeln 374, 382 und 409 begründete Pfandrechte bestehen, so geht unter denjenigen Pfandrechten, welche durch die Versendung oder durch den Transport des Guts entstanden sind, das später entstandene dem früher entstandenen vor; diese Pfandrechte haben sämmtlich den Vorrang vor dem Pfandrecht des Kommissionairs und vor dem Pfandrecht des Spediteurs für Vorschüsse; unter den letzteren Pfandrechten geht das früher entstandene dem später entstandenen vor.

412. Wenn der Frachtführer das Gut ohne Bezahlung abliefert und das Pfandrecht nicht binnen drei Tagen nach der Ablieferung gerichtlich geltend macht, so wird er, sowie die vorhergehenden Frachtführer und die Spediteure, des Rückgriffs gegen die Vormänner verlustig. Der Anspruch gegen den Empfänger bleibt in Kraft.

413. Der Absender und der Frachtführer können übereinkommen, daß der letztere dem ersteren einen Ladeschein ausstellt.

Der Ladeschein ist eine Urkunde, durch welche der

Frachtführer sich zur Aushändigung des Guts verpflichtet.

414. Der Ladeschein enthält:[a)]

1) die Bezeichnung der geladenen Güter nach Beschaffenheit, Menge und Merkzeichen;
2) den Namen und Wohnort des Frachtführers;
3) den Namen des Absenders;
4) den Namen desjenigen, an den oder an dessen Order das Gut abgeliefert werden soll. Als solcher ist der Absender zu verstehen, wenn der Ladeschein lediglich an Order gestellt ist;
5) den Ort der Ablieferung;
6) die Bestimmung in Ansehung der Fracht;
7) den Ort und Tag der Ausstellung.

Der Ladeschein muß von dem Frachtführer unterzeichnet sein.

Der Absender hat dem Frachtführer auf dessen Verlangen eine von ihm unterzeichnete gleichlautende Kopie des Ladescheins auszuhändigen.

a) Hier sind nicht die zur Rechtsgültigkeit des Ladescheins nothwendigen, sondern die üblichen Bestandtheile aufgeführt, deren Aufnahme in die Urkunde der Absender verlangen kann. E. v. 14. April 1875. Entsch. XVII S. 97.

415. Der Ladeschein entscheidet für die Rechtsverhältnisse zwischen dem Frachtführer und dem Empfänger des Guts; die nicht in denselben aufgenommenen Bestimmungen des Frachtvertrages haben gegenüber dem Empfänger keine rechtliche Wirkung, sofern nicht auf dieselben ausdrücklich Bezug genommen ist.[a)]

Für die Rechtsverhältnisse zwischen Frachtführer und Absender bleiben die Bestimmungen des Frachtvertrages maßgebend.

a) Für das Rechtsverhältniß zwischen dem Frachtführer und dem Empfänger des Guts ist der Ladeschein ausschließlich entscheidend. Es gilt dies auch in betreff der Frage, wer als Frachtführer anzusehen, wer also berechtigt ist, die Rechte aus dem Frachtvertrage gegen den Empfänger geltend zu machen. E. v. 14. April 1875. Entsch. XVIII S. 98.

Die Angaben des Ladescheins über die Beschaffenheit des Gutes schließen eine Berufung des Frachtführers darauf, daß die Beschaffenheit in Wirklichkeit eine andere war, nicht aus; nur wird der Frachtführer für denjenigen Schaden haften, welchen er dem Inhaber des Ladescheins durch ein bei der Abgabe der Erklärung über die Beschaffenheit des Gutes vorgekommenes Verschulden verursacht hat. E. v. 1. Okt. 1881. R.G. V S. 79.

Der Frachtführer, welcher einen Ladeschein ausgestellt hat, aber den Transport durch einen anderen Frachtführer ausführen läßt, wird durch Abänderungen des Ladescheins, welche der Empfänger mit dem zweiten Frachtführer vereinbart hat, nicht verpflichtet. E. v. 15. Sept. 1879. Entsch. XXV S. 342.

416. Wenn der Frachtführer einen Ladeschein ausgestellt hat, darf er späteren Anweisungen des Absenders wegen Zurückgabe oder Auslieferung des Guts an einen anderen als den durch den Ladeschein legitimirten Empfänger nur dann Folge leisten, wenn ihm der Ladeschein zurückgegeben wird. Handelt er dieser Bestimmung entgegen, so ist er dem rechtmäßigen Inhaber des Ladescheins für das Gut verpflichtet.

417. Zum Empfange des Guts legitimirt ist derjenige, an welchen das Gut nach dem Ladeschein abgeliefert werden soll,[a] oder auf welchen der Ladeschein, wenn er an Order lautet, durch Indossament[b)] übertragen ist.

a) In einem Falle, welcher am 14. März 1871 zur Entscheidung des R.O.H.G. kam (Stg. I S. 347), hatte die befördernde Bahnverwaltung ein an „Karl W. u. Co." adressirtes Frachtgut am Bestimmungsorte an „Karl W." ausgehändigt, obwohl daselbst eine Firma „Karl W. u. Co." zur Zeit des Eintreffens der Waare nicht bestand. Trotzdem wurde die Schadensklage des Absenders gegen die Eisenbahn abgewiesen.

b) oder Cession. E. v. 13. Sept. 1879. Entsch. XXV S. 340.

418. Der Frachtführer ist zur Ablieferung des Guts nur gegen Rückgabe des Ladescheins, auf welchem die Ablieferung des Guts zu bescheinigen ist, verpflichtet.

419. Im Uebrigen kommen die Bestimmungen über die Rechte und Pflichten des Frachtführers auch in dem Falle zur Anwendung, wenn ein Ladeschein ausgestellt ist.

420. Wenn ein Kaufmann, dessen gewöhnlicher Handelsbetrieb sich nicht auf die Ausführung von Frachtgeschäften erstreckt, in einem einzelnen Falle einen Transport von Gütern zu Land oder auf Flüssen und Binnengewässern auszuführen übernimmt,[a)] so kommen die Bestimmungen dieses Titels auch in Bezug auf ein solches Geschäft zur Anwendung.

a) Hierunter fällt auch die entgeltliche Uebernahme des Transports von Thieren ohne Anwendung von Transportmitteln. E. v. 24. März 1874. Entsch. XIII S. 133.

421. Die Bestimmungen dieses Abschnitts finden auch Anwendung auf Frachtgeschäfte von Eisenbahnen und anderen öffentlichen Transportanstalten.

Sie gelten jedoch für die Postanstalten nur insoweit, als nicht durch besondere Gesetze oder Verordnungen für dieselben ein Anderes bestimmt ist.

Für die Eisenbahnen kommen ferner die Bestimmungen des folgenden Abschnitts zur Anwendung.

Zweiter Abschnitt.

Von dem Frachtgeschäft der Eisenbahnen insbesondere.

Vgl. hierzu: Bekanntmachung, betreffend das Betriebs-Reglement für die Eisenbahnen Deutschlands. Vom 11. Mai 1874 (Centralblatt für das Deutsche Reich Nr. 21).

Unrichtige Auslegung des Eisenbahn-Betriebs-Reglements ist kein Nichtigkeitsgrund. E. v. 30. Nov. 1875. Entsch. XIX S. 184.

422. Eine Eisenbahn, welche dem Publikum zur Benutzung für den Gütertransport eröffnet ist, kann die bei ihr nachgesuchte Eingehung eines Frachtgeschäfts für ihre Bahnstrecke nicht verweigern, insofern

1) die Güter an sich oder vermöge ihrer Verpackung nach den Reglements, und im Falle die letzteren fehlen oder keinen Anhalt gewähren, nach den Einrichtungen und der Benutzungsweise der Bahn zum Transport sich eignen;

2) der Absender in Bezug auf die Fracht, die Auflieferung der Güter und die sonstigen den Eisenbahnen freigestellten Transportbedingungen sich den allgemein geltenden Anordnungen der Bahnverwaltung unterwirft;

3) die regelmäßigen Transportmittel der Bahn zur Ausführung des Transports genügen.

Die Eisenbahnen sind nicht verpflichtet, die Güter zum Transport eher anzunehmen, als bis die Beförderung derselben geschehen kann.

In Ansehung der Zeit der Beförderung darf kein Absender vor dem Anderen ohne einen in den Einrichtungen der Bahn, in den Transportverhältnissen, oder im öffentlichen Interesse liegenden Grund begünstigt werden.

Zuwiderhandlungen gegen die Bestimmungen dieses Artikels begründen den Anspruch auf Ersatz des dadurch entstandenen Schadens.[a])

a) In dem durch Urtel v. 9. Mai 1876 (Entsch. XX S. 373) entschiedenen Fall wurde eine Eisenbahn-Verwaltung, welche einem Speditionshause als Zeitpunkt des Eintritts von Frachterhöhungen ein zu frühes Datum angegeben hatte, verurtheilt, dem Speditionshause den dadurch (infolge der ihm entgangenen Speditionsaufträge) entstandenen Schaden zu vergütigen.

423. Die im Artikel 422 bezeichneten Eisenbahnen sind nicht befugt, die Anwendung der in den Artikeln 395, 396, 397, 400, 401, 408 enthaltenen Bestimmungen über die Verpflichtung des Frachtführers zum Schadensersatze, sei es in Bezug auf den Eintritt, den Umfang oder die Dauer der Verpflichtung oder in Bezug auf die Beweislast, zu ihrem Vortheil durch Verträge (mittelst Reglements[a]) oder durch besondere Uebereinkunft) im Voraus auszuschließen oder zu beschränken, außer, soweit solches durch die nachfolgenden Artikel zugelassen ist.[b])

Vertragsbestimmungen, welche dieser Vorschrift entgegenstehen, haben keine rechtliche Wirkung.[c])

a) Wird ein Transport über mehrere Bahnen übernommen, so ist in Ermangelung besonderer Uebereinkunft das Reglement der Aufgabestation nicht für den ganzen Transport maßgebend, sondern es kommen für die späteren Bahnstrecken die betreffenden anderweiten Reglements zur Anwendung. E. v. 13. Juni 1871. Entsch. III S. 59.

b) Es kann bedungen werden, daß die Eisenbahn das Frachtgut am Bestimmungsorte an einen von ihr bestellten Güterführer Behufs Weiterbeförderung in die Wohnung des Adressaten ausantworte und daß die Eisenbahn für einen während dieser Weiterbeförderung eintretenden Verlust nicht haftbar sei. E. v. 12. Nov. 1872. Entsch. VIII S. 24.

c) Das Verbot bezieht sich nicht auf fremdländische Reglements, soweit dieselben nach dem betreffenden fremden Rechte gültig sind. Es findet auch auf eine dem Verkehr für das Publikum nicht frei gegebene Eisenbahn (im Kriege) keine Anwendung. E. v. 11. Okt. 1876. Entsch. XXI S. 58.

424. Es kann bedungen[a] werden:

1) in Ansehung der Güter, welche nach Vereinbarung mit dem Absender in unbedeckten Wagen transportirt werden:[b)]

daß für den Schaden nicht gehaftet werde, welcher aus der mit dieser Transportart verbundenen Gefahr entstanden ist;

2) in Ansehung der Güter, welche, ungeachtet ihre Natur eine Verpackung zum Schutz gegen Verlust oder Beschädigung auf dem Transport erfordert, nach Erklärung des Absenders auf dem Frachtbrief unverpackt oder mit mangelhafter Verpackung aufgegeben sind:

daß für den Schaden nicht gehaftet werde, welcher aus der mit dem Mangel der Ver=

packung oder mit der mangelhaften Beschaffenheit der Verpackung verbundenen Gefahr entstanden ist;

3) in Ansehung der Güter, deren Auf- und Abladen nach Vereinbarung mit dem Absender von diesem[c] besorgt wird:[d]

daß für den Schaden nicht gehaftet werde, der aus der mit dem Auf- und Abladen oder mit mangelhafter Verladung verbundenen Gefahr entstanden ist;

4) in Ansehung der Güter, welche vermöge ihrer eigenthümlichen natürlichen Beschaffenheit der besonderen Gefahr ausgesetzt sind, gänzlichen oder theilweisen Verlust oder Beschädigung, namentlich Bruch, Rost, inneren Verderb, außergewöhnliche Leckage u. s. w. zu erleiden:

daß für den Schaden nicht gehaftet werde, welcher aus dieser Gefahr entstanden ist;

5) in Ansehung lebender Thiere:

daß für den Schaden nicht gehaftet werde, welcher aus der mit dem Transport dieser Thiere für dieselben verbundenen besonderen Gefahr entstanden ist;

6) in Ansehung begleiteter Güter:

daß für den Schaden nicht gehaftet werde, welcher aus der Gefahr entstanden ist, deren Abwendung durch die Begleitung bezweckt wird.

Ist eine der in diesem Artikel zugelassenen Bestimmungen bedungen, so gilt zugleich als bedungen, daß bis zum Nachweise des Gegentheils vermuthet werden soll, daß ein eingetretener Schaden,[e] wenn er aus der nicht übernommenen Gefahr entstehen konnte, aus derselben wirklich entstanden ist.[f]

Eine nach diesem Artikel bedungene Befreiung von der Haftpflicht kann nicht geltend gemacht werden, wenn nachgewiesen wird, daß der Schaden durch Verschulden der Bahnverwaltung oder ihrer Leute entstanden ist.[g]

a) Die desfallsigen Reglementsbestimmungen gelten zwischen der Eisenbahn und denjenigen, die sich derselben als Transportmittel bedienen, als bedungen. E. v. 25. Mai 1872. Entsch. VI S. 176.

Wenn nach dem im Frachtbrief in Bezug genommenen Betriebs-Reglement bezüglich derjenigen Waaren, die der Tarif in unbedeckten Wagen zu transportiren gestattet, ein Einverständniß des Absenders mit dieser Transportart anzunehmen ist, falls er nicht bei der Aufgabe der Güter durch schriftlichen Vermerk eine andere Beförderungsart vorschreibt, so begründet die nachträgliche mündliche, wenn auch von der Bahnverwaltung angenommene und ausgeführte, aber in den Frachtbrief nicht aufgenommene Bestellung eines bedeckten Wagens keine Verpflichtung zur Stellung eines solchen. E. v. 18. Nov. 1879. R.G. I S. 15.

b) transportirt werden, d. h. transportirt werden dürfen. Der Art. 424 Ziff. 1 ist auch anwendbar, wenn die Bahnverwaltung bedeckte Wagen hergiebt, ohne hierzu verpflichtet zu sein. Für die Mängel der Decke braucht in einem solchen Falle die Bahnverwaltung nicht aufzukommen. E. v. 18. Nov. 1879. R.G. I S. 15. — Die Präsumtion des vorletzten Absatzes des Art. 424 kann jedoch für ausgeschlossen erachtet werden, wenn die Bahnverwaltung von dem Recht zur Benutzung unbedeckter Wagen thatsächlich keinen Gebrauch gemacht hat. E. v. 22. April 1879. Entsch. XXV S. 172.

Der Beförderung in unbedeckten Wagen steht gleich, wenn der Transport in offenen Wagen erfolgen, die Waare aber mit einer nicht festen Decke oder Plane bedeckt werden soll. E. v. 24. Okt. 1873, u. 30. Sept. 1874. Entsch. XII S. 120, XIV S. 218.

Für die Zweckdienlichkeit der von der Bahnverwaltung gegen Entgelt hergegebenen Decke braucht die Bahnverwaltung jedenfalls dann nicht aufzukommen, wenn das Aufladen von den Leuten des Absenders besorgt ist und die Leute der Bahnverwaltung nur bei der Spannung der Decke Hülfe geleistet haben.

E. v. 8. März 1876. Entsch. XX S. 239.

Eine Abrede der unter Nr. 1 gedachten Art überhebt die Bahnbeamten nicht schlechthin der Fürsorge für den Schutz des verladenen Gutes auch gegen Nässe. E. v. 25. Mai 1875. Entsch. XVII S. 296.

Die Abrede des Transports in unbedeckten Wagen bei einer Feuergefährlichkeit der Waare kann als ein Versehen des Absenders, welches die Bahnverwaltung von der Vertretung eigenen Verschuldens befreit, nicht angesehen werden. E. v. 2. Nov. 1874. Entsch. XV S. 85.

c) Dem steht gleich, wenn vereinbart ist, daß das Aufladen vom Absender, das Abladen von dem Empfänger besorgt werden soll. E. v. 25. Mai 1872. Entsch. VI S. 180.

d) Unter diese Abrede fallen alle diejenigen Fälle, in denen vereinbart ist, daß das Frachtgut im Zustande der Verladung übernommen werden und mit Rücksicht darauf die Bahn der Sorge für die Verladung und der Haftung für sachgemäße Verladung enthoben sein solle. An welchem Orte, wann und von wem die Verladung besorgt worden, ist gleichgültig. Daher ist Selbstverladung im obigen Sinne auch anzunehmen, wenn das Frachtgut ohne Umladung mit neuem Frachtbrief sofort weiter versendet wird. E. v. 20. März 1874. Entsch. XIII S. 130.

Ist eine Abrede, wie die unter Ziff. 3 angegebene getroffen, so liefert der Frachtbrief über die Quantität des aufgeladenen Guts keinen Beweis; im Falle eines Verlustes muß der Eisenbahngesellschaft nachgewiesen werden, daß ihr das Frachtgut vollständig in dem behaupteten Umfange übergeben worden ist. E. v. 25. Nov. 1874. Entsch. XV S. 376.

e) Unter Schaden im Sinne des Artikels 424 ist auch der durch

Dritte verübte Diebstahl mitbegriffen. E. v. 25. Mai 1872. Entsch. VI S. 177.

f) Es ist gleichgültig, ob der Schaden während des Transports oder nach beendetem Transporte am Bestimmungsorte in der Zeit von der Ankunft bis zur Abnahme erfolgt ist, vorausgesetzt, daß die Bahn bezüglich der ihr obliegenden Avisirung von der Ankunft des Gutes dem Adressaten gegenüber sich nicht säumig erwies. E. v. 12. Juni 1874. Entsch. XIII S. 433.

g) Sowohl das Verschulden der Bahnverwaltung als der ursächliche Zusammenhang zwischen Verschulden und Schaden muß vom Beschädigten erwiesen werden. — Der Art. 395 findet nicht Anwendung, wenn eine der nach Art. 424 zulässigen Befreiungen bedungen ist. E. v. 2. Nov. 1874. Entsch. XV S. 86.

425. In Ansehung des Reisegepäcks kann bedungen werden:

1) daß für Verlust oder Beschädigung von Reisegepäck, welches nicht zum Transport aufgegeben ist, nur gehaftet werde, wenn ein Verschulden der Bahnverwaltung oder ihrer Leute nachgewiesen wird. Dasselbe kann in Ansehung von Gegenständen bedungen werden, welche sich in Reise-Equipagen befinden;

2) daß für Verlust von Reisegepäck, welches zum Transport aufgegeben ist, nur gehaftet werde, wenn das Gepäck binnen einer bestimmten Frist nach der Ablieferungszeit abgefordert wird.

Die Frist darf nicht kürzer als drei Tage sein.

426. In Ansehung der Güter, welche nach ihrer natürlichen Beschaffenheit bei dem Transport regelmäßig einen Verlust an Gewicht oder an Maaß erleiden, kann bedungen werden, daß bis zu einem im Voraus bestimmten Normalsatze für Verlust an Gewicht oder Maaß nicht gehaftet werde. Der Normalsatz muß, im Falle mehrere Stücke zusammen transportirt worden sind, für jedes einzelne Stück besonders berechnet werden, wenn das Gewicht oder Maaß der einzelnen Stücke im Frachtbriefe verzeichnet oder sonst erweislich ist.

Die hier bezeichnete Bestimmung kann nicht geltend gemacht werden, wenn nachgewiesen wird, daß der Verlust nach den Umständen des Falles nicht in Folge der natürlichen Beschaffenheit des Guts entstanden ist, oder daß der bestimmte Normalsatz dieser Beschaffenheit oder den sonstigen Umständen des Falles nicht entspricht.

427. Es kann bedungen werden:

1) daß der nach Artikel 396 der Schadensberechnung zu Grunde zu legende Werth den im Frachtbrief, im Ladeschein oder im Gepäckschein als Werth des Guts angegebenen Betrag und in Ermangelung einer solchen Angabe einen im Voraus bestimmten Normalsatz nicht übersteigen soll;[a)]
2) daß die Höhe des nach Artikel 397 wegen verspäteter Lieferung zu leistenden Schadensersatzes den im Frachtbrief, im Ladeschein oder im Gepäckschein als die Höhe des Interesses an der rechtzeitigen Lieferung angegebenen Betrag und in Ermangelung einer solchen Angabe einen im Voraus bestimmten Normalsatz, welcher auch in dem Verluste der Fracht oder eines Theiles derselben bestehen kann, nicht übersteigen soll.[b)]

Im Falle einer böslichen Handlungsweise[c)] der

Eisenbahnverwaltung oder ihrer Leute kann die Beschränkung der Haftpflicht auf den Normalsatz oder den angegebenen Werth des Guts nicht geltend gemacht werden.

a) Ist dies bedungen, so ist der Normalsatz auch dann nur zu vergüten, wenn die Waare vor Beginn des Transports, aber nach der Empfangnahme Seitens der Eisenbahnverwaltung verloren geht. E. v. 30. April 1873. Entsch. IX S. 301.

Der Normalsatz bildet sowohl bei Beschädigungen als bei völligem Verluste den Maaßstab für den zu gewährenden Ersatz. E. v. 23. April 1873. Entsch. IX S. 278.

Zur Begründung der Schadensklage gehört in einem solchen Falle außer dem Nachweise des Werths des Frachtguts auch der Nachweis, daß der geforderte Betrag den im Ladeschein angegebenen oder den Normalsatz nicht übersteigt, wenn der Normalsatz also nach Gewicht bestimmt ist, auch der Gewichtsnachweis. E. v. 30. Juni 1876. Entsch. XX S. 404.

Die bedungene Beschränkung der Haftpflicht dauert von der Empfangnahme bis zur Ablieferung ununterbrochen fort, also auch während das Gut sich im Magazin der Bahnverwaltung befindet. E. v. 18. Febr. 1874. Entsch. XII S. 281.

Selbst wenn der Eisenbahnfrachtvertrag noch nicht zu Stande gekommen ist, haftet die Bahnverwaltung für das ihrem Rollfuhrunternehmer zum Transport vom Absender zur Bahn zugleich mit dem Frachtbrief übergebene Gut nur in Höhe der im Frachtbrief in Bezug genommenen reglementsmäßigen Bestimmungen. E. v. 21. Dez. 1878. Entsch. XXIV S. 303.

b) Auch wenn dies bedungen ist, hat der Absender zu beweisen, daß und in welchem Betrage ihm durch die verspätete Lieferung Schaden entstanden ist. E. v. 22. Okt. 1873. Entsch. IX S. 299.

Die Angabe des Interesses der rechtzeitigen Lieferung ist für die Höhe des Entschädigungsanspruches wegen Verlustes nicht maaßgebend. E. v. 20. Jan. 1875. Entsch. XVII S. 128.

c) Vgl. Anm. c. und d. zu Art. 396.

428. Es kann bedungen werden, daß nach erfolgter Empfangnahme des Guts und Bezahlung der Fracht jeder Anspruch wegen Verlustes an dem Gute oder wegen Beschädigung desselben auch dann, wenn dieselben bei der Ablieferung nicht erkennbar waren und erst später entdeckt worden sind (Artikel 408, Abs. 2), erlischt, wenn der Anspruch nicht binnen einer bestimmten Frist nach der Ablieferung bei der Eisenbahnverwaltung angemeldet worden ist.

Die Frist darf nicht kürzer als vier Wochen sein.

429. Wenn eine Eisenbahn das Gut mit einem Frachtbrief übernimmt, nach welchem der Transport durch mehrere sich an einander anschließende Eisenbahnen zu bewirken ist, so kann bedungen werden, daß nicht sämmtliche Eisenbahnen, welche das Gut mit dem Frachtbrief übernommen haben, nach Maßgabe des Artikels 401 als Frachtführer für den ganzen Transport haften, sondern daß nur die erste Bahn und diejenige Bahn, welche das Gut mit dem Frachtbriefe zuletzt übernommen hat, dieser Haftpflicht für den ganzen Transport unterliegt, vorbehaltlich des Rückgriffs der Eisenbahnen gegeneinander,[a] daß dagegen eine der übrigen, in der Mitte liegenden, Eisenbahnen nur dann als Frachtführer in Anspruch genommen werden kann, wenn ihr nachgewiesen wird, daß der Schaden auf ihrer Bahn sich ereignet hat.

a) Ueber die Voraussetzungen und Wirkungen dieses Rückgriffsrechts der Eisenbahnen untereinander enthält das H.G.B. keine Bestimmungen. Die verschiedenen Eisenbahnen, welche das Gut mit einheitlichem (durchgehendem) Frachtbrief befördern, stehen nur mit dem Absender, nicht ohne weiteres untereinander in einem Vertragsverhältniß. In Ermangelung besonderer Vorschriften richtet sich das Rückgriffsrecht der verschiedenen Bahnverwaltungen untereinander nach den Bestimmungen des bürgerlichen Rechts über den Regreß der Korrealschuldner. E. v. 27. Sept. 1878. Entsch. XXIV S. 211. Vgl. Anm. zu Art. 401.

430. Wenn eine Eisenbahn das Gut mit einem Frachtbrief zum Transport übernimmt, in welchem als Ort der Ablieferung ein weder an ihrer Bahn noch an einer der sich an sie anschließenden Bahnen liegender Ort bezeichnet ist, so kann bedungen werden, daß die Haftpflicht der Eisenbahn oder der Eisenbahnen als Frachtführer nicht für den ganzen Transport bis zum Ort der Ablieferung, sondern nur für den Transport bis zu dem Ort bestehe, wo der Transport mittelst Eisenbahn enden soll; ist dies bedungen, so treten in Bezug auf die Weiterbeförderung nur die Verpflichtungen des Spediteurs ein.

431. Ist von dem Absender auf dem Frachtbrief bestimmt, daß das Gut an einem an der Eisenbahn liegenden Ort abgegeben werden oder liegen bleiben soll, so gilt, ungeachtet im Frachtbrief ein anderweitiger Bestimmungsort angegeben ist, der Transport als nur bis zu jenem an der Bahn liegenden Ort übernommen, und die Bahn ist nur bis zur Ablieferung an diesem Ort verantwortlich.

C. Ergänzungs-Gesetze.

I.

Gesetz, betreffend die vertragsmäßigen Zinsen.

Vom 14. November 1867.

(B.G.Bl. S. 159, 160.)

Wir Wilhelm, von Gottes Gnaden König von Preußen 2c.

verordnen im Namen des Norddeutschen Bundes,[a] nach erfolgter Zustimmung des Bundesrathes und des Reichstages, was folgt:[b] [c]

a) Das Gesetz gilt auch in Baden, Südhessen und Württemberg. Für Bayern ist es noch nicht eingeführt.

b) Das landesrechtlich (§. 33 Th. I Tit. 20 Pr. A.L.R.) bestehende Verbot der lex commissoria beim Pfandvertrage ist durch das Gesetz v. 14. Nov. 1867 nicht aufgehoben. E. v. 2. April 1881, R.G. IV S. 51.

c) Vgl. jedoch das Gesetz, betr. den Wucher. Vom 24. Mai 1880.

§ 1. Die Höhe der Zinsen, sowie die Höhe und die Art der Vergütung für Darlehne und für andere kreditirte Forderungen, ferner Konventionalstrafen, welche für die unterlassene Zahlung eines Darlehns oder einer sonst kreditirten Forderung zu leisten sind, unterliegen der freien Vereinbarung.

Die entgegenstehenden privatrechtlichen und strafrechtlichen Bestimmungen werden aufgehoben.

§. 2. Derjenige, welcher für eine Schuld dem Gläubiger einen höheren Zinssatz als jährlich sechs vom Hundert gewährt oder zusagt, ist zu einer halbjährigen Kündigung des Vertrages befugt. Jedoch kann er von dieser Befugniß nicht unmittelbar bei Eingehung des Vertrages, sondern erst nach Ablauf eines halben Jahres Gebrauch machen.

Vertragsbestimmungen, durch welche diese Vorschrift zum Nachtheil des Schuldners beschränkt oder aufgehoben wird, sind ungültig.

Auf Schuldverschreibungen, welche unter den gesetzlichen Voraussetzungen auf jeden Inhaber gestellt werden, sowie auf Darlehne, welche ein Kaufmann empfängt, und auf Schulden eines Kaufmanns aus seinen Handelsgeschäften leiden die in diesem Paragraphen enthaltenen Vorschriften keine Anwendung.

§. 3. Wird die Zahlung eines Darlehns oder einer andern kreditirten Forderung verzögert, so bleibt auch für die Zögerungszinsen der bedungene Zinssatz maaßgebend, sofern derselbe höher ist, als die gesetzlich bestimmten Zögerungszinsen.

§. 4. Die privatrechtlichen Bestimmungen in Betreff der Zinsen von Zinsen und die Vorschriften für die gewerblichen Pfandleih=Anstalten werden durch dieses Gesetz nicht geändert.

§. 5. Den Landesgesetzen bleibt vorbehalten, zu bestimmen, daß die im §. 2 dieses Gesetzes eingeräumte Kündigungsbefugniß des Schuldners gänzlich wegfalle, oder daß ein höherer Zinssatz, als sechs Prozent, oder eine längere Kündigungsfrist, als sechs Monate, für die bezeichnete Befugniß maaßgebend sei.

So weit einzelne Landesgesetze Bestimmungen enthalten, welche die erwähnte Kündigungsbefugniß des Schuldners ausschließen, oder in der bezeichneten Weise beschränken, bleiben dieselben in Gültigkeit, bis sie auf dem verfassungsmäßigen Wege des betreffenden Landes, oder durch ein Bundesgesetz abgeändert werden.

Urkundlich unter Unsrer Höchsteigenhändigen Unterschrift und beigedrucktem Bundes-Insiegel.

Gegeben Berlin, den 14. November 1867.

(L. S.) **Wilhelm.**

Gr. v. Bismarck-Schönhausen.

II.

Gesetz, betreffend die Kommanditgesellschaften auf Aktien und die Aktiengesellschaften.

Vom 11. Juni 1870.

(B.G.Bl. S. 375—386.)

Wir **Wilhelm**, von Gottes Gnaden König von Preußen ꝛc.

verordnen im Namen des Norddeutschen Bundes,[a]) nach erfolgter Zustimmung des Bundesrathes und des Reichstages, was folgt:

a) Das Gesetz gilt in Baden, Südhessen und Württemberg seit dem 14. Jan. 1871, in Bayern seit dem 6. Mai 1871.

§. 1. Die Artikel 5. 173. bis 176. 178. 198. 199. 203. 206. bis 212. 214. 215. 217. 222. 225. 239. 240. 242. und 247. bis 249. des Allgemeinen Deutschen Handelsgesetzbuches werden durch nachstehende, den bisherigen Zifferzahlen entsprechende Artikel ersetzt.

(Hier folgen die im §. 1 aufgeführten Artikel nach ihrer jetzigen im Text abgedruckten Fassung.)

§. 2. Die Landesgesetze, welche zur Errichtung von Kommanditgesellschaften auf Aktien oder Aktiengesellschaften die staatliche Genehmigung vorschreiben oder eine staatliche Beaufsichtigung dieser Gesellschaft anordnen, werden aufgehoben.

Auch treten für die bereits bestehenden Kommanditgesellschaften auf Aktien und Aktiengesellschaften diejenigen Bestimmungen der Gesellschaftsverträge außer Kraft, welche die staatliche Genehmigung und Beaufsichtigung betreffen.

§. 3. Die landesgesetzlichen Vorschriften, nach welchen der Gegenstand des Unternehmens der staatlichen Genehmigung bedarf, und das Unternehmen der staatlichen Beaufsichtigung unterliegt, werden durch den §. 2. nicht berührt. Dasselbe gilt für die bereits bestehenden Kommanditgesellschaften auf Aktien und Aktiengesellschaften von denjenigen Bestimmungen der Gesellschaftsverträge, welche sich auf die staatliche Genehmigung und Beaufsichtigung wegen des Gegenstandes des Unternehmens beziehen oder in Verbindung mit besonderen der Gesellschaft bewilligten Privilegien stehen.

§. 4. Für diejenigen bereits bestehenden Kommanditgesellschaften auf Aktien und Aktiengesellschaften, welche nach den bisherigen Vorschriften in das Handelsregister nicht einzutragen waren, gelten folgende Uebergangsbestimmungen:

1) Auf die bezeichneten Gesellschaften finden die Vorschriften des Allgemeinen Deutschen Handelsgesetzbuches, welche die Eintragung in das Handelsregister und die bei dem Handelsgericht zu bewirkende Zeichnung der Firmen und Unterschriften oder die Einreichung der Zeichnungen betreffen, gleichfalls Anwendung.

   Die Anmeldungen zur Eintragung in das Handelsregister und die Zeichnung der Firmen und Unterschriften oder die Einreichung der Zeichnungen sind binnen drei Monaten, von dem Tage an gerechnet, an welchem dieses Gesetz in Geltung tritt, zu bewirken. Nach Ablauf dieser Frist sind die Betheiligten zur Befolgung der betreffenden Vorschriften durch Ordnungsstrafen anzuhalten.

2) Ist die Anmeldung einer Gesellschaft zur Eintragung in das Handelsregister binnen der dreimonatlichen Frist bewirkt, so bleibt die Anwendung der Bestimmungen der Artikel 17. 18. 20. 21. Absatz 2. 168. des Allgemeinen Deutschen Handelsgesetzbuches ausgeschlossen.

3) Eine gültig errichtete Gesellschaft ist in das Handelsregister einzutragen, auch wenn die Voraussetzungen nicht vorhanden sind, welche nach

diesem Gesetze für die Errichtung der Gesellschaft erforderlich sein würden.

4) Sind die persönlich haftenden Gesellschafter einer Kommanditgesellschaft auf Aktien, oder ist der Vorstand einer Aktiengesellschaft in der Befugniß, die Gesellschaft zu vertreten, beschränkt, so finden die Bestimmungen des Artikels 116. und des Artikels 231. des Allgemeinen Deutschen Handelsgesetzbuches bis zum Ablauf von drei Monaten, von dem Tage an gerechnet, an welchem dieses Gesetz in Geltung tritt, keine Anwendung. Auch bleibt die Anwendung dieser Vorschriften noch während eines Zeitraumes von fünf Jahren, von jenem Tage an gerechnet, ausgeschlossen, wenn die Beschränkung innerhalb der unter Ziffer 1. bezeichneten dreimonatlichen Frist zur Eintragung in das Handelsregister angemeldet ist.

§. 5. Die Bestimmungen des Artikels 199. des Allgemeinen Deutschen Handelsgesetzbuches nach der durch dieses Gesetz festgesetzten neuen Fassung finden auch auf diejenigen zur Zeit der Geltung des Artikels 199. in der früheren Fassung errichteten Kommanditgesellschaften auf Aktien Anwendung, bei welchen in dem Gesellschaftsvertrage oder in einem denselben abändernden Vertrage bestimmt ist, daß das Austreten eines oder mehrerer persönlich haftender Gesellschafter die Auflösung der Gesellschaft nicht zur Folge habe.

Urkundlich unter Unserer Höchsteigenhändigen Unterschrift und beigedrucktem Bundes-Insiegel.

Gegeben Berlin, den 11. Juni 1870.

(L. S.) **Wilhelm.**

Gr. v. Bismarck-Schönhausen.

III.

Gesetz, betreffend die Verbindlichkeit zum Schadenersatz für die bei dem Betriebe von Eisenbahnen, Bergwerken ꝛc. herbeigeführten Tödtungen und Körperverletzungen.

Vom 7. Juni 1871.

(R.G.Bl. S. 207—299.)

Wir **Wilhelm**, von Gottes Gnaden Deutscher Kaiser, König von Preußen ꝛc.

verordnen im Namen des Deutschen Reichs, nach erfolgter Zustimmung des Bundesrathes und des Reichstages, was folgt:

§. 1. Wenn bei dem Betriebe einer Eisenbahn ein Mensch getödtet oder körperlich verletzt wird, so haftet der Betriebs-Unternehmer für den dadurch entstandenen Schaden, sofern er nicht beweist, daß der Unfall durch höhere Gewalt oder durch eigenes Verschulden des Getödteten oder Verletzten verursacht ist.

§. 2. Wer ein Bergwerk, einen Steinbruch, eine Gräberei (Grube) oder eine Fabrik betreibt, haftet, wenn ein Bevollmächtigter oder ein Repräsentant oder eine zur Leitung oder Beaufsichtigung des Betriebes oder der Arbeiter angenommene Person durch ein Verschulden in Ausführung der Dienstverrichtungen den Tod oder die Körperverletzung eines Menschen herbeigeführt hat, für den dadurch entstandenen Schaden.

§. 3. Der Schadenersatz (§§. 1. und 2.) ist zu leisten:

1) im Falle der Tödtung durch Ersatz der Kosten einer versuchten Heilung und der Beerdigung, sowie des Vermögensnachtheils, welchen der Getödtete während der Krankheit durch Erwerbsunfähigkeit oder Verminderung der Erwerbsfähigkeit erlitten hat. War der Getödtete zur Zeit seines Todes vermöge Gesetzes verpflichtet, einem Andern Unterhalt zu gewähren, so kann dieser insoweit Ersatz fordern, als ihm in Folge des Todesfalles der Unterhalt entzogen worden ist;

2) im Fall einer Körperverletzung durch Ersatz der Heilungskosten und des Vermögensnachtheils, welchen der Verletzte durch eine in Folge der Verletzung eingetretene zeitweise oder dauernde Erwerbsunfähigkeit oder Verminderung der Erwerbsfähigkeit erleidet.

§. 4. War der Getödtete oder Verletzte unter Mitleistung von Prämien oder anderen Beiträgen durch den Betriebs-Unternehmer bei einer Versicherungsanstalt, Knappschafts-, Unterstützungs-, Kranken- oder ähnlichen Kasse gegen den Unfall versichert, so ist die Leistung der Letzteren an den Ersatzberechtigten auf die

Entschädigung einzurechnen, wenn die Mitleistung des Betriebs-Unternehmers nicht unter einem Drittel der Gesammtleistung beträgt.

§. 5. Die in den §§. 1. und 2. bezeichneten Unternehmer sind nicht befugt, die Anwendung der in den §§. 1. bis 3. enthaltenen Bestimmungen zu ihrem Vortheil durch Verträge (mittelst Reglements oder durch besondere Uebereinkunft) im Voraus auszuschließen oder zu beschränken.

Vertragsbestimmungen, welche dieser Vorschrift entgegenstehen, haben keine rechtliche Wirkung.

§. 6 (aufgehoben*).

§. 7. Das Gericht hat unter Würdigung aller Umstände über die Höhe des Schadens, sowie darüber, ob, in welcher Art und in welcher Höhe Sicherheit zu bestellen ist, nach freiem Ermessen zu erkennen. Als Ersatz für den zukünftigen Unterhalt oder Erwerb ist, wenn nicht beide Theile über die Abfindung in Kapital einverstanden sind, in der Regel eine Rente zuzubilligen.

Der Verpflichtete kann jederzeit die Aufhebung oder Minderung der Rente fordern, wenn diejenigen Verhältnisse, welche die Zuerkennung oder Höhe der Rente bedingt hatten, inzwischen wesentlich verändert sind. Ebenso kann der Verletzte, dafern er den Anspruch auf Schadenersatz innerhalb der Verjährungsfrist (§. 8.) geltend gemacht hat, jederzeit die Erhöhung oder Wieder-

*) Der §. 6 ist durch §. 13 des Einf.Ges. zur Civ.Pr.Ordn. v. 30. Jan. 1877 aufgehoben.

gewährung der Rente fordern, wenn die Verhältnisse, welche für die Feststellung, Minderung oder Aufhebung der Rente maßgebend waren, wesentlich verändert sind.

Der Berechtigte kann auch nachträglich die Bestellung einer Sicherheit oder Erhöhung derselben fordern, wenn die Vermögensverhältnisse des Verpflichteten inzwischen sich verschlechtert haben.

§. 8. Die Forderungen auf Schadenersatz (§§. 1. bis 3.) verjähren in zwei Jahren vom Tage des Unfalls an. Gegen denjenigen, welchem der Getödtete Unterhalt zu gewähren hatte (§. 3. Nr. 1.), beginnt die Verjährung mit dem Todestage. Die Verjährung läuft auch gegen Minderjährige und diesen gleichgestellte Personen von denselben Zeitpunkten an, mit Ausschluß der Wiedereinsetzung.

§. 9. Die Bestimmungen der Landesgesetze, nach welchen außer den in diesem Gesetz vorgesehenen Fällen der Unternehmer einer in den §§. 1. und 2. bezeichneten Anlage oder eine andere Person, insbesondere wegen eines eigenen Verschuldens für den bei dem Betriebe der Anlage durch Tödtung oder Körperverletzung eines Menschen entstandenen Schaden haftet, bleiben unberührt.

Die Vorschriften der §§. 3. 4. 6. bis 8. finden auch in diesen Fällen Anwendung, jedoch unbeschadet derjenigen Bestimmungen der Landesgesetze, welche dem Beschädigten einen höheren Ersatzanspruch gewähren.

§. 10 (ist nicht mehr in Geltung*).

---

*) Der §. 10 bezog sich auf die Zuständigkeit des R.O.H.G.

Urkundlich unter Unserer Höchsteigenhändigen Unterschrift und beigedrucktem Kaiserlichen Insiegel.

Gegeben Berlin, den 7. Juni 1871.

(L. S.) **Wilhelm.**

Fürst v. Bismarck.

IV.

Gesetz, betreffend die Inhaberpapiere mit Prämien.

Vom 8. Juni 1871.

(R.G.Bl. S. 210 und 211.)

Ausgegeben zu Berlin, den 14. Juni 1871.

Wir **Wilhelm**, von Gottes Gnaden Deutscher Kaiser, König von Preußen ꝛc.

verordnen im Namen des Deutschen Reichs, nach erfolgter Zustimmung des Bundesrathes und des Reichstages, was folgt:

§. 1. Auf den Inhaber lautende Schuldverschreibungen, in welchen allen Gläubigern oder einem Theile derselben außer der Zahlung der verschriebenen Geldsumme eine Prämie dergestalt zugesichert wird, daß durch Auslosung oder durch eine andere auf den Zufall gestellte Art der Ermittelung die zu prämiirenden Schuldverschreibungen und die Höhe der ihnen zufallenden Prämie bestimmt werden sollen (Inhaberpapiere mit Prämien), dürfen innerhalb des Deutschen Reichs nur auf Grund eines Reichsgesetzes und nur zum Zwecke der Anleihe eines Bundesstaats oder des Reichs ausgegeben werden.

§. 2. Inhaberpapiere mit Prämien, welche nach Verkündigung des gegenwärtigen Gesetzes, der Bestimmung im §. 1 zuwider, im Inlande ausgegeben sein möchten, imgleichen Inhaberpapiere mit Prämien, welche nach dem 30. April 1871. im Auslande ausgegeben sind, dürfen weder weiter begeben, noch an den Börsen, noch an anderen zum Verkehr mit Werthpapieren bestimmten Versammlungsorten zum Gegenstande eines Geschäfts oder einer Geschäftsvermittelung gemacht werden.

§. 3. Dasselbe gilt vom 15. Juli 1871. ab von ausländischen Inhaberpapieren mit Prämien, deren Ausgabe vor dem 1. Mai 1871. erfolgt ist, sofern dieselben nicht abgestempelt sind (§§. 4. 5.).

§. 4. Die Schuldverschreibungen, deren Abstempelung erfolgen soll, müssen spätestens am 15. Juli 1871. zu diesem Zwecke eingereicht werden.

Für die Abstempelung ist eine Gebühr zu entrichten, welche für eine Schuldverschreibung, deren Nominalbetrag den Werth von Einhundert Thalern nicht übersteigt . . . . 5 Sgr. oder $17\frac{1}{2}$ Kr. S.W.,
für eine Schuldverschreibung,
deren Nominalbetrag den Werth von Einhundert Thalern übersteigt . . . . . 10 = = 35 = = =
beträgt.

Der Ertrag dieser Abstempelungsgebühr fließt zur Reichskasse.

§. 5. Der Bundesrath wird die zur Ausführung dieses Gesetzes erforderliche Instruktion erlassen und in derselben festsetzen, unter welchen Umständen ein gutgläubiger Inhaber, der aus entschuldbaren Gründen die Einreichungsfrist versäumt hat, noch nachträglich Abstempelung seiner Schuldverschreibungen erlangen kann. Der Bundesrath wird ferner zur Berechnung der Stempel-Abgabe den Thalerwerth der fremden Valuten feststellen, auch die Behörden bestimmen, bei welchen die Einreichung zur Abstempelung (§. 4.) zu erfolgen hat.

§. 6. Wer den Bestimmungen der §§. 1. 2. oder 3. zuwiderhandelt, verfällt in eine Geldstrafe, welche dem fünften Theile des Nennwerthes der den Gegenstand der Zuwiderhandlung bildenden Papiere gleichkommt, mindestens aber Einhundert Thaler betragen soll.

Mit Geldstrafe bis zu Einhundert Thalern oder Gefängniß bis zu drei Monaten wird bestraft, wer ein im §. 2. oder §. 3. bezeichnetes Inhaberpapier mit Prämie öffentlich ankündigt, ausbietet oder empfiehlt, oder zur Feststellung eines Kurswerthes notirt.

Urkundlich unter Unserer Höchsteigenhändigen Unterschrift und beigedrucktem Kaiserlichen Insiegel.

Gegeben Berlin, den 8. Juni 1871.

(L. S.) **Wilhelm.**

Fürst v. Bismarck.

V.

Gesetz über Markenschutz.

Vom 30. November 1874.

(R.G.Bl. S. 143.)

Wir **Wilhelm**, von Gottes Gnaden Deutscher Kaiser, König von Preußen &c.

verordnen im Namen des Deutschen Reichs, nach erfolgter Zustimmung des Bundesraths und des Reichstags, was folgt:

§. 1. Gewerbetreibende, deren Firma im Handelsregister eingetragen ist, können Zeichen, welche zur Unterscheidung ihrer Waaren von den Waaren anderer Gewerbetreibenden auf den Waaren selbst oder auf deren Verpackung angebracht werden sollen, zur Eintragung in das Handelsregister des Ortes ihrer Hauptniederlassung bei dem zuständigen Gerichte anmelden.

§. 2. Der Anmeldung muß eine deutliche Darstellung des Waarenzeichens (§. 1) nebst einem Verzeichniß der Waarengattungen, für welche das Zeichen bestimmt ist, mit der Unterschrift der Firma versehen, beigefügt sein.

§. 3. Die Eintragung von Waarenzeichen, deren Benutzung für den Anmeldenden landesgesetzlich geschützt ist, ferner von solchen Zeichen, welche bis zum Beginn des Jahres 1875 im Verkehr allgemein als Kennzeichen der Waaren eines bestimmten Gewerbetreibenden gegolten haben, darf nicht versagt werden.

Im Uebrigen ist die Eintragung zu versagen, wenn

die Zeichen ausschließlich in Zahlen, Buchstaben oder Worten bestehen, oder wenn sie öffentliche Wappen oder Aergerniß erregende Darstellungen enthalten.

§. 4. Die Eintragung erfolgt unter der Firma des Anmeldenden. Die Zeit der Anmeldung ist dabei zu vermerken. Gelangt ein bereits eingetragenes Waarenzeichen aus Anlaß der Verlegung der Hauptniederlassung wiederholt zur Eintragung, so ist dabei die Zeit der ersten Anmeldung zu vermerken.

§. 5. Auf Antrag des Inhabers der Firma wird das eingetragene Waarenzeichen gelöscht.

Von Amtswegen erfolgt die Löschung:

1) wenn die Firma im Handelsregister gelöscht wird;
2) wenn eine Aenderung der Firma und nicht zugleich die Beibehaltung des Zeichens angemeldet wird;
3) wenn seit der Eintragung des Zeichens, ohne daß dessen weitere Beibehaltung angemeldet worden, oder seit einer solchen Anmeldung, ohne daß dieselbe wiederholt worden, zehn Jahre verflossen sind;
4) wenn das Zeichen nach §. 3 nicht hätte eingetragen werden dürfen.

§. 6. Die erste Eintragung und die Löschung eines Zeichens wird im „Deutschen Reichs-Anzeiger" bekannt gemacht.

Die Kosten der Bekanntmachung der Eintragung hat der Inhaber der Firma zu tragen.

§. 7. Für die erste Eintragung eines Zeichens,

welches landesgesetzlich nicht geschützt ist, wird eine Gebühr von fünfzig Mark entrichtet.

Von der Entrichtung einer Gebühr für die Eintragung solcher Zeichen, welche bis zum Beginn des Jahres 1875 im Verkehr allgemein als Kennzeichen der Waaren eines bestimmten Gewerbetreibenden gegolten haben, können die Landesregierungen entbinden.

Andere Eintragungen und Löschungen geschehen unentgeltlich.

§. 8. Das Recht, Waaren oder deren Verpackung mit einem für diese Waaren zum Handelsregister angemeldeten Zeichen zu versehen oder auf solche Art bezeichnete Waaren in Verkehr zu bringen, steht dem Inhaber derjenigen Firma, für welche zuerst die Anmeldung bewirkt ist, ausschließlich zu.

§ 9. Auf Waarenzeichen, welche landesgesetzlich geschützt sind, ferner auf solche Zeichen, welche bis zum Beginn des Jahres 1875 im Verkehr allgemein als Kennzeichen der Waaren eines bestimmten Gewerbetreibenden gegolten haben, kann durch die Anmeldung außer den gesetzlich geschützten oder im Verkehr allgemein anerkannten Inhabern niemand ein Recht erwerben, sofern diese vor dem 1. Oktober 1875 die Anmeldung bewirken.

§. **10.** Durch die Anmeldung eines Waarenzeichens, welches Buchstaben oder Worte enthält, wird niemand gehindert, seinen Namen oder seine Firma, sei es auch in abgekürzter Gestalt, zur Kennzeichnung seiner Waaren zu gebrauchen.

Auf Waarenzeichen, welche bisher im freien Gebrauche aller oder gewisser Klassen von Gewerbetreibenden sich befunden haben, oder deren Eintragung nicht zulässig ist, kann durch Anmeldung niemand ein Recht erwerben.

§. 11. Der Inhaber einer Firma, für welche ein Waarenzeichen eingetragen ist, hat dasselbe auf Verlangen desjenigen, welcher ihn von der Benutzung des Zeichens auszuschließen berechtigt ist, oder sofern das Waarenzeichen zu den im §. 10 Absatz 2 erwähnten gehört, auf Verlangen eines Betheiligten löschen zu lassen.

§. 12. Das durch die Anmeldung eines Waarenzeichens erlangte Recht erlischt:

1) mit der Zurücknahme der Anmeldung, oder mit dem Antrage auf Löschung seitens des Inhabers der berechtigten Firma;
2) mit dem Eintritte eines der im §. 5 Nr. 1 bis 3 bezeichneten Fälle.

§. 13. Jeder inländische Produzent oder Handeltreibende kann gegen denjenigen, welcher Waaren oder dereren Verpackung mit einem für den Ersteren nach Maßgabe dieses Gesetzes zu schützenden Waarenzeichen oder mit dem Namen oder der Firma des Ersteren widerrechtlich bezeichnet, im Wege der Klage beantragen, daß derselbe für nicht berechtigt erklärt werde, diese Bezeichnung zu gebrauchen.

Desgleichen kann der Produzent oder Handeltreibende gegen denjenigen, welcher dergleichen widerrechtlich bezeichnete Waaren in Verkehr bringt oder feilhält, im

Wege der Klage beantragen, daß derselbe für nicht berechtigt erklärt werde, so bezeichnete Waaren in Verkehr zu bringen oder feil zu halten.

§. 14. Wer Waaren oder deren Verpackung wissentlich mit einem nach Maßgabe dieses Gesetzes zu schützenden Waarenzeichen, oder mit dem Namen oder der Firma eines inländischen Produzenten oder Handeltreibenden widerrechtlich bezeichnet, oder wissentlich dergleichen widerrechtlich bezeichnete Waaren in Verkehr bringt oder feilhält, wird mit Geldstrafe von einhundertfünfzig bis dreitausend Mark oder mit Gefängniß bis zu sechs Monaten bestraft und ist dem Verletzten zur Entschädigung verpflichtet.

Die Strafverfolgung tritt nur auf Antrag ein.

§. 15. Statt jeder aus diesem Gesetze entspringenden Entschädigung kann auf Verlangen des Beschädigten neben der Strafe auf eine an ihn zu erlegende Buße bis zum Betrage von fünftausend Mark erkannt werden. Für diese Buße haften die zu derselben Verurtheilten als Gesammtschuldner.

Eine erkannte Buße schließt die Geltendmachung eines weiteren Entschädigungsanspruchs aus.

§. 16. Darüber, ob ein Schaden entstanden ist, und wie hoch sich derselbe beläuft, entscheidet das Gericht unter Würdigung aller Umstände nach freier Ueberzeugung.

§. 17. Erfolgt eine Verurtheilung auf Grund des §. 14, so ist auf Antrag des Verletzten bezüglich der im Besitze des Verurtheilten befindlichen Waaren auf Vernichtung der Zeichen auf der Verpackung oder den Waaren, oder, wenn die Beseitigung der Zeichen in anderer Weise nicht möglich ist, auf Vernichtung der Verpackung oder der Waaren selbst zu erkennen.

Erfolgt die Verurtheilung im Strafverfahren, so ist dem Verletzten die Befugniß zuzusprechen, die Verurtheilung auf Kosten des Verurtheilten öffentlich bekannt zu machen. Die Art der Bekanntmachung, sowie die Frist zu derselben ist in dem Urtheil zu bestimmen.

§. 18. Der dem Inhaber eines Waarenzeichens, eines Namens oder einer Firma nach Inhalt dieses Gesetzes gewährte Schutz wird dadurch nicht ausgeschlossen, daß das Waarenzeichen, der Name oder die Firma mit Abänderungen wiedergegeben sind, welche nur durch Anwendung besonderer Aufmerksamkeit wahrgenommen werden können.

§. 19. Bürgerliche Rechtsstreitigkeiten, in welchen durch die Klage ein Anspruch auf Grund dieses Gesetzes erhoben wird, gelten im Sinne der Reichs- und Landesgesetze als Handelssachen.

§. 20. Auf Waarenzeichen von Gewerbetreibenden, welche im Inlande eine Handelsniederlassung nicht besitzen, sowie auf die Namen oder die Firmen ausländischer Produzenten oder Handeltreibenden finden, wenn in dem Staate, wo ihre Niederlassung sich befindet, nach einer in dem Reichs-Gesetzblatt enthaltenen Bekanntmachung deutsche Waarenzeichen, Namen und Firmen einen Schutz genießen, die Bestimmungen dieses Gesetzes Anwendung, jedoch in Ansehung der Waarenzeichen (§. 1) mit folgenden Maßgaben:

1) die Anmeldung eines Waarenzeichens hat bei dem Handelsgerichte in Leipzig mit der Erklärung zu erfolgen, daß sich der Anmeldende für Klagen auf Grund dieses Gesetzes der Gerichtsbarkeit des genannten Gerichts unterwirft;
2) mit der Anmeldung ist der Nachweis zu verbinden, daß in dem fremden Staate die Voraussetzungen erfüllt sind, unter welchen der Anmeldende dort einen Schutz für das Zeichen beanspruchen kann;
3) die Anmeldung begründet ein Recht auf das Zeichen nur insofern und auf so lange, als in dem fremden Staate der Anmeldende in der Benutzung des Zeichens geschützt ist.

§. 21. Dieses Gesetz tritt mit dem 1. Mai 1875 in Kraft.

Auf Waarenzeichen, welche bis zu diesem Tage landesgesetzlich geschützt waren, finden jedoch die landesgesetzlichen Bestimmungen noch bis dahin, daß die Anmeldung nach Maßgabe gegenwärtigen Gesetzes erfolgt ist, längstens bis zum 1. Oktober 1875 Anwendung.

Urkundlich unter Unserer Höchsteigenhändigen Unterschrift und beigedrucktem Kaiserlichen Insiegel.

Gegeben Berlin, den 30. November 1874.

(L. S.) **Wilhelm.**

Fürst v. Bismarck.

VI.

Gesetz, betreffend den Verkehr mit Nahrungsmitteln, Genußmitteln und Gebrauchsgegenständen.

Vom 14. Mai 1879.

(R.G.Bl. S. 145; ausgeg. den 22. Mai 1879.)

§. 1. Der Verkehr mit Nahrungs- und Genußmitteln, sowie mit Spielwaaren, Tapeten, Farben, Eß-, Trink- und Kochgeschirr und mit Petroleum unterliegt der Beaufsichtigung nach Maßgabe dieses Gesetzes.

§. 2. Die Beamten der Polizei sind befugt, in die Räumlichkeiten, in welchen Gegenstände der in §. 1 bezeichneten Art feilgehalten werden, während der üblichen Geschäftsstunden oder während die Räumlichkeiten dem Verkehr geöffnet sind, einzutreten.

Sie sind befugt, von den Gegenständen der in §. 1 bezeichneten Art, welche in den angegebenen Räumlichkeiten sich befinden, oder welche an öffentlichen Orten, auf Märkten, Plätzen, Straßen oder im Umherziehen verkauft oder feilgehalten werden, nach ihrer Wahl Proben zum Zwecke der Untersuchung gegen Empfangsbescheinigung zu entnehmen. Auf Verlangen ist dem Besitzer ein Theil der Probe amtlich verschlossen oder versiegelt zurückzulassen. Für die entnommene Probe ist Entschädigung in Höhe des üblichen Kaufpreises zu leisten.

§. 3. Die Beamten der Polizei sind befugt, bei Personen, welche auf Grund der §§. 10, 12, 13 dieses Gesetzes zu einer Freiheitsstrafe verurtheilt sind, in den

Räumlichkeiten, in welchen Gegenstände der in §. 1 bezeichneten Art feilgehalten werden, oder welche zur Aufbewahrung oder Herstellung solcher zum Verkaufe bestimmter Gegenstände dienen, während der in §. 2 angegebenen Zeit Revisionen vorzunehmen.

Diese Befugniß beginnt mit der Rechtskraft des Urtheils und erlischt mit dem Ablauf von drei Jahren von dem Tage an gerechnet, an welchem die Freiheitsstrafe verbüßt, verjährt oder erlassen ist.

§. 4. Die Zuständigkeit der Behörden und Beamten zu den in §§. 2 und 3 bezeichneten Maßnahmen richtet sich nach den einschlägigen landesrechtlichen Bestimmungen.

Landesrechtliche Bestimmungen, welche der Polizei weitergehende Befugnisse als die in §§. 2 und 3 bezeichneten geben, bleiben unberührt.

§. 5. Für das Reich können durch Kaiserliche Verordnung mit Zustimmung des Bundesraths zum Schutze der Gesundheit Vorschriften erlassen werden, welche verbieten:

1. bestimmte Arten der Herstellung, Aufbewahrung und Verpackung von Nahrungs- und Genußmitteln, die zum Verkaufe bestimmt sind;
2. das gewerbsmäßige Verkaufen und Feilhalten von Nahrungs- und Genußmitteln von einer bestimmten Beschaffenheit oder unter einer der wirklichen Beschaffenheit nicht entsprechenden Bezeichnung;
3. das Verkaufen und Feilhalten von Thieren,

welche an bestimmten Krankheiten leiden, zum Zwecke des Schlachtens, sowie das Verkaufen und Feilhalten des Fleisches von Thieren, welche mit bestimmten Krankheiten behaftet waren;

4. die Verwendung bestimmter Stoffe und Farben zur Herstellung von Bekleidungsgegenständen, Spielwaaren, Tapeten, Eß-, Trink- und Kochgeschirr, sowie das gewerbsmäßige Verkaufen und Feilhalten von Gegenständen, welche diesem Verbote zuwider hergestellt sind;

5. das gewerbsmäßige Verkaufen und Feilhalten von Petroleum von einer bestimmten Beschaffenheit.

§. 6. Für das Reich kann durch Kaiserliche Verordnung mit Zustimmung des Bundesraths das gewerbsmäßige Herstellen, Verkaufen und Feilhalten von Gegenständen, welche zur Fälschung von Nahrungs- oder Genußmitteln bestimmt sind, verboten oder beschränkt werden.

§. 7. Die auf Grund der §§. 5, 6 erlassenen Kaiserlichen Verordnungen sind dem Reichstag, sofern er versammelt ist, sofort, anderenfalls bei dessen nächstem Zusammentreffen vorzulegen. Dieselben sind außer Kraft zu setzen, soweit der Reichstag dies verlangt.

§. 8. Wer den auf Grund der §§. 5, 6 erlassenen Verordnungen zuwiderhandelt, wird mit Geldstrafe bis zu einhundertfünfzig Mark oder mit Haft bestraft.

Landesrechtliche Vorschriften dürfen eine höhere Strafe nicht androhen.

§. 9. Wer den Vorschriften der §§. 2 bis 4 zuwider den Eintritt in die Räumlichkeiten, die Entnahme einer Probe oder die Revision verweigert, wird mit Geldstrafe von fünfzig bis zu einhundertfünfzig Mark oder mit Haft bestraft.

§. 10. Mit Gefängniß bis zu sechs Monaten und mit Geldstrafe bis zu eintausendfünfhundert Mark oder mit einer dieser Strafen wird bestraft:

1. wer zum Zwecke der Täuschung im Handel und Verkehr Nahrungs- oder Genußmittel nachmacht oder verfälscht;
2. wer wissentlich Nahrungs- oder Genußmittel, welche verdorben oder nachgemacht oder verfälscht sind, unter Verschweigung dieses Umstandes verkauft oder unter einer zur Täuschung geeigneten Bezeichnung feilhält.

§. 11. Ist die im §. 10 Nr. 2 bezeichnete Handlung aus Fahrlässigkeit begangen worden, so tritt Geldstrafe bis zu einhundertfünfzig Mark oder Haft ein.

§. 12. Mit Gefängniß, neben welchem auf Verlust der bürgerlichen Ehrenrechte erkannt werden kann, wird bestraft:

1. wer vorsätzlich Gegenstände, welche bestimmt sind, Anderen als Nahrungs- oder Genußmittel zu dienen, derart herstellt, daß der Genuß derselben die menschliche Gesundheit zu beschädigen geeignet ist, ingleichen wer wissentlich Gegenstände, deren Genuß die menschliche Gesundheit zu beschädigen geeignet ist, als Nahrungs- oder

Genußmittel verkauft, feilhält oder sonst in Verkehr bringt;

2. wer vorsätzlich Bekleidungsgegenstände, Spielwaaren, Tapeten, Eß-, Trink- oder Kochgeschirr oder Petroleum derart herstellt, daß der bestimmungsgemäße oder vorauszusehende Gebrauch dieser Gegenstände die menschliche Gesundheit zu beschädigen geeignet ist, ingleichen wer wissentlich solche Gegenstände verkauft, feilhält oder sonst in Verkehr bringt.

Der Versuch ist strafbar.

Ist durch die Handlung eine schwere Körperverletzung oder der Tod eines Menschen verursacht worden, so tritt Zuchthausstrafe bis zu fünf Jahren ein.

§. 13. War in den Fällen des §. 12 der Genuß oder Gebrauch des Gegenstandes die menschliche Gesundheit zu zerstören geeignet und war diese Eigenschaft dem Thäter bekannt, so tritt Zuchthausstrafe bis zu zehn Jahren, und wenn durch die Handlung der Tod eines Menschen verursacht worden ist, Zuchthausstrafe nicht unter zehn Jahren oder lebenslängliche Zuchthausstrafe ein.

Neben der Strafe kann auf Zulässigkeit von Polizeiaufsicht erkannt werden.

§. 14. Ist eine der in den §§. 12, 13 bezeichneten Handlungen aus Fährlässigkeit begangen worden, so ist auf Geldstrafe bis zu eintausend Mark oder Gefängnißstrafe bis zu sechs Monaten und, wenn durch die Handlung ein Schaden an der Gesundheit eines Menschen verursacht worden ist, auf Gefängnißstrafe bis zu einem Jahre, wenn aber der Tod eines Menschen verursacht worden ist, auf Gefängnißstrafe von einem Monat bis zu drei Jahren zu erkennen.

§. 15. In den Fällen der §§. 12 bis 14 ist neben der Strafe auf Einziehung der Gegenstände zu erkennen, welche den bezeichneten Vorschriften zuwider hergestellt, verkauft, feilgehalten oder sonst in Verkehr gebracht sind, ohne Unterschied, ob sie dem Verurtheilten gehören oder nicht; in den Fällen der §§. 8, 10, 11 kann auf die Einziehung erkannt werden.

Ist in den Fällen der §§. 12 bis 14 die Verfolgung oder die Verurtheilung einer bestimmten Person nicht ausführbar, so kann auf die Einziehung selbständig erkannt werden.

§. 16. In dem Urtheil oder dem Strafbefehl kann angeordnet werden, daß die Verurtheilung auf Kosten des Schuldigen öffentlich bekannt zu machen sei.

Auf Antrag des freigesprochenen Angeschuldigten hat das Gericht die öffentliche Bekanntmachung der Freisprechung anzuordnen; die Staatskasse trägt die Kosten, insofern dieselben nicht dem Anzeigenden auferlegt worden sind.

In der Anordnung ist die Art der Bekanntmachung zu bestimmen.

§. 17. Besteht für den Ort der That eine öffentliche Anstalt zur technischen Untersuchung von Nahrungs- und Genußmitteln, so fallen die auf Grund dieses Gesetzes auferlegten Geldstrafen, soweit dieselben dem Staate zustehen, der Kasse zu, welche die Kosten der Unterhaltung der Anstalt trägt.

Urkundlich ꝛc.

Gegeben Berlin, den 14. Mai 1879.

VII.

Gesetz, betreffend die Erhebung von Reichsstempelabgaben.

Vom 1. Juli 1881.

(R.G.Bl. S. 185.)

Wir **Wilhelm**, von Gottes Gnaden Deutscher Kaiser, König von Preußen ꝛc.

verordnen im Namen des Reichs, nach erfolgter Zustimmung des Bundesraths und des Reichstags, was folgt:

§. 1. Die in dem anliegenden Tarif bezeichneten Urkunden unterliegen den daselbst bezeichneten Stempelabgaben nach Maßgabe der nachstehenden Bestimmungen.

I. Aktien, Renten- und Schuldverschreibungen.

(Tarifnummer 1 bis 3.)

§. 2. Die Verpflichtung zur Entrichtung der unter Tarifnummer 1 bis 3 bezeichneten Stempelabgabe wird erfüllt durch Zahlung des Abgabebetrages an eine zuständige Steuerstelle, welche auf dem vorzulegenden

Werthpapiere Reichsstempelmarken zum entsprechenden Betrage zu verwenden oder die Aufdrückung des Stempels zu veranlassen hat.

In welchen Fällen und unter welchen Bedingungen der Verpflichtung zur Versteuerung durch rechtzeitige Verwendung von Stempelmarken ohne amtliche Mitwirkung einer Steuerstelle genügt werden kann, bestimmt der Bundesrath.

§. 3. Wer Werthpapiere der unter den Tarifnummern 1 bis 3 bezeichneten Art innerhalb des Bundesgebiets ausgiebt, veräußert, verpfändet, oder ein anderes Geschäft unter Lebenden damit macht oder Zahlung darauf leistet, bevor die Verpflichtung zur Versteuerung erfüllt oder in den in der Befreiung zu Tarifnummer 1 und den unter Tarifnummer 2 lit. cc und 3 lit. b bezeichneten Fällen den Kontrolvorschriften des Bundesraths genügt ist, verfällt in eine Geldstrafe, welche dem fünfundzwanzigfachen Betrage der hinterzogenen Abgabe gleichkommt, mindestens aber 20 Mark für jedes Werthpapier beträgt.

Diese Strafen treffen besonders und zum vollen Betrage jeden, der als Kontrahent oder in anderer Eigenschaft an der Ausgabe, Veräußerung, Verpfändung oder an dem sonstigen Geschäft theilgenommen hat.

Dieselben Personen sind für die Entrichtung der Steuer solidarisch verhaftet.

§. 4. Bevor stempelpflichtige inländische Werthpapiere zur Zeichnung aufgelegt werden, oder zu weiteren Einzahlungen auf solche aufgefordert wird, hat der Emittent hiervon der zuständigen Steuerstelle unter Angabe der Zahl, der Gattung und des Nennwerthes der Stücke oder des Betrages der zu leistenden Einzahlungen nach Maßgabe eines von dem Bundesrath zu bestimmenden Formulars Anzeige zu erstatten.

Wer stempelpflichtige inländische Werthpapiere, welche von einem früheren als dem Zeitpunkte des Inkrafttretens dieses Gesetzes datirt sind, nach dem letzterwähnten Zeitpunkte ausgiebt, hat jedes Stück mit einem Vermerke zu versehen, aus welchem ersichtlich ist, daß die Ausgabe nach dem Inkrafttreten dieses Gesetzes erfolgt ist.

Die Zuwiderhandlung gegen diese Vorschriften zieht Geldstrafe im Betrage von fünfzig bis fünfhundert Mark nach sich.

§. 5. Die der Reichsstempelsteuer unterworfenen Werthpapiere unterliegen in den einzelnen Bundesstaaten keiner weiteren Stempelabgabe (Taxe, Sportel u. s. w.).

Auch ist von der Umschreibung solcher Werthpapiere in den Büchern und Registern der Gesellschaft 2c., sowie von den auf die Werthpapiere selbst gesetzten Uebertragungsvermerken (Indossamenten, Cessionen u. s. w.) eine Abgabe nicht zu entrichten.

Im übrigen, insbesondere hinsichtlich der Urkunden über Eintragungen in dem Hypothekenbuche (Grundbuche), bleiben die landesgesetzlichen Vorschriften unberührt.

II. Schlußnoten und Rechnungen.

(Tarifnummer 4.)

§. 6. Die Verpflichtung zur Entrichtung der unter Nummer 4 des Tarifs bezeichneten Stempelabgaben liegt zunächst dem Aussteller und jedem Unterzeichner des betreffenden Schriftstücks ob und muß von ihm erfüllt werden, bevor er das letztere aus den Händen giebt.

Ist die Versteuerung vom Aussteller und Unterzeichner unterlassen worden, so ist sie von dem Empfänger des Schriftstücks, sowie von jedem weiterhin Betheiligten, welcher das Schriftstück vor erfolgter Versteuerung annimmt, binnen 3 Tagen vom Tage des Empfangs, jedenfalls aber vor der weiteren Aushändigung zu bewirken.

§. 7. Die vorbezeichnete Verpflichtung wird erfüllt:

a) bei Schlußnoten, Schlußzetteln, Schlußscheinen, Schlußbriefen seitens des Ausstellers durch Verwendung vor dem Gebrauche vorschriftsmäßig gestempelter Formulare zum tarifmäßigen Werthbetrage;

b) in allen anderen Fällen entweder durch Gebrauch eines solchen gestempelten Formulars oder durch rechtzeitige Verwendung von Reichsstempelmarken im tarifmäßigen Werthbetrage.

Wird zur Ausstellung eines nach Tarifnummer 4a stempelpflichtigen Schriftstücks, welches mehr als eines der dort aufgeführten Geschäfte betrifft (Anmerkung 2 zu Tarifnummer 4a), ein gestempeltes Formular verwendet, so kann der erforderliche Mehrbetrag der Abgabe durch rechtzeitige Verwendung von Reichsstempelmarken entrichtet werden.

§. 8. Die Nichterfüllung der im §. 6 bezeichneten Verpflichtung wird mit einer Geldstrafe geahndet, welche dem fünfzigfachen Betrage der hinterzogenen Abgabe gleichkommt, mindestens aber zwanzig Mark für jedes stempelpflichtige Schriftstück beträgt.

Diese Strafe trifft besonders und zum vollen Betrag jeden, welcher der ihm obliegenden Verpflichtung zur Entrichtung der Stempelabgabe nicht rechtzeitig genügt.

Die Versteuerung durch einen späteren Inhaber befreit dessen Vordermänner und die Aussteller und Unterzeichner nicht von der gesetzlichen Strafe.

§. 9. Ausgeschlossen von der Reichsstempelabgabe bleiben:

a) gerichtliche oder notarielle Beurkundungen der unter Nummer 4a des Tarifs bezeichneten Geschäfte, sowie die von solchen Urkunden ertheilten Ausfertigungen, beglaubigten Abschriften und Auszüge;

b) Schriftstücke, welche von den Staatsverwaltungen der Bundesstaaten über die unter Nummer 4a des Tarifs bezeichneten Geschäfte aufgenommen oder ausgestellt werden;

c) Verträge über die unter 4a des Tarifs bezeichneten Sachen und Waaren, welche weder zum Gebrauch als gewerbliche Betriebsmaterialien, noch zur Wiederveräußerung in derselben Beschaffenheit oder nach vorgängiger Bearbeitung oder Verarbeitung bestimmt sind;

d) Auktionen und Auktionsprotokolle.

Werden in den unter c und d genannten Fällen von Maklern oder anderen Unterhändlern Schriftstücke ausgestellt, welche unter Nummer 4a des Tarifs fallen, so ist für diese die Reichsstempelsteuer neben den landesgesetzlichen Abgaben zu entrichten.

§. 10. Werden stempelpflichtige Schriftstücke der unter Nummer 4 des Tarifs bezeichneten Art öffentlich beglaubigt, so finden die betreffenden landesgesetzlichen Vorschriften über Stempel und Gebühren für Beglaubigungen neben den Bestimmungen dieses Gesetzes Anwendung.

§. 11. Im übrigen unterliegen die unter Nummer 4 des Tarifs bezeichneten stempelpflichtigen Schriftstücke in den einzelnen Bundesstaaten keiner weiteren Stempelabgabe (Taxe, Sportel u. s. w.).

III. Lotterieloose.

(Tarifnummer 5.)

§. 12. Wer im Bundesgebiete Lotterien und Ausspielungen veranstalten will, hat die Stempelabgabe für die gesammte planmäßige Anzahl der Loose oder Ausweise über Spieleinlagen im voraus zu entrichten.

§. 13. Vor der Entrichtung der Abgabe darf ohne Genehmigung der zuständigen Steuerstelle mit dem Loosabsatze nicht begonnen werden. Die Genehmigung kann von vorgängiger Sicherstellung der Abgabe abhängig gemacht werden.

§. 14. Wer ausländische Loose oder Ausweise über Spieleinlagen in das Bundesgebiet einführt oder daselbst empfängt, hat dieselben, bevor mit dem Vertrieb begonnen wird, spätestens binnen drei Tagen nach dem Tage der Einführung oder des Empfangs der zuständigen Behörde anzumelden und davon die Stempelabgabe zu entrichten.

§. 15. Die Verpflichtung zur Entrichtung der Stempelabgabe wird erfüllt durch Zahlung des Abgabebetrages bei der zuständigen Behörde.

Ob und in welcher Weise eine Verwendung von Stempelzeichen stattzufinden hat, bestimmt der Bundesrath.

§. 16. Die Nichterfüllung der in den §§. 12 bis 14 bezeichneten Verpflichtungen wird mit einer dem fünffachen Betrage der hinterzogenen Abgabe gleichkommenden Geldstrafe geahndet. Dieselbe ist jedoch gegen den Unternehmer inländischer Lotterien oder Ausspielungen, sowie gegen jeden, welcher den Vertrieb ausländischer Loose oder Ausweise über Ausspielungen im Bundesgebiete besorgt, nicht unter dem Betrage von zweihundertundfünfzig Mark festzusetzen.

Ist die Zahl der abgesetzten Loose nicht zu ermitteln, so tritt Geldstrafe von zweihundertundfünfzig bis fünftausend Mark ein.

§. 17. Ein Anspruch auf Rückerstattung des eingezahlten Abgabebetrages ist ausgeschlossen; eine solche kann von der obersten Landesfinanzbehörde nur dann zugestanden werden, wenn eine beabsichtigte Ausspielung erweislich nicht zu Stande gekommen ist.

§. 18. Die §§. 12 bis 17 leiden auf Staatslotterien deutscher Bundesstaaten keine Anwendung.

Die Stempelsteuer für die Loose der letzteren wird durch die Lotterieverwaltung eingezogen und in einer Summe für die Gesammtzahl der von ihr abgesetzten Loose zur Reichskasse abgeführt.

Eine Abstempelung der Loose findet nicht statt.

§. 19. Loose rc. inländischer Unternehmungen, für welche bei dem Inkrafttreten dieses Gesetzes die obrigkeitliche Erlaubniß bereits ertheilt ist, sowie ausländische Loose, welche vor diesem Zeitpunkte in das Bundesgebiet eingeführt, auch binnen drei Tagen nach dem Inkrafttreten dieses Gesetzes bei der zuständigen Behörde angemeldet sind, und die Loose der Staatslotterien, deren Ausgabe auch nur für eine Klasse bereits vor diesem Zeitpunkte begonnen hat, unterliegen der Reichsstempelabgabe nicht.

§. 20. Oeffentliche Ausspielungen, Verloosungen und Lotterien, für welche die Reichsstempelabhgabe zu entrichten ist, unterliegen in den einzelnen Bundesstaaten keiner weiteren Stempelabgabe (Taxe, Sportel u. s. w.).

IV. Allgemeine Bestimmungen.

§. 21. Der Bundesrath erläßt die Anordnungen wegen der Anfertigung und des Vertriebes der nach Maßgabe dieses Gesetzes zu verwendenden Stempelmarken und gestempelten Formulare, sowie die Vorschriften über die Art der Verwendung der Marken. Er stellt die Bedingungen fest, unter welchen für verdorbene Marken und Formulare, sowie für Stempel auf verdorbene Werthpapiere Erstattung zulässig ist.

§. 22. Stempelmarken, welche nicht in der vorgeschriebenen Weise verwendet worden sind, werden als nicht verwendet angesehen.

§. 23. Zuwiderhandlungen gegen die Vorschriften dieses Gesetzes oder gegen die zu dessen Ausführung erlassenen Vorschriften, welche in demselben mit keiner besonderen Strafe belegt sind, ziehen eine Ordnungsstrafe von drei bis dreißig Mark nach sich.

Dieselbe Strafe tritt ein, wenn nachgewiesen wird, daß eine Steuerhinterziehung nicht habe verübt werden können oder nicht beabsichtigt worden sei.

§. 24. Hinsichtlich des administrativen Strafverfahrens wegen der Zuwiderhandlungen gegen dieses Gesetz, der Strafmilderung und des Erlasses der Strafe im Gnadenwege, der Vollstreckung der Strafe sowie der Verjährung der Strafverfolgung finden die Vorschriften in den §§. 17 Satz 1, 18 und 19 des Gesetzes vom 10. Juni 1869, betreffend die Wechselstempelsteuer, sinngemäße Anwendung. Die auf Grund des gegenwärtigen Gesetzes erkannten Geldstrafen fallen dem Fiskus desjenigen Staates zu, von dessen Behörden die Strafentscheidung erlassen ist.

§. 25. Die Verwandlung einer Geldstrafe, zu deren Zahlung der Verpflichtete unvermögend ist, in eine

Freiheitsstrafe findet nicht statt. Auch darf zur Beitreibung von Geldstrafen ohne Zustimmung des Verurtheilten, wenn dieser ein Deutscher ist, kein Grundstück subhastirt werden.

§. 26. Unter den in diesem Gesetze erwähnten Behörden und Beamten sind, soweit das Gesetz nichts anderes bestimmt, die betreffenden Landesbehörden und Landesbeamten verstanden.

Welche dieser Behörden und Beamten die in dem Gesetze als zuständig bezeichneten sind, bestimmen, sofern das Gesetz nichts anderes verfügt, die Landesregierungen.

Den letzteren liegt auch die Kontrole über die betreffenden Behörden und Beamten ob.

§. 27. Die in den einzelnen Bundesstaaten mit der Beaufsichtigung des Stempelwesens beauftragten Behörden und Beamten haben die ihnen obliegenden Verpflichtungen mit den gleichen Befugnissen, wie sie ihnen hinsichtlich der nach den Landesgesetzen zu entrichtenden Stempelabgaben zustehen, auch hinsichtlich der in diesem Gesetze bestimmten Reichsstempelabgaben wahrzunehmen.

Die Landesregierungen bestimmen geeignete Beamte, welche nach näherer Vorschrift des Bundesraths die stempelpflichtigen Schriftstücke der öffentlichen und der von Aktiengesellschaften oder Kommanditgesellschaften auf Aktien betriebenen Bank-, Kredit- oder Versicherungsanstalten, Handels- und gewerblichen Unternehmungen, sowie der zur Erleichterung der Liquidation von Zeitgeschäften bestimmten Anstalten (Liquidationsbüreaus u. s. w.)

periodisch bezüglich der Stempelverwendung zu prüfen haben. Die genannten Anstalten sind verpflichtet, die Einsicht zu gestatten.

So lange von den Landesregierungen zu der in Absatz 2 vorgesehenen Revision nicht geeignete Beamte bestimmt sind, haben die im Artikel 36 Absatz 2 der Reichsverfassung bezeichneten Reichsbeamten die im vorigen Absatz bestimmten Rechte und Pflichten wahrzunehmen.

§. 28. Außerdem haben die Reichsbehörden, die Behörden und Beamten der Bundesstaaten und Kommunen, die von Handelsvorständen eingesetzten Sachverständigen-Kommissionen und Schiedsgerichte, sowie die Notare die Verpflichtung, die Besteuerung der ihnen vorkommenden Urkunden zu prüfen und die zu ihrer Kenntniß gelangenden Zuwiderhandlungen gegen dieses Gesetz bei der zuständigen Behörde zur Anzeige zu bringen.

§. 29. Bezüglich der Vollstreckbarkeit und des Vollstreckungsverfahrens werden die Reichsstempelabgaben den Landesabgaben gleichgeachtet.

§. 30. Die Kassen des Reichs sind von der Entrichtung der durch dieses Gesetz angeordneten Abgaben befreit.

Andere subjektive Befreiungen finden, soweit nicht ausdrücklich Ausnahmen angeordnet sind, nicht statt.

Wegen der Entschädigung für die Aufhebung solcher Befreiungen, welche etwa auf lästigen Privatrechtstiteln beruhen, sowie wegen der Erstattung der von solchen Berechtigten entrichteten Stempelbeträge, kommen die entsprechenden Bestimmungen des Gesetzes, betreffend die Wechselstempelsteuer (§. 26 Absatz 2 bis 4), zur Anwendung.

§. 31. Jedem Bundesstaat wird von der jährlichen Einnahme, welche in seinem Gebiete aus dem Verkauf von Stempelmarken oder gestempelten Blankets oder durch baare Einzahlung von Reichsstempelabgaben erzielt wird, mit Ausnahme der Steuer von Loosen der Staatslotterien, der Betrag von 2 Prozent aus der Reichskasse gewährt.

§. 32. Der Ertrag der Abgaben fließt nach Abzug

1. der auf dem Gesetze oder auf allgemeinen Verwaltungsvorschriften beruhenden Steuererlasse und Steuererstattungen,
2. der nach Vorschrift des §. 31 zu berechnenden Erhebungs- und Verwaltungskosten

in die Reichskasse und ist den einzelnen Bundesstaaten nach dem Maßstabe der Bevölkerung, mit welcher sie zu den Matrikularbeiträgen herangezogen werden, zu überweisen.

§. 33. Dieses Gesetz tritt mit dem 1. Oktober 1881 in Kraft.

Urkundlich unter Unserer Höchsteigenhändigen Unterschrift und beigedrucktem Kaiserlichen Insiegel.

Gegeben Bad Ems, den 1. Juli 1881.

(L. S.) **Wilhelm.**

Fürst v. Bismarck.

Tarif.

Laufende Nr.	Gegenstand der Besteuerung.	Steuersatz: Mark.	Steuersatz vom: Hundert.	Steuersatz vom: Tausend.	Berechnung der Stempelabgabe.
	I. Aktien, Renten- und Schuldverschreibungen.				
1.	a) **Inländische** Aktien und Aktienantheilsscheine, sowie Interimsscheine über Einzahlungen auf diese Werthpapiere, b) **Ausländische** Aktien u. Aktienantheilsscheine, wenn sie innerhalb des Bundesgebiets ausgehändigt, veräußert, verpfändet, oder wenn daselbst andere Geschäfte unter Lebenden damit gemacht oder Zahlungen darauf geleistet werden, — unter der gleichen Voraussetzung auch Interimsscheine über Einzahlun-				

Laufende Nr.	Gegenstand der Besteuerung.	Steuersatz Mark.		vom Hundert.	vom Tausend.	Berechnung der Stempelabgabe.
	gen auf diese Werthpapiere .... Die Abgabe ist von jedem Stück nur einmal zu entrichten.	—	—	—	5	vom Nennwerthe, bei Interimsscheinen vom Betrage der bescheinigten Einzahlungen und zwar in Abstufungen von 50 Pfennig für je 100 Mark oder einen Bruchtheil dieses Betrages. Die für Interimsscheine nachweislich gezahlten Steuerbeträge werden auf die demnächst etwa fällig werdende Steuer für die Aktien ꝛc. angerechnet. Ausländische Werthe werden nach den Vorschriften wegen Erhebung des Wechselstempels umgerechnet.
	Befreit sind: alle vor dem Inkrafttreten dieses Gesetzes ausgegebenen inländischen Aktien und Aktienantheilsscheine, sowie die inländischen Interimsscheine und nach dem Inkrafttreten dieses Gesetzes ausgegebenen Aktien in Ansehung der vor diesem Zeitpunkt geleisteten Einzahlungen, sofern wegen dieser Aktien den vom Bundesrath zu erlassenden Kontrolvorschriften genügt wird.					
	Ausnahme. Werden ausländische Werthpapiere der vor-					

Laufende Nr.	Gegenstand der Besteuerung.	Steuersatz: Mark.	Steuersatz vom Hundert.	Steuersatz vom Tausend.	Berechnung der Stempelabgabe.
	bezeichneten Art, welche vor dem Inkrafttreten dieses Gesetzes ausgegeben sind, innerhalb 90 Tagen nach diesem Zeitpunkt zur Stempelung vorgelegt, so beträgt die Stempelabgabe für jedes Stück 50 Pfennig.				
2.	a) **Inländische**, für den Handelsverkehr bestimmte **Renten- und Schuldverschreibungen** (auch Partialobligationen), sofern sie nicht unter Nr. 3 allen, sowie Interimsscheine über Einzahlungen auf diese Werthpapiere,				
	b) **Renten- u. Schuldverschreibungen ausländischer** Staaten, Korporationen, Aktiengesellschaften oder industrieller Unternehmungen und sonstige für den Handels-				

Laufende Nr.	Gegenstand der Besteuerung.	Steuersatz Mark.	Steuersatz vom Hundert.	Steuersatz vom Tausend.	Berechnung der Stempelabgabe.
	verkehr bestimmte ausländische Renten- und Schuldverschreibungen, wenn sie innerhalb des Bundesgebiets ausgehändigt, veräußert, verpfändet, oder wenn daselbst andere Geschäfte unter Lebenden damit gemacht oder Zahlungen darauf geleistet werden sollen, — unter der gleichen Voraussetzung auch Interimsscheine über Einzahlungen auf diese Werthpapiere	—	—	2	vom Nennwerthe, bei Interimsscheinen vom Betrage der bescheinigten Einzahlungen und zwar in Abstufungen von 20 Pfennig für je 100 Mark oder einen Bruchtheil dieses Betrages.
	Die Abgabe ist von jedem Stück nur einmal zu entrichten.				
	Befreit sind:				
	aa) alle vor dem Inkrafttreten dieses Gesetzes ausgegebenen inländischen Renten- und Schuldverschreibungen				Erfolgt die Ausgabe eines vor dem Inkrafttreten dieses Gesetzes bereits landesgesetzlich gestempelten inländischen Werthpapiers erst nach diesem Zeitpunkt,

Laufende Nr.	Gegenstand der Besteuerung.	Steuersatz Mark.	vom Hundert.	vom Tausend.	Berechnung der Stempelabgabe.
	der oben bezeichneten Art, sowie die Interimsscheine in Ansehung der vor diesem Zeitpunkt geleisteten Einzahlungen; bb) Renten- u. Schuldverschreibungen des Reichs und der Bundesstaaten, sowie Interimsscheine über Einzahlungen auf diese Werthpapiere; cc) inländische Renten- und Schuldverschreibungen, welche nur zu dem Zweck des Umtausches ausgestellt werden, sofern den desfalls von dem Bundesrath zu erlassenden Kontrolvorschriften genügt wird; dd) die auf Grund des Reichsgesetzes vom 8. Juni 1871 abgestempelten ausländischen Inhaberpapiere mit Prämien.				so ist dasselbe auch mit dem Reichsstempel zu versehen. Auf letzteren ist jedoch der bezahlte Landesstempel in Anrechnung zu bringen. Die für Interimsscheine nachweislich gezahlten Steuerbeträge werden auf die demnächst etwa fällig werdende Steuer für die Rentenverschreibungen ꝛc. angerechnet. Ist der Kapitalwerth von Rentenverschreibungen aus diesen selbst nicht ersichtlich, so gilt als solcher der 25 fache Betrag der einjährigen Rente. Ausländische Werthe werden nach den Vorschriften wegen Erhebung des Wechselstempels umgerechnet.

Laufende Nr.	Gegenstand der Besteuerung.	Steuersatz Mark.	Steuersatz vom Hundert.	Steuersatz vom Tausend.	Berechnung der Stempelabgabe.
	Ausnahme. Werden ausländische Werthpapiere der vorbezeichneten Art, welche vor dem Inkrafttreten dieses Gesetzes ausgegeben sind, innerhalb 90 Tagen nach diesem Zeitpunkt zur Stempelung vorgelegt, so beträgt die Stempelabgabe für jedes Stück 10 Pfennig.				
3.	**Inländische** auf den Inhaber lautende und auf Grund staatlicher Genehmigung ausgegebene Renten- und Schuldverschreibungen der Kommunalverbände u. Kommunen, der Korporationen ländlicher oder städtischer Grundbesitzer, der Grundkredit- und Hypothekenbanken oder der Transportgesellschaften, sowie Interimsscheine über Einzahlungen auf				

Laufende Nr.	Gegenstand der Besteuerung.	Steuersatz Mark.	vom Hundert.	vom Tausend.	Berechnung der Stempelabgabe.
	diese Werthpapiere . . .	—	—	1	vom Nennwerthe bezw. vom Betrage der bescheinigten Einzahlungen nach Maßgabe der Vorschriften für die Abgabenberechnung bei inländischen Werthpapieren der unter Nr. 2 bezeichneten Art und zwar in Abstufungen von 10 Pfennig für je 100 Mark oder einen Bruchtheil dieses Betrages.
	Befreit sind:				
	a) alle vor dem Inkrafttreten dieses Gesetzes ausgegebenen Renten- u. Schuldverschreibungen der oben bezeichneten Art, sowie die Interimsscheine in Ansehung der vor diesem Zeitpunkt geleisteten Zahlungen;				
	b) Renten- und Schuldverschreibungen der oben bezeichneten Art, welche nur zu dem Zweck des Umtausches ausgestellt werden, sofern den desfalls von dem Bundesrath zu erlassenden Kontrolvorschriften genügt wird.				
	II. Schlußnoten und Rechnungen.				
4.	a) **Schlußnoten**, Schlußzettel, Abschriften und Auszüge aus Tage- oder Geschäftsbüchern, Schluß-				

Laufende Nr.	Gegenstand der Besteuerung.	Steuersatz Mark.	Steuersatz vom Hundert.	Steuersatz vom Tausend.	Berechnung der Stempelabgabe.
	scheine, Schlußbriefe oder sonstige von einem oder mehreren Kontrahenten, Maklern oder Unterhändlern im Bundesgebiete ausgestellte Schriftstücke über den Abschluß oder die Prolongation oder die Bedingungen des Abschlusses oder der Prolongation eines Kauf-, Rückkauf-, Tausch- oder Lieferungsgeschäfts, welches Wechsel, ausländische Banknoten oder ausländisches Papiergeld, ferner Aktien, Staats- oder andere für den Handelsverkehr bestimmte Werthpapiere oder Mengen von solchen Sachen oder Waaren jeder Art, die nach Gewicht, Maaß oder Zahl gehandelt zu werden pflegen, zum Gegenstande hat	— 20	—	—	
	Wird eines der vor-				

Laufende Nr.	Gegenstand der Besteuerung.	Steuersatz Mark.	vom Hundert.	vom Tausend.	Berechnung der Stempelabgabe.
	stehend bezeichneten Geschäfte auf Zeit abgeschlossen oder auf Zeit prolongirt	1	—	—	
	(Siehe übrigens §§. 9 und 10 des Gesetzes.)				
	b) **Rechnungen,** Noten, Geschäftsbücherauszüge u. sonstige Berechnungen bestehender oder ausgeglichener Guthaben oder Verpflichtungen, welche im Bundesgebiete über abgeschlossene oder prolongirte Kauf- oder anderweitige Anschaffungs- oder Lieferungsgeschäfte über Wechsel, ausländische Banknoten oder ausländisches Papiergeld, ferner Aktien, Staats- oder andere für den Handelsverkehr bestimmte Werthpapiere, oder über die aus solchen Rechtsgeschäften hervor-				

Laufende Nr.	Gegenstand der Besteuerung.	Steuersatz Mark.	vom Hundert.	vom Tausend.	Berechnung der Stempelabgabe.
	gegangenen Ansprüche ausgestellt werden . . .	1	—	—	
	Anmerkung 1 zu a und b. Werden die zu a und b bezeichneten Schriftstücke in mehreren Exemplaren, Abschriften oder Auszügen gleichzeitig oder nach einander ausgestellt, so unterliegt jedes Stück der vorbebeichneten Abgabe, sobald es aus den Händen des Ausstellers geht.				
	Anmerkung 2 zu a. Betrifft ein Schriftstück der unter a bezeichneten Art mehr als eines der dort aufgeführten Geschäfte, so ist für jedes einzelne dieser Geschäfte der Stempel nach den vorstehenden Sätzen zu verwenden.				
	Anmerkung 3. In Betreff der Stempelpflichtigkeit der zu a und b sowie in der Anmerkung 1 bezeichneten Schriftstücke macht es keinen Unterschied, ob dieselben in Briefform oder in irgend einer anderen Form ausgestellt werden, und ob das Schriftstück mit Namensunterschrift versehen oder ohne solche ausgehändigt ist.				

Laufende Nr.	Gegenstand der Besteuerung.	Steuersatz Mark.	vom Hundert.	vom Tausend.	Berechnung der Stempelabgabe.
	Befreiungen. Die vorbestimmte Abgabe wird nicht erhoben: 1. von den zu a und b bezeichneten Schriftstücken, sofern der Werth des Gegenstandes des Geschäfts nicht mehr als 300 Mark, bei Waarengeschäften nicht mehr als 1000 Mark beträgt; 2. von den zu a bezeichneten Schriftstücken, soweit sie nur sogenannte Kontantgeschäfte über Wechsel, gemünztes oder ungemünztes Gold oder Silber zum Gegenstande haben und dieser Inhalt des Geschäfts aus den Schriftstücken ersichtlich ist; 3. von Telegrammen und Briefen über die unter a bezeichneten Geschäfte, wenn die Briefe auf Entfernungen von min=				

Laufende Nr.	Gegenstand der Besteuerung.	Steuersatz Mark.	Steuersatz vom Hundert.	Steuersatz vom Tausend.	Berechnung der Stempelabgabe.
	destens 15 Kilometern befördert werden. Auf die einem solchen Briefe beigelegten oder angehängten Schriften der unter a und b und in der Anmerkung 1 bezeichneten Art erstrekt sich die Befreiung nicht.				
	III. Lotterieloose.				
5.	**Loose** öffentlicher Lotterien, sowie Ausweise über Spieleinlagen bei öffentlich veranstalteten Ausspielungen von Geld oder anderen Gewinnen . . .	— —	5	—	a) bei inländischen Loosen vom planmäßigen Preise (Nennwerth) sämmtlicher Loose oder Ausweise, b) bei ausländischen Loosen von dem Preise der einzelnen Loose in Abstufungen von 5 Pfennig für jede Mark oder einen Bruchtheil dieses Betrages.
	Befreit sind: Loose der von den zuständigen Behörden genehmigten Ausspielungen und Lotterien zu mildthätigen Zwecken. Anmerkung. Die Versteuerung der Loose der Staatslotterien erfolgt nach §. 18 des Gesetzes.				

D. Landes-Einführungsgesetze.

I.

Preußisches Einführungsgesetz zum Allgemeinen Deutschen Handelsgesetzbuche.

Vom 24. Juni 1861.

(G.S. S. 449—479.)

Wir **Wilhelm**, von Gottes Gnaden König von Preußen rc.

verordnen, unter Zustimmung des Landtages Unserer Monarchie, was folgt:

1. Der in der Anlage enthaltene, aus der Berathung von Kommissarien der Regierungen Deutscher Bundesstaaten hervorgegangene Entwurf eines Allgemeinen Deutschen Handelsgesetzbuchs erlangt in dem ganzen Umfange der Monarchie mit dem 1. März 1862 Gesetzeskraft.

Mit demselben Zeitpunkte sollen zugleich die nachfolgenden Einführungsbestimmungen in Geltung treten.

Erster Titel.

Bestimmungen, die Ergänzung des Allgemeinen Deutschen Handelsgesetzbuchs und die Abänderung bisheriger Gesetze betreffend.

Erster Abschnitt.

Bestimmungen für alle Landestheile der Monarchie.

2. Handelssachen sind die Rechtsangelegenheiten,

welche eines der folgenden Privatverhältnisse zum Gegenstande haben:

1) das Rechtsverhältniß, welches aus Handelsgeschäften (Artikel 271—273 des Handelsgesetzbuchs) zwischen den Betheiligten entsteht;
2) die Rechtsverhältnisse zwischen den Mitgliedern einer Handelsgesellschaft, zwischen dem stillen Gesellschafter und dem Inhaber des Handelsgewerbes, sowie zwischen den Theilnehmern einer Vereinigung zu einzelnen Handelsgeschäften oder einer Vereinigung zum Handelsbetriebe (Artikel 10 des Handelsgesetzbuchs), sowohl während des Bestehens, als nach Auflösung des gesellschaftlichen Verhältnisses, ingleichen das Rechtsverhältniß zwischen den Liquidatoren oder den Vorstehern einer Handelsgesellschaft und der Gesellschaft oder den Mitgliedern derselben;
3) das Rechtsverhältniß, welches das Recht zum Gebrauch einer Handelsfirma betrifft;
4) das Rechtsverhältniß, welches durch die Veräußerung eines bestehenden Handelsgeschäfts zwischen den Kontrahenten entsteht;
5) die Rechtsverhältnisse zwischen dem Prokuristen, dem Handlungsbevollmächtigten oder dem Handlungsgehülfen und dem Eigenthümer der Handelsniederlassung, sowie das Rechtsverhältniß zwischen einer dritten Person und demjenigen, welcher ihr als Prokurist oder Handlungsbevollmächtigter aus einem Handelsgeschäfte haftet (Artikel 55 des Handelsgesetzbuchs);
6) das Rechtsverhältniß, welches aus den Berufsgeschäften des Handelsmäklers zwischen diesem und den Parteien entsteht;
7) die Rechtsverhältnisse des Seerechts, insbesondere diejenigen, welche auf die Rhederei, die Rechte und Pflichten des Rheders, des Korrespondent-

rheders und der Schiffsbesatzung, auf die Bodmerei und die Haverei, auf den Schadensersatz im Falle des Zusammenstoßes von Schiffen, auf die Bergung und Hülfeleistung in Seenoth und auf die Ansprüche der Schiffsgläubiger sich beziehen.

3. In Bezug auf die Börsen und die kaufmännischen Korporationen wird Folgendes bestimmt:

§. 1. Die Errichtung einer Börse kann nur mit Genehmigung des Handelsministers erfolgen.

§. 2. Neue Börsenordnungen bedürfen der Genehmigung des Handelsministers.

Diese Genehmigung ist auch zur Abänderung und Ergänzung bestehender Börsenordnungen erforderlich und genügend.

Die Vorschriften der bestehenden Börsenordnungen, welche privatrechtlichen Inhalts sind, treten außer Kraft. Privatrechtliche Vorschriften können auch in die revidirten und in die neuen Börsenordnungen nicht aufgenommen werden.

§. 3. In den Börsenordnungen ist insbesondere auch zu bestimmen, wie die laufenden Preise und Kurse festzustellen, wie diese Feststellungen zu veröffentlichen und wie Zeugnisse darüber zu ertheilen sind.

§. 4. Die privatrechtlichen Vorschriften der Statuten der zu Berlin, Stettin, Magdeburg, Tilsit, Königsberg, Danzig, Memel und Elbing bestehenden kaufmännischen Korporationen treten außer Kraft. Dies gilt namentlich von den Vorschriften dieser Statuten, durch welche die kaufmännischen Rechte von dem Beitritt zu der kaufmännischen Korporation des Orts abhängig gemacht sind.

4. Jede zur Eintragung in das Handelsregister bestimmte Anmeldung muß auch in denjenigen Fällen, für welche das Handelsgesetzbuch dies nicht besonders vorschreibt, entweder persönlich vor dem Handelsgericht

erklärt, oder in beglaubigter Form bei dem Handelsgericht eingereicht werden.

Die Anmeldung gilt als vor dem Handelsgericht erklärt, wenn sie von einem dazu bestellten Richter des Handelsgerichts, im Bezirke des Appellationsgerichtshofes zu Köln von dem Sekretär des Handelsgerichts, aufgenommen ist. Unter der beglaubigten Form ist die gerichtliche oder notarielle Form zu verstehen. Geschieht die Anmeldung durch einen Bevollmächtigten, so hat dieser eine gerichtliche oder notarielle Vollmacht beizubringen.

Dieselben Formvorschriften gelten in Bezug auf die Zeichnung oder Einreichung der Zeichnung einer Firma oder Unterschrift, welche nach Vorschrift des Handelsgesetzbuchs bei dem Handelsgericht bewirkt werden soll.

Die näheren geschäftlichen Anordnungen über die Führung des Handelsregisters bleiben einer von dem Justizminister den Gerichten zu ertheilenden Instruktion vorbehalten.

5. Die Vorschriften des Handelsgesetzbuchs, gemäß welchen die Handelsgerichte von Amtswegen die Betheiligten zur Befolgung der gesetzlichen Anordnungen über die Anmeldung zur Eintragung in das Handelsregister und über die Zeichnung oder Einreichung der Zeichnung der Firmen oder Unterschriften durch Ordnungsstrafen anhalten sollen, sind nach folgenden Bestimmungen in Ausführung zu bringen:

§. 1. Wenn das Handelsgericht in glaubhafter Weise davon Kenntniß erhält, daß die gesetzliche Anordnung nicht befolgt worden ist, so hat es eine Verfügung an den Betheiligten zu erlassen, durch welche derselbe unter Androhung einer angemessenen Ordnungsstrafe aufgefordert wird, innerhalb einer bestimmten Frist entweder die gesetzliche Anordnung zu befolgen, oder die Unterlassung mittelst Einspruchs gegen die Verfügung zu rechtfertigen.

Der Lauf der in der Verfügung bestimmten Frist beginnt mit dem Tage, welcher auf den Tag der Zustellung der Verfügung folgt.

Der Einspruch geschieht durch schriftliche Eingabe an das Handelsgericht, oder zu Protokoll bei demselben.

§. 2. Wird binnen der durch die Verfügung bestimmten Frist weder die gesetzliche Anordnung befolgt, noch Einspruch gegen die Verfügung erhoben, so hat das Handelsgericht die angedrohte Strafe gegen den Betheiligten festzusetzen und gleichzeitig die Verfügung unter Androhung einer anderweiten Ordnungsstrafe zu wiederholen.

§. 3. Wird gegen die Verfügung binnen der bestimmten Frist Einspruch erhoben, so hat das Handelsgericht, sofern nicht aus dem Einspruch die Rechtfertigung des Betheiligten sich ergiebt, einen Termin zu bestimmen, in welchem mündlich und in öffentlicher Sitzung der Betheiligte über die Verwirkung der Ordnungsstrafe zu hören, im geeigneten Falle Beweis aufzunehmen und zu entscheiden ist.

Der Betheiligte ist zu diesem Termine vorzuladen; er kann in demselben persönlich oder durch einen Bevollmächtigten die Gründe und Beweise seiner Rechtfertigung vorbringen. Wer als Bevollmächtigter zuzulassen sei, ist nach den Vorschriften zu beurtheilen, welche bei dem Gericht für das Prozeßverfahren in Civilsachen maaßgebend sind.

§. 4. Erscheint der Betheiligte nicht in dem Termine, oder ergiebt sich bei der Verhandlung, daß die gesetzliche Anordnung von dem Betheiligten hätte befolgt werden müssen, so wird die Ordnungsstrafe gegen denselben festgesetzt und zugleich mit der Entscheidung, wenn nicht etwa inzwischen die Verhältnisse sich geändert haben, eine neue Verfügung nach Maaßgabe des §. 1 erlassen.

§. 5. (aufgehoben.*)

§. 6. Für die neuen Verfügungen, welche gemäß §. 2 oder §. 4 erlassen werden und für das auf dieselben folgende Verfahren gilt dasselbe, was in den vorstehenden Paragraphen vorgeschrieben ist.

Der Lauf der Frist, welche in einer gemäß §. 4 erlassenen neuen Verfügung bestimmt ist, beginnt mit dem Tage, der auf denjenigen folgt, an welchem die Frist zur Erhebung der Beschwerde abgelaufen ist.

Die Verfügungen und die Festsetzungen von Ordnungsstrafen werden wiederholt, bis die gesetzliche Anordnung befolgt oder ihre Voraussetzung weggefallen ist.

§. 7. Die Ordnungsstrafe, welche angedroht und festgestellt werden kann, besteht in Geldbuße von fünf bis zweihundert Thalern. Eine Umwandlung der Geldbuße in Gefängnißstrafe findet nicht statt. Bei der Feststellung der Ordnungsstrafe ist der Betheiligte zugleich in die Kosten des Verfahrens zu verurtheilen.

§. 8. Die Gerichte sind befugt, zu jeder Zeit, das Verfahren mag bereits eingeleitet sein oder nicht, durch die Beamten der gerichtlichen Polizei oder der Ver-

---

*) Der §. 28 des Preuß. Ausführungsgesetzes zur Deutschen Civilprozeßordnung vom 24. März 1879 (G.S. S. 281) bestimmt:

An Stelle der Vorschriften des Einführungsgesetzes zum Handelsgesetzbuche vom 24. Juni 1861 Artikel 5 §§. 5, 9 treten folgende Vorschriften:

§. 5. Gegen die Entscheidung findet sofortige Beschwerde nach den Vorschriften der Deutschen Civilprozeßordnung mit aufschiebender Wirkung statt.

Ueber die Beschwerde wird nach den Vorschriften des §. 3. verhandelt.

§. 9. Die Einlegung des Einspruchs und der Beschwerde kann durch Erklärung zum Protokolle des Gerichtsschreibers erfolgen.

Die nach §. 4. erlassene Entscheidung wird dem Verurtheilten von Amtswegen zugestellt.

Mit dieser Maßgabe finden die Artikel 5, 6, 7 des erwähnten Gesetzes (Anlage), und zwar der Artikel 5 auch für die Anmeldungen zum Genossenschaftsregister (Reichsgesetz vom 4. Juli 1868), im ganzen Umfange der Monarchie Anwendung.

waltungs-Polizei Ermittelungen über den Sachverhalt einzuziehen, auch in Fällen, in welchen dies erforderlich erscheint, durch einen Kommissar des Gerichts oder durch Requisition anderer Gerichte die eidliche Vernehmung von Zeugen zu bewirken. Sie können auch die Verhandlung in der Sitzung zu einer anderen Sitzung vertagen, sowie von Amtswegen Zeugen zur Sitzung vorladen lassen. Gegen Zwischenverfügungen findet ein Rechtsmittel nicht statt.

§. 9 (aufgehoben.*)

6. In Bezug auf die Ausführung der Vorschrift des Handelsgesetzbuchs, gemäß welcher das Handelsgericht gegen diejenigen einschreiten soll, welche sich einer ihnen nicht zustehenden Firma bedienen (Art. 26 des Handelsgesetzbuchs), kommen die Bestimmungen des vorhergehenden Artikels mit folgenden Maßgaben zur Anwendung:

1) Die Verfügung (Art. 5 §. 1), durch welche das Handelsgericht einschreitet, sowie die neue Verfügung, welche gemäß Art. 5 §§. 4 oder 6 ergeht, ist ohne Bestimmung einer Frist dahin zu erlassen, daß der Betheiligte unter Androhung einer Ordnungsstrafe aufgefordert wird, sich dieser Firma nicht ferner zu bedienen.
2) Das Handelsgericht hat nach Erlaß der Verfügung gemäß Artikel 5 §§. 3 ff. weiter zu verfahren, wenn es in glaubhafter Weise davon Kenntniß erhält, daß der Verfügung nach Zustellung derselben zuwider gehandelt worden ist.

7. Den Beamten der Staatsanwaltschaft und der Polizei liegt ob, darauf zu achten, daß den Vorschriften des Handelsgesetzbuchs, zu deren Befolgung die Handelsgerichte durch Ordnungsstrafen anzuhalten haben, von den dazu verpflichteten Personen genügt wird; dieselben

---

*) Vgl. Anm. * zu §. 5.

haben die Unterlassungen und Zuwiderhandlungen, welche zu ihrer Kenntniß gelangen, bei den zuständigen Handelsgerichten zur Anzeige zu bringen.

8. Die Handelsbücher der Kaufleute sind bei Streitigkeiten gegen Nichtkaufleute für sich allein zur Erbringung des Beweises nicht hinreichend, sondern nur zur Unterstützung anderer Beweise geeignet.

Jedoch hat der Richter nach seinem, durch die Erwägung aller Umstände des Falles geleiteten Ermessen zu entscheiden, ob den ordnungsmäßig geführten Handelsbüchern in Handelssachen in dem Maße Beweiskraft beizulegen sei, daß der einen oder der andern Partei der Eid auferlegt werde.

9. In Betreff der Handelsmäkler wird Folgendes bestimmt:

§. 1. Die Handelsmäkler werden an den Orten, für welche kaufmännische Korporationen oder Handelskammern bestehen, von diesen ernannt; die Ernennung bedarf der Bestätigung der Regierung.

Die Anstellung von Handelsmäklern an anderen Orten geschieht durch die Regierung.

Die Bestimmung des §. 310 der Konkurs-Ordnung vom 8. Mai 1855: daß Personen, über deren Vermögen der Konkurs eröffnet worden ist, als Handelsmäkler nicht zugelassen werden können, so lange sie die Wiedereinsetzung in den vorigen Stand nicht erlangt haben, gilt auch für den Bezirk des Appellationsgerichtshofes zu Köln in Betreff der Personen, welche fallirt haben, so lange sie nicht rehabilitirt sind.

Zur Bestellung einer Dienstkaution sind die Handelsmäkler nicht verpflichtet.

§. 2. Den Handelsmäklern steht ein ausschließliches Recht zur Vermittelung von Handelsgeschäften nicht zu. Die Gesetze oder Verordnungen, durch welche ihnen ein solches Recht beigelegt ist, werden aufgehoben.

§. 3. Die Handelsmäkler, welche zur Vermittelung

von Kaufgeschäften über Waaren, Schiffe oder Handelspapiere bestellt sind, haben zugleich die Befugniß, öffentliche Versteigerungen derselben Gegenstände abzuhalten.

§. 4. Die Beeidigung der Handelsmäkler erfolgt bei dem Handelsgericht.

Die für das Tagebuch des Handelsmäklers in dem Artikel 71 des Handelsgesetzbuchs vorgeschriebene Beglaubigung geschieht durch den Vorsitzenden des Handelsgerichts.

Die Behörde, bei welcher nach der Vorschrift des Artikels 75 des Handelsgesetzbuchs das Tagebuch eines verstorbenen, oder aus dem Amte geschiedenen Handelsmäklers niedergelegt wird, ist das Handelsgericht.

§. 5. Handelsmäkler, welche eine der nach dem Artikel 69 des Handelsgesetzbuchs ihnen obliegenden Pflichten verletzen, werden mit Geldbuße von fünfundzwanzig bis zu fünfhundert Thalern bestraft; im Rückfalle kann außerdem auch auf Entsetzung erkannt werden. Durch diese Bestimmung wird die Anwendung einer härteren Strafe nicht ausgeschlossen, wenn dieselbe nach sonstigen Gesetzen durch die Handlung begründet ist.

Die Verordnungen, nach welchen kaufmännische Korporationen befugt sind, die Handelsmäkler wegen Pflichtverletzungen anderer Art im Wege der Disziplin zu bestrafen, bleiben in Kraft.

10. Zur Errichtung einer Kommanditgesellschaft auf Aktien ist die staatliche Genehmigung nicht erforderlich.

11. Die persönlich haftenden Mitglieder einer Kommanditgesellschaft auf Aktien werden mit Gefängniß bis zu drei Monaten bestraft:

1) wenn sie vorsätzlich behufs der Eintragung des Gesellschaftsvertrages in das Handelsregister falsche Angaben über die Zeichnung oder Einzahlung des Kapitals der Kommanditisten machen;

2) wenn durch ihre Schuld die Gesellschaft länger als drei Monate ohne Aufsichtsrath geblieben ist.

12. In Bezug auf die Aktiengesellschaften, bei welchen der Gegenstand des Unternehmens in Handelsgeschäften besteht, treten die Bestimmungen des Handelsgesetzbuchs an die Stelle des Gesetzes über Aktiengesellschaften vom 9. November 1843 (Gesetz-Sammlung S. 341).

Für diese Aktiengesellschaften gelten ferner die folgenden Bestimmungen:

§. 1. Unter der in den Artikeln 208, 214, 242, 247 und 248 des Handelsgesetzbuchs für erforderlich erklärten staatlichen Genehmigung ist die landesherrliche Genehmigung zu verstehen.

§. 2. Unter der Verwaltungsbehörde, welche in den Artikeln 240 und 242 des Handelsgesetzbuchs erwähnt wird, ist die Regierung zu verstehen, in deren Bezirke die Aktiengesellschaft ihren Sitz hat. Ist für die letztere eine besondere Aufsichtsbehörde bestellt, so tritt diese an die Stelle der Regierung.

§. 3. Nach erfolgter landesherrlicher Genehmigung einer Aktiengesellschaft wird der Gesellschaftsvertrag nebst der Genehmigungsurkunde durch das Amtsblatt desjenigen Regierungsbezirks, in welchem die Gesellschaft ihren Sitz hat, bekannt gemacht.

Eine Anzeige von der landesherrlichen Genehmigung der Errichtung der Gesellschaft ist in die Gesetz-Sammlung aufzunehmen.

Die Kosten der Bekanntmachung durch das Amtsblatt trägt die Gesellschaft.

Jede Abänderung oder Verlängerung des Gesellschaftsvertrages ist gleichfalls nach Maßgabe der vorstehenden Bestimmungen bekannt zu machen.

Die in dem Handelsgesetzbuch über die Veröffentlichung enthaltenen Vorschriften werden durch diesen Paragraphen nicht berührt.

§. 4. Die Genehmigung einer Aktiengesellschaft kann von dem Landesherrn aus überwiegenden Gründen des Gemeinwohls gegen Entschädigung zurückgenommen werden. Ueber die Höhe der Entschädigung entscheidet in streitigen Fällen das ordentliche Gericht des Orts, an welchem die im §. 2 bezeichnete Behörde ihren Sitz hat.

§. 5. Wenn eine Aktiengesellschaft sich rechtswidriger Handlungen oder Unterlassungen schuldig macht, durch welche das Gemeinwohl gefährdet wird, so kann sie aufgelöst werden, ohne daß deshalb ein Anspruch auf Entschädigung stattfindet.

Die Auflösung kann in diesem Falle nur durch gerichtliches Erkenntniß auf Betreiben der im §. 2 bezeichneten Behörde erfolgen. Als das zuständige Gericht ist dasjenige anzusehen, bei welchem die Gesellschaft ihren ordentlichen Gerichtsstand hat (Art. 213 des Handelsgesetzbuchs).

§. 6. Die nach den Artikeln 227 und 230 des Handelsgesetzbuchs dem Vorstande der Gesellschaft zustehende Befugniß zur Vertretung derselben erstreckt sich auch auf diejenigen Geschäfte und Rechtshandlungen, für welche nach den Gesetzen eine Spezialvollmacht erforderlich ist.

§. 7. Innerhalb der im Art. 239 des Handelsgesetzbuchs vorgeschriebenen Frist hat der Vorstand die jährliche Bilanz auch der im §. 2 bezeichneten Behörde einzureichen.

§. 8. Im Falle das Vermögen der Gesellschaft nicht mehr die Schulden deckt, hat die im §. 2 bezeichnete Behörde dem zur Eröffnung des Konkurses befugten Gerichte davon Mittheilung zu machen, sobald sie die Sachlage durch Einreichung der Bilanz erfährt.

§. 9. Die Mitglieder des Vorstandes einer Aktiengesellschaft werden mit Gefängniß bis zu drei Monaten bestraft, wenn sie, der Vorschrift des Art. 240 des

Handelsgesetzbuchs zuwider, dem Gericht die Anzeige zu machen unterlassen, daß das Vermögen der Gesellschaft nicht mehr die Schulden deckt.

Die Strafe tritt nicht ein, wenn von ihnen nachgewiesen wird, daß die Anzeige ohne ihr Verschulden unterblieben ist.

13. Wird über eine Handelsgesellschaft, sei diese eine offene Gesellschaft, eine Kommanditgesellschaft, eine Kommanditgesellschaft auf Aktien oder eine Aktiengesellschaft, der Konkurs eröffnet, so ist dies von Amtswegen in das Handelsregister einzutragen.

Die Bekanntmachung der Eintragung durch eine Anzeige in öffentlichen Blättern unterbleibt.

Wenn das Handelsregister nicht bei dem Konkursgericht geführt wird, so ist die Konkurseröffnung von Seiten des Konkursgerichts dem Handelsgericht, bei welchem das Register geführt wird, zur Bewirkung der Eintragung unverzüglich anzuzeigen.

14. Die Höhe der gesetzlichen Zinsen, insbesondere auch der Verzugszinsen, ist in allen Handelssachen sechs vom Hundert jährlich; ingleichen können in allen Handelssachen Zinsen zu sechs vom Hundert jährlich bedungen werden.

Die Vorschrift des Artikels 292, Absatz 2 des Handelsgesetzbuchs wird hierdurch nicht berührt.

15. Die Artikel 306 und 307 des Handelsgesetzbuchs finden bei Papieren auf Inhaber, so lange dieselben außer Kurs gesetzt sind, keine Anwendung.

16. In den Fällen der Artikel 348, 365 und 407 des Handelsgesetzbuchs ist eine besondere Ernennung von Sachverständigen nicht erforderlich, wenn solche Sachständige ein für alle Mal im Voraus von dem Handelsgerichte bestellt sind. In dem Bezirke des Appellationsgerichtshofes zu Köln ist in den bezeichneten Fällen für die Ernennung von Sachverständigen der Vorsitzende des Handelsgerichts zuständig.

17. Wo das Handelsgesetzbuch von dem Konkurse spricht, ist darunter auch das Falliment des Rheinischen Handelsgesetzbuchs zu verstehen.

18. Unter der Bezeichnung: „Fabrikbesitzer, Schiffsrheder und Handelsleute" in den §§. 259 bis 262 des Strafgesetzbuchs sind fortan diejenigen Personen zu verstehen, welche nach der Bestimmung des Artikels 4 des Handelsgesetzbuchs als Kaufleute anzusehen sind.

Zweiter Abschnitt.

Bestimmungen für die Landestheile, in welchen das Allgemeine Landrecht und die Allgemeine Gerichtsordnung Gesetzeskraft haben.

19. Durch den Artikel 8 des Handelsgesetzbuchs werden die Bestimmungen der bisherigen Gesetze nicht berührt, nach welchen der Ehemann, auch wenn keine Gütergemeinschaft besteht, unter gewissen Voraussetzungen für die Handelsschulden seiner Ehefrau haftet; insbesondere bleibt der §. 337 Theil II. Titel 1. des Allgemeinen Landrechts in Kraft.

20. An die Stelle der Vorschrift im §. 423 Theil II. Titel 1. des Allgemeinen Landrechts:

> „Bei Kaufleuten in Handelsstädten muß außerdem die Bekanntmachung auf der Börse oder durch die Kaufmannsältesten geschehen",

tritt die Bestimmung:

> „Bei denjenigen Personen, welche nach Artikel 4 des Handelsgesetzbuchs als Kaufleute anzusehen sind, jedoch mit Ausschluß der im Artikel 10 des Handelsgesetzbuchs bezeichneten, muß außerdem die Ausschließung oder Aufhebung der Gemeinschaft der Güter oder des Erwerbs in das Handelsregister eingetragen und nach Maßgabe des Artikels 13 des Handelsgesetzbuchs veröffentlicht werden."

21. Die vormundschaftlichen Gerichte können in den Fällen des §. 624 Theil II. Titel 18 des Allgemeinen Landrechts die Handlung entweder durch einen Prokuristen (Artikel 41 des Handelsgesetzbuchs), oder durch einen Handlungsbevollmächtigten mit einer allgemeinen Vollmacht (Artikel 47 des Handelsgesetzbuchs) fortsetzen lassen und in den Fällen der §§. 774 und 775, Theil II. Titel 18 des Allgemeinen Landrechts den Ehemann entweder als Prokuristen oder nur als Handlungsbevollmächtigten einsetzen.

Wird für den Pflegebefohlenen ein Prokurist bestellt, oder wird der Ehemann als Prokurist bestellt, so kommen die Artikel 41 bis 46 des Handelsgesetzbuchs zur Anwendung.

22. Die bisherigen gesetzlichen Bestimmungen, welche Regeln darüber enthalten, wie der Beweis durch Handelsbücher geliefert wird, insbesondere die §§. 165 bis 168 Theil I. Titel 10 der Allgemeinen Gerichtsordnung, treten außer Kraft.

23. Grundstücke, Gerechtigkeiten, dingliche Rechte und Hypothekenforderungen, welche zu dem Vermögen einer Handelsgesellschaft gehören, sei diese eine offene Gesellschaft, eine Kommanditgesellschaft, eine Kommanditgesellschaft auf Aktien, oder eine Aktiengesellschaft, werden auf den Namen der Gesellschaft in das Hypothekenbuch eingetragen.

Hierbei gelten nachstehende Bestimmungen:

§. 1. Die Eintragung erfolgt ohne Benennung der einzelnen Gesellschafter; sie darf erst geschehen, wenn die Eintragung der Gesellschaft in das Handelsregister nachgewiesen ist. Bei der Eintragung ist die Firma der Gesellschaft und der Ort, wo sie ihren Sitz hat, anzugeben. Tritt in Bezug auf die Firma oder den Sitz der Gesellschaft eine Aenderung ein, so ist diese im Hypothekenbuche zu vermerken.

§. 2. Soll eine Verfügung, welche im Namen der Gesellschaft über einen der im Eingange dieses Artikels bezeichneten Gegenstände erfolgt ist, in das Hypothekenbuch eingetragen werden, so genügt zur Feststellung der Befugniß desjenigen, welcher im Namen der Gesellschaft verfügt hat, der Nachweis aus dem Handelsregister, daß derselbe zu der Gesellschaft in einem Verhältniß gestanden hat, wodurch er nach den Bestimmungen des Handelsgesetzbuchs befugt war, in der geschehenen Art im Namen der Gesellschaft mit rechtlicher Wirkung gegen Dritte zu verfügen.

§. 3. Die Nachweisungen aus dem Handelsregister werden durch Atteste des Handelsgerichts geliefert, welches das Handelsregister führt.

24. Bei der Auflösung von Handelsgesellschaften kommen die Vorschriften der §§. 308, 309, 310, Th. I. Tit. 17 des Allgemeinen Landrechts, so wie der §. 163 Th. I. Tit. 51 der Allgemeinen Gerichtsordnung fortan nicht zur Anwendung.

25. Die bisherigen Vorschriften über die Zulässigkeit des öffentlichen Aufrufs und der Präklusion unbekannter Gläubiger einer Handelsgesellschaft in Folge des Austritts eines Gesellschafters oder der Auflösung der Gesellschaft, sowie die bisherigen Vorschriften über die Zulässigkeit des öffentlichen Aufrufs und der Präklusion unbekannter Gläubiger, welche aus den Rechtshandlungen eines Prokuristen oder Handlungsfaktors gegen den Eigenthümer der Handlung Ansprüche herleiten, insbesondere die Vorschriften der §§. 159 bis 162 und 164 bis 168 Th. I. Tit. 51 der Allgemeinen Gerichtsordnung, treten außer Kraft.

26. Die auf Schuldinstrumente, welche zur Eintragung in das Hypothekenbuch bestimmt sind, sich beziehenden Vorschriften der §§. 738 und 739, Th. I. Tit. 11 des Allgemeinen Landrechts und §§. 175 bis 181 Tit. 2 der Allgemeinen Hypothekenordnung werden durch den Artikel 295 des Handelsgesetzbuchs nicht berührt.

27. Die in den bisherigen Gesetzen den Kaufleuten eingeräumte Befugniß, Waaren oder andere bewegliche Sachen ohne körperliche Uebergabe (durch symbolische Uebergabe) mittelst besonderer Förmlichkeiten zu verpfänden oder sich verpfänden zu lassen, steht fortan denjenigen Personen zu, welche nach den Bestimmungen des Handelsgesetzbuchs als Kaufleute anzusehen sind.

28. Der §. 32 der Konkursordnung vom 8. Mai 1855 findet auch auf diejenigen Gläubiger Anwendung, welchen das Handelsgesetzbuch in den Artikeln 374, 382, 409, 624, 629, 675 und rücksichtlich der Ladung des Schiffs in den Artikeln 680, 697, 727, 753, 781 ein Pfandrecht beilegt.

Diese Bestimmung tritt an die Stelle der Vorschriften unter Ziffer 6, 7, 8 im §. 33 der Konkurs-Ordnung.

29. Welche Forderungen die Rechte eines Schiffsgläubigers gewähren, wie weit das dingliche Recht der Schiffsgläubiger sich erstreckt und in welcher Reihenfolge dieselben zur Hebung kommen, bestimmt sich in Betreff der Seeschiffe nicht mehr nach den Vorschriften der §§. 64 bis 71 der Konkurs-Ordnung vom 8. Mai 1855, sondern nach den Vorschriften des zehnten Titels des fünften Buchs des Handelsgesetzbuchs.

30. Das nach Artikel 313 bis 315 des Handelsgesetzbuchs begründete Zurückbehaltungsrecht kann im Konkurse über das Vermögen des Schuldners von der Gläubigerschaft unter den Voraussetzungen und nach Maßgabe der Vorschriften der §§. 100 und 101, Ziffer 1 der Konknrs-Ordnung vom 8. Mai 1855 angefochten werden; die Ueberlassung des Besitzes der Sache oder des Werthpapiers, durch welche das Zurückbehaltungsrecht begründet wird, steht hierbei der Bestellung eines Pfandes gleich.

31. Unter der Bezeichnung: „Handelsleute, Schiffsrheder und Fabrikbesitzer" in den §§. 80, 113, 114, 116, 308, 310, 319, 432 der Konkurs-Ordnung vom 8. Mai 1855 sind fortan diejenigen Personen zu verstehen, welche nach der Bestimmung des Artikels 4 des Handelsgesetzbuchs als Kaufleute anzusehen sind; der Artikel XIV des Gesetzes vom 8. Mai 1855, betreffend die Einführung der Konkurs-Ordnung (Gesetz-Samml. S. 316), bleibt dahin in Geltung, daß die darin bezeichneten Gutsbesitzer in Bezug auf die Anwendung der Vorschriften der Konkurs-Ordnung nicht zu den Kaufleuten zu rechnen sind.

32. Unter den im §. 281 der Konkurs-Ordnung vom 8. Mai 1855 bezeichneten Aktiengesellschaften sind fortan diejenigen zu verstehen, bei welchen der Gegenstand des Unternehmens in Handelsgeschäften besteht.

Hiernach bestimmt sich auch der Begriff der Aktiengesellschaft im §. 307 der Konkurs-Ordnung.

Der §. 325 der letzteren gilt für Aktiengesellschaften, bei welchen der Gegenstand des Unternehmens nicht in Handelsgeschäften besteht.

33. Wenn in Folge der Artikel 123, 170 oder 200 des Handelsgesetzbuchs eine offene Gesellschaft oder eine Kommanditgesellschaft durch die Eröffnung des Konkurses über das Vermögen eines Gesellschafters oder eine Kommanditgesellschaft auf Aktien durch die Eröffnung des Konkurses über das Vermögen eines persönlich haftenden Gesellschafters aufgelöst ist, so hat bei den in Gemäßheit der Artikel 133, 172 und 205 des Handelsgesetzbuchs stattfindenden Liquidationen der Verwalter der Konkursmasse deren Rechte wahrzunehmen.

Diese Bestimmung tritt an die Stelle des §. 291 der Konkurs-Ordnung vom 8. Mai 1855.

Dritter Abschnitt.

Bestimmungen für die Landestheile, in welchen das gemeine Deutsche Recht gilt.

34. In den Landestheilen, in welchen das gemeine Deutsche Recht gilt, mit Einschluß der Hohenzollernschen Lande, kommen die Vorschriften der Artikel 19, 22, 25, 33 des gegenwärtigen Gesetzes ebenfalls zur Anwendung.

35. Für die Hohenzollernschen Lande gelten auch die Artikel 28 bis 32 des gegenwärtigen Gesetzes; der Artikel XVIII des Gesetzes vom 31. Mai 1860, betreffend die Einführung der Konkurs-Ordnung vom 8. Mai 1855 (Gesetz-Samml. für 1860 S. 214), bleibt nach Maßgabe des Artikels 31 des gegenwärtigen Gesetzes in Kraft.

36. Für die Landestheile des gemeinen Rechts, mit Ausschluß der Hohenzollernschen Lande, wird in Betreff des Konkurses von Handelsgesellschaften Folgendes bestimmt:

Ueber das Vermögen einer unter einer gemeinschaftlichen Firma bestehenden Handelsgesellschaft, sei diese eine offene Gesellschaft, eine Kommanditgesellschaft oder eine Kommanditgesellschaft auf Aktien, ist der Konkurs zu eröffnen, wenn in Bezug auf die Gesellschaft Verhältnisse vorliegen, unter welchen über das Vermögen eines Kaufmanns der Konkurs zu eröffnen ist, und wenn zugleich die Gesellschaft ihre Zahlungen eingestellt hat.

Wird der Konkurs über das Vermögen der Gesellschaft eröffnet, so ist zugleich über das Privatvermögen eines jeden persönlich haftenden Gesellschafters der Konkurs zu eröffnen.

An dem Konkurse über das Gesellschaftsvermögen sind nur die Gläubiger der Gesellschaft Theil zu nehmen berechtigt. Dieselben können wegen des Ausfalls in diesem Konkurse gleichzeitig in den Konkursen über das Privatvermögen der persönlich haftenden Gesellschafter als Gläubiger auftreten.

Der Konkurs über das Vermögen eines Gesellschafters zieht den Konkurs über das Vermögen der Gesellschaft nicht nach sich.

Vierter Abschnitt.

Bestimmungen für den Bezirk des Appellationsgerichtshofes zu Köln.

37. Ein Minderjähriger, ohne Unterschied des Geschlechts, kann nur dann Kaufmann sein und auf Grund des Artikels 487 des Civilgesetzbuchs in Ansehung der in seinem Handelsbetrieb eingegangenen Verbindlichkeiten für volljährig erachtet werden, wenn er 18 Jahre alt, emanzipirt und ausdrücklich ermächtigt ist, das Handelsgewerbe zu betreiben.

Die Ermächtigung wird von dem Vater, wenn dieser gestorben, interdizirt oder abwesend ist, von der Mutter, in Ermangelung beider durch einen von dem Landgericht bestätigten Beschluß des Familienraths ertheilt. Sind diese Erfordernisse vorhanden, so kann der Minderjährige auch seine Immobilien in Bezug auf den Handelsbetrieb mit Schulden beschweren, zur Hypothek stellen und veräußern, das letztere jedoch nur unter Beobachtung der Formen der Artikel 457 ff. des Civilgesetzbuchs.

38. Ein emanzipirter Minderjähriger, welcher nicht Kaufmann ist, kann einzelne Handelsgeschäfte selbstständig und mit derselben Wirkung wie ein Volljähriger schließen, wenn er 18 Jahre alt und zu den einzelnen Geschäften in der durch den vorhergehenden Artikel bezeichneten Weise ausdrücklich ermächtigt ist.

39. Eine Ehefrau, welche Handelsfrau ist, kann ohne Autorisation ihres Ehemanns ihre Immobilien in Bezug auf den Handelsbetrieb mit Schulden beschweren, zur Hypothek stellen und veräußern.

Wenn jedoch für die Ehe Dotalrecht gilt, so kann die Veränderung oder Veräußerung der Immobilien, welche Dotalgut sind, nur in den durch das Civilgesetzbuch bezeichneten Fällen und unter Beobachtung der dort vorgeschriebenen Formen erfolgen.

In Betreff der Haftung des Ehemanns für die Verpflichtungen der Ehefrau aus ihrem Handelsgewerbe behält es bei der Bestimmung des Artikels 220 des Civilgesetzbuchs sein Bewenden.

40. Jeder Ehevertrag zwischen Ehegatten, von welchen einer zu den Kaufleuten gehört, muß binnen einem Monat nach dem Abschlusse des Vertrages im Auszuge zu den in dem Artikel 872 der Civilprozeß-Ordnung bezeichneten Sekretariaten und Kammern übersendet werden, damit die Veröffentlichung mittelst Eintragung in den Tabellen nach Maßgabe jenes Artikels erfolge.

In dem Auszuge muß angegeben sein: ob für die Ehegatten Gütergemeinschaft besteht, ob Trennung der Güter oder ob Dotalrecht vereinbart ist.

Der Notar, welcher den Ehevertrag aufgenommen hat, ist verpflichtet, die in diesem Artikel vorgeschriebene Uebersendung zu bewirken, unterläßt er dies, so hat er eine Geldbuße von fünfundzwanzig Thalern verwirkt; er ist den Gläubigern verantwortlich und wird mit Amtsentsetzung bestraft, falls bewiesen wird, daß die Unterlassung in Folge einer Kollusion stattgefunden hat.

41. Jeder Ehegatte, für dessen Ehe Gütertrennung oder Dotalrecht vereinbart ist, muß, wenn er nach Schließung der Ehe das Gewerbe eines Kaufmanns ergreift, binnen einem Monat, von dem Tage an gerechnet, an welchem er den Geschäftsbetrieb begonnen hat, die in dem vorhergehenden Artikel erwähnte Uebersendung bewirken; unterläßt er dies, so kann er, im

Fall er seine Zahlungen einstellt, mit Gefängniß bis zu zwei Jahren bestraft werden.

42. Der Auszug, welcher gemäß Artikel 40 und 41 dem Sekretariat des Handelsgerichts übersendet wird, muß außer den in dem Artikel 872 der Civilprozeß-Ordnung vorgeschriebenen Veröffentlichungen durch den Sekretär des Handelsgerichts ohne Verzug in einem der öffentlichen Blätter bekannt gemacht werden, welche nach Vorschrift des Artikels 13 des Handelsgesetzbuchs zur Veröffentlichung der in dem Handelsregister erfolgenden Eintragungen bestimmt sind.

43. Bei jeder Klage auf Gütertrennung und dem darauf folgenden Verfahren kommen die Artikel 1441 bis 1452 des Civilgesetzbuchs und die Artikel 865 bis 874 der Civilprozeßordnung zur Anwendung.

Bei jedem Urtheil, welches zwischen Ehegatten, von denen einer zu den Kaufleuten gehört, die Trennung von Tisch und Bett oder die Ehescheidung ausspricht, müssen die in dem Artikel 872 der Civilprozeß-Ordnung vorgeschriebenen Förmlichkeiten beobachtet werden, widrigenfalls die Gläubiger zu jeder Zeit befugt sind, gegen das Urtheil, soweit es ihr Interesse betrifft, Einspruch zu erheben und jede in Folge desselben geschehene Auseinandersetzung anzufechten.

44. Die in den Artikeln 2074 und 2075 des Civilgesetzbuchs vorgeschriebene Einregistrirung der Urkunde über die Pfandbestellung ist in Handelssachen nicht erforderlich.

Im Uebrigen kommen die Bestimmungen des Civilgesetzbuchs über das Faustpfand auch in Handelssachen zur Anwendung, soweit die Artikel 309 bis 316 des Handelsgesetzbuchs nicht ein Anderes bestimmen.

45. Die Pfandrechte, welche das Handelsgesetzbuch dem Kommissionär, dem Spediteur und dem Frachtführer beilegt, gewähren, so lange sie nach den Bestimmungen des Handelsgesetzbuchs dauern, in gleicher Weise wie das Faustpfand ein Vorzugsrecht (Privileg) im Sinne des Rheinischen Civilgesetzbuchs.

46. Gegen den Gläubiger, welcher den Besitz einer Sache oder eines Werthpapiers des Schuldners in einer das Zurückbehaltungsrecht der Artikel 313 und 314 des Handelsgesetzbuchs begründenden Weise erst seit dem Tage der Zahlungseinstellung oder innerhalb der nächst vorhergegangenen zehn Tage erlangt hat, sind die Vorschriften der Artikel 444 und 445 des Gesetzes wegen Abänderung einiger Bestimmungen des Rheinischen Handelsgesetzbuchs vom 8. Mai 1859 in gleicher Weise anzuwenden, wie wenn ihm ein Faustpfand bestellt worden wäre.

47. An Stelle der Artikel 631—634 des Rheinischen Handelsgesetzbuchs treten folgende Bestimmungen;

Die Handelsgerichte sind zuständig:

1) für alle Rechtsstreitigkeiten über Verbindlichkeiten eines Kaufmanns aus seinen Handelsgeschäften;
2) für alle Rechtsstreitigkeiten über Verbindlichkeiten eines Nichtkaufmanns aus einem Handelsgeschäfte, wenn das Geschäft auf Seiten dieses Nichtkaufmanns ein Handelsgeschäft ist;
3) für alle Rechtsstreitigkeiten über die im Artikel 2. Ziffer 2. bis 7. aufgeführten Handelssachen ohne Unterschied der Personen;
4) für alle Rechtsstreitigkeiten über Wechselverbindlichkeiten.

Die Artikel 636 und 637 sind aufgehoben.

48. In Handelssachen kann der Beweis durch Zeugen in allen Fällen ohne Rücksicht auf die Art und den Betrag des Gegenstandes des Prozesses zugelassen werden.

Die Artikel 1326, 1328 und 1341 des Civilgesetzbuchs finden in Handelssachen keine Anwendung.

Die Vorschriften, welche über die Beweiskraft öffentlicher Urkunden und über den Beweis ihrer Unechtheit oder die Unrichtigkeit ihres Inhaltes bestehen, werden durch diesen Artikel nicht berührt.

49. Das Handelsgericht kann in allen Fällen, insbesondere in Sachen, in welchen es sich um die Auseinandersetzung von Gesellschaftern, oder um die Prüfung von Rechnungen, Schriftstücken oder Handelsbüchern handelt, Sachverständige zur Erstattung eines Gutachtens ernennen, oder anordnen, daß zunächst Behufs Aufklärung und Feststellung der Streitpunkte und zum Versuch einer gütlichen Beilegung des Streits vor einem Kommissar des Gerichts verhandelt werden soll.

50. An die Stelle der Artikel 1—4 des Gesetzes vom 15. Germinal VI. Jahres (4. April 1798) und der Artikel 1, 2, 3 und 6 der Kabinetsordre vom 17. April 1833 (Gesetzsammlung S. 34) treten folgende Bestimmungen:

§. 1. Auf Vollstreckung durch Personalarrest ist zu erkennen:

1) wenn die Verurtheilung wegen der Verbindlichkeit eines Kaufmanns aus einem Geschäfte erfolgt, welches auf Seiten dieses Kaufmanns ein Handelsgeschäft ist;
2) wenn die Verurtheilung wegen der Verbindlichkeit eines Kaufmanns in einer der im Artikel 2 Ziffer 2—7 aufgeführten Handelssachen erfolgt;
3) wenn die Verurtheilung wegen der Verbindlichkeit eines Nichtkaufmanns aus einem Geschäfte erfolgt, welches auf Seiten dieses Nichtkaufmanns ein Handelsgeschäft ist;
4) wenn die Verurtheilung wegen einer Wechselverbindlichkeit erfolgt.

§. 2. Von dem Personalarrest sind in den Fällen unter 1, 2 und 3 des vorstehenden Paragraphen ausgenommen:

1) Frauen, insofern sie nicht Handelsfrauen sind;
2) Minderjährige ohne Unterschied des Geschlechts, und die ihnen gleichgeachteten Personen, sofern sie nicht nach den Bestimmungen dieses Gesetzes als volljährig zu erachten sind;
3) Wittwen und Erben, welche als solche wegen der Verbindlichkeit des Schuldners, dessen Rechtsnachfolger sie sind, verurtheilt werden.

In Bezug auf die Ausnahmen vom Personalarrest, welche bei der Verurtheilung wegen Wechselverbindlichkeiten eintreten, kommt der Artikel 2 der Allgemeinen Deutschen Wechselordnung zur Anwendung.

Die Vorschrift des Artikels 800 Nr. 5 der Civilprozeß-Ordnung ist in den im §. 1 bezeichneten Fällen nicht anwendbar.

51. Auf Personalarrest ist nur dann von den Handelsgerichten zu erkennen, wenn darauf angetragen ist.

Die Vollstreckung durch Personalarrest kann nur erfolgen, wenn derselben durch Erkenntniß ausdrücklich stattgegeben ist.[a]

a) Vgl. R.G. v. 29. Mai 1868, betr. die Aufhebung der Schuldhaft (R.G.Bl. S. 237).

52. In dem Artikel XII des Einführungsgesetzes zum Strafgesetzbuch treten an die Stelle der §§. 2 und 3 die folgenden Bestimmungen:

§. 2. Kaufleute im Sinne des Handelsgesetzbuchs, welche ihre Zahlungen einstellen, können mit Gefängniß bis zu zwei Jahren bestraft werden:
1) wenn sie nach Dotalrecht oder mit vertragsmäßiger Gütertrennung verheirathet, die Vorschriften des Artikels 41 dieses Gesetzes nicht befolgt haben;
2) wenn sie nicht innerhalb der drei Tage nach Einstellung der Zahlungen die durch Artikel 440 des Rheinischen Handelsgesetzbuchs vorgeschriebene Erklärung abgegeben haben, oder wenn ihre

Erklärung nicht die Namen aller solidarisch haftenden Gesellschafter enthält;

3) wenn sie sich ohne rechtmäßige Verhinderung in den festgesetzten Fällen und Fristen nicht bei den Agenten und Syndiken persönlich eingefunden, oder, nachdem sie ein freies Geleit erhalten, nicht vor Gericht gestellt haben.

Die in den Artikeln 69 und 586 bis 599 des Rheinischen Handelsgesetzbuchs enthaltenen Strafbestimmungen sind aufgehoben.

§. 3. Ein Gläubiger, welcher nach erlangter Kenntniß von der Zahlungseinstellung zu seiner Begünstigung und zum Nachtheil der übrigen Gläubiger einen besonderen Vertrag mit dem Gemeinschuldner oder dessen Erben eingeht, oder welcher sich von demselben oder anderen Personen besondere Vortheile dafür gewähren oder versprechen läßt, daß er bei der Berathung und Beschlußnahme der Gläubiger in einem gewissen Sinne stimme, wird mit Gefängniß bis zu Einem Jahre bestraft.

Auch kann gegen denselben zugleich auf zeitige Untersagung der Ausübung der bürgerlichen Ehrenrechte erkannt werden.

[Der fünfte Abschnitt (Art. 53—59) betrifft das Seerecht.]

Zweiter Titel.

Bestimmungen, die Aufhebung bisheriger Gesetze betreffend.

60. Mit dem 1. März 1862 treten die nachfolgenden Gesetze und Verordnungen nebst allen dieselben ergänzenden und erläuternden Bestimmungen außer Kraft:

1) die §§. 475 bis 712 und die §§. 1305 bis 2464 des achten Titels des zweiten Theils des Allge=

meinen Landrechts, jedoch die §§. 1934 bis 2358 nur insoweit, als dieselben auf die Versicherung gegen die Gefahren der Seeschifffahrt sich beziehen, ferner das Schwedisch-Pommersche Seerecht;

2) die beiden ersten Bücher des Rheinischen Handelsgesetzbuchs und sämmtliche in dem Bezirke des Appellationsgerichtshofes zu Köln publizirten Französischen Gesetze und Verordnungen über die Börsen- und die Handelsmäkler;

3) alle bisherigen Gesetze oder gesetzlichen Vorschriften, welche über Handelssachen (Art. 2 dieses Gesetzes) besondere, von dem allgemeinen bürgerlichen Recht abweichende privatrechtliche Bestimmungen enthalten, sofern nicht dieselben einen Gegenstand betreffen, in Ansehung dessen das Handelsgesetzbuch auf die Landesgesetze hinweist, oder insofern nicht die Fortdauer ihrer Geltung in diesem Einführungsgesetze bestimmt ist. Die das Prozeßrecht betreffenden Bestimmungen bleiben in Kraft, sofern sie nicht in diesem Gesetze für abgeändert oder aufgehoben erklärt sind.

61. Ungeachtet der Vorschrift unter Ziffer 3 des vorstehenden Artikels bleiben in Kraft, soweit nicht Bestimmungen des Handelsgesetzbuchs entgegenstehen:

1) die Gesetze oder gesetzlichen Vorschriften, welche zum Gegenstande haben:
   die Versicherung, außer der Versicherung gegen die Gefahren der Seeschifffahrt,
   die Rechtsverhältnisse der Kaufleute zu ihren Gehülfen und Lehrlingen,
   das Rechtsverhältniß der Stromschiffer zu ihren Leuten,
   das Rechtsverhältniß der Wirthe zu den bei ihnen einkehrenden Personen,
   das Apotheker-Gewerbe;

2) die Gesetze oder gesetzlichen Vorschriften, welche

in Abweichung von dem allgemeinen bürgerlichen Rechte kürzere Verjährungsfristen für Forderungen der Kaufleute oder einzelner Klassen von Kaufleuten bestimmen; insbesondere das Gesetz vom 31. März 1838 (Gesetz-Sammlung S. 249), die Verordnung vom 15. April 1842 (Gesetz-Sammlung S. 114), die Verordnung für die Landestheile, in welchen noch gemeines Recht gilt, vom 6. Juli 1845 (Gesetz-Sammlung S. 483), die Verordnung für die Hohenzollernschen Lande vom 12. März 1860 (Gesetz-Sammlung S. 97) und die Artikel 2271 ff. des Rheinischen Civilgesetzbuchs;

3) die nachfolgenden Gesetze:
   die Verordnung über die Ermittelung des Handelsgewichts beim Handel mit roher Seide vom 14. Oktober 1844 (Gesetz-Sammlung S. 661);
   die Verordnung vom 5. Oktober 1833, betreffend die Verpflichtung der Preußischen Seeschiffe zur Mitnahme verunglückter vaterländischer Schiffsmänner (Gesetz-Sammlung S. 122);
   das Gesetz vom 31. März 1841 zur Erhaltung der Mannszucht auf den Seeschiffen (Gesetz-Sammlung S. 64).

[Der dritte Titel (Art. 62—72) enthält Uebergangsbestimmungen.]

Schlußbestimmungen.

73. Die Errichtung und Organisation von Handelsgerichten in allen Landestheilen der Monarchie wird einem besonderen Gesetze vorbehalten.

Bis zum Erlaß desselben treten in den Landestheilen, in welchen nicht bereits besondere Handelsgerichte bestehen, die Kreisgerichte oder Stadtgerichte an die Stelle der Handelsgerichte. Die Kommerz- und Admiralitätskollegien zu Königsberg und Danzig, sowie die für die Handelssachen bestehenden Gerichtsabtheilungen zu Stettin, Memel und Elbing bleiben vorläufig in ihren bisherigen Einrichtungen und mit ihrer bisherigen Zuständigkeit bestehen. Denselben wird zugleich die Führung des Handelsregisters für ihre Sprengel übertragen, ingleichen die Führung des Schiffsregisters in dem Umfange, in welchem ihnen nach den bisherigen Vorschriften die Ausfertigung der Beilbriefe zustand.

Der Justizminister bestimmt für die einzelnen Gerichte, zu welchen Zweiggerichte gehören, ob und inwiefern das Handelsregister von den letzteren oder von dem Hauptgerichte zu führen sei.

74. Soweit in Folge der Einführung des Handelsgesetzbuchs Bestimmungen in Ansehung der gerichtlichen Gebühren und Kosten zur Ergänzung der bestehenden Gesetze erforderlich sind, werden dieselben durch Königliche Verordnung getroffen.

Vor Ablauf von drei Jahren wird diese dem Landtage zur verfassungsmäßigen Genehmigung vorgelegt.

Urkundlich unter Unserer Höchsteigenhändigen Unterschrift und beigedrucktem Königlichen Insiegel.

Gegeben Schloß Babelsberg, den 24. Juni 1861.

(L. S.) **Wilhelm.**

v. Auerswald. v. d. Heydt. v. Schleinitz. v. Patow. Gr. v. Pückler. v. Bethmann-Hollweg. Gr. v. Schwerin. v. Roon. v. Bernuth.

II.

Einführungs-Gesetz zum Allgemeinen Deutschen Handelsgesetzbuche für das Königreich Sachsen.

Vom 30. Oktober 1861.

(G.- u. V.Bl. 1861. 14. Stück.)

Wir, **Johann**, von Gottes Gnaden König von Sachsen rc. rc. rc., verkünden hierdurch:

Nachdem zufolge des von der deutschen Bundesversammlung am 18. Dezember 1856 gefaßten Beschlusses der Entwurf eines allgemeinen deutschen Handelsgesetzbuchs durch eine zu diesem Behufe zusammengetretene Kommission ausgearbeitet, auch von der deutschen Bundesversammlung in Gemäßheit des ferneren Beschlusses vom 31. Mai 1861 sämmtliche Bundesregierungen eingeladen worden, dem gedachten Entwurfe in ihren Landen baldmöglichst und ungeändert Gesetzeskraft zu verschaffen, so haben Wir mit Zustimmung Unserer getreuen Stände beschlossen und verordnen wie folgt:

§. 1. Das allgemeine deutsche Handelsgesetzbuch tritt vom **1. März 1862** an im Königreiche Sachsen zugleich mit dem gegenwärtigen Gesetze in Kraft.

2. Werden in dem Handelsgesetzbuche gewisse Bestimmungen den Landesgesetzen überlassen, so wird dadurch eine Regulirung durch Verordnungen, mag dieselbe im Allgemeinen oder für einzelne Fälle erfolgen, nicht ausgeschlossen.

3. Wenn in den Fällen, in welchen das Handelsgesetzbuch eine kürzere Verjährungsfrist, als die seither gesetzlich angeordnete, vorschreibt, die Verjährung vor dem Zeitpunkte, mit welchem das Handelsgesetzbuch in Kraft tritt, bereits zu laufen begonnen hat, aber noch

nicht vollendet worden ist, so steht Demjenigen, zu dessen Gunsten die Verjährung läuft, die Wahl zu, ob er das bisherige Recht oder die Vorschriften des Handelsgesetzbuchs geltend machen will; es ist jedoch, wenn er das Letztere wählt, die Zeit, welche bereits vor dem Zeitpunkte, mit dem das Handelsgesetzbuch in Kraft tritt, abgelaufen ist, in die Verjährungsfrist nicht einzurechnen.

4. Die Vorschriften des Handelsgesetzbuchs, welche die Rechte der Gläubiger für den Fall eines Konkurses ordnen, finden auf diejenigen Fälle keine Anwendung, in denen der Konkurs bereits vor dem Zeitpunkte, mit welchem das Handelsgesetzbuch in Kraft tritt, eröffnet worden ist.

5. Zu Art. 3. An Orten, wo ein Bedürfniß sich herausstellt, werden Handelsgerichte, bestehend aus rechtskundigen und aus dem Handelsstande angehörigen, beiderseits stimmberechtigten Mitgliedern errichtet.

6. Zu Art. 15 bis 27. Denjenigen, welche bereits vor Erlassung dieses Gesetzes eine nach der Firmen- und Prokura-Ordnung vom 28. Juli 1846 gestattete Firma angenommen hatten, sowie deren Rechtsnachfolgern bleibt es nachgelassen, dieselbe auch in dem Falle beizubehalten, wenn sie den Vorschriften des Handelsgesetzbuchs nicht entspricht.

7. Zu Art. 66 bis 84. Die Vorschriften der Artikel 66 flg. finden nur auf diejenigen Mäkler Anwendung, deren Schlußnoten und Büchern in einer von der Regierung bestätigten Mäkler- oder Börsenordnung Beweiskraft beigelegt ist, oder künftig beigelegt werden wird.

Insoweit die bestehenden Mäkler- und Börsenordnungen mit den Vorschriften des Handelsgesetzbuchs oder des gegenwärtigen Gesetzes im Widerspruch stehen, treten dieselben außer Kraft.

8. Das Gesetz über die Beweiskraft der Bücher, Schlußzettel und Atteſtate der verpflichteten Mäkler vom 21. September 1833, Nr. I bis V, wird aufgehoben. An dessen Stelle treten die Art. 77, 78 und 81 mit folgenden Zusätzen:

1) Die Mäkler sind verpflichtet, jedes beschriebene Blatt des Tagebuchs (Art. 71 flg.) mit ihrem amtlichen Stempel zu bedrucken und auf jeder Schlußnote (Art. 73) ihrer Unterschrift einen Abdruck des amtlichen Stempels beizufügen. Nur wenn diese Vorschriften erfüllt sind, ist dem Tagebuch und den Schlußnoten die im Art. 77 bestimmte Beweiskraft beizulegen.

2) Gleiche Beweiskraft wie das ordnungsmäßig geführte Tagebuch und die Schlußnoten der Mäkler (Art. 77 flg.) haben auch die von denselben über die von ihnen vermittelten Handelsgeschäfte ertheilten Zeugnisse, welche auf das ordnungsmäßig geführte Tagebuch, oder auf die unter öffentlicher Autorität erschienenen Courszettel sich gründen und von den Mäklern eigenhändig unterschrieben und mit ihrem amtlichen Siegel bedruckt sind.

   Andere von den Mäklern in Bezug auf die ihnen nach den Mäklerordnungen außerdem zugewiesenen Verrichtungen ausgestellte, von ihnen eigenhändig unterschriebene und mit dem amtlichen Siegel bedruckte Zeugnisse sind hinsichtlich ihrer Beweiskraft nur als Zeugnisse vereideter Sachverständiger zu beurtheilen, ohne jedoch einer Recognition zu bedürfen.

9. Zu Art. 96 und 97. Die Bestimmungen der Art. 96 und 97, wonach ein offener Gesellschafter an einer anderen gleichartigen Handelsgesellschaft als offener Gesellschafter nicht theilnehmen darf, finden auf die Fälle keine Anwendung, in welchen diese Theilnahme

bereits zu dem Zeitpunkte, zu welchem das Handelsgesetzbuch in Kraft tritt, bestand.

10. Zu Art. 111. Wenn eine offene Handelsgesellschaft unter ihrer Firma, mag nun erstere die Firma gewählt haben, oder eine bereits bestandene Firma fortführen (Art. 22, 24), Eigenthum oder andere dingliche Rechte an Grundstücken erwirbt, so bedarf es nur der Eintragung der Firma in das Grund- und Hypothekenbuch und sind in diesem Falle jedesmal nur diejenigen Personen als Eigenthümer der Grundstücke, oder als Inhaber der dinglichen Rechte anzusehen, welche sich als Inhaber der Firma zu legitimiren im Stande sind. Diese Legitimation erfolgt durch ein auf Grund des Handelsregisters auszustellendes gerichtliches Zeugniß.

Es ist jedoch der Gesellschaft für den Fall, daß die Firma derselben als Eigenthümerin von Grundstücken oder als Inhaberin von dinglichen Rechten an Grundstücken in das Grund- und Hypothekenbuch eingetragen wird, oder bereits eingetragen worden ist, jederzeit gestattet, außer der Firma auch noch die Namen der sämmtlichen Inhaber der Firma in das Grund- und Hypothekenbuch eintragen zu lassen. Ist dies geschehen, so sind die eingetragenen Inhaber der Firma so lange ausschließlich als solche für legitimirt anzusehen, als nicht andere Personen als Inhaber der Firma eingetragen, oder die eingetragenen Namen wieder gelöscht worden sind.

Geht die von einer offenen Handelsgesellschaft geführte Firma, auf deren Namen Grundstücke oder dingliche Rechte im Grund- und Hypothekenbuche eingetragen sind, auf eine einzelne Person über, so ist nur letztere in das Grund- und Hypothekenbuch einzutragen.

Durch die vorstehenden Bestimmungen werden die Vorschriften der Art. 114 bis 117 nicht berührt.

11. Zu Art. 122 jct., Art. 169, ingleichen zu Art.

123 jct., Art. 170 und 200. Wenn über das Vermögen einer Gesellschaft, sei diese eine offene Gesellschaft, eine Kommanditgesellschaft, oder eine Kommanditgesellschaft auf Aktien, Konkurs eröffnet wird, so ist zugleich über das Privatvermögen eines jeden persönlich haftenden Gesellschafters Konkurs zu eröffnen.

Den Privatgläubigern der persönlich haftenden Gesellschafter steht solchenfalls ein Absonderungsrecht in Bezug auf das Privatvermögen der Letzteren zu.

Der Konkurs über das Vermögen sämmtlicher Gesellschafter hat an sich die Eröffnung des Konkurses über das Vermögen der Gesellschaft nicht zur Folge.

12. Zu Art. 164. Die Bestimmungen des §. 10 dieses Gesetzes Abs. 1. 2. und 3. finden auch auf Kommanditgesellschaften Anwendung. Hiedurch werden jedoch die Vorschriften des Art. 167 nicht berührt.

13. Zu Art. 173 bis 249. Die vor dem 1. März 1862 mit staatlicher Genehmigung errichteten Kommanditgesellschaften auf Aktien und Aktiengesellschaften sind in das Handelsregister auch dann einzutragen, wenn in Bezug auf deren Errichtung den in dem Handelsgesetzbuche vorgeschriebenen Erfordernissen nicht genügt ist. Das rechtliche Bestehen einer solchen Gesellschaft ist von der Eintragung in das Handelsregister (Art. 178, 211) nicht abhängig.

Auch bleibt es der zu Ertheilung der staatlichen Genehmigung (Art. 174, 208) competenten Behörde überlassen, hinsichtich der vor dem bemerkten Tage rechtsbeständig errichteten Gesellschaften der gedachten Art die sonst etwa erforderlichen Ausnahmen von den Bestimmungen des Handelsgesetzbuchs eintreten zu lassen.

14. Zu Art. 175, 177, 240. Die persönlich haftenden Mitglieder einer Kommanditgesellschaft auf Aktien werden mit Gefängniß bis zu drei Monaten bestraft:

1) wenn sie vorsätzlich behufs der Eintragung des Gesellschaftsvertrags in das Handelsregister, falsche

Angaben über die Zeichnung oder Einzahlung des Kapitals der Kommanditisten (Art. 177) machen;

2) wenn durch ihre Schuld die Gesellschaft länger als drei Monate ohne Aufsichtsrath geblieben ist (Art. 175 Nr. 6). Gleiche Strafe trifft

3) die Mitglieder des Vorstandes einer Aktiengesellschaft, wenn sie der Vorschrift des Art. 240 zuwider, dem Gerichte die Anzeige zu machen unterlassen, daß das Vermögen der Gesellschaft nicht mehr die Schulden deckt.

Dafern in den Fällen unter 2 und 3 die Gefängnißstrafe nicht höher als einen Monat ansteigt, kann statt derselben auf Geldstrafe bis zu Einhundert Thalern erkannt werden.

Die Strafe wird von dem Handelsgerichte (Art. 3) ohne Betheiligung der Staatsanwaltschaft erkannt.

15. Zu Art. 301, 302 und 305. Die Vorschriften des Gesetzes, die Amortisation der Wechsel und Anweisungen betreffend, vom 24. Dezember 1850, finden auf die in Art. 301 und 302 bezeichneten Papiere auch Anwendung, wenn letztere keine kaufmännischen Anweisungen im Sinne des Gesetzes, die kaufmännischen Anweisungen betreffend, vom 7. Juni 1849, sind.

Ist in dergleichen Papieren kein Verfalltag bestimmt, so darf die in §. 5 des Gesetzes vom 24. Dezember 1850 festgesetzte Frist erst von dem Zeitpunkte an zu laufen anfangen, zu welchem der Inhaber des Papiers die darin zugesicherte Zahlung, Leistung oder Auslieferung zu fordern berechtigt ist.

16. Zu Art. 306. Wo die Redlichkeit des Besitzers in Frage kommt, ist dieselbe so lange zu vermuthen, als nicht das Gegentheil nachgewiesen wird.

17. Zu Art. 307. Werthpapiere dürfen im Königreich Sachsen ohne Genehmigung der Regierung von

Privatpersonen, selbst aus dem Handelsstande, ingleichen von Gesellschaften, Korporationen und Anstalten auf jeden Inhaber (au porteur) nicht gestellt werden. Die dieser Vorschrift zuwider ausgestellten Werthpapiere sind nichtig, und es finden die Bestimmungen des Art. 307 auf dieselben keine Anwendung.

Für Papiere auf den Inhaber, welche außerhalb Sachsen ausgestellt werden, gelten die Vorschriften des Art. 307 nur dann, wenn deren Ausstellung nach dem Gesetze des Orts der Ausstellung gestattet ist.

So lange Papieren, welche auf den Inhaber lauten, die Eigenschaft der Inhaberpapiere dadurch entzogen ist, daß sie durch eine darauf gebrachte Bemerkung giltiger Weise außer Kurs gesetzt sind, finden die Bestimmungen des Art. 307 auf sie keine Anwendung.

Das außer und wieder in Kurssetzen kann in Sachsen durch jede öffentliche Behörde geschehen.

Das Gesetz, die kaufmännischen Anweisungen betreffend, vom 7. Juni 1849, §. 1, wird dahin abgeändert, daß die Verbindlichkeit zur Herausgabe kaufmännischer Anweisungen, wenn sie mittelst Blankoindossaments weiter begeben, oder im Auslande, wo dessen Gesetze es gestatten, auf den Inhaber gestellt sind, nicht nach den Vorschriften der allgemeinen deutschen Wechselordnung (Art. 12, 36, 74 und 85), sondern nach den Vorschriften des Handelsgesetzbuchs (Art. 306 und 307) zu beurtheilen ist.

Das Gesetz, die Ausstellung von Kreditpapieren auf jeden Inhaber betreffend, vom 7. Juni 1846 und das Gesetz, die Ausschließung der auf jeden Inhaber lautenden Kreditpapiere von der Vindikation betreffend, vom 8. Juni 1846, werden aufgehoben.

18. Zu Art. 329 und 330, Abs. 2. Die Vorschrift des Gesetzes, die Einführung der allgemeinen deutschen Wechselordnung betreffend, vom 25. April 1849, §. 9 findet auch auf Art. 329 und 330, Abs. 2 Anwendung.

19. Zu Art. 374 flg. Die in dem Decisivbefehle vom 4. September 1669 unter 3 der Leipziger Wechselordnung §. XXXIV und der Erläuterten Prozeßordnung ad Tit. XLI §. 1 am Ende zum Vortheile der Waarenkommissionäre enthaltene Bestimmung, ingleichen die hierauf bezügliche Vorschrift des Gesetzes, die Einführung der allgemeinen deutschen Wechselordnung betreffend, vom 25. April 1849, §. 10, treten außer Kraft.

20. Unsere Ministerien der Justiz und des Innern sind mit der Ausführung dieses Gesetzes beauftragt.

Urkundlich ꝛc.

Gegeben zu Dresden am 30. Oktober 1861.

(L. S.) **Johann.**

Dr. Johann Heinrich August v. Behr.
Friedrich Ferdinand Freiherr v. Beust.

III.

Einführungs-Gesetz zum Allgemeinen Deutschen Handels-Gesetzbuche für die Freie Stadt Frankfurt.

Vom 17. Oktober 1862.

Wir **Bürgermeister und Rath der Freien Stadt Frankfurt** verordnen hiermit auf verfassungsmäßige Beschlüsse der gesetzgebenden Versammlung vom 4. Juni und 10. Oktober 1862 wie folgt:

Art. 1. Das in der Anlage A enthaltene allgemeine deutsche Handelsgesetzbuch tritt mit dem 1. Januar 1863 in Gesetzeskraft.

2. Von dem genannten Tage an sind alle mit dem allgemeinen deutschen Handelsgesetzbuche und dem gegenwärtigen Gesetze in Widerspruch stehenden gesetzlichen und gewohnheitsrechtlichen Bestimmungen aufgehoben.

3. Bis zur Einführung des Handelsgerichtes wird das Handelsregister bei der ersten Abtheilung des Stadtgerichts durch die Wechselnotare, welche für diesen Zweck eine Abtheilung des Sekretariates bilden, geführt.

4. Das Handelsregister liegt an den Werktagen von 8—12 Uhr Vormittags und von 3—5 Uhr Nachmittags in dem Geschäftszimmer des Wechselnotariats zur Einsicht offen.

Daselbst sind in den nämlichen Stunden die zum Behufe der Eintragung in das Handelsregister vorgeschriebenen Anmeldungen zu machen.

5. Die Prüfung der Anmeldungen und die darauf erforderliche Verfügung ist, bis zur Einführung des Handelsgerichtes, der ersten Abtheilung des Stadtgerichtes übertragen, und in deren Auftrag werden die Eintragungen in das Handelsregister durch die Wechselnotare bekannt gemacht.

Ueber Beschwerden gegen die Verfügungen des Stadtgerichts entscheidet in zweiter und letzter Instanz das Appellationsgericht.

Die Nothfristen und das Verfahren in zweiter Instanz bestimmen sich nach der Civilprozeßordnung.

6. Das Gesetz vom 20. Oktober 1825 (Gesetz- und Statuten-Samml. Bd. IV, S. 33—35) tritt mit dem 1. Januar 1863 außer Kraft.

7. Diejenigen bereits bestehenden Firmen, deren Inhaber den Vorschriften des Gesetzes vom 20. Oktober 1825 nachgekommen sind, dürfen auch nach Verkündigung des gegenwärtigen Gesetzes, so lange als nicht in der Person des Inhabers oder eines der Gesellschafter eine Veränderung eintritt, selbst dann beibehalten werden, wenn sie nach den Art. 16, 17 und 18 des allgemeinen deutschen Handelsgesetzbuchs unstatthaft sein würden.

8. Die Bestimmungen des allgemeinen deutschen Handelsgesetzbuchs, welche Anmeldungen zur Eintragung in das Handelsregister vorschreiben, sind auf die bereits

vor dem 1. Januar 1863 errichteten und den bisherigen gesetzlichen Vorschriften gemäß angemeldeten Handlungen, offenen Handelsgesellschaften und Kommanditgesellschaften nicht anwendbar.

Das Gleiche gilt von den bereits vor dem 1. Januar 1863 ertheilten Prokuren; jedoch ist der Artikel 43 des allgemeinen deutschen Handelsgesetzbuchs auch auf die vor dem 1. Januar 1863 ertheilten und bis zu diesem Tage nicht abgelaufenen oder nicht widerrufenen Prokuren anzuwenden.

9. Für eine jede Veränderung, welche an dem oder nach dem 1. Januar 1863 vorzüglich einer schon vor diesem Tage errichteten Handlung oder Handlungsgesellschaft oder ertheilten Prokura eintreten wird, sind die Vorschriften des allgemeinen deutschen Handelsgesetzbuchs maßgebend.

10. Die am 1. Januar 1863 bestehenden Handlungen, offenen Handelsgesellschaften und Kommanditgesellschaften, deren Inhaber den Vorschriften des Gesetzes vom 20. Oktober 1825 nicht nachgekommen sind, unterliegen rücksichtlich der Anmeldungen und der Eintragungen in das Handelsregister unbedingt den Vorschriften des allgemeinen deutschen Handelsgesetzbuchs.

11. Alle bereits vor dem 1. Januar 1863 errichteten Aktiengesellschaften sind bei Meidung einer Ordnungsstrafe verpflichtet, spätestens bis zum 1. März 1863 die durch die Art. 210 und 212 des allgemeinen deutschen Handelsgesetzbuchs, für die Errichtung von Aktiengesellschaften und die durch den Artikel 228 des allgemeinen deutschen Handelsgesetzbuchs, sowie durch den Art. 12 dieses Einführungsgesetzes rücksichtlich der Vorstände, Bevollmächtigten und Beamten der Aktiengesellschaften vorgeschriebenen Einträge in das Handelsregister und die Veröffentlichungen dieser Einträge bei dem Wechselnotariate zu beantragen.

Der Eintrag ist zu vollziehen und die Veröffentlichung zu verfügen, wenn bei Errichtung dieser Aktiengesellschaften den Rechtserfordernissen Genüge geleistet worden ist, welche zur Zeit der Gründung Geltung hatten.

12. Die Vorschriften des Art. 228 des allgemeinen deutschen Handelsgesetzbuchs sind auch rücksichtlich der im Art. 234 erwähnten Bevollmächtigten und Beamten der Aktiengesellschaften zu befolgen.

13. Die Erkennung der Ordnungsstrafen ist bis zur Einsetzung eines Handelsgerichts der ersten Abtheilung des Stadtgerichtes übertragen.

Diese Ordnungsstrafen bestehen in Geldbußen von 10—200 Gulden. Eine Umwandlung dieser Geldbußen in Gefängnißstrafe findet nicht statt.

Ueber Beschwerden gegen die Strafverfügungen des Stadtgerichts entscheidet in zweiter und letzter Instanz das Appellationsgericht.

Die Nothfristen und das Verfahren in zweiter Instanz bestimmen sich nach der Civilprozeßordnung.

14. Alle Behörden und Beamten, sowie die Wechselnotare sind verpflichtet, die bei Ausübung ihrer Amtsobliegenheiten zu ihrer Kenntniß gelangenden Verfehlungen gegen die in dem allgemeinen deutschen Handelsgesetzbuche bei Ordnungsstrafe vorgeschriebenen Bestimmungen der ersten Abtheilung des Stadtgerichts anzuzeigen.

15. Die Bestimmungen der Art. 313—316 des allgemeinen deutschen Handelsgesetzbuchs kommen unter sonst gleichen Voraussetzungen auch dann zur Anwendung, wenn der Gläubiger oder der Schuldner nicht Kaufmann ist, oder wenn keiner von beiden Kaufmann ist, so wie auch dann, wenn die Rechtsgeschäfte, wegen deren der eine Kontrahent Schuldner des andern geworden ist, nicht zu den Handelsgeschäften im Sinne des allgemeinen deutschen Handelsgesetzbuchs gehören.

Endlich auch dann, wenn die zu retinirenden Gegenstände nicht auf Grund von Handelsgeschäften in die Hände des Gläubigers gelangt sind.

16. Statt der Vorschriften des Art. 69 des allgemeinen deutschen Handelsgesetzbuchs kommen die bisherigen gesetzlichen Bestimmungen über die Pflichten der Handelsmäkler auch nach dem 1. Januar 1863 vorerst noch zur Anwendung.

17. Die Behörde, durch welche das Tagebuch der Handelsmäkler nach Art. 71 des allgemeinen deutschen Handelsgesetzbuchs beglaubigt und bei welcher dasselbe nach Art. 75 niedergelegt wird, ist das Rechnei- und Renten-Amt.

18. Wird gegen einen Gesellschafter einer offenen Handelsgesellschaft oder einer Kommanditgesellschaft der Konkurs erkannt, so steht den Privatgläubigern des Gesellschafters vor allen Gläubigern der Handelsgesellschaft ein Vorzugsrecht an dessen Privatvermögen zu. Die Gläubiger der Handelsgesellschaft können nur nach vollständiger Befriedigung der Privatgläubiger Anspruch auf das Privatvermögen des Handelsgesellschafters machen.

Wird über das Vermögen einer offenen oder Kommanditgesellschaft der Konkurs erkannt, so ist zugleich über das Privatvermögen eines jeden persönlich haftenden Gesellschafters der Konkurs zu eröffnen.

19. Die Verwaltungsbehörde, welcher im Falle des Art. 240 des allgemeinen deutschen Handelsgesetzbuchs die Auflösung einer Aktiengesellschaft zusteht, ist das Rechnei- und Rentenamt.

20. Bis zur Einsetzung des Handelsgerichts bestimmt die erste Abtheilung des Stadtgerichtes, wo, der Vorschrift des Art. 246 des allgemeinen deutschen Handelsgesetzbuchs gemäß, die Handelsbücher einer aufgelösten Aktiengesellschaft niederzulegen sind.

21. Steht einer Handelsgesellschaft das Eigenthum

einer Liegenschaft, oder ein anderes in die öffentlichen Bücher einzutragendes Recht an einer solchen, oder eine in diese Bücher einzutragende Gerechtigkeit zu, so ist der Eintrag auf die Firma zu machen.

Es ist lediglich nach den Bestimmungen des allgemeinen deutschen Handelsgesetzbuchs zu beurtheilen, wer über eine auf die Firma einer Handelsgesellschaft eingetragene Liegenschaft oder Gerechtigkeit, oder über ein sonstiges einer Handelsgesellschaft zugeschriebenes dingliches Recht zu verfügen berechtigt sei.

22. Hat in einem Falle, für welchen das allgemeine deutsche Handelsgesetzbuch eine kürzere Verjährungsfrist, als die bisher gesetzlich angeordnete vorschreibt, am 1. Januar 1863 die Verjährung bereits begonnen, so kommt gleichwohl die in dem allgemeinen deutschen Handelsgesetzbuch bestimmte Verjährungsfrist zur Anwendung, und ist diese Frist vom 1. Januar 1863 zu berechnen.

Würde jedoch die Verjährung nach den bisherigen Gesetzen schon früher vollendet sein, so behält es bei diesen sein Bewenden.

23. Zur Errichtung einer Kommanditgesellschaft auf Aktien ist die staatliche Genehmigung nicht erforderlich.

24. Die persönlich haftenden Mitglieder einer Kommanditgesellschaft auf Aktien werden mit Geldstrafen bis zu 200 Gulden oder mit Gefängnißstrafe bis zu drei Monaten bestraft, wenn sie

1) vorsätzlich behufs der Eintragung des Gesellschaftsvertrags in das Handelsregister falsche Angaben über die Zeichnung oder Einzahlung des Kapitals der Kommanditisten (Art. 177) machen,
2) wenn durch ihre Schuld die Gesellschaft länger als drei Monate ohne Aufsichtsrath geblieben ist (Art. 175, 176).

Gleiche Strafe trifft

3) die Mitglieder des Vorstandes einer Aktiengesellschaft, wenn sie der Vorschrift des Absatzes 3 des Art. 240 zuwider dem Gerichte die Anzeige zu machen unterlassen, daß das Vermögen die Schulden nicht mehr deckt. Diese Strafe tritt jedoch nicht ein, wenn von ihnen nachgewiesen wird, daß die Anzeige ohne ihr Verschulden unterblieben ist.

Die kraft dieses Artikels zu verhängenden Strafen werden von dem Zuchtpolizeigericht erkannt.

Beschlossen in unserer Rathsversammlung am 17. Oktober 1862.

IV.

Einführungsgesetz zum Allgemeinen Deutschen Handelsgesetzbuche für die Freie und Hansestadt Hamburg.

Publicirt den 22. Dezember 1865.

Der Senat hat in Uebereinstimmung mit der Bürgerschaft beschlossen, und verkündet hierdurch als Gesetz was folgt:

Einführungsgesetz zum Allgemeinen Deutschen Handelsgesetzbuche.

Zu den allgemeinen Bestimmungen.

§. 1. Das Allgemeine Deutsche Handelsgesetzbuch tritt nach Maßgabe der in diesem Gesetze getroffenen näheren Bestimmungen am 1. Mai 1866 in Gesetzeskraft.

Mit demselben Tage tritt auch dieses Gesetz in Wirksamkeit.

2. Von dem genannten Tage sind alle mit dem Allgemeinen Deutschen Handelsgesetzbuche und diesem Einführungsgesetze in Widerspruch stehenden gesetzlichen und gewohnheitsrechtlichen Bestimmungen aufgehoben.

3. Der Ausdruck „Landesgesetze" im Handelsgesetzbuche befaßt nicht allein die Gesetze, sondern überhaupt das bestehende Recht.

4. (Zu Art. 3.) Wo das Handelsgesetzbuch und dieses Einführungsgesetz das Handelsgericht erwähnt, tritt für das Amt Ritzebüttel das dortige Amtsgericht an dessen Stelle.

Zum ersten Buche.

5. (Zu Art. 7 Abs. 1.) Die Einwilligung des Ehemannes ist nicht erforderlich, wenn bei Trennung der Ehe von Tisch und Bett auch eine gerichtlich verkündigte Auseinandersetzung der Vermögensverhältnisse unter den Eheleuten stattgefunden hat.

6. (Zu Art. 10.) Die Bestimmungen des Handelsgesetzbuches finden auf die im Art. 10 erwähnten Klassen von Gewerbetreibenden gleichfalls Anwendung, jedoch mit folgenden Ausnahmen:

1) Eine Eintragung derselben in das Handelsregister ist nur dann erforderlich, wenn sie einen Prokuristen bestellen wollen, oder wenn sie zur Betreibung ihres Gewerbes eine offene Gesellschaft eingehen. Eine solche Erwerbsgesellschaft gilt als Handelsgesellschaft.
2) Die Vorschriften des Handelsgesetzbuches über die Handelsbücher finden überhaupt nur auf solche Handelsgewerbe Anwendung, in welchen eine kaufmännische Buchführung gebräuchlich ist.

7. (Zu Art. 13.) Die im Art. 13 vorgeschriebene Veröffentlichung der Eintragungen in das Handelsregister geschieht regelmäßig wöchentlich einmal. Jedoch bleibt es den Betheiligten unbenommen, in dazu geeigneten Fällen eine außerordentliche Veröffentlichung zu beantragen.

Der §. 5 der Verordnung vom 16. Januar 1852 in Bezug auf die Einführung eines Hamburgischen Amtsblattes findet auf diese Veröffentlichungen keine Anwendung.

8. (Zu Art. 21.) Befindet sich die Hauptniederlassung an einem Orte, an welchem das Handelsgesetzbuch nicht Gesetzeskraft hat, so bedarf es der im Handelsgesetzbuche Art. 21 Abs. 3 gedachten Nachweisung nicht.

9. (Zu Art. 42.) Zur Ertheilung von Konsensen vor den mit Führung der Eigenthums- und Hypothekenbücher beauftragten Behörden ist der Prokurist nur ermächtigt, wenn ihm diese Befugniß besonders ertheilt ist.

10. (Zu Art. 66—84.) Die Bestimmungen des Handelsgesetzbuches über die Befugnisse und Verpflichtungen der Handelsmäkler finden auf alle Mäkler Anwendung.

Was das Handelsgesetzbuch über den Abschluß von Handelsgeschäften durch Mäkler vorschreibt, gilt auch von dem Abschluß aller anderen Geschäfte durch Mäkler.

11. Die jetzt geltenden gesetzlichen Bestimmungen über das Mäklerwesen bleiben insoweit in Kraft, als denselben die Vorschriften des Handelsgesetzbuches und diejenigen dieses Gesetzes nicht entgegenstehen.

Der nach §. 10 der Mäklerordnung den Mäklern verstattete Vorbehalt einer späteren Aufgabe des Käufers ist in Zukunft nicht zulässig.

Die Art. 71—74 des Handelsgesetzbuches treten an die Stelle des §. 13 der Mäklerordnung.

Darüber, wann die Courtage verdient ist, ist nach der Vorschrift des Art. 82 des Handelsgesetzbuches zu entscheiden.

Der Mäklereid wird dahin verändert, daß die Worte,

welche eine ausdrückliche Bezugnahme auf die Mäklerordnung enthalten, wegfallen.

12. (Zu Art. 69.) Den Mäklern bleibt gestattet bei öffentlichen Verkäufen von Grundstücken und Schiffen ohne Angabe ihres Auftraggebers im eigenen Namen den Kaufbrief zu unterzeichnen.

Es bleibt ferner die Verbindung von Mäklern zu einem gemeinschaftlichen Betriebe ihrer Mäklergeschäfte gestattet, jedoch hat jeder der verbundenen Mäkler ein besonderes Tagebuch zu führen und derjenige, durch dessen Vermittelung ein Geschäft zum Abschluß gelangte, die Schlußnote zu unterzeichnen.

13. (Zu Art. 80.) Die Aufbewahrung der Kaufprobe liegt den Mäklern nur dann ob, wenn dieselbe ihnen von den Parteien oder einer derselben zu diesem Behufe übergeben worden ist.

14. (Zu Art. 82 u. 83.) Der Betrag der Mäklergebühr bleibt der freien Vereinbarung überlassen. Hat eine Vereinbarung nicht stattgefunden, so kommen sowohl hinsichtlich der Frage, welche Gebühr dem Mäkler zukommt, als auch hinsichtlich der Frage, von welchem Kontrahenten dieselbe zu zahlen ist, die mit der Mäklerordnung vom 15. Dezember 1824 publizirte Courtagetaxe, sowie die sonst über die Mäklergebühr erlassenen Verordnungen zur Anwendung.

15. (Zu Art. 84.) Geschäfte jeglicher Art, sie mögen Handelsgeschäfte sein oder nicht, können in Zukunft auch durch unbeeidigte Unterhändler vermittelt werden.

Die Befugniß, Auktionen abzuhalten, kann von der den Mäklern vorgesetzten Behörde auch Personen ertheilt werden, welche nicht Mäkler sind, wenn sie die für dieses Amt erforderlichen Eigenschaften besitzen. Solche ausschließlich für das Abhalten von Auktionen zugelassene Personen haben bei den von ihnen abgehaltenen Auktionen alle den Mäklern obliegenden Verpflichtungen gewissenhaft zu beobachten, sich hierzu vor ihrer Zulassung eidlich zu verpflichten und stehen hinsichtlich ihrer Amtsverrichtungen unter der Aufsicht der den Mäklern vorgesetzten Behörde.

16. Die folgenden für die Mäkler geltenden gesetzlichen Bestimmungen finden auch auf solche Personen Anwendung, welche, ohne Mäkler zu sein, gewerbsmäßig Mäklergeschäfte betreiben:

1) die Vorschriften, nach welchen Mäkler zu Anzeigen an Behörden verpflichtet und für die Entrichtung öffentlicher Abgaben verantwortlich sind;

2) die Vorschrift, daß Mäkler zu Besichtigungen und Taxirungen, welche ihnen von Behörden und Gerichten aufgetragen werden, verpflichtet sind;

3) die Vorschriften der Art. 82 und 83 des Handelsgesetzbuches, sowie des §. 14 dieses Gesetzes.

Bei öffentlichen Verkäufen von Grundstücken hat Jeder, der für Rechnung eines Andern zu kaufen beabsichtigt, nach der Vorschrift des §. 16 der Verordnung über die Abgabe von Eigenthumsveränderungen der Immobilien vom 23. Dezember 1857 zu verfahren

Zum zweiten Buche.

17. (Zu Art. 111, 164, 213.) Die Eintragung der einer hiesigen Handelsgesellschaft zustehenden Rechte an Grundstücken in die Eigenthums- und Hypothekenbücher erfolgt auf die Firma der Gesellschaft ohne Benennung der einzelnen Gesellschafter. Sie darf erst erfolgen, wenn die Eintragung der Gesellschaft in das Handelsregister nachgewiesen ist.

Zur Legitimation eines Gesellschafters, welcher vor den mit Führung der Eigenthums- und Hypothekenbücher beauftragten Behörden im Namen einer hiesigen Handelsgesellschaft auftritt, genügt der durch ein Attest des Handelsgerichts zu liefernde Nachweis, daß derselbe zur Vertretung der Gesellschaft befugt ist.

18. (Zu Art. 111.) In Betreff der Berechnung der Abgabe von den Eigenthumsveränderungen der Immobilien werden die auf die Firma einer offenen Handelsgesellschaft geschriebenen Grundstücke so behandelt, als ob sie den Gesellschaftern gemeinschaftlich auf ihren persönlichen Namen zugeschrieben wären. Es wird demnach diese Abgabe nicht bloß bei der Umschreibung, sondern auch bei jeder Veränderung in den Personen der Gesellschafter und zwar in Gemäßheit des §. 4 der Verordnung vom 23. Dezember 1857 entrichtet, jedoch unter der Abänderung dieses §. 4, daß die Antheile der Gesellschafter stets als gleich groß angenommen werden.

Diese Vorschrift kommt in gleicher Weise rücksichtlich der einer einfachen Kommanditgesellschaft, nicht aber rücksichtlich der einer Kommanditgesellschaft auf Aktien oder einer Aktiengesellschaft gehörenden Grundstücke zur Anwendung.

19. (Zu Art. 114, 119.) Die im Art. 64, 5) der Neuen Falliten-Ordnung enthaltene Vorschrift, nach welcher die Gesellschaft für solche Schulden, welche ein Kompagnon einseitig, ohne sich der Firma zu bedienen, gemacht hat, auch ohne sonstigen Verpflichtungsgrund schon dann verhaftet ist, wenn die Gelder unmittelbar der Kompagnie zu gut gekommen sind, ist aufgehoben.

20. (Zu Art. 122, 169.) Die im Art. 64, 4) der Neuen Falliten-Ordnung enthaltene Vorschrift über das den Privatgläubigern der Gesellschafter zustehende Absonderungsrecht wird durch das Handelsgesetzbuch nicht berührt.

21. (Zu Art. 126.) Die Exekution in das dem Gesellschafter bei dereinstiger Auflösung der Gesellschaft zukommende Guthaben ist als erwirkt anzusehen, sobald das zuständige Gericht dieselbe nach fruchtlos vollstreckter Exekution in das Privatvermögen des Gesellschafters verfügt hat, und diese Verfügung sowohl dem Letzteren als auch der Gesellschaft und zwar in der Person eines andern Gesellschafters oder sonstigen Vertreters insinuirt worden.

22. (Zu Art. 129, 171, 201.) Die Eröffnung des Konkurses über eine Handelsgesellschaft ist von Amtswegen in das Handelsregister einzutragen. Die Bekanntmachung der Eintragung unterbleibt.

23. (Zu Art. 146—149.) Durch die Bestimmungen der Art. 146—149 wird die bisher übliche Erlassung von Proklamen im Fall der Auflösung der Gesellschaft nicht ausgeschlossen und die rechtliche Wirkung dieser Proklame nicht berührt.

24. (Zu Buch II Tit. 2 und 3.) Die Bestimmungen des Handelsgesetzbuches über die Kommanditgesellschaft auf Aktien und die Aktiengesellschaft kommen auf alle Erwerbsgesellschaften dieser Art zur Anwendung, auch wenn sie nicht Handelsgeschäfte zum Gegenstand haben.

25. (Zu Art. 174, 198, 203, 206, 208, 214, 242, 247, 248, 249.) Zur Errichtung einer Kommanditgesellschaft auf Aktien und einer Aktiengesellschaft bedarf es der staatlichen Genehmigung nicht; es kommen demnach die für diesen Fall in den Art. 206 und 249 des Handelsgesetzbuches enthaltenen Vorschriften zur Anwendung.

26. (Zu Art. 222, 239, 249.) Die Genehmigung dazu, daß die 40 pCt. des Nominalbetrages der Aktien, für welche der Zeichner unbedingt verhaftet ist, auf 25 pCt. herabgesetzt werden und daß die im Art. 239 des Handelsgesetzbuches bestimmte Frist auf 12 Monate ausgedehnt werde, ist beim Senate nachzusuchen.

27. (Zu Art. 178, 211.) Der Anmeldung Behufs Eintragung einer Aktiengesellschaft in das Handelsregister muß eine Bescheinigung darüber beigefügt sein, daß das Grundkapital durch Unterschriften gedeckt ist.

Wenn es zur Kunde des Handelsgerichts kommt, daß vor erfolgter Eintragung einer Kommanditgesellschaft auf Aktien oder einer Aktiengesellschaft im Namen der Gesellschaft gehandelt worden, so hat das Handelsgericht von Amtswegen mit Verboten bei Ordnungsstrafen bis zum Betrage von 1000 Thlr. gegen die Handelnden, unbeschadet der persönlichen und solidarischen Haftung derselben, einzuschreiten.

28. (Zu Art. 212.) Auswärtige Kommanditgesellschaften auf Aktien und Aktiengesellschaften, welche hierselbst eine Zweigniederlassung haben oder durch hier domicilirte Bevollmächtigte hierselbst Geschäfte betreiben, sind — ohne Unterschied ob die Hauptniederlassung sich an einem Orte befindet, wo das Handelsgesetzbuch Geltung hat oder nicht — verpflichtet, sich in das Handelsregister eintragen zu lassen und für die Geschäfte der Zweigniederlassung oder des Bevollmächtigten in der Person des Vertreters der ersteren oder des Bevollmächtigten hieselbst Recht zu nehmen. Die Bestimmungen des Handelsgesetzbuches über die Eintragung in das Handelsregister, die Folgen der Eintragung und Nichteintragung und die öffentlichen Bekanntmachungen sind auch auf sie anzuwenden.

Zum vierten Buche.

29. (Zu Art. 271—275.) Die in den Art. 271 bis 275 enthaltene Feststellung des Begriffes von Handelsgeschäften kommt für die Beurtheilung der Kompetenz des Handelsgerichts nicht in Betracht. Vielmehr behält es in dieser Beziehung bei den Bestimmungen der Handelsgerichts-Ordnung vom 15. Dezember 1815 Art. 10—13 und des §. 2 der Verordnung vom 5. März 1849 in Bezug auf die Einführung der Allgemeinen Deutschen Wechselordnung in Hamburg sein Bewenden.

30. Die in Buch IV Titel 1 Abschnitt 2—4 des Handelsgesetzbuches (Art. 278—336) enthaltenen Bestimmungen und die dazu gehörigen Bestimmungen dieses

Gesetzes sollen allgemeine, nicht bloß auf Handelsgeschäfte und Kaufleute beschränkte Geltung haben.

Ausgenommen sind die Art. 282, 289, 290, 291, 297, 309—312, welche nur soweit zur Anwendung kommen, wie das Handelsgesetzbuch es vorschreibt, sowie der Art. 292, welcher nur nach Maßgabe des §. 33, und der Art. 323, welcher nur nach Maßgabe des §. 36 dieses Gesetzes auf andere Fälle ausgedehnt wird.

31. Wo in den auf andere Rechtsverhältnisse ausgedehnten Artikeln des Handelsgesetzbuches auf den Handelsgebrauch Bezug genommen ist, kommt immer der bei Geschäften der betreffenden Art herrschende Gebrauch zur Anwendung.

32. (Zu Art. 283.) Der Anspruch auf Schadensersatz unterliegt keiner Beschränkung in Ansehung des Betrages, er kann den doppelten Betrag oder den doppelten Werth des ursprünglichen Gegenstandes der Obligation übersteigen.

Wenn die Verpflichtung zum Schadensersatze feststeht, so kann das Gericht in geeigneten Fällen selbst ohne Anordnung eines förmlichen Beweisverfahrens, nach seiner freien Ueberzeugung über das Vorhandensein des Schadens entscheiden und den zu leistenden Ersatz feststellen. Es ist dem Gerichte unbenommen, vorgängig Sachverständige zu vernehmen, oder auf Ableistung eines Eides zu erkennen.

33. (Zu Art. 292.) Die Befugniß, höhere Zinsen, als die bisher erlaubten, zu bedingen, findet auf Geschäfte aller Art und für Personen jedes Standes unter folgenden näheren Bestimmungen Anwendung:

a. In Bezug auf die Darlehen des Lombards und der konzessionirten Pfandleiher verbleibt es bei den bisher geltenden Gesetzen und Verordnungen.

b. Wenn für die in einem Grundstücke versicherte Kapitalforderung ein höherer Zinsfuß, als sechs vom Hundert jährlich vereinbart ist, so hat der Gläubiger für seine Zinsforderung, soweit dieselbe sechs vom Hundert übersteigt, keine hypothekarischen Rechte an dem Grundstück, keine Vorzugsrechte an den Revenüen desselben und im Concurse nur die Rechte eines Buchgläubigers. Hinsichtlich der Zinsen bis sechs vom Hundert dagegen behält es bei dem bisher geltenden Rechte sein Bewenden.

34. (Zu Art. 295.) Dem Aussteller eines Schuldscheines oder einer Quittung steht ohne Rücksicht auf den Ablauf einer Zeitfrist der Beweis frei, daß er den in dem Dokumente erwähnten Betrag nicht empfangen hat.

Der Aussteller des Schuldscheines hat nichtsdestoweniger vorgängig die in dem Schuldscheine anerkannte Schuld zu entrichten, vorbehältlich seines Rechtes, den gezahlten Betrag von dem Empfänger des Geldes, oder bei einem Schuldscheine an Ordre von demjenigen, zu dessen Gunsten der Schuldschein ausgestellt ist, wiederzufordern.

35. (Zu Art. 313—316.) Durch die Vorschriften der Art. 313—316 über Retentionsrecht werden die Rechtssätze nicht berührt, welche für den Inhaber noch günstigere Bestimmungen enthalten, namentlich erleiden der Art. 34 Nr. 2 und 3 der Neuen Falliten-Ordnung und die über die Widerklage bestehenden Rechtsnormen keine Aenderung. Jedoch ist sowohl das Retentionsrecht wie die Widerklage, mit alleiniger Ausnahme der in Art. 314 erwähnten Fälle, immer ausgeschlossen, wenn die Zurückbehaltung der Gegenstände der von dem Schuldner vor oder bei der Uebergabe ertheilten Vorschrift, oder der von dem Gläubiger übernommenen Verpflichtung, in einer bestimmten Weise mit den Gegenständen zu verfahren, widerstreiten würde.

36. (Zu Art. 323.) Der Art. 323 findet auf Aufträge an Personen, die nicht Kaufleute sind, nur dann Anwendung, wenn dieselben mit dem Auftraggeber in einer auf solche Aufträge bezüglichen Geschäftsverbindung stehen, oder sich gegen denselben zur Ausführung solcher Aufträge erboten haben. Ob die Ablehnung des Auftrages als eine verspätete anzusehen ist, ist nach den Umständen des Falles und den persönlichen Verhältnissen des Beauftragten zu beurtheilen.

37. (Zu Art. 323 und 348.) Für die in den Art. 323 Absatz 3 und 348 Absatz 3 erwähnten Verfügungen ist das Handelsgericht auch dann das zuständige Gericht, wenn es sich um andere als Handelsgeschäfte handelt.

38. (Zu Art. 324 und 342.) Unter denjenigen Voraussetzungen unter welchen nach Maßgabe der Art. 324 und 342 die Erfüllung eines Handelsgeschäftes an dem Orte der Handelsniederlassung des einen Contrahenten geschehen soll, muß dieselbe bei einem Geschäfte, welches kein Handelsgeschäft ist, wenn es zum Gewerbebetriebe des Verpflichteten gehört, am Orte seiner gewerblichen Niederlassung, sonst am Wohnorte desselben erfolgen.

39. (Zu Art. 325.) Unter denjenigen Voraussetzungen, unter welchen nach Maßgabe des Art. 325 eine Geldzahlung in Folge eines Handelsgeschäftes an dem Orte der Handelsniederlassung des einen Contrahenten geschehen soll, muß dieselbe bei einem Geschäfte, welches kein Handelsgeschäft ist, wenn es zum Gewerbebetriebe des Verpflichteten gehört, am Orte seiner gewerblichen Niederlassung, sonst am Wohnorte desselben erfolgen.

40. (Zu Art. 336.) In denjenigen Fällen, in welchen nach Art. 336 statt einer im Vertrage bestimmten fremden Münzsorte der Betrag derselben nach dem Werthe zur Verfallzeit in der Landesmünze gezahlt wird, findet die Verwandlung der fremden Münzsorte in Banco nach den Bestimmungen des §. 4 der Verordnung vom 5. März 1849 in Bezug auf die Einführung der Allgemeinen Deutschen Wechselordnung in Hamburg statt.

41. Die in Buch IV Titel 2 des Handelsgesetzbuches, „vom Kauf“ (Art. 337—359) enthaltenen Bestimmungen kommen auch bei solchen Kaufverträgen, welche keine Handelsgeschäfte sind, zur Anwendung, jedoch nicht bei Kaufverträgen über unbewegliche Sachen.

42. (Zu Art. 340.) Wenn der Verkäufer sich im Vertrage eine vom Käufer in bestimmter oder gebräuchlicher Frist vorzunehmende Prüfung der Probemäßigkeit (Nachstechen, Nachziehen rc.) ausbedungen hat, so gilt es im Zweifel als die Absicht der Contrahenten, daß der Vertrag im Falle befundener Probewidrigkeit als nicht geschlossen behandelt werden soll. Läßt der Käufer in diesem Falle die Frist verstreichen, ohne die Prüfung vorzunehmen, so kann er die Nichtübereinstimmung der Waare mit der Probe nicht ferner geltend machen.

43. (Zu Art. 347—349.) Bei solchen Kaufgeschäften, bei denen die Waare dem Käufer nicht von auswärts zugesendet, sondern am Platze vom Verkäufer übergeben wird, verbleibt es hinsichtlich der Wirkung des Empfanges auch fernerhin bei dem bisher geltenden Rechte, nach welchem in der Regel schon durch den Empfang weitere Einwendungen gegen die Beschaffenheit der Waare ausgeschlossen werden.

44. (Zu Art. 368, Abs. 2.) Die im Art. 26, 2) der Neuen Falliten-Ordnung für den Fall, daß der Kommissionär del credere gestanden hat, enthaltene Vorschrift ist aufgehoben.

[§§. 45—67 betreffen das Seerecht.]

Uebergangsbestimmungen.

1. Die bisher beim Handelsgerichte geführten Firmen- und Prokuren-Protokolle bilden für die Stadt und das mit derselben verbundene Gebiet mit Ausnahme des Amtes Ritzebüttel das im Handelsgesetzbuche vorgeschriebene Handelsregister.

Im Amte Ritzebüttel wird ein eigenes Handelsregister geführt.

2. Die Bestimmungen des Handelsgesetzbuches über die Anmeldung der Handelsfirmen und Handelsgesellschaften beim Handelsregister finden auch auf diejenigen am 1. Mai 1866 bereits bestehenden Firmen und Handelsgesellschaften Anwendung, welche nach der bisherigen Gesetzgebung zur Anmeldung beim Firmen-Bureau nicht verpflichtet waren, namentlich also auf diejenigen Firmen, welche nur den eigenen vollen Namen des alleinigen Inhabers enthalten, auf diejenigen Firmen, welche unverändert seit dem 28. Dezember 1835 bestehen und auf die bestehenden Firmen von Schiffs-Prokureurs und Agenten.

Diese Firmen und Handelsgesellschaften sind innerhalb dreier Monate vom Tage der Einführung des Handelsgesetzbuches beim Handelsregister anzumelden und werden während dieser Frist ohne Entrichtung von Gebühren eingetragen. Nach Ablauf dieser Frist sind die Betheiligten durch Ordnungsstrafen zur Befolgung der bezüglichen Bestimmungen des Handelsgesetzbuches anzuhalten, auch ist sodann für jede Eintragung die betreffende Gebühr zu entrichten.

3. Die Vorschriften der Art. 16, 17, 18, 20 und 21 des Handelsgesetzbuches finden auf die am 1. Mai 1866 bereits bestehenden Firmen, wenn dieselben auf dem Firmen-Bureau angemeldet sind, oder innerhalb dreier Monate vom Tage der Einführung des Haydelsgesetzbuches angemeldet werden, keine Anwendung.

4. Wer vor dem 1. Mai 1866 eine ordnungsmäßig in das Prokuren-Protokoll eingetragene Prokura erhalten hat, gilt vom 1. Mai 1866 an als Prokurist im Sinne des Handelsgesetzbuches, selbst wenn in der deponirten Vollmacht eine nach den Vorschriften desselben unzulässige Beschränkung enthalten sein sollte.

Eine nachträgliche Veröffentlichung dieser Prokuren findet nicht Statt.

5. Eine bereits vor dem 1. Mai 1866 gültig errichtete Kommanditgesellschaft auf Aktien oder Aktiengesellschaft wird in das Handelsregister eingetragen, wenn auch die nach dem Handelsgesetzbuche erforderlichen Voraussetzungen für die Errichtung einer solchen Gesellschaft nicht vorhanden sind.

Auch die übrigen Bestimmungen des Handelsgesetzbuches finden auf die bereits vor der Einführung desselben gültig errichteten Kommanditgesellschaften auf Aktien und Aktiengesellschaften in so weit keine Anwendung, als die Statuten dieser Gesellschaften abweichende Bestimmungen enthalten.

Eine nachträgliche Veröffentlichung findet rücksichtlich der bereits vor dem 1. Mai 1866 angemeldeten Aktiengesellschaften nicht statt.

[§. 6 betrifft das Seerecht.]

7. Forderungen, für welche die Verjährungsfrist des bisher geltenden Rechts schon vor dem 1. Mai 1866 zu laufen angefangen hatte, verjähren mit dem Ablaufe der vom Handelsgesetzbuche für sie bestimmten Verjährungsfrist vom 1. Mai 1866 an gerechnet. Bedarf es aber alsdann zur Vollendung der bereits begonnenen Verjährungsfrist nach dem bisherigen Rechte nur noch eines kürzeren Zeitraumes als der Verjährungsfrist des Handelsgesetzbuches, so hat es bei diesem kürzeren Zeitraume sein Bewenden.

Gegeben in der Versammlung des Senats, Hamburg, den 22. Dezember 1865.

V.

Einführungs-Gesetz zum Allgemeinen Deutschen Handelsgesetzbuche für das Königreich Bayern vom 10. November 1861.

Publicirt am 10. Februar 1862.

Vorbemerkung.

1. Das Einführungsgesetz zum Handelsgesetzbuche vom 10. November 1861 hatte durch Art. 881 der bayerischen Prozeßordnung vom 29. April 1869, durch Art. 7 des Einführungsgesetzes zu derselben vom gleichen Tage und durch das zu Art. 19 des obigen Einführungsgesetzes vom 10. November 1861 erlassene Specialgesetz vom 27. Juli 1874 Aenderungen erfahren, welche im Wesentlichen auch der Reichsgesetzgebung vom Jahre 1876 und der bayerischen Ausführungsgesetzgebung vom Jahre 1879 gegenüber aufrecht blieben und nur theilweise von den Bestimmungen der letztbesagten Gesetze berührt wurden. Der Inhalt dieser aufgehobenen Gesetze von 1869 und 1874 wurde daher in das bayerische Gesetz vom 23. Februar 1879 zur Ausführung der Reichscivilprozeßordnung und Konkursordnung herübergenommen.

Weitere Aenderungen waren durch das deutsche Gerichtsverfassungsgesetz mit seiner Beseitigung der besondern Handelsgerichte für die ordentliche streitige Gerichtsbarkeit veranlaßt; es mußten ferner Bestimmungen darüber getroffen werden, welche Gerichte die freiwillige Handelsgerichtsbarkeit — die Führung des Handelsregisters, die Anordnung des Verkaufs von Pfändern, die Aufsicht über die Handelsmäkler rc. — auszuüben haben. Diese Bestimmungen wurden mit den zur Ergänzung des deutschen Gerichtsverfassungsgesetzes vom 27. Januar 1877 erforderlichen landesgesetzlichen Vorschriften über die Ernennung der Handelsrichter und über die Mitwirkung des zur Vertretung des Handelsstandes berufenen Organs bei derselben, sowie über die Ernennung der Vorsitzenden der Kammern für Handelssachen und über die Stellvertretung derselben dem Ausführungsgesetze zum Reichsgerichtsverfassungsgesetze vom 23. Februar 1879 überwiesen. Endlich machte auch das bayerische Gesetz über das Gebührenwesen vom 18. August 1879 seinen derogatorischen Einfluß geltend.

2. Erläutert wurde das Gesetz vom 10. November 1861 in seiner ursprünglichen Fassung von „J. Lutz, k. Ministerialassessor, erstem Sekretär der Kommission zur Berathung eines allgemeinen deutschen Handelsgesetzbuches" — dem derzeitigen k. bayerischen Minister Dr. von Lutz — in der Dollmannschen Gesetzessammlung. Erlangen 1862. Verlag von Palm u. Enke. Theil I Band 4.

Maximilian II. von Gottes Gnaden König von Bayern ꝛc. ꝛc.

Wir haben nach Vernehmen Unseres Staatsrathes mit Beirath und Zustimmung der Kammer der Reichsräthe und der Kammer der Abgeordneten beschlossen und verordnen, was folgt:

I. Allgemeine Bestimmungen.

Art. 1. Das allgemeine deutsche Handelsgesetzbuch, von welchem ein Abdruck beigefügt ist, tritt mit dem **1. Juli 1862** im ganzen Umfange des Königreiches in Kraft.

Gesetz vom 5. Juni 1869, die Einführung der Allgemeinen Deutschen Wechsel-Ordnung, der Nürnberger Wechsel-Novellen und des Allgemeinen Deutschen Handelsgesetzbuches als Bundesgesetze betr. (Bundes-Gesetzbl. 1869 Nr. 32 und §. 2 Ziff. 8, §. 10 des Gesetzes vom 22. April 1871, betr. die Einführung Norddeutscher Bundesgesetze in Bayern. Reichs-Gesetzbl. 1871 Nr. 17.)

Vgl. auch die Einführung norddeutscher Justizgesetze als Reichsgesetze in Bayern von Dr. Julius Staudinger, Abtheilung I Lieferung 1 S. 1 u. ff., Abtheilung II Lieferung 1 S. 86 u. ff.

Ferner: Entschließung des k. Staatsministerium der Justiz vom 15. Februar 1862, die Einführung des Allgemeinen Deutschen Handelsgesetzbuches betr., Zeitschr. f. Gesetzgebung u. Rechtspflege des Königreichs Bayern Bd. IX S. 1.

2. Mit dem in Artikel 1 bezeichneten Tage treten für Handelssachen alle Bestimmungen des allgemeinen bürgerlichen Rechtes und der Prozeßordnungen, sowie die Handelsgebräuche insoweit außer Wirksamkeit, als das allgemeine deutsche Handelsgesetzbuch Bestimmungen enthält und hiebei nicht auf die Landesgesetze, beziehungsweise auf die Handelsgebräuche hinweist.

Vgl. Urtheil des Hand.-Appell.-Ger. Nürnberg vom 30. April 1866 und 1. Juni 1866, Zeitschr. f. Gesetzgebung. u. Rechtspflege d. Kgr. Bayern, Abthlg. für Privatrecht Bd. XIII S. 125 u. 134, des Hand.-Appell.-Ger. Nürnberg vom 31. März 1872. Sammlung von

Entscheidungen des obersten Gerichtshofes für Bayern in Gegenständen des Handels- und Wechselrechtes, sowie von wichtigen Entscheidungen der k. bayerischen Handelsappellationsgerichte. Unter Aufsicht und Leitung des kgl. Justizministeriums herausgegeben, Bd. II S. 195, des Hand.-Appell.-Ger. München vom 23. Februar 1875, dieselbe Sammlg. Bd. III S. 150. Kommentar zum Allg. D. H.-G.-B. von Anschütz u. Völderndorff Bd. I S. 11 Anm. 7.

3. Auch insoweit das allgemeine deutsche Handelsgesetzbuch über Rechtsverhältnisse, welche nicht zu den Handelssachen gehören, verfügt und hiebei nicht auf die Landesgesetze hinweist, treten von dem in Artikel 1 bezeichneten Tage an die Bestimmungen des allgemeinen bürgerlichen Rechtes außer Anwendung.

4. Von demselben Tage an sind:

1) insbesondere die in einigen Landestheilen diesseits des Rheins bisher mit Gesetzeskraft versehenen Bestimmmungen der §§. 475 bis 712 und der §§. 1305 bis 2464, Theil II, Titel VII des allgemeinen preußischen Landrechts,
2) in dem Regierungsbezirke der Pfalz das erste und zweite Buch des französischen Handelsgesetzbuches und alle daselbst verkündigten französischen Gesetze und Verordnungen über die Börsen und die Handelsmäkler aufgehoben.

Artikel 235 des bayerischen Gesetzes zur Ausführung der Reichscivilprozeßordnung und Konkursordnung vom 23. Februar 1879 bestimmt:

Aufgehoben sind:

. . . . .

8) Die in der Pfalz bisher noch geltenden Bestimmungen des pfälzischen Handelsgesetzbuchs (Code de commerce von 1807).

. . . . . .

12) Die Art. 4 Abs. 2, 27, 43—46, 52—62, 66, 67, 69, 80, 81 des Gesetzes vom 10. November 1861, die Einführung des Allgemeinen Deutschen Handelsgesetzbuchs betreffend.

Im Hinblick auf die Aufhebung des Code de commerce für die Pfalz wurden die theilweise im Einführungsgesetze vom 10. November 1861 aufrechterhaltenen Bestimmungen derselben mit Beachtung der durch die Reichsgesetze bedingten Aenderungen in Art. 210—216 des Ausführungsgesetzes vom 23. Februar 1879 reproducirt, wie folgt:

1. Ermächtigung Minderjähriger zum Handelsbetriebe.

Art. 210. Ein Minderjähriger, welcher emanzipirt und achtzehn Jahre alt ist, kann ohne Unterschied des Geschlechts Kaufmann sein und auf Grund des Art. 487 des pfälzischen Civilgesetzbuchs in Ansehung der in seinem Handelsbetriebe eingegangenen Verbindlichkeiten für volljährig erachtet werden, wenn er von dem Vater, falls aber dieser gestorben, interdicirt oder abwesend ist, von der Mutter, in Ermangelung beider Eltern durch einen von dem Landgerichte bestätigten Beschluß des Familienraths, ausdrücklich ermächtigt ist, das Handelsgewerbe zu betreiben.

Sind diese Erfordernisse vorhanden, so kann der Minderjährige auch seine Immobilien in Bezug auf den Handelsbetrieb mit Schulden beschweren, zur Hypothek stellen und unter Beobachtung der Formen der Art. 457 ff. des pfälzischen Civilgesetzbuchs veräußern.

2. Berechtigung der Handelsfrauen.

Art. 211. Eine Ehefrau, welche Handelsfrau ist, kann ohne Ermächtigung ihres Ehemannes ihre Immobilien in Bezug auf den Handelsbetrieb mit Schulden beschweren, zur Hypothek stellen und veräußern. Wenn jedoch für die Ehe Dotalrecht gilt, so kann die Verpfändung oder Veräußerung der Immobilien, welche Dotalgut sind, nur in den durch das pfälzische Civilgesetzbuch bezeichneten Fällen und unter Beobachtung der dort vorgeschriebenen Formen erfolgen.

3. Veröffentlichung güterrechtlicher Verhältnisse handeltreibender Ehegatten.

Art. 212. Jeder Ehevertrag zwischen Ehegatten, von welchen einer als Kaufmann anzusehen ist, muß innerhalb eines Monats nach dem Abschlusse des Vertrags im Auszuge an den Gerichtsschreiber des Landgerichts, in dessen Bezirke der Ehemann seinen Wohnsitz hat, zur Veröffentlichung übersendet werden.

In dem Auszuge muß angegeben sein, ob unter den Ehegatten Gütergemeinschaft besteht, oder ob Gütertrennung oder Dotalrecht vereinbart ist.

Art. 213. Der Vater, welcher den Ehevertrag aufgenommen hat, ist verpflichtet die in Art. 212 vorgeschriebene Uebersendung bei Vermeidung einer Ordnungsstrafe von fünfzig Mark zu bewirken.

Wird nachgewiesen, daß die Uebersendung in Folge sträflichen Einverständnisses unterlassen worden ist, so ist der Notar, unbeschadet seiner Haftung gegenüber den Gläubigern, mit Suspension oder Amtsentsetzung zu bestrafen.

Art. 214. Jeder Ehegatte, für dessen Ehe Gütertrennung oder Dotalrecht vereinbart ist, muß, wenn er nach Schließung der Ehe das Gewerbe eines Kaufmannes ergreift, innerhalb eines Monats von dem Tage an gerechnet, an welchem er den Geschäftsbetrieb begonnen hat, die im Art. 212 erwähnte Uebersendung bewirken.

Unterläßt er dies, so kann er, falls er seine Zahlungen einstellt, mit Gefängniß bis zu zwei Jahren bestraft werden.

Art. 215. Der Gerichtsschreiber hat den gemäß Art. 212—214 übersendeten Auszug ohne Verzug durch Anheftung an die Gerichtstafel während eines Jahres, sowie durch Einrückung in das für die amtlichen Bekanntmachungen des Landgerichts bestimmte Blatt und, sofern dasselbe nicht zugleich für die Veröffentlichung der Handelsregistereinträge gerichtlich bestimmt ist, auch durch Einrückung in das für solche Veröffentlichungen gerichtlich bestimmte Blatt bekannt zu machen.

Art. 216. Wird zwischen Ehegatten, von welchen einer als Kaufmann anzusehen ist, die Ehescheidung ausgesprochen, so ist das Urtheil nach Maßgabe des Art. 195 im Auszuge zu veröffentlichen, widrigenfalls die Gläubiger zu jeder Zeit befugt sind, soweit es ihr Interesse betrifft, Einwendung mittels Klage zu erheben und jede in Folge desselben geschehene Auseinandersetzung zu bestreiten.

---

5. Mit dem allgemeinen deutschen Handelsgesetzbuch erlangen zugleich

1) die in den nachfolgenden Artikeln 6 bis 55 enthaltenen Bestimmungen, soweit nicht in den einzelnen Artikeln etwas Anderes verordnet ist, in dem ganzen Umfange des Königreichs,
2) die in den nachfolgenden Artikeln 56 bis 77 enthaltenen Bestimmungen in den Landestheilen diesseits des Rheins, und
3) die in den nachfolgenden Artikeln 78 bis 81 enthaltenen Bestimmungen in dem Regierungsbezirke der Pfalz gesetzliche Geltung.

Vgl. die Bemerkungen zu den im Text erwähnten Artikeln.

II. Von dem Kaufmannsstande.

6. Wenn nach den Bestimmungen des bürgerlichen Rechtes oder der Prozeßgesetze Rechte oder Verpflichtungen davon abhängig gemacht werden, daß eine Person ein Kaufmann sei, so ist das Vorhandensein dieser Eigenschaft nach Art. 4 und 6 des allgemeinen deutschen Handelsgesetzbuchs zu beurtheilen.

Vgl. Urt. d. Hand.-Appell.-Ger. Nürnberg vom 19. August 1867, Samml. wicht. Entsch. d. H.A. Nürnberg 1 S. 262 und vom 6. November 1868, dieselbe Sammlung 2 S. 334.

7. Ob und unter welchen Verhältnissen Minderjährige zum Betriebe eines Handelsgewerbes befugt sind, bestimmt das bürgerliche Recht.

Minderjährige, welchen hienach diese Befugniß zusteht, werden rücksichtlich aller auf den Betrieb des Handelsgewerbes bezüglichen Geschäfte und Rechtshandlungen für großjährig erachtet.

Vgl. Urth. d. Hand.-Appell.-Ger. Nürnberg vom 7. April 1864, Zeitschr. f. Gesetzgeb. u. Rechtspfl. Bd. XI Abthlg. f. Privatr. S. 85, vom 1. März 1865 Bd. XII S. 17, vom 20. Juli 1866 Bd. XIII S. 180, vom 5. August 1868, Sammlg. wicht. Entsch. d. Hand.-Appell.-Ger. Bd. II S. 331, vom 30. Juni 1875 und 3. Dezember 1877, Sammlg. wicht. Entsch. des oberst. Ger.-Hofs in Bayern in Gegenst. d. Hand.- u. Wechselrechts Bd. III S. 280 u. 812.

III. Von dem Handelsregister.

8. Die näheren Bestimmmungen über die Form und die Führung der Handelsregister, dann über die Art der Veröffentlichung der Eintragungen in dieselben und die Wahl der zu diesem Zweck zu benützenden Blätter werden im Verordnungswege getroffen.

Vgl. Bekanntmachung des Staatsministerium der Justiz vom 30. April 1862, die Führung des Handelsregister betr., und vom 5. Juli 1879, die Veränderungen in der Zuständigkeit zur Führung der Handelsregister ꝛc. betr.

9. Die Eintragungen in das Handelsregister und die Bekanntmachung der Eintragungen durch Anzeigen in den öffentlichen Blättern erfolgen auf Verfügung des mit Führung des Handelsregisters beauftragten rechtsgelehrten Richters.

Ergeben sich Bedenken, so hat das Handelsgericht auf Vortrag dieses Gerichtsmitgliedes Beschluß zu fassen.

Gegen Verfügungen des beauftragten Richters oder gegen Beschlüsse des Gerichts, wodurch eine Eintragung in das Handelsregister oder die Bekanntmachung einer Eintragung angeordnet oder verweigert wird, ist Beschwerde zulässig.

Den dritten Absatz erhielt der Art. 9 in Art. 76 Ziff. 1 des bayerischen Ausf.-Ges. vom 23. Februar 1879.

10. Wenn das Handelsgericht in glaubhafter Weise davon Kenntniß erhält, daß eine die Anmeldung zum Handelsregister, oder die Zeichnung der Firma, oder die Einreichung dieser Zeichnung unter Androhung einer Ordnungsstrafe gebietende gesetzliche Vorschrift nicht befolgt worden ist, so hat es eine Verfügung an den Betheiligten zu erlassen, durch welche derselbe unter Androhung einer Ordnungsstrafe aufgefordert wird, innerhalb einer bestimmten Frist entweder die gesetzliche Vorschrift zu befolgen oder die Unterlassung mittels Einspruchs gegen die Verfügung zu rechtfertigen.

Der Einspruch geschieht durch schriftliche Eingabe an das Handelsgericht oder zu Protokoll vor demselben.

11. Wird binnen der vorgesetzten Frist weder die gesetzliche Vorschrift befolgt, noch Einspruch erhoben, so ist die angedrohte Strafe gegen den Betheiligten auszusprechen und zugleich die Verfügung unter Andtohung einer anderweiten Ordnungsstrafe zu wiederholen.

12. 13. Wird gegen die in den Art. 10 und 11 erwähnten Verfügungen binnen der bestimmten Frist Einspruch erhoben, so hat das Gericht, wenn nicht aus dem Einspruche selbst die Rechtfertigung des Betheiligten sich ergibt, eine öffentliche Sitzung anzuberaumen, in welcher der Betheiligte zu vernehmen, erforderlichen Falls Beweis zu erheben und über den Einspruch Beschluß zu fassen ist.

Diese Fassung der Art. 12 u. 13 des ursprünglichen Textes wurde in Art. 76 Ziff. 2 des bayer. Ausf.-Ges. vom 23. Februar 1879 eingeführt.

14. Sowohl in den Landestheilen diesseits des Rheins als in dem Regierungsbezirke der Pfalz kann sich der Betheiligte bei dem in den Artikeln 10 bis 13 des gegenwärtigen Gesetzes festgesetzten Verfahren durch einen Bevollmächtigten vertreten lassen.

15. Erscheint der Betheiligte auf die nach Maaßgabe der Artikel 12 und 13 des gegenwärtigen Gesetzes an ihn ergangene Vorladung weder in Person noch durch einen Bevollmächtigten, so hat das Handelsgericht nach Aufnahme der etwa schon im Einspruche bezeichneten und nicht sofort als unerheblich befundenen Beweismittel über den Einspruch zu entscheiden.

16. Ergibt sich in den Fällen der vorstehenden Art. 12, 13 und 15, daß die in Art. 10 des gegenwärtigen Gesetzes erwähnte gesetzliche Vorschrift von dem Betheiligten hätte befolgt werden müssen, so ist ihm unter Verurtheilung in die Kosten des Verfahrens und unter wiederholter Androhung der Ordnungsstrafe eine neue Frist zur Befolgung jener Vorschrift ohne Vorbehalt und Gestattung eines weiteren Einspruchs vorzusetzen.

Vgl. Beschluß des Hand.-Appell.-Ger. Nürnberg vom 22. September 1865, Zeitschr. f. Gesetzgeb. u. Rechtspfl. Bd. XIII Abthlg. f. Privatr. S. 45.

17. Wird auch innerhalb dieser Frist die gesetzliche Vorschrift nicht befolgt und ist eine Beschwerde nicht erhoben worden, so wird der Betheiligte in die angedrohte Ordnungsstrafe verurtheilt und die frühere Auflage unter Androhung einer anderweiten Ordnungsstrafe wiederholt.

18. Die Ordnungsstrafe besteht in einer Geldbuße, welche den Betrag von dreihundert Gulden nicht übersteigen darf.

Umwandlung der Geldbuße in Freiheitsstrafe findet nicht statt.

Die Strafe ist in Reichswährung auszusprechen, Rüdorff-Stenglein Strafgesetzbuch 3. Auflage S. 94.

19. 20. Gegen die in den Art. 11, 16 und 17 erwähnten Beschlüsse steht dem Betheiligten binnen einer Nothfrist von zwei Wochen Beschwerde mit aufschiebender Wirkung zu. Das Gericht ist zu einer Abänderung seines durch Beschwerde angegriffenen Beschlusses nicht befugt.

Als Ersatz für das aufgehobene Specialgesetz vom 27. Juli 1874, die Abänderung des Artikel 19 Abs. 1 des Gesetzes vom 10. November 1861, die Einf. d. Allg. D. H.-G.-B. betr., wurde diese Fassung in Artikel 76 Ziff. 3 des bayer. Ausf.-Ges. vom 23. Februar 1879 eingeführt.

21. Im Regierungsbezirke der Pfalz ist von dem Appellationsgerichte bei Verhandlung und Entscheidung über die Beschwerde nach Maaßgabe der Artikel 13 bis 18 des gegenwärtigen Gesetzes zu verfahren.

In Artikel 77 des bayer. Ausf.-Ges. vom 23. Februar 1879 ist bestimmt:

Die Bestimmungen der Art. 21 und 24 des Ges. vom 10. November 1861, die Einf. d. Allg. D. H.-G.-B. betr., finden im ganzen Königreiche Anwendung.

22. Die in dem Artikel 17 des gegenwärtigen Gesetzes erwähnten Verfügungen und die Verurtheilungen in Ordnungsstrafen werden wiederholt, bis die gesetzliche Vorschrift befolgt oder ihre Voraussetzung weggefallen ist.

23. Die Gerichte sind auch im Regierungsbezirke der Pfalz befugt, zu jeder Zeit durch die Polizeibehörden Erkundigungen über den Sachverhalt einzuziehen, auch erforderlichen Falls durch einen Kommissär des Gerichts oder durch Requisition anderer Gerichte die eidliche Vernehmung von Zeugen zu bewirken, sie können von Amtswegen Zeugen zur Sitzung vorladen lassen und die Verhandlung in der Sitzung zu einer anderen Sitzung vertagen.

24. Im Regierungsbezirke der Pfalz sind sowohl die Anmeldungen zum Handelsregister als diejenigen Eingaben, welche bei dem in den Artikeln 10 bis 23 festgesetzten Verfahren vorkommen, bei dem Gerichtsschreiber einzureichen. Von demselben sind auch die Protokolle über die Anmeldungen zum Handelsregister, über den mündlich erhobenen Einspruch und die mündlich eingelegte Beschwerde aufzunehmen.

Die Verfügungen und Entscheidungen werden durch einen von dem Präsidenten des Handelsgerichts beauftragten Gerichtsboten zugestellt.

Die Anweisung der Gebühren der Beamten und der Entschädigung von Zeugen, sowie die Einziehung der Geldbußen und Kosten wird in gleicher Art wie bei den Bezirksgerichten in den vor sie gehörigen Strafsachen bewirkt.

Vgl. die Anmerkung zu Art. 21.

IV. Von den Handelsfirmen.

25. Die Vorschriften der Artikel 19 und 21 Absatz 1 des allgemeinen deutschen Handelsgesetzbuches gelten auch für diejenigen Firmen, welche schon vor dem in Artikel 1 des gegenwärtigen Gesetzes bezeichneten Tage geführt worden sind.

Dieselben müssen innerhalb dreier Monate von jenem Tage an gerechnet zur Eintragung in das Handelsregister angemeldet werden, sie mögen in die bisher bestandenen Firmenbücher, Handels- oder Wechselmatrikeln bereits eingetragen sein oder nicht.

26. Durch diese Anmeldung erlangen die Inhaber der im vorhergehenden Artikel bezeichneten Firmen das Recht auf Eintragung und Fortführung derselben selbst in dem Falle, wenn diese Firmen den Vorschriften der Artikel 16, 17, 18 und 251 des allgemeinen deutschen Handelsgesetzbuches nicht entsprechen, unbeschadet jedoch

der etwa bereits bestehenden Rechte dritter Personen, gegen die Führung einer solchen Firma Einspruch zu erheben, welcher im Rechtswege auszutragen ist.

Erfolgt die Anmeldung nicht innerhalb dreier Monate von dem in Artikel 1 des gegenwärtigen Gesetzes bezeichneten Tage an, so sind auch die schon vorher bestandenen Firmen als neu zu behandeln.

Vergl. Zeitschrift des Anwaltvereins für Bayern Bd. III S. 197, ferner Erk. des Hand.=Appell.=Ger. Nürnberg vom 8. August 1870, Sammlg. wicht. Entsch. d. Hand.=Appell.=Ger. Bd. III S. 403, vom 14. März 1871, Sammlg. von Entsch. des obersten Gerichtshofs für Bayern in Gegenst. d. Hand.= u. Wechselr. Bd. I S. 97.

27. Aufgehoben in Art. 235 Ziff. 12 des bayer. Ausf.=Ges. vom 23. Februar 1879.

28. In den Fällen des Artikels 26 Absatz 2 des allgemeinen deutschen Handelsgesetzbuches finden die Vorschriften der Artikel 10 bis 24 des gegenwärtigen Gesetzes unter folgenden Aenderungen Anwendung:

1) der Betheiligte ist unter Androhung einer Ordnungsstrafe aufzufordern, sich der Firma nicht weiter zu bedienen oder binnen einer bestimmten Frist Einspruch zu erheben;
2) das Handelsgericht hat nach Erlaß dieser Aufforderung gemäß der Bestimmungen in Artikel 11 u. flg. des gegenwärtigen Gesetzes zu verfahren, wenn es in glaubhafter Weise davon Kenntniß erhält, daß dieser Aufforderung nach Zustellung derselben nicht Folge geleistet worden ist.

Vgl. die Anmerkungen zu Art. 10—24, Zeitschrift des Anwaltvereins für Bayern Bd. III S. 153.

V. Von den Prokuristen.

29. Die Vorschriften des Artikels 45 des allgemeinen deutschen Handelsgesetzbuches kommen auch in Bezug auf die vor Einführung desselben ertheilten Prokuren zur Anwendung, sie mögen in die bisher bestandenen

Firmenbücher, Handels- oder Wechselmatrikeln eingetragen sein oder nicht. Sie sind innerhalb dreier Monate, von dem in Artikel 1 des gegenwärtigen Gesetzes bezeichneten Tage an gerechnet, zur Eintragung in das Handelsregister anzumelden, ohne Unterschied, ob sie nach Ablauf der dreimonatlichen Frist noch bestehen oder nicht.

30. Die im vorhergehenden Artikel bezeichneten Prokurenertheilungen sind in Bezug auf ihre Natur und ihre rechtlichen Folgen nach den Bestimmungen des allgemeinen deutschen Handelsgesetzbuches zu beurtheilen, insbesondere finden die Bestimmungen des Artikels 43 des allgemeinen deutschen Handelsgesetzbuches auf dieselben Anwendung.

VI. Von den Handelsmäklern und Sensalen.

31. Handelsmäkler werden an denjenigen Orten aufgestellt, an welchen ein Bedürfniß hierfür besteht.

Sie werden auf den Vorschlag der an dem Orte ansässigen Kaufleute durch den König ernannt. Nähere Bestimmungen hierüber werden im Verordnungswege getroffen.

Die Beeidigung der Handelsmäkler erfolgt bei dem Handelsgerichte.

Vgl. Instr. vom 30. Juni 1866 über die Besetzung von Handelsmäkler- und Sensalstellen (RggsBl. 1866 Nr. 41, Neue Gesetze und Vdgn. Bd. 14 S. 61).

32. Die bestehenden Vorschriften, durch welche den Handelsmäklern ein ausschließliches Recht zur Vermittlung von Handelsgeschäften eingeräumt ist, sind aufgehoben. Dieses Recht kann jedoch für einzelne Handelsplätze nach Maaßgabe der örtlichen Bedürfnisse allen oder einzelnen Klassen der Handelsmäkler auf dem Wege der Verordnung eingeräumt werden.

33. Die Handelsmäkler, welche zur Vermittlung

von Kaufgeschäften über Waaren oder Handelspapiere bestellt sind, haben zugleich die Befugniß, öffentliche Versteigerungen von solchen abzuhalten.

34. Im Verordnungswege können die Vorschriften der Artikel 66 bis 83 des allgemeinen deutschen Handelsgesetzbuches nach Maaßgabe der örtlichen Bedürfnisse ergänzt und der den Handelsmäklern zugewiesene Kreis von Amtsverrichtungen und Befugnissen (Art. 67, 70 des allgemeinen deutschen Handelsgesetzbuches) oder der Umfang ihrer Pflichten (Art. 69) erweitert oder eingeschränkt werden.

35. Die für das Tagebuch des Handelsmäklers in dem Art. 71 des allgemeinen deutschen Handelsgesetzbuchs vorgeschriebene Beglaubigung geschieht durch den Vorstand oder einen Richter des Handelsgerichtes.

Die Behörde, bei welcher nach der Vorschrift des Artikels 75 des allgemeinen deutschen Handelsgesetzbuchs das Tagebuch eines verstorbenen oder aus dem Amte geschiedenen Handelsmäklers niedergelegt wird, ist das Handelsgericht.

36. Die von den Handelsmäklern im Berufe begangenen Pflichtverletzungen werden, unbeschadet der strafrechtlichen Einschreitung in den dazu geeigneten Fällen, von den Handelsgerichten:

1) mit Geldstrafen bis zu dreihundert Gulden,
2) mit zeitweiliger Entfernung vom Amte,
3) mit Dienstentsetzung

beahndet.

Die Dienstentsetzung der Handelsmäkler kann jedoch nur wegen wiederholter Verletzung ihrer in den Artikeln 69 und 71 bis 73 des allgemeinen deutschen Handelsgesetzbuches bestimmten Obliegenheiten und nach vorheriger dreimaliger Zuerkennung anderer Strafen ausgesprochen werden.

Die Handelsgerichte haben hiebei das für Disciplinarsachen bestehende Verfahren in Anwendung zu bringen.

Vgl. Anm. zu Art. 18.

Bei der generellen Fassung des Abs. 3 werden unbedenklich die Art. 22—58 des Disciplinargesetzes für richterliche Beamte vom 26. März 1881 sinngemäß angewendet werden können. S. Lutz Kommentar S. 109.

VII. Von den Handelsgesellschaften.

37. Die Vorschriften des allgemeinen deutschen Handelsgesetzbuches über die Eintragung der Handelsgesellschaften, ihrer Vertreter und Liquidatoren in das Handelsregister finden auch auf diejenigen Handelsgesellschaften Anwendung, welche schon vor dem in Artikel 1 des gegenwärtigen Gesetzes bestimmten Tage bestanden haben oder an diesem Tage in Liquidation begriffen waren.

Sie sind innerhalb dreier Monate von diesem Tage an zur Eintragung in das Handelsregister anzumelden, ohne Unterschied, ob sie in die bisher bestandenen Firmenbücher, Handels- oder Wechselmatrikeln bereits eingetragen waren oder nicht.

38. Alle vor Einführung des allgemeinen deutschen Handelsgesetzbuches geschlossenen, die Rechtsverhältnisse einer Handelsgesellschaft oder der Gesellschafter als solcher oder der Liquidatoren dritten Personen gegenüber bestimmenden Verträge verlieren nach Ablauf dreier Monate vom Tage der Einführung des allgemeinen deutschen Handelsgesetzbuches an gerechnet dritten Personen gegenüber ihre rechtliche Wirksamkeit, wenn und insoweit sie den der Abänderung durch Vertrag entzogenen Vorschriften dieses Handelsgesetzbuches widersprechen. Sie treten, wenn die Handelsgesellschaft vor Ablauf dieser drei Monate zur Eintragung in das Handelsregister angemeldet wird, mit dieser Eintragung außer Wirksamkeit.

39. Betreffen die im vorhergehenden Artikel bezeichneten Verträge die Rechtsverhältnisse von Aktiengesellschaften oder deren Vorständen zu dritten Personen und haben dieselben die staatliche Genehmigung erhalten, so bleiben sie dritten Personen gegenüber in rechtlicher Wirksamkeit, wenn und insoweit sie innerhalb dreier Monate von dem in Art. 1 des gegenwärtigen Gesetzes bestimmten Tage an gerechnet zur Eintragung in das Handelsregister angemeldet werden.

Was vorstehend von Aktiengesellschaften verordnet ist, gilt auch von Kommanditgesellschaften auf Aktien.

Unter der in Art. 174, 206, 208, 214, 242, 247, 248 des allgemeinen deutschen Handelsgesetzbuches für erforderlich erklärten staatlichen Genehmigung ist die königliche Genehmigung zu verstehen.

Durch königliche Verordnung wird bestimmt, welche Behörde unter der Verwaltungsbehörde in den Artikeln 240 und 242 des Handelsgesetzbuches zu verstehen ist.

Nach erfolgter königlicher Genehmigung einer Aktiengesellschaft wird der Gesellschaftsvertrag nebst der Genehmigungsurkunde durch das Amtsblatt desjenigen Regierungsbezirkes, in welchem die Gesellschaft ihren Sitz hat, bekannt gemacht.

Eine Anzeige von der königlichen Genehmigung der Errichtung der Gesellschaft ist in das Regierungsblatt aufzunehmen.

Die Kosten der Bekanntmachung durch das Amtsblatt trägt die Gesellschaft.

Jede Abänderung oder Verlängerung des Gesellschaftsvertrages ist gleichfalls nach Maaßgabe vorstehender Bestimmungen zu behandeln.

Die in dem Handelsgesetzbuche über die Veröffentlichung enthaltenen Vorschriften werden durch gegenwärtige Festsetzung nicht berührt.

Siehe Ges. vom 11. Juni 1870, die Kommanditgesellschaften auf Aktien und die Aktiengesellschaften betr. (Bundes-Gesetzbl. 1870 Nr. 21 S. 375 ff., enthalten in der Sammlung der Reichsgesetze Bd. I S. 320, bei Franz in München, 1871).

Vgl. § 10 des Gesetzes vom 22. April 1871 betr., die Einführung Norddeutscher Bundesgesetze in Bayern. Staudinger, die Einf. nordd. Bundesges. in Bayern Abthlg. II Lieferung 3 S. 204.

40. Im Uebrigen sind die Rechtsverhältnisse der vor Einführung des allgemeinen deutschen Handelsgesetzbuches errichteten Handelsgesellschaften und ihrer Mitglieder als solcher bezüglich der nach Einführung desselben begründeten Rechte und Verbindlichkeiten nach den unter ihnen geschlossenen Verträgen und soweit diese nichts bestimmen, nach den Vorschriften des allgemeinen deutschen Handelsgesetzbuches zu beurtheilen.

Dasselbe gilt von den stillen Gesellschaften und den Vereinigungen zu einzelnen Handelsgeschäften für gemeinschaftliche Rechnung.

41. Die Bestimmungen des §. 22 Ziffer 6, des §. 136 Ziffer 1 des Hypothekengesetzes vom 1. Juni 1822 und des Artikels 2148 des französischen bürgerlichen Gesetzbuches werden dahin ergänzt, daß, wenn der Besitzer der unbeweglichen Sache eine Handelsgesellschaft ist, ihre Firma und der Ort, an welchem sie ihren Sitz hat, und falls die Sache zur Zweigniederlassung einer Handelsgesellschaft gehört, auch der Ort, an welchem die Zweigniederlassung ihren Sitz hat, in das Hypothekenbuch eingetragen wird. Die Namen der einzelnen Gesellschafter werden nicht eingetragen.

42. Wer über eine unter der Firma einer Handelsgesellschaft eingetragene Sache zu verfügen, dieselbe zu belasten, und überhaupt die Rechte des Eigenthümers oder Besitzers auszuüben befugt sei, ist nach den Bestimmungen des allgemeinen deutschen Handelsgesetzbuches zu beurtheilen und so oft sich hiezu Veranlassung ergiebt, auf Grund beglaubigter Auszüge aus dem Handelsregister festzustellen.

Ob und inwieferne die schon einmal legitimirten gesetzlichen Vertreter einer Handelsgesellschaft des erneuten

Nachweises der ihre Legitimation begründenden Thatsachen bedürfen, ist nach den Umständen zu bemessen.

43—46. Aufgehoben in Art. 235 Ziff. 12 des bayer. Ausf.-Ges. vom 23. Februar 1879.

VIII. Von den Handelsgeschäften.

47. Durch die Bestimmungen der Artikel 300, 301 und 303 des allgemeinen deutschen Handelsgesetzbuches werden die Vorschriften des Gesetzes vom 29. Juni 1851, kaufmännische Anweisungen betreffend, nicht berührt.

48. In den Fällen der Art. 310 und 375 des Handelsgesetzbuchs wird der gerichtlich verordnete Verkauf des Pfandes entweder im Wege öffentlicher Versteigerung oder, wenn die zu verkaufenden Gegenstände einen Börsen- oder Marktpreis haben, nach dem Ermessen des Gerichts in dessen Auftrage von einem Handelsmäkler vollzogen.

Hat der Verkauf im Wege öffentlicher Versteigerung stattzufinden, so ist dieselbe durch einen vom Gläubiger zu wählenden Gerichtsvollzieher vorzunehmen. Der Gläubiger kann statt des Gerichtsvollziehers eine in der Gemeinde des Versteigerungsorts zur Vornahme von Versteigerungen aufgestellte, von der Obrigkeit in Pflicht genommene und zu gerichtlichen Versteigerungen ermächtigte Person oder, wenn es sich um Versteigerung von Waaren oder Handelspapieren handelt, einen in der Gemeinde zur Vermittelung von Kaufgeschäften über solche Gegenstände aufgestellten Handelsmäkler oder, wenn der Werth der zu versteigernden Gegenstände mehr als eintausend Mark beträgt, einen Notar mit der Vornahme der Versteigerung beauftragen.

Diese Fassung erhielt der Artikel in Art. 76 Ziff. 4 des bayer. Ausf.-Ges. vom 23. Februar 1879.

Das Gesuch um gerichtliche Bewilligung des Verkaufs ist in einer schriftlichen Eingabe oder mündlich zum Protokolle des Gerichtsschreibers zu stellen. Anwaltszwang besteht nicht.

49. Eine vorgängige Abschätzung der zu verkaufenden Gegenstände findet nur dann statt, wenn es unter den Betheiligten vorher vereinbart war oder einer der Betheiligten es verlangt, in dem letzteren Falle auf Kosten des Antragstellers.

Die zur Abschätzung erforderlichen Sachverständigen werden vom Gerichte ernannt.

Diese Fassung des Abs. 2 beruht auf Art. 76 Ziff. 5 des bayer. Ausf.=Ges. vom 23. Februar 1879.

50. Im Falle des Verkaufs mittels öffentlichen Aufstrichs hat das Gericht nach freiem Ermessen und nach Maaßgabe der Umstände zu bestimmen, wie oft und in welchen öffentlichen Blättern der Verkauf bekannt zu machen sei, und in welcher Zeit nach der Bekanntmachung der öffentliche Verkauf stattfinden dürfe.

Die Verkaufsgegenstände werden um das gelegte Meistgebot zugeschlagen, sofern nicht der Pfandgläubiger etwas Anderes beantragt. Nur wenn sie geschätzt sind, oder einen Börsen= oder Marktpreis haben und das erzielte Meistgebot nicht drei Viertheile des Schätzungswerthes oder Börsen= oder Marktpreises erreicht, kann der Pfandschuldner den Zuschlag hindern. Dieses Recht muß jedoch spätestens im Verkaufstermin selbst und kann bei einem wiederholten öffentlichen Aufstrich nicht mehr ausgeübt werden.

Erfolgt gar kein Gebot, so kann der Gläubiger auch verlangen, daß ihm das Faustpfand, soweit es zu seiner Befriedigung erforderlich ist, um den Schätzungswerth oder um den laufenden Börsen= oder Marktpreis überlassen werde.

Vgl. Zeitschrift des Anwaltvereins für Bayern Bd. IX S. 41.

51. Wird der Verkauf durch einen Handelsmäkler vollzogen, so hat sich die im Artikel 310 des allgemeinen deutschen Handelsgesetzbuchs vorgeschriebene Benachrichtigung auch auf diesen Umstand zu erstrecken.

Der Verkauf ist in diesem Falle zu dem laufenden Preise zu bewirken und von dem Ergebnisse dem Gerichte Anzeige zu erstatten.

52—62. Diese Artikel sind in Art. 235 Ziff. 12 des bayer. Ausf.-Ges. vom 23. Februar 1879 aufgehoben.

63. Handelssachen sind:

1) die Rechtsverhältnisse, welche aus Handelsgeschäften (Art. 271—277 des allgemeinen deutschen Handelsgesetzbuches) zwischen den Betheiligten entstehen;
2) die Rechtsverhältnisse, welche das Recht zum Gebrauche einer bestimmten Firma oder die Entschädigung wegen widerrechtlichen Gebrauches einer Firma zum Gegenstande haben;
3) das Rechtsverhältniß, welches aus der Veräußerung eines bestehenden Handelsgeschäftes zwischen dem Veräußerer und dem Erwerber entsteht;
4) die Rechtsverhältnisse zwischen den Kaufleuten und ihren Prokuristen, Handlungsbevollmächtigten und Handlungsgehilfen, sowie den in ihren Gewerben angestellten Beamten und sonstigen Bediensteten, ferner die Rechtsverhältnisse dieser Personen aus Handlungen, durch welche sie sich im Gewerbe des Prinzipals Dritten verantwortlich gemacht haben;
5) die Rechtsverhältnisse der Handelsgesellschafter rücksichtlich des Vollzugs des Gesellschaftsvertrages und aus diesem während des Bestehens und nach der Auflösung der Gesellschaft;

   ferner die Rechtsverhältnisse zwischen den Gesellschaftern und den Vorstehern und Liquidatoren der Gesellschaft, sowie die Rechtsverhältnisse dieser Personen untereinander;

   ingleichen die Rechtsverhältnisse zwischen den stillen Gesellschaftern und dem Inhaber des Handelsgewerbes oder zwischen den Theilnehmern an einer Vereinigung zu einzelnen Handelsgeschäften für gemeinschaftliche Rechnung oder an einer Vereinigung zu gemeinschaftlichem Handelsbetriebe (Art. 10 Abs. 2 des allgemeinen deutschen Handelsgesetzbuches) aus dem gesellschaftlichen Verbande oder in Bezug auf die Liquidation oder die Auseinandersetzung;

6) die Rechtsverhältnisse, welche aus den Berufsgeschäften der Handelsmäkler, Dispacheurs, Güterbestätter, Wäger, Messer oder anderer Personen, welche die Menge oder die Güte der Waaren oder deren Verpackung für den Handelsverkehr öffentlich zu beglaubigen haben, zwischen ihnen und anderen Personen entstehen;

7) die Aufsicht über die Handelsmäkler, Dispacheurs und Güterbestätter in Bezug auf ihre Berufsgeschäfte, sowie deren Bestrafung wegen der von ihnen im Berufe begangenen Pflichtverletzungen;

8) die Rechtsverhältnisse des Seerechts; ferner jene, welche im Verkehr zu Land, auf Flüssen und Binnengewässern zwischen Frachtführern und den Absendern, Empfängern und anderen betheiligten Personen entstehen;

9) die Rechtsverhältnisse aus der Bestellung, Zurückforderung oder Geltendmachung von Faustpfändern für Forderungen aus Handelsgeschäften, aus dem Bestande oder der Ausübung des Retentionsrechtes wegen solcher Forderungen, sowie aus dem Bestande oder der Geltendmachung von gesetzlichen Pfandrechten an beweglichen Sachen für Forderungen aus Handelsgeschäften;

10) die Veräußerung von beweglichen Sachen und Werthpapieren in allen Fällen, in welchen dieselbe nach den Bestimmungen des allgemeinen deutschen Handelsgesetzbuches von dem Gerichte auch ohne

vorgängige Klagestellung auf einseitigen Antrag eines der Betheiligten verfügt wird;

11) die Führung der Handelsregister und alle übrigen Rechtsangelegenheiten und Handlungen, welche durch sonstige Bestimmungen des allgemeinen deutschen Handelsgesetzbuches den Handelsgerichten überwiesen sind.

Vgl. Art. 28 und 29 des bayer. Ausf.=Ges. zum Gerichtsverfassungsgesetz vom 23. Februar 1879 und §. 101 des Deutschen Gerichtsverfassungsgesetzes vom 27. Januar 1877.

Die Artikel **64** u. **65** des Einf.=Ges. vom 10. November 1861 waren bereits in Art. 3 Ziff. 9 des bayr. Einf.=Ges. zur Proz.=Ordg. vom 29. April 1869 aufgehoben; zu Art. 63 Ziff. 3 siehe Urtheil des R.=O.=H.=G. vom 17. Dezember 1874, Entsch. d. R.=O.=H.=G. Bd. 15 S. 101, zu Art. 63 Ziff. 4 s. Urth. des Hand.=Appell.=Ger. Nürnberg vom 20. Mai 1868, Sammlg. wicht. Entsch. d. Hand.=Appell. Bd. 2 S. 214, zu Art. 63 Nr. 6 (Begriff des Güterbestätters s. Urth. desselben vom 8. November 1867, ebenda Bd. 1 S. 512. Die bayerischen, nur auf die Kompetenz bezüglichen Urtheile anzuführen wurde aus naheliegenden Gründen unterlassen.

66. 67. Aufgehoben in Art. 235 Ziff. 12 des bayer. Ausf.=Ges. vom 23. Februar 1879.

68. Die in den Landestheilen diesseits des Rheins geltenden Vorschriften über die Zuständigkeit der Handelsgerichte werden von dem in Artikel 1 bezeichneten Tage an aufgehoben.

69. Aufgehoben in Art. 235 Ziff. 12 des bayer. Ausf.=Ges. vom 23. Februar 1879; die Art. **70—76** sind bereits durch Art. 3 Ziff. 9 des bayer. Einf.=Ges. zur Pr.=Ord. vom 29. April 1869 aufgehoben.

77. Die Bestimmung in Nr. 17 der erneuerten Handelsgerichtsordnung der Stadt Nürnberg vom 7. Januar 1804, wonach in dem Falle, wenn der Kläger nicht unter dem unbestrittenen Gerichtszwang des Handelsgerichtes angesessen ist, jeder Klage sogleich eine hinlängliche Sicherheitsbestellung dafür beizulegen ist, daß Kläger alles das, was dereinst durch ein rechtskräftiges Urtheil gegen ihn würde ausgesprochen werden, ohne Weigerung befolgen wolle, ist aufgehoben.

X. Von den Handelsgerichten und dem Verfahren in Handelssachen in dem Regierungsbezirke der Pfalz.

79. Die Artikel 632, 633 und 634 des französischen Handelsgesetzbuches sind aufgehoben. An deren Stelle treten die Bestimmungen des Artikels 63 des gegenwärtigen Gesetzes.

80. 81. Aufgehoben in Art. 235 Ziff. 12 des bayer. Ausf.-Ges. vom 23. Februar 1879.

XI. Schlußbestimmungen.

82. Alle Handelssachen, bezüglich deren die Klage vor dem in Artikel 1 des gegenwärtigen Gesetzes bestimmten Tage bei Gericht eingereicht ist, verbleiben bis zur vollständigen Erledigung bei den nach den bisherigen gesetzlichen Bestimmungen zuständigen Gerichten.

83. Aufgehoben in Art. 279 Ziff. 15 des bayer. Ges. über das Gebührenwesen vom 18. August 1879.

84. Insoweit in Folge der Einführung des allgemeinen deutschen Handelsgesetzbuches Bestimmungen in Ansehung der gerichtlichen Gebühren und Kosten zur Ergänzung der im ersten und vierten Absatze des vorhergehenden Artikels erwähnten Taxordnungen und sonstigen Gesetze erforderlich sind, werden dieselben im Verordnungswege getroffen, jedoch dem nächsten Landtage zur verfassungsmäßigen Bestimmung vorgelegt.

Gegenwärtiges Gesetz ist durch das Gesetzblatt und das Amtsblatt der Pfalz zur allgemeinen Kenntniß zu bringen.

Absatz 1 dieses Artikels ist zwar im bayerischen Gesetze über das Gebührenwesen vom 18. August 1879 Art. 279 Ziff. 15 nicht ausdrücklich aufgehoben, jedoch in Folge der Aufhebung des Art. 83

dieses Gesetzes und da die Aufzählung in Art. 279 Ziff. 15 des Gebührengesetzes nur exemplificativ ist — Motive zu dem Gesetze S. 98 — als derogirt zu erachten.

Gegeben Berchtesgaden, den 10. November 1861.

(gez.) **Max.**

Frhr. v. Schrenk. v. Zwehl. v. Neumayr.
Frhr. v. Mulzer. v. Pfeufer. v. Spies.

Nach dem Befehle Sr. Majestät des Königs:
Der General-Secretär des Staatsraths,

Seb. v. Kobell.

E. Anhang.

I. Zusammenstellungen der auf die rechtliche Stellung der

Agenten

bezüglichen Entscheidungen des R.O.H.G. u. d. R.G.

1. Das H.G.B. enthält keine allgemeine Bestimmungen über die Stellung und Befugnisse der Agenten. Es entscheiden die Umstände des konkreten Falles.

E. v. 16. Mai und 20. Juni 1871, 30. Okt. 1874. Stg. II S. 210 und S. 341. Entsch. II S. 303; XIV S. 426.

Verhältniß zwischen Prinzipal und Agent.

2. Das Agenturverhältniß kann auf bestimmte Dauer oder bestimmte Geschäftsperioden eingegangen werden; es kann dies sogar durch konkludente Handlungen geschehen.

Seitens des Prinzipals ist der Agenturauftrag jederzeit widerruflich, jedoch unbeschadet der Rechte aus dem Vertragsverhältnisse.

E. v. 26. Mai 1871. Stg. III S. 71. Entsch. II S. 330.

3. Bei dem auf unbestimmte Zeit eingegangenen Agentur=Verhältnisse steht dem Agenten wegen unzeitigen Rücktritts des Geschäftsherrn kein Anspruch auf eine nicht bedungene Vergütung zu.

E. v. 1. Febr. 1875. Entsch. XIX S. 258.

4. Ein kaufmännisches Agenturverhältniß erlischt durch Eröffnung des Konkurses über das Vermögen des Agenten.

E. v. 17. Juni 1871. Stg. II S. 316. Entsch. II S. 436.

5. Der Agent muß beweisen, daß er die ihm vertragsmäßig obliegende Sorgfalt angewendet habe, wenn der Prinzipal den aus der angeblichen Verabsäumung dieser Sorgfalt entstandenen Schaden einklagt.

E. v. 1. Juni 1872. Entsch. VI S. 215.

6. Der Verkaufsagent hat die Kreditwürdigkeit der Abnehmer zu prüfen, auch wenn er die Verkäufe nicht selbst abschließt, sondern nur die Abnehmer nachweist. Es gilt dies besonders bei Verkäufen, die auf Ziel abgeschlossen zu werden pflegen.

E. v. 28. März 1877. Entsch. XXII S. 122.

Der Verkaufsagent hat zu beweisen, daß die von ihm nachgewiesenen Käufer eines guten Kredits genossen, wenn dieselben bald nach Abschluß der Verkäufe zahlungsunfähig geworden sind. In einem solchen Falle ist die Schadensklage des Prinzipals gegen den Agenten auch schon vor vollständiger Abwickelung des über das Vermögen der Abnehmer eröffneten Konkurses zulässig.

E. v. 13. Okt. 1874. Entsch. XIV S. 400.

7. Der Agent ist vor Berichtigung seines fälligen Guthabens zur Fortsetzung seiner Dienste nicht verpflichtet.

E. v. 14. Mai 1872. Entsch. VI S. 144.

8. Die verdiente Provision darf dem Agenten dadurch nicht entzogen werden, daß der Prinzipal dem mit dem Dritten eingegangenen Geschäfte willkürlich eine andere rechtliche Form giebt.

E. v. 14. Mai 1872. Entsch. VI S. 142, 143.

9. Ob der Agent für ein nicht ausgeführtes oder rückgängig gewordenes Geschäft Provision zu beanspruchen hat, hängt von dem konkreten Vertragsverhältnisse ab.

E. v. 30. Okt. 1874. Entsch. XIV S. 426.

10. Ein auf Tantième gestellter Agent ist im Zweifel nicht verpflichtet, den einmal bezogenen Gewinnantheil wegen eines in einer späteren Rechnungsperiode entstandenen Verlustes wieder herauszugeben.

E. v. 15. März 1875. Entsch. VI S. 25.

11. Besteht die Vergütung des Agenten in einer Quote desjenigen Betrages, um welchen die erzielten Preise eine Normalsumme übersteigen, so kann der Agent über die betreffenden Kaufverträge Auskunft und Rechenschaft verlangen, nicht aber eine mit Belägen versehene Rechnungslegung.

E. v. 21. Mai 1875. Entsch. XVIII S. 1.

12. Der auf Provision und Gewinnantheil bestellte Einkaufsagent muß die von den Verkäufern ihm ge-

währte Extra-Provision seinem Prinzipal in Rechnung stellen, selbst wenn dieser um die Gewährung der Provision wußte.

E. v. 27. Juni 1873. Entsch. X S. 359.

13. Die Uebernahme des del credere Seitens des Agenten ist als eine Bürgschaft aufzufassen, auf welche der Art. 281 H.G.B. Anwendung findet. Der Prinzipal kann sich also, wenn die Schuld aus einem Handelsgeschäft herrührt oder die Uebernahme der Haftung gegen Entgelt (del credere Provision) schon selbst als Handelsgeschäft anzusehen ist, an den Agenten halten, ohne daß ihm dieser den Einwand der Vorausklage entgegenstellen kann.

E. v. 8. Dez. 1873. Entsch. XII S. 153.

Verhältniß zwischen Agenten und Dritten.

14. In Ermangelung einer besonderen Vollmacht sind Agenten zur Abschließung von Verträgen nicht ermächtigt.

Der Art. 47 H.G.B. findet auf Agenten, die in keinem Dienstverhältniß zum Prinzipal stehen, keine Anwendung.

Vgl. u. A. E. v. 22. (24. ?) Febr. 1873, Stg. VI S. 85. Entsch. V S. 169.

15. Der zum Vertragsabschlusse bevollmächtigte Agent ist nicht ohne Weiteres als zum Geldempfang ermächtigt zu erachten, und zwar auch dann nicht, wenn er das del credere übernommen hat.

E. v. 16. Mai u. 20. Juni 1871. Stg. II S. 210 u. 341. Entsch. II S. 303.

16. Auch daraus, daß der Agent zum Einkassiren von Wechseln und Seitens des Prinzipals quittirten Rechnungen verwendet wird, oder daraus, daß der Prinzipal gegen einzelne an den Agenten geleistete Zahlungen nicht Verwahrung eingelegt hat, kann auf ein allgemeines Inkasso=Mandat nicht geschlossen werden.

E. v. 11. Dez. 1875. Entsch. XIX S. 123.

Ist es aber dem Prinzipal bekannt, daß der Agent sich so gerirt, als ob er ein allgemeines Inkasso=Mandat habe, und unterläßt er es, seine Geschäftsfreunde über das Nichtvorhandensein eines solchen aufzuklären, so muß er Zahlungen an den Agenten wider sich gelten lassen.

E. v. 26. Febr. 1873 u. 23. April 1874. Entsch. IX S. 104 u. XIII S. 211.

17. Der zu Verkaufsabschlüssen ermächtigte Agent ist befugt, Dispositionsstellungen der von ihm verkauften Waare entgegen zu nehmen. Setzt er von der Beanstandung der Waare sein Haus nicht rechtzeitig in Kenntniß, so ist er diesem gegenüber verantwortlich. Den Gegenkontrahenten treffen die Folgen dieser Unterlassung nicht. — Zur Genehmigung der Dispositionsstellung ist ein solcher Agent nicht ohne Weiteres befugt.

E. v. 9. Febr. 1872. Entsch. V S. 105.

18. Ein zur Entgegennahme von Aufträgen und Uebermittelung derselben an sein Haus bestellter Agent ist nicht als ermächtigt anzusehen, eine Dispositionsstellung Namens seines Hauses anzunehmen.

E. v. 19. Nov. 1874. Entsch. XV S. 271.

Versicherungsagenten.

19. Agenten von Versicherungsgesellschaften sind nur Bevollmächtigte und als solche nicht Kaufleute.

E. v. 15. Dez. 1877. Entsch. XXIII S. 148.

20. Die vom Versicherungsagenten eingegangene Verpflichtung, für den Fall nicht rechtzeitiger Rücksendung der Polize und Quittungen für die Zahlung der Prämie aufzukommen, ist nicht als Bürgschaft aufzufassen.

E. v. 15. Dez. 1877. Entsch. XXIII S. 149.

21. Generalagenten oder Inspektoren von Versicherungsgesellschaften sind ohne besondere Ermächtigung zur Abschließung von Vergleichen nicht befugt.

E. v. 23. Jan. 1872. Entsch. V S. 40.

22. Die in Versicherungsbedingungen vorgeschriebene Anzeige, daß der mit seinem Immobiliar Versicherte sein Mobiliar anderweitig versichern wolle, kann an den von der Versicherungsgesellschaft für den betreffenden Bezirk bestellten Spezialagenten giltig erfolgen.

E. v. 2. Mai 1871. Stg. II S. 154. Entsch. II S. 242.

23. Bei perfektem Versicherungsvertrage treffen die vertragsmäßigen Nachtheile unterlassener Prämienzahlung den Versicherten nicht, sofern diese Unterlassung ihren Grund in dem Verhalten des mit der Entgegennahme der Prämie betrauten Agenten hat.

E. v. 13. Okt. 1874. Entsch. XV S. 39.

24. Aus der Ordnungswidrigkeit einer nach den Anweisungen des Agenten aufgemachten Schadensbe=

rechnung kann die Versicherungsgesellschaft in der Regel einen Einwand nicht erheben.

E. v. 23. Okt. 1872. Entsch. VII S. 371.

25. Der Spezialagent einer Versicherungsgesellschaft kann gleichzeitig als Beauftragter des Versicherungsnehmers auftreten. In einem solchen Falle ist die Erklärung, welche die Versicherungsgesellschaft auf den Seitens des Agenten im Namen des Versicherungsnehmers gestellten Antrag abgiebt, als Erklärung an den Antragsteller selbst zu behandeln, es sei denn, daß die Gesellschaft zu erkennen giebt, daß die Erklärung nur dem Agenten als solchem gelte.

E. v. 13. Febr. 1872. Stg. V S. 369. Entsch. V S. 110.

26. Der Versicherungsnehmer, welcher dem Agenten die Beantwortung der in der Deklaration gestellten Fragen überläßt, thut dies auf seine Gefahr; er muß sich so behandeln lassen, als ob die von dem Agenten herrührende Erklärung in Wirklichkeit von ihm selbst ausgegangen sei, so daß es auf sein Wissen um deren Unrichtigkeit, nicht auf das Wissen des Agenten ankommt.

E. v. 19. Nov. 1872. Entsch. VIII S. 55.

27. Aufklärungen und Belehrungen des Agenten, welche den Versicherungsnehmer veranlaßten, eine Frage unrichtig zu beantworten, entziehen der Versicherungsgesellschaft das Recht, die Unrichtigkeit zu rügen.

E. v. 5. Nov. 1872. Entsch. VII S. 425.

II. Natur und Wirkungen des kaufmännischen Kontokurrent-Verhältnisses nach den Entscheidungen des R.O.H.G. und des R.G.

Begriff und Voraussetzungen.

1. Nach seinem Begriff und Wesen setzt das Kontokurrent-Verhältniß voraus, daß nach der Absicht der Parteien während der durch die Rechnungsabschlüsse gebildeten Perioden die Leistungen des einen Kontrahenten nicht zur Tilgung einer bestimmten einzelnen Zahlungsverpflichtung desselben dienen, eine Kompensation zwischen einzelnen Forderungen und Gegenforderungen nicht eintreten solle, sondern daß die Leistungen und Forderungen auf jeder Seite als ein Ganzes behandelt, und die resultirenden Summen zur Ermittelung der Differenz verglichen werden sollen, welche letztere — als Saldo — entweder vom Schuldner zu berichtigen oder in dessen Debet als erster Schuldposten der neuen Rechnungsperiode vorzutragen ist.

Die einzelnen Rechnungsposten gehen somit bei dem Kontokurrent-Verkehr in den Abschlußsummen des Kredit und Debet, und mit diesen in dem Saldo auf. Der in periodischen Abschlüssen zu ermittelnde Saldo entscheidet erst, welchem der Kontrahenten die Stellung des Gläubigers oder die des Schuldners zukomme.

E. v. 21. März. 25. April, 6. Sept. 1871. Stg. II S. 137, S. 141; III S. 202. Entsch. II S. 137, S. 220; III S. 142.

2. Daß schon periodische Abschlüsse gemacht sind, ist kein wesentliches Erforderniß für die Annahme, daß die Parteien ein wirkliches Kontokurrent-Verhältniß haben eingehen wollen, besonders wenn die Geschäftsverbindung noch kein volles Jahr umfaßt.

E. v. 17. Mai 1873. Entsch. X S. 97.

Wenn aber trotz mehrjährigen Geschäftsverkehrs Rechnungsabschlüsse weder gemacht noch gefordert worden sind, so spricht dies dafür, daß die Parteien ihr Rechtsverhältniß nicht nach den Grundsätzen des Kontokurrent-Vertrages behandelt wissen wollen.

E. v. 28. Juni u. 15. Dez. 1873. Entsch. X S. 99 Anm. u. XII S. 72.

3. Auch zwischen einem Kaufmann und einem Nichtkaufmann kann ein wirkliches Kontokurrent-Verhältniß stattfinden.

E. v. 3. Okt. 1873 u. 17. Sept. 1874. Entsch. XI S. 140 u. XIV S. 70.

4. Nicht jeder laufenden Geschäftsverbindung zwischen zwei Kaufleuten ist die Natur eines Kontokurrent-Verhältnisses beizulegen.

Für das Kontokurrentgeschäft ist wesentlich, daß auf beiden Seiten Leistungen geschehen, welche — für sich genommen — zur Begründung von Gläubiger-Ansprüchen geeignet sind; unvereinbar ist mit seiner Natur, daß nur auf der einen Seite selbstständige Forderungen sich summiren und die Leistungen der anderen Seite nur in deren successiven Tilgung bestehen.

Es liegt also kein eigentliches Kontokurrent-Verhältniß

vor, wenn die geschäftliche Verbindung nur in einer Reihe einzelner und selbstständiger Leistungen des Einen als Verkäufers und des Anderen als Käufers besteht, mögen auch die einzelnen Posten durch eine fortlaufend geführte Rechnung äußerlich verbunden sein.

Auf einen solchen fortgesetzten Geschäftsverkehr finden die Grundsätze des eigentlichen Kontokurrentgeschäfts keine Anwendung.

E. v. 27. Juni, 5. u. 19. Sept. 1871, 2. März 1872. Stg. II S. 347, S. 353; III S. 271 u. S. 272 Anm. Entsch. III S. 1 u. S. 148.

Eingehung.

5. Das eigentliche Kontokurrent=Verhältniß wird durch einen Kontokurrent=Vertrag begründet.

Dieser Kontokurrent=Vertrag braucht nicht gerade ausdrücklich geschlossen zu sein. Auch aus der längere Zeit hindurch zwischen zwei Geschäftsfreunden gleichmäßig fortgesetzten Buchung läßt sich ein stillschweigendes Einverständniß derselben dahin folgern, daß die einzelnen Forderungsbeträge nur in ihrer Gesammtheit nach bestimmten Perioden zur Aufrechnung gelangen, daß die wechselseitigen Leistungen und Gegenleistungen eine rechtlich untrennbare Verbindung von Rechnungsfaktoren für ein in periodischen Abschlüssen zu ermittelndes Gesammtergebniß bilden sollen.

E. v. 22. Juni u. 19. Sept. 1871, v. 26. Nov. 1879. Entsch. II S. 443; III S. 148. R.G. I S. 18.

6. Einer derartigen faktischen Uebung sind jedoch über den Kreis des eigentlichen Kaufmannsstandes hinaus und namentlich in den Beziehungen des Vollkaufmanns zu dem Kleinhändler und Handwerker rechtliche Folgen nicht zu verstatten.

E. v. 22. Juni 1871. Entsch. II S. 443.

7. Durch die Erklärung eines Theiles, mit dem anderen Theile in ein Kontokurrent-Verhältniß treten und von diesem für das jedesmalige Guthaben Cigarren entnehmen zu wollen, und die Annahme dieser Erklärung kommt ein rechtsverbindlicher Vertrag zu Stande, selbst wenn über die Sorte der Cigarren (welche dann im Zweifel der Abnehmer zu bestimmen hat) und über den Preis Abreden nicht getroffen sind.

E. v. 26. April 1875. Entsch. XVII S. 218.

8. Zur Eingehung eines Kontokurrent-Verhältnisses reicht eine Vollmacht aus, in der alle diejenigen Befugnisse ertheilt sind, welche eine derartige Geschäfts-Verbindung voraussetzt. Es ist nicht nothwendig, daß in der Vollmacht das Kontokurrent-Verhältniß mit ausdrücklichen Worten als Gegenstand der Bevollmächtigung bezeichnet wird.

E. v. 4. Febr. 1875. Entsch. XVI S. 28.

Wirkungen.

I. Klage auf den Saldo.

9. Bei Existenz eines eigentlichen Kontokurrent-Verkehrs ist die Darlegung der einzelnen Posten, auf

die der geforderte (vom Gegner anerkannte) Saldo sich gründet, zur Substantiirung der Klage nicht erforderlich.

E. v. 27. Juni 1871. Entsch. III S. 4.

10. Ein Kontokurrent-Saldo und der Betrag eines oder mehrerer einzelner Posten der Kontokurrent-Rechnung bilden, dem Schuldgrunde nach, verschiedene Arten von Forderungen. Es ist prozessualisch unstatthaft, die eine Forderung der anderen zu substituiren.

E. v. 17. Mai 1873. Entsch. X S. 102.

11. Das einzelnen Posten anklebende Privilegium geht auch in Höhe dieser Posten auf den Hauptsaldo nicht über.

E. v. 16. Nov. 1880. R.G. III S. 18.

12. Das verpflichtende Anerkenntniß der Saldi kann auch stillschweigend erfolgen.

Die Zusendung des Abschlusses und noch mehr die hinzugefügte Bitte um Vergleichung enthält die Offerte, die neue Geschäftsperiode auf Grund des Abschlusses mit dessen Saldo als einer vereinbarten Forderung oder Schuld zu beginnen und letztere nach Maßgabe der Regeln des Kontokurrent-Verkehrs zu tilgen resp. zu verzinsen.

Setzt der Empfänger den Kontokurrent-Verkehr ohne Erwiderung oder Rüge fort, so muß angenommen werden, daß er mit dem Erbieten des Zusenders einverstanden sei.

E. v. 14. März 1871. Stg. I S. 339. Entsch. II S. 116.

13. Das verpflichtende Anerkenntniß kann auch vom Prokuristen bindend abgegeben werden.

E. v. 3. Mai 1873. Entsch. X S. 55.

14. Wer den Betrag eines vom anderen Theile aufgemachten Kontokurrent-Auszuges in Empfang nimmt und darüber vorbehaltlos quittirt, erkennt damit den Saldo als richtig an und verzichtet auf alle sonstigen Ansprüche aus dem Kontokurrent-Verhältnisse. Die Annahme eines solchen Anerkenntnisses kann durch ausdrückliche Erklärung oder andere Umstände, unter denen quittirt ist, ausgeschlossen werden. Frühere Reklamationen sind jedoch der Regel nach bei demnächstiger vorbehaltloser Quittung als aufgegeben anzunehmen.

E. v. 25. Juni 1873. Entsch. X S. 358.

15. Für die verpflichtende Kraft zugestellter periodischer Rechnungsauszüge ist der Umstand, daß der Rechnungsertheiler seine Bücher schlecht geführt hat, unerheblich.

E. v. 3. Okt. 1873. Entsch. XI S. 140.

16. Auch die stillschweigende Anerkennung eines Kontokurrents begründet nicht etwa blos eine Vermuthung für die Richtigkeit der einzelnen Posten und Ansätze, sondern eine vertragsmäßige Feststellung des bisherigen Rechnungsverhältnisses, der gegenüber Erinnerungen gegen die Richtigkeit einzelner Posten und noch mehr bloß allgemeine Rügen bedeutungslos sind.

Eine solche Anerkennung ist nur nach den Grundsätzen der Kondiktionen bez. nach Maßgabe des Art. 294 H.G.B. anzufechten.

E. v. 8. Nov. 1871 u. 1. Nov. 1873. Entsch. IV S. 431 u. XI S. 276.

17. Eine Verpflichtung zur sofortigen Prüfung zugesandter Kontokurrent-Abschlüsse und zur Mittheilung der dagegen zu erhebenden Ausstellungen binnen einer bestimmten Frist kann auch unter Kaufleuten nicht angenommen werden. Es ist vielmehr nach den näheren Umständen des einzelnen Falles zu beurtheilen, also eine Thatfrage, wann ein stillschweigendes Anerkenntniß als vorliegend zu erachten sei.

E. v. 8. Nov. 1871. Entsch. III S. 426.

18. Das aus der stillschweigenden Fortsetzung des Kontokurrent-Verkehrs zu folgernde Anerkenntniß wird durch allgemeine Vorbehalte nicht beseitigt.

E. v. 8. Nov. 1871. Entsch. III S. 427.

19. Ausstellungen sowohl gegen einzelne Posten als auch gegen die Kontokurrente im Allgemeinen gelten als aufgegeben, wenn der Monirende die Geschäftsverbindung fortsetzt, obwohl die Monituren von der anderen Seite zurückgewiesen wurden.

Dass. E. Entsch. III S. 427.

20. Die allgemeine übliche Klausel S. E. et O. (salvis erroribus et omissionibus) enthält nur den Vorbehalt, daß irrthümliche Buchungen und Auslassungen weder dem Aussteller noch dem Empfänger zum Nachtheil gereichen sollen; sie hebt aber die Bedeutung des Kontokurrent-Abschlusses keineswegs auf.

Dass. E. Entsch. III S. 426.

21. Nicht nur beim Bestehen eines wirklichen Kontokurrentverhältnisses, sondern auch in Fällen fortlau-

fender Geschäftsverbindung, in denen regelmäßig nach gewissen Zeitabschnitten ein Abschluß der Rechnung und Mittheilung des Abschlusses an den anderen Theil unter den Betheiligten ausdrücklich verabredet oder thatsächlich in Uebung ist, muß die Annahme stillschweigenden Anerkenntnisses gegen denjenigen als gerechtfertigt gelten, welcher wider die ihm zugestellte Abrechnung in einer nach den konkreten Umständen zu bemessenden Frist Einwendungen zu machen unterläßt und die Geschäftsverbindung fortsetzt.

E. v. 30. Juni 1874. Entsch. XIV S. 11.

22. In einem solchen Falle hat jedoch das Stillschweigen nur die Kraft eines Beweismittels. Die Klage auf den Saldo kann sich dann nicht blos auf das Stillschweigen stützen, sondern sie muß die Faktoren des Anspruches, also die einzelnen Posten, darlegen, damit der Verklagte dieselben prüfen und sich darauf einlassen könne, was jedenfalls trotz des Zugeständnisses zulässig ist.

Die Fortlassung einzelner Posten, durch welche das Resultat nur zu Gunsten des Verklagten oder überhaupt nicht verändert wird, ist jedoch nicht erheblich.

E. v. 27. Juni 1871. Entsch. III S. 1.

23. Erst in Folge Anerkennung des Saldo einer Kontokurrent-Rechnung verlieren die Rechtsverhältnisse aus den einzelnen betreffenden Geschäften ihre selbstständige Bedeutung. Wird der Saldo nicht anerkannt, so muß auf die einzelnen Verträge zurückgegangen werden. — Es ist daher gegen die Klage auf einen

nicht anerkannten Saldo auch der Einwand zulässig, daß bei einzelnen der zu Grunde liegenden Geschäfte die Zuständigkeit des staatlichen Gerichts durch Schiedsvertrag ausgeschlossen ist.

Die Klage auf den Saldo setzt, wenn die Entscheidung über *streitige* Posten einem Schiedsgericht übertragen ist, voraus, daß dementsprechend die Feststellung *dieser* Posten bereits stattgefunden hat.

E. v. 13. März 1873. Entsch. IX S. 216.

II. Verzinsung der Saldi und Provisionen von demselben.

24. Die Vorschrift des Art. 291 H.G.B., daß die Saldi der Kontokurrent-Abschlüsse als selbstständige Forderungen der Verzinsung unterliegen, findet nur auf den *eigentlichen* Kontokurrent-Verkehr Anwendung.

Bei einer *gewöhnlichen* laufenden Rechnung richtet sich die Verpflichtung zur Verzinsung nach den allgemeinen gesetzlichen Regeln (Art. 288, 342 H.G.B.). Eine abweichend von den einzelnen Vertragsschlüssen zu verzinsende Forderung entsteht durch die periodische Summirung nicht.

E. v. 19. Sept. 1871. Entsch. III S. 148.

25. Der im Art. 291 H.G.B. zum Ausdruck gebrachte Grundsatz des Handelsgewohnheitsrechts findet auch bei einem Kontokurrent-Verhältnisse zwischen einem Kaufmann und einem Nichtkaufmanne Anwendung.

E. v. 3. Okt. 1873. Entsch. XI S. 143.

26. Von einem zu Gunsten des Korrespondenten vorgetragenen Saldo kann der Banquier Provision nicht berechnen, wohl aber von einem Saldo, welches sich zu seinen, des Banquiers, Gunsten ergiebt, wenn nach der ursprünglichen Absicht der Kredit nur auf die laufende Rechnungsperiode sich erstrecken sollte und sich somit die Uebertragung des Saldos als eine neue Vorschußgewährung darstellt.

E. v. 17. Febr. 1877. Entsch. XXII S. 22.

III. Besondere Geltendmachung einzelner Ansprüche.

27. Einzelne Forderungen, **auf welche sich der Kontokurrent-Vertrag bezieht,** können als selbstständige nicht geltend gemacht werden, auch nicht compensando, gleichviel von welcher Art sie sind und auf welchem Rechtsgrunde sie beruhen.

E. v. 21. März 1871, 8. März 1875. Entsch. II S. 137 u. S. 220; XVI S. 306.

28. Ob aber das Kontokurrent-Verhältniß auf die einzelne, gerade vorliegende Forderung zu beziehen ist, wird durch das auf ausdrücklicher Abrede beruhende oder aus den obwaltenden Umständen zu entnehmende konkrete Vertragsverhältniß bestimmt.

E. v. 24. Jan. 1872. Stg. V S. 306. Entsch. V S. 42.

29. Von dem Kontokurrent-Verhältnisse werden diejenigen Rechtsgeschäfte nicht berührt, auf welche nach ihrer Natur oder den Abreden der Kontrahenten die Absicht, daß die Berichtigung durch Aufnahme in die laufende Rechnung erfolgen solle, nicht bezogen werden kann.

Zu den Forderungen aus solchen Rechtsgeschäften sind, beim Mangel entgegenstehender Willensäußerungen, Wechselansprüche insofern zu rechnen, als es sich um die Erfüllung des von den Parteien geschlossenen Wechselvertrages handelt.

Derartige Wechselansprüche, mag der Schuldner aus Giro oder Accept haften, können daher beim Mangel entgegenstehender Uebereinkunft in besonderem Verfahren geltend gemacht werden.

Daß bei Hingabe des Wechsels der Betrag desselben dem Geber in laufender Rechnung gutgeschrieben worden ist, erscheint für die Frage, ob bei Nichteinlösung des Wechsels die Regreßforderung unter den Kontokurrent-Vertrag fällt, von keiner Bedeutung.

E. v. 6. Sept. 1871., 22. u. 29. Juni 1872. Entsch. III S. 142; VI S. 250 u. 256.

30. Dagegen hat das R.O.H.G. den Kontokurrent-Vertrag auch auf die besonders geltend gemachte Wechselregreßforderung bezogen und demgemäß die Wechselklage abgewiesen in Fällen, wo der Geschäftsverkehr der Parteien darin bestand, daß dem Verklagten Kredit in laufender Rechnung durch Darlehen und Diskontirung von Wechseln gewährt wurde und der Kläger auf Grund dieses vertragsmäßigen Verhältnisses den Klagewechsel in Zahlung resp. zur Diskontirung erhalten, letztere auch bewirkt und die Valuta vereinnahmt hatte.

E. v. 21. März u. 25. April 1871. Entsch. II S. 137 u. 220.

31. Daraus, daß in früheren Rechnungsperioden

von dem einen Kontrahenten bezahlte Rimessen, aus denen der andere Theil verhaftet war, stets gebucht worden sind, ist der Rückschluß zulässig, daß nach Absicht der Parteien der Kontokurrent=Vertrag die Wechselforderungen derartig mitumfasse, daß letztere gleich anderen Forderungen durch Belastung des Schuldners im Kontokurrente zur Tilgung gelangen sollen.

E. v. 27. März 1872. Entsch. V S. 337.

32. Jedenfalls ist die Geltendmachung einer Wechselforderung im besonderen Verfahren dann ausgeschlossen, wenn dieser Anspruch dem Schuldner bereits im Kontokurrent debitirt, die Rechnungsperiode, in welche der Anspruch fällt, mittelst Ziehung des Saldo's abgeschlossen und dadurch die Forderung Faktor des Saldo's geworden ist.

E. v. 24. Jan. 1872. Stg. V S. 305. Entsch. V S. 41.

33. Auf die besondere Einklagung eines im Kontokurrentverkehr empfangenen kaufmännischen Verpflichtungsscheins finden dieselben Grundsätze Anwendung, denen Wechsel unterliegen.

E. v. 17. Sept. 1877. Entsch. XXII S. 336.

34. Der im Einverständnisse mit dem anderen Theile in das Kontokurrent=Verhältniß aufgenommene und auf neue Rechnung vorgetragene Saldo der vorangegangenen Rechnungsperiode bildet auch einen einzelnen Posten, der nicht abgesondert geltend gemacht werden kann.

E. v. 18. März 1875. Entsch. XVI S. 309.

35. Was von der Geltendmachung einzelner Posten

gesagt ist, gilt auch von jeder Rechnung, die sich nur auf einen Theil des Zeitraums der Geschäftsverbindung bezieht, sofern nicht dem ersten Posten ein als richtig anerkannter oder nachgewiesener Abschluß vorangegangen ist.

E. v. 15. Juni 1876. Entsch. XX S. 104.

In dem durch Urtel vom 4. April 1876 (Entsch. XX S. 105 Anm.) entschiedenen Falle hat dagegen das R.O.H.G. eine Klage zugelassen, der ein mit einem Saldo zu Gunsten des Beklagten beginnender Auszug zu Grunde gelegt war, weil der Beklagte nicht die bestimmte Behauptung aufgestellt habe, das vorgeschriebene Guthaben sei in Wahrheit höher.

36. Erscheint auch das Kontokurrent als ein einheitliches, so ist es doch zulässig, dasselbe bezüglich der Frage, inwieweit ein ausgeschiedener Gesellschafter für die im Konktokurrent aufgeführten Geschäfte haftet, in seine einzelnen Posten aufzulösen, diejenigen Posten, für welche der ausgeschiedene Gesellschafter nicht haftet, auszusondern und die Deckungen, welche speciell für solche Posten eingesandt sind, bei denen eine Haftung des früheren Gesellschafters in Frage kommt, zur Ausgleichung dieser Posten im Kontokurrent zu belassen.

E. v. 6. April 1881. R.G. IV S. 84.

37. Auch wenn nicht ein wirkliches Kontokurrent-Verhältniß, sondern nur eine laufende Geschäftsverbindung bestanden hat, in deren Verlauf von dem einen Theile Zahlungen à conto geleistet worden sind, kann der Empfänger dieser Zahlungen nicht einzelne Posten

einklagen oder zur Kompensation stellen, sondern muß die ganze laufende Rechnung klar legen.

E. v. 10. Dez. 1873 u. 17. Sept. 1874, 8. März 1875. Entsch. XII S. 155; XIV S. 69; XVI S. 306.

38. Auf das bei einem Kontokurrent-Verhältniß zu einem gewissen Zeitpunkt ermittelte Guthaben kann der Satz, daß Veränderungen nicht vermuthet werden, keine Anwendung finden.

E. v. 4. Nov. 1871. Entsch. III S. 381.

Sitz des Kontokurrent-Verhältnisses.

39. Es läßt sich nicht annehmen, daß das Kontokurrent-Verhältniß an dem Wohnorte eines der Betheiligten seinen Sitz habe, bei welchem der Gerichtsstand des Vertrages begründet wäre.

E. v. 28. Nov. 1874. Entsch. XVII S. 124.

Bürgschaft für eine Kontokurrent-Schuld.

40. Wer für eine künftige Kontokurrent-Schuld Bürgschaft übernimmt, unterwirft sich damit den Grundsätzen des Kontokurrent-Verkehrs. Er muß sich also gefallen lassen, daß durch neue Vorschüsse sich die Schuld des Kreditnehmers stetig erneuere und daß dessen Zahlungen nur insoweit die Schuld mindern, daß zur Zeit des Rechnungsschlusses ihr Gesammtbetrag von dem Gesammtbetrage der Debetposten in Abzug gebracht werde. Der Bürge haftet bis zu dem übernommenen Betrage für das Debetsaldo des Kreditnehmers beim Kontokurrentschluß.

E. v. 25. Febr. 1872. Entsch. IX S. 185.

41. Die von einem Kreditvereine für Kreditbewilligungen in laufender Rechnung festgestellten und veröffentlichten Bedingungen kommen auch dem Bürgen zu Gute. — Ohne Einwilligung des Bürgen darf eine Verlängerung der nur auf bestimmte Dauer ertheilten Kreditbewilligung nicht erfolgen.

E. v. 25. Febr. 1872. Entsch. IX S. 187.

Sachregister zum Handelsgesetzbuch.

Die Zahlen ohne Beisatz bezeichnen die Artikel des Handelsgesetzbuchs. Z. = Ziffer. S. = Seite. E. f. Pr. = Einführungsgesetz für Preußen.

A.

B.

C.

D.

E.

F.

G.

H.

J.

K.

L.

M.

N.

O.

P.

Q.

R.

S.

T.

U.

V.

W.

Z.

G. Pätz'sche Buchdruckerei (Otto Hauthal) in Naumburg a/S.

12) **Strafprozeßordnung nebst Gerichtsverfassungsgesetz für das Deutsche Reich.** Von Dr. A. Dochow, ordentl. Professor in Halle a. d. S. Zweite vermehrte und verbesserte Auflage. Cartonnirt 1 Mark 60 Pf.

13) **Konkursordnung mit Einführungsgesetz, Nebengesetzen und Ergänzungen.** Von R. Sydow, Landrichter in Halle a. d. S. Zweite vermehrte Auflage. Cartonnirt 80 Pf.

14) **Gerichtsverfassungsgesetz für das Deutsche Reich.** Von R. Sydow, Landrichter in Halle a. d. S. Cartonnirt 60 Pf.

15) **Gerichtskostengesetz und Gebührenordnung für Gerichtsvollzieher nebst der Novelle** vom 29. Juni 1881. **Gebührenordnung für Zeugen und Sachverständige. Mit Kostentabellen.** Von R. Sydow, Landrichter in Halle a. d. S. Zweite vermehrte Auflage. Cartonnirt 80 Pf.

16) **Rechtsanwaltsordnung für das Deutsche Reich.** Von R. Sydow, Landrichter in Halle a. d. S. Cartonnirt 40 Pf.

17) **Gebührenordnung für Rechtsanwälte.** Von R. Sydow, Landrichter in Halle a. d. S. Cartonnirt 40 Pf.

18) **Das Deutsche Reichsgesetz über die Reichsstempelabgaben** vom 1. Juli 1881. Von Gaupp, Regierungsrath und Stempelfiskal in Berlin. Zweite vermehrte Auflage. Cartonnirt 1 Mark 20 Pf.

Die

Civilprozeßordnung

für das Deutsche Reich

nebst den auf den Civilprozeß bezüglichen Bestimmungen des Gerichtsverfassungsgesetzes und den Einführungsgesetzen

erläutert von

Dr. J. Struckmann, Geh. Ob.-Justizrath u. Landgerichts-Präsident.

und

R. Koch, Kais. Geh. Ob.-Finanzrath, Reichsbankjustitiarius u. Mitglied d. Reichsbankdirektoriums.

Dritte, vermehrte und verbesserte Auflage.

Lex. 8⁰. 18 Mark. Gebunden 20 Mark.

Der Kommentar von Struckmann und Koch ist bereits in den beiden ersten Auflagen in zahlreichen glänzenden Beurtheilungen als ein hervorragend brauchbares und praktisches Buch anerkannt worden.

Die dritte Auflage ist eine abermals völlig umgearbeitete; es sind die Forschungen und Ansichten aller anderen Kommentatoren der Civilprozeßordnung noch mehr als in der zweiten Auflage verwerthet und gesichtet worden, so daß dieser Kommentar unter allen Concurrenzwerken zweifellos den ersten Rang einnimmt.

FSC
www.fsc.org
MIX
Papier | Fördert gute Waldnutzung
FSC® C083411

Kolibri 360 GmbH
Ferdinand-Jühlke-Straße 7
99095 Erfurt, Deutschland
produktsicherheit@kolibri360.de